网络环境下的档案规范记录系统研究

段荣婷 著

科学技术文献出版社
SCIENTIFIC AND TECHNICAL DOCUMENTATION PRESS
·北京·

图书在版编目（CIP）数据

网络环境下的档案规范记录系统研究 / 段荣婷著. —北京：科学技术文献出版社，2017.9
ISBN 978-7-5189-3260-3

Ⅰ.①网… Ⅱ.①段… Ⅲ.①档案—管理信息系统—研究 Ⅳ.① G270.71

中国版本图书馆 CIP 数据核字（2017）第 219350 号

网络环境下的档案规范记录系统研究

策划编辑：周国臻　责任编辑：周国臻　白建刚　责任校对：张吲哚　责任出版：张志平

出 版 者　科学技术文献出版社
地　　址　北京市复兴路15号　邮编 100038
编 务 部　（010）58882938，58882087（传真）
发 行 部　（010）58882868，58882874（传真）
邮 购 部　（010）58882873
官方网址　www.stdp.com.cn
发 行 者　科学技术文献出版社发行　全国各地新华书店经销
印 刷 者　北京教图印刷有限公司
版　　次　2017 年 9 月第 1 版　2017 年 9 月第 1 次印刷
开　　本　889×1194　1/16
字　　数　627千
印　　张　21.75
书　　号　ISBN 978-7-5189-3260-3
定　　价　88.00元

前　言

党的十九大报告指出我国要建设社会主义文化强国，而档案事业恰恰与文化建设密不可分。档案，总是与一定时代背景相联系的，总是由特定的人物、机构团体（或家族）产生的。换句话说，档案的产生总是具有一定背景信息的。反映了档案背景信息的档案规范记录，在档案内容的理解中甚或是档案管理的保障中，都占据着十分重要的地位。同时，由于档案规范记录提供了规范化的检索点，使得常常用作检索关键词的人名、地名、机构团体名（或家族名）的检准率和检全率成倍提升，检索方便性大大增加，这无疑对文化建设的丰富性和成本效益性是十分关键的。要想长久地保护好档案，要想高效地充分发挥档案的价值，必须着手档案规范记录体系建设。这便是本书出版目的之所在。

本书研究中，不但对国际前沿档案规范记录理论进行了认真分析，而且从时代背景出发，思考数字政府战略、云计算战略和数据关联及置标语言等对档案规范记录建设可能产生的影响，从人类对信息、知识的需求，从档案保存的长远目标出发，建立中国档案规范记录体系，制定了两项切合中国实践的配套标准《档案规范记录著录规则》与《基于 XML 的档案规范记录编码格式规范》（即中国 apcEAC-CPF），并研制了档案规范记录计算机检索系统，前瞻地解决我国档案规范记录工作中遇到的但又是必然要解决的实际问题。

本书的研究内容及方法的创新程度较高，研究内容前沿，在我国档案领域尚属首次，具有首创意义，填补了我国在档案规范记录方面系统研究的空白。

在研究与探索中，本书采用了模块化的系统方法，对“网络环境下的档案规范记录系统研究”按其内在逻辑与规律划分成了 8 个模块，并基于这 8 个模块，已形成最终研究成果——专著与标准（工具书）。本书分为基础研究篇与应用研究篇，主要由课题研究成果的第 1 章至第 10 章构成。

第 1 章　绪论，对课题研究问题提出的根本动议与基本目的、基本思路与主要内容、方法体系、实施步骤及主要创新与贡献做了综述。

第 2 章　研究背景，分析了课题研究的时代背景、社会背景、技术背景及专业背景（文献综述），为研究问题的提出奠定了基础、提供了依据。

第 3 章　档案规范记录的作用与意义，主要从提供背景信息、提高检索效率及实现知识增值等方面进行了系统分析。

第 4 章　档案规范记录的基本原理，界定了档案规范记录的概念，分析了其特性、结构、构成方法及对检索点的规范控制。

第 5 章 《国际标准——档案规范记录著录规则》研究，介绍了其制定与最新进展、其同其他相关国际标准之间的关系，分析了其结构、主要著录规则，并列举了著录实例。

第 6 章 国际档案规范记录网络化置标标准《档案背景信息编码著录规则》研究，介绍与分析了其背景、目的及其特征与优点，分析了其著录内容的结构功能与语义 主流置标模式——国际万维网联盟（W3C）XML Schema，以及其规范记录元素与属性编码。

第 7 章 国际档案规范记录应用案例研究，在具体分析档案规范记录嵌入集成式检索系统与档案规范记录专门独立式检索系统后，结合第 5 章与第 6 章内容，得出了国际规范记录应用的启示，尤其强调了需要大力推进档案规范记录标准化。

第 8 章 中国档案规范记录体系的建立与标准《档案规范记录著录规则》的制定，具体论述了中国档案规范记录体系的逻辑构成模型与建立目标，分析了中国档案规范记录体系的建构的总体原则与基本步骤。

第 9 章 标准《基于 XML 的档案规范记录编码格式规范》的制定与中国档案规范记录计算机检索应用系统的研制和实现，就中国 apcEAC-CPF 的制定与中国计算机检索应用系统的研制和实现，围绕系统的逻辑研发步骤，依次设计中国档案规范记录 XML Schema 及其实例文档的生成、标准样式表的添加与测试，以及应用系统浏览、链接、检索等功能的实现。

第 10 章 档案规范记录的未来发展方向，基于 RDF 的中国档案规范记录语义网络化研究，遵循逻辑步骤，实现了基于 RDF 的中国档案规范记录置标，这有利于档案规范记录检索效率的提高，并扩展研究了档案规范记录的关联数据化实现。

本书是国家社科基金青年项目“网络环境下的档案规范记录系统研究”（项目批准号：10CTQ020）的研究成果。笔者为撰写本书查阅了大量资料，付出了艰辛的工作，但由于研究涉及的内容广泛，掌握的资料有限，难免有疏漏之处，希望同行专家和读者给予批评指正。

目　录

基础研究篇

应用研究篇

附 录

基础研究篇

第1章 绪　论

1.1 本书研究问题提出的根本动议与基本目的

1.1.1 本书研究问题提出的根本动议

一个国家的经济、政治、军事实力，可以凭借其强势或优点对他国甚至整个世界产生影响，然而，相对于人类漫长的发展历程来说，这个过程是短暂的，是难以自觉地持久发生作用的。与此相反，一个民族的优秀文化，则可以凭借其独有的魅力，给一个国家乃至人类的发展打上深深的烙印，长久地、深远地影响着人类社会的发展。正因如此，党中央做出了建设文化强国的战略决策。国家档案局原局长杨冬权在2012年的全国档案工作者年会上指出："一要把档案转化为文化产品；二要为文化建设提供档案；三要为文化建设档案；四要建设档案文化。"① 这四点，无论是从哪一个方面来说，文化建设都与档案息息相关。在历史的传承中，在文化的发掘中，在当代文化的记载中，在民族文化的建设中，档案是无可替代之瑰宝。档案，总是与一定时代背景相联系的，总是由特定的人物、机构团体（或家族）产生的。换句话说，档案的产生总是具有一定背景信息的。反映了档案背景信息的档案规范记录，在档案内容的理解中甚或是档案管理的保障中，都占据着十分重要的地位。同时，由于档案规范记录提供了规范化的检索点，使得常常用作检索关键词的人名、机构团体名或家族名的检准率和检全率成倍提升，检索方便性大大增加，这无疑对于文化建设的丰富性和成本效益性是十分关键的。要想长久地保护好档案，要想高效地充分发挥档案的价值，必须着手档案规范记录体系建设。

当今，人类社会正处于信息社会向知识社会迈进的时代，各国都在投入巨大的科研人力、物力和财力，进行着信息化和知识服务研究。作为档案信息化研究的一项课题——档案规范记录的研究，引起了国际档案界的极大关注。许多国家特别是美国早已进行这方面的研究，并建立了有效的规范记录体系。然而这一课题在我国还未深入挖掘，在理论上研究深度、广度不够，在建立档案规范记录的实践上更是几近空白。笔者曾就是否已进行档案规范记录与规范控制建设问题对全国部分档案馆进行了问卷或实地访谈调研，发现国内档案馆均尚未进行档案规范记录与规范控制的建设，在检索上无法解决同人、同机构团体或同家族异名、古今异名等问题。由此，也就更加突显了研究并建立中国档案规范记录体系的必要性与紧迫性。

因而，档案规范记录建设是档案界重要的基础建设之一。为了使我国档案信息化建设能够达到一个更高的层次，着眼时代发展、社会进步、更好地服务于建立智慧地球和智慧城市的知识社会的现实需要及建立健全我国档案建设"三个体系"（资源体系、利用体系和安全体系）的要求，笔者提出了网络环境下的档案规范记录系统研究的动议，并成功地作为国家社科基金青年项目研究课题进行了3年的研究，其最终目标就是要为建立中国的档案规范记录体系开辟道路。

1.1.2 本书研究的基本目的

本书研究计划之目的为：①研究分析国际档案界所制定的档案规范记录标准；②探讨国际档案界建设档案规范记录之现状；③规划与建立中国的档案规范记录体系（含标准与系统等）。

---

① 杨冬权．谈档案与文化建设：在2012年全国档案工作者年会上的讲话［J］．中国档案，2012（12）：21－25.

1.2 本书研究的基本思路与主要内容

本书对档案规范记录进行了一系列的基础研究，并结合我国档案工作的实际，对建立我国档案规范记录体系进行了有益的实践探索，本书研究思路的基本框架如图 1-1 所示。

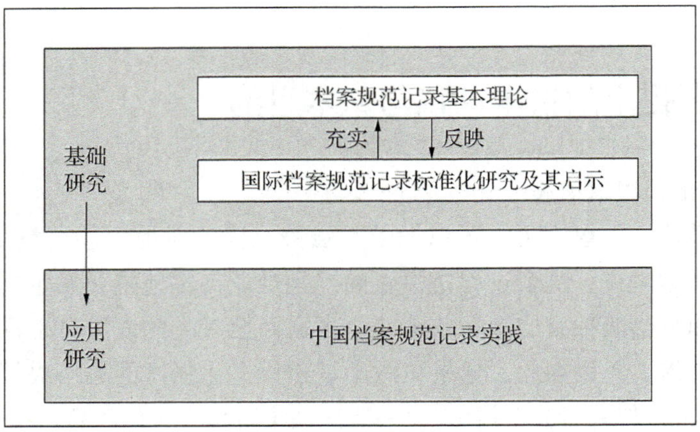

图 1-1　本书研究思路的基本框架

在研究与探索中，本书采用了模块化的系统方法，对“网络环境下的档案规范记录系统研究”按其内在逻辑与规律划分成了 8 个模块。

在理论研究层次上内容如下。

模块 1　档案规范记录课题的研究背景

模块 2　档案规范记录的作用与意义

模块 3　档案规范记录的基本原理

模块 4　档案规范记录置标研究

在实践研究层次上内容如下。

模块 5　中国档案规范记录体系建设

模块 6　基于 XML 的中国档案规范记录计算机检索应用系统开发

模块 7　《国际标准——档案规范记录著录规则》［ISAAR（CPF）］① 与《档案背景信息编码著录规则》（EAC-CPF）研究

模块 8　国际档案规范记录应用案例研究

以上 8 个模块具体如图 1-2 所示。

所谓模块一般都具有独立性、组合性、规范性和科学性。

模块的独立性在于：任何一个模块都是一个独立的子系统。由此，在研究过程中就可以就某一模块进行单独的深入研究，从而可以更有效地将研究引向更深层次。

模块的组合性在于：任何一个模块都可以与其他模块进行组配，从而形成“1 + 1 > 2”的系统效应。因此，在研究过程中通过模块之间的组配，就可以多角度、多维度、更全面地反映某一系统的整体，从而可以更有效地拓展研究领域。

模块的规范性在于：任何一个模块都具有自身内部的完整结构，这种结构可以使模块具有规范的界

① 《国际标准——档案规范记录著录规则》（以下行文均采用该名称）的全称是《国际标准——机构团体、个人和家庭档案规范记录著录规则》，其英文题名为：International Standard Archival Authority Record for Corporate Bodies，Persons and Families［ISAAR（CPF）］。

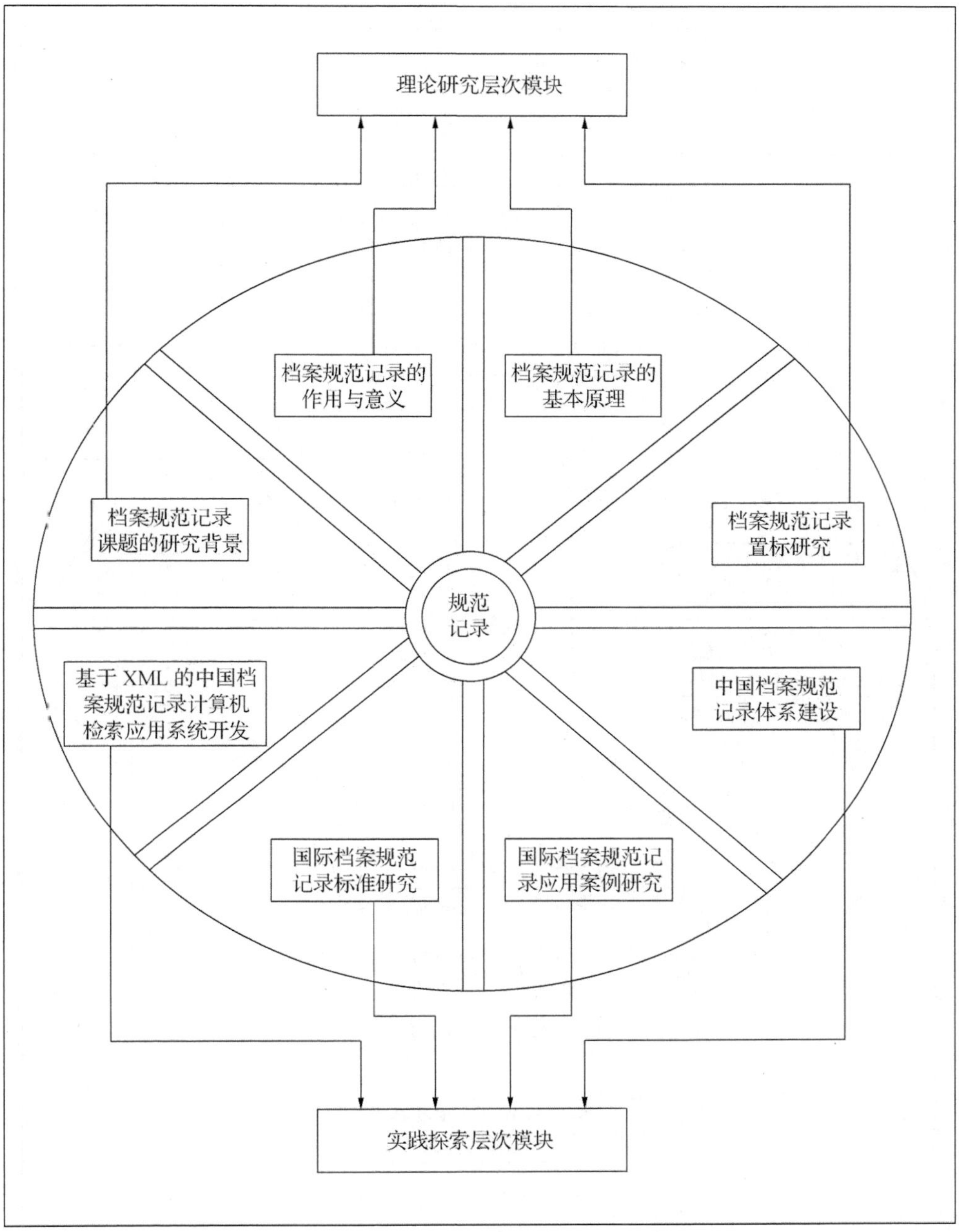

图 1–2 本书研究的内容模块

面。因此，模块能够以自身的完整结构形式出现，这表现在研究中的每一模块都可以作为公开发表的研究成果。例如，本书中的模块 1“档案规范记录课题的研究背景”、模块 2“档案规范记录的作用与意义”、模块 3“档案规范记录的基本原理”和模块 4“档案规范记录置标研究”等，都已经在《中国图书馆学报》《档案学研究》《档案学通讯》《现代图书情报技术》《档案与建设》《浙江档案》等国家档案学重点核心期刊上发表，或被人大报刊复印资料全文转载。

模块的科学性在于：模块在独立性、组合性、规范性基础上所具有的在广度上的多维与全面，在深度上的层次与抽象。因此，采用模块化研究可以在宏观与微观上驾驭研究课题，更好地发现与揭示课题研究内在的逻辑联系与内在本质，发现事物本来的规律，从而使课题研究具有科学性。

本书的模块化研究思路具体体现于书中 8 个内容模块与书中具体章节的对应关系，如图 1–3 所示。

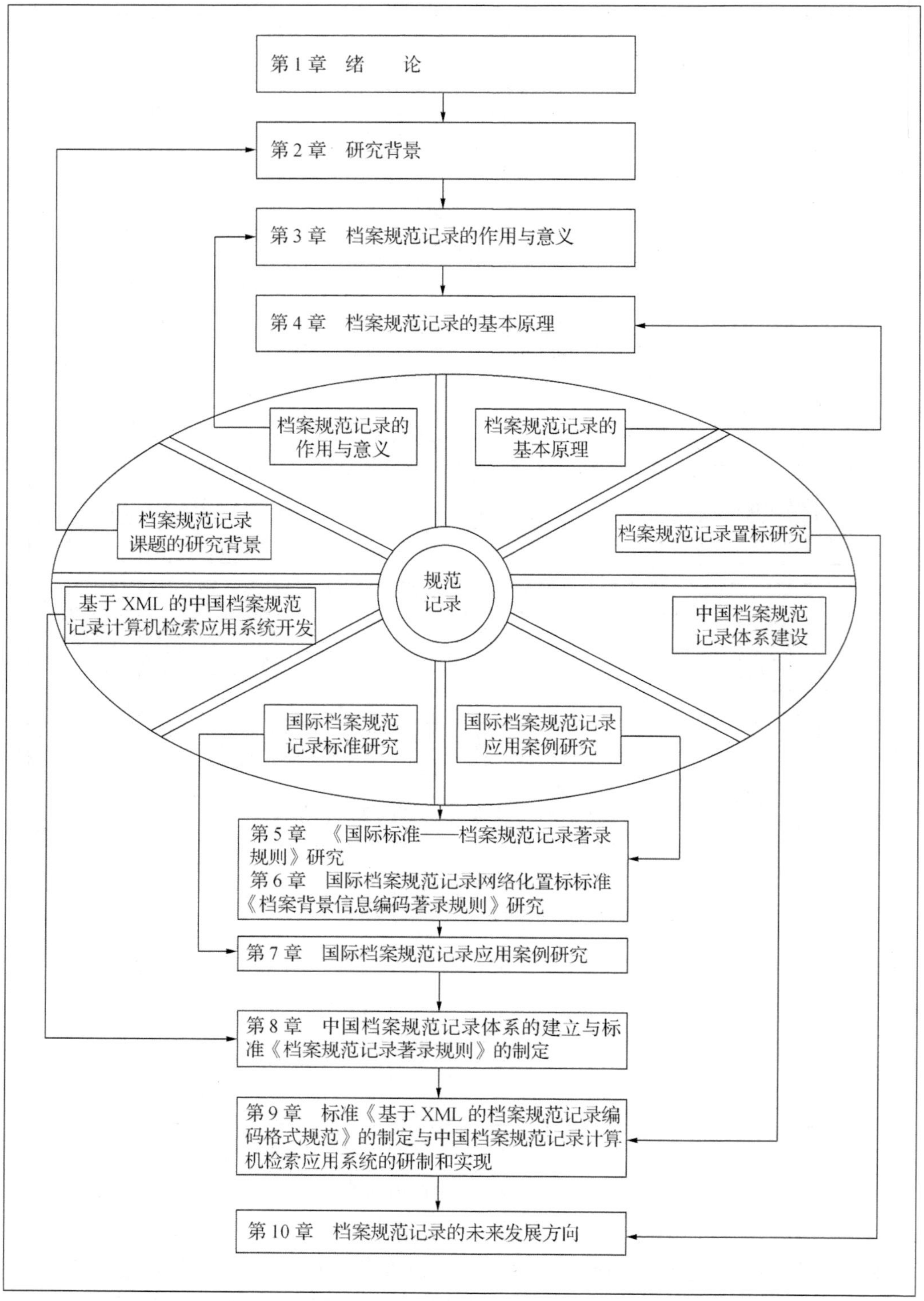

图 1–3　本书研究的内容模块与具体章节的对应关系

1.3　本书研究的方法体系

本书的研究方法是个体系，包括多类、多视角、多维度，既涉及哲学的思想方法，又涉及一般通用的研究方法和具体领域的专用方法。哲学方法如辩证法、唯物主义方法、科学发展观等；通用方法如系统论、信息论和建模方法等；专用方法涉及需求分析方法、分类方法、情报语言通用学方法、结构功能分析法、文件生命周期分析法等。尤其是专用方法，随着研究方面的不同而不同。[①] 本书研究方法体系结构模型如图1-4所示。

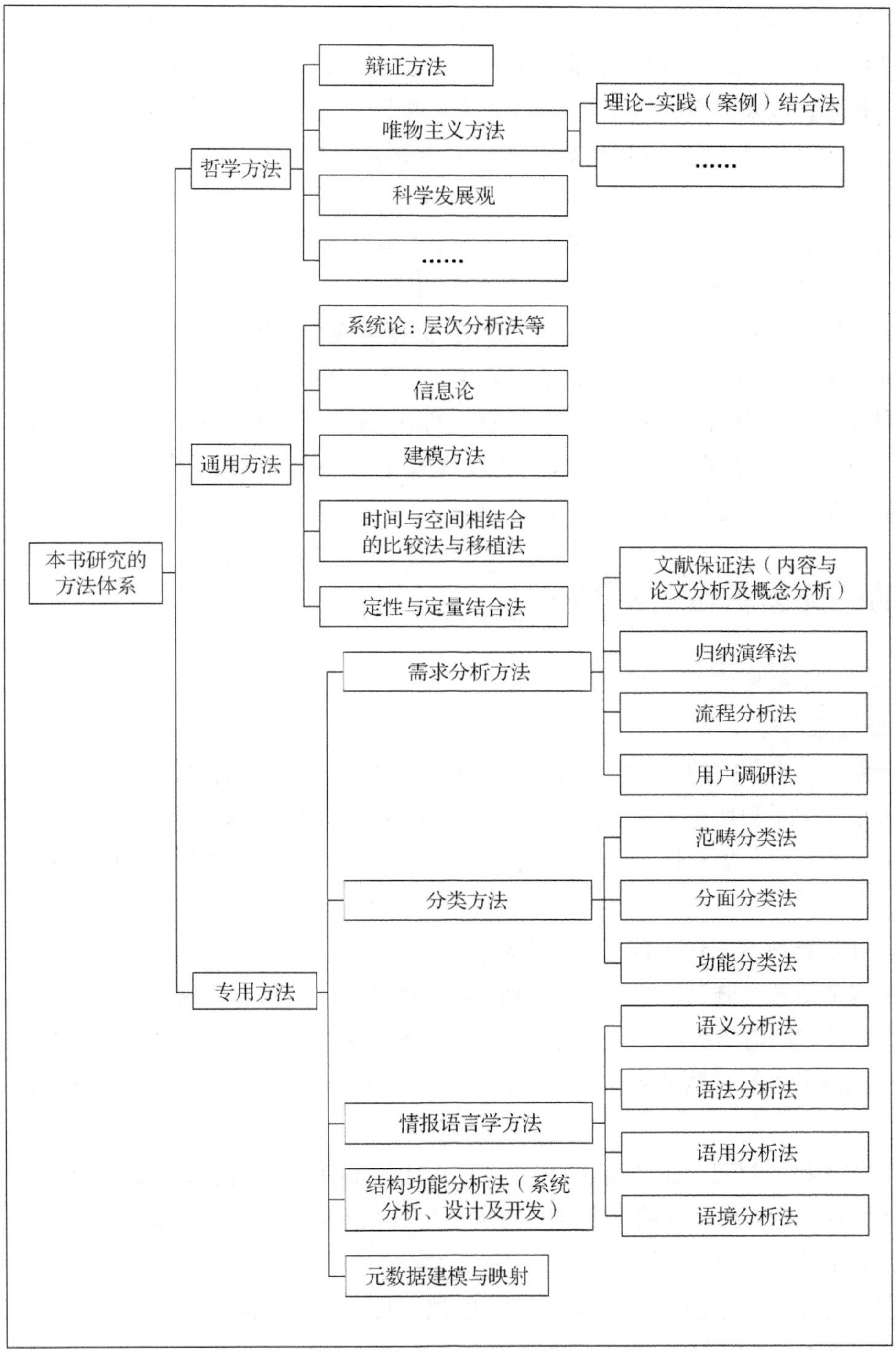

图1-4　本书研究方法体系结构模型

---

① McKemmish S, Gilliland A. Research methods: information, systems, and contexts [M]. Prahran, Victoria: Tilde University Press, 2013: 94-9[illegible] 97-99.

1.4 本书研究的实施步骤

本书研究的课题于 2010 年批准立项。研究过程分 3 个阶段。

① 2010—2011 年，档案规范记录基础理论研究。它包括对档案规范记录研究国际前沿的跟踪（网络资源与数据库的检索，以及资料的整理与分析），档案规范记录的概念、结构和功能等理论研究，《国际标准——档案规范记录著录规则》（ISAAR（CPF））与国际标准《档案背景信息编码著录规则》（EAC-CPF）研究。

② 2012 年，中国档案规范记录体系架构及其切合中国实践的标准《档案规范记录著录规则》的制定和应用。它包括规则条款的制定与应用分析及著录实例研究。

③ 2013 年，基于 XML 的中国档案规范记录计算机检索应用系统的设计、开发与应用。它包括切合中国实践的标准《基于 XML 的档案规范记录编码格式规范》的制定（设计并开发了我国应用国际标准 EAC-CPF 的最佳实践——中国 apcEAC-CPF①，具体包括中国档案规范记录 Schema 的设计和 XML 实例文档的编写），以及标准样式表的设计与制定，中国档案规范记录计算机检索应用系统的设计与开发，并进行效果检测。最后是报告与专著撰写的完成。

1.5 本书的研究创新与主要贡献

本书研究的主要贡献体现于其创新成果。

1.5.1 本书创新成果概述

按照研究计划，本书研究的最终创新性成果主要有三类：一是中国档案规范记录理论研究成果；二是中国档案规范记录体系和切合中国实践的标准《档案规范记录著录规则》；三是切合中国实践的标准《基于 XML 的档案规范记录编码格式规范》（中国 apcEAC-CPF）及基于 XML 的中国档案规范记录计算机检索应用系统。

（1）取得了中国档案规范记录理论研究成果

辨析了档案规范记录的概念，阐述了档案规范记录的特性、结构、构成方法、对检索点的规范功能，着重分析了档案规范记录对于提高检索效率、提供背景信息和实现知识增值的作用与意义。研究了利用 RDF 对档案规范记录的置标，翻译并深入研究了国际档案规范记录著录标准《国际标准——档案规范记录著录规则》。

（2）构建了中国档案规范记录体系并制定了切合中国实践的标准《档案规范记录著录规则》

这是本书研究成果的主体。在明确我国档案规范记录标准设计原则、著录项目与著录格式等问题的基础上，设计并制定了符合国情的档案规范记录著录格式与规则，并进行了著录实例分析。

（3）制定了切合中国实践的标准《基于 XML 的档案规范记录编码格式规范》（中国 apcEAC-CPF），并据此开发了基于 XML 的中国档案规范记录计算机检索应用系统

为适应当前的计算机网络环境及未来发展需要，以及充分地发挥档案规范记录价值，本书制定了切合中国实践的标准《基于 XML 的档案规范记录编码格式规范》（中国 apcEAC-CPF）和中国档案规范记录计算机检索应用系统。其主要组成部分，包括基于 XML 的中国档案规范记录 Schema 和中国档案规范记录 XML 实例文档的编写，以及标准样式表的设计与制定，中国档案规范记录计算机检索应用系统的设

① apcEAC-CPF 中的“apc”代表“Archives Portal China”的英文缩写。

计与开发，并进行了实际应用检验。

1.5.2　本书创新成果评价

本书的研究秉着从实践需求出发、着重进行应用理论研究的原则，其成果囊括了国际前沿知识跟踪与研究、中国档案规范记录基本理论的创建、中国档案规范记录体系的建立，切合中国实践的标准《档案规范记录著录规则》的制定，以及遵循此的标准《基于 XML 的档案规范记录编码格式规范》（中国 apcEAC-CPF）的制定和中国档案规范记录计算机检索应用系统的研发等，具有鲜明的科学性、理论性、前瞻性、系统性、指导性和应用性。

（1）科学性

本书研究的各项成果都具有实践的强力支撑。在成果研究过程中，认真借鉴国际前沿知识，严格遵循科学研究的一般思维方法，对我国档案规范记录的实践需求、建设现状做了科学的理性思考。在探索基本理论的基础上，建立了中国档案规范记录体系，设计、制定了切合中国实践的标准《档案规范记录著录规则》，又对该著录规则进行了实践应用，以检验其适应性。同时，制定并研发了切合中国实践的标准《基于 XML 的档案规范记录编码格式规范》（中国 apcEAC-CPF）和中国档案规范记录计算机检索应用系统，以适应计算机网络环境下档案信息共享与交换的实际需要。因此，充分体现了研究成果的思维的科学性。

（2）理论性

本书的研究者，是国内较早对档案规范记录进行关注的学者，对档案规范记录研究的国际前沿及相关领域的研究，进行了多年的关注和跟踪研究，对档案规范记录相关理论进行了深层次的探索。在研究档案规范记录基本理论、建立中国档案规范记录体系和制定切合中国实践的标准《档案规范记录著录规则》的基础上，对其进行应用研究，开发了计算机检索应用系统，这实际上也是在实践中对该理论进行的拓展。基于此，本书所取得的成果具有鲜明的理论性特征。

（3）前瞻性

本书研究中，不但对国际前沿档案规范记录理论进行了认真分析，而且从时代背景出发，思考数字政府战略、云计算战略和数据关联等对档案规范记录建设可能产生的影响，从人类对信息、对知识的需求及档案保存的长远目标出发，建立中国档案规范记录体系，制定了切合中国实践的配套标准《档案规范记录著录规则》与《基于 XML 的档案规范记录编码格式规范》（中国 apcEAC-CPF），并研发了档案规范记录计算机检索系统，前瞻地解决我国档案规范记录工作中遇到的但又必然要解决的实际问题。

（4）系统性

本书研究中，始终将理论与实践两条路线贯穿其中，既有宏观的理论钻研，又有微观的具体实施问题研究，所涉及的档案规范记录建设囊括了方方面面，具有较好的系统性。所取得的各项成果，从理论至实践，从标准制定到应用，从人工操作到机器理解，围绕档案规范记录的著录与检索，进行了系统的研究，充分体现了系统性特点。

（5）指导性

本书深入分析了我国档案规范记录建设的实践需求，针对性地提出了解决措施。由此所产生的理论成果、制定的计算机检索系统等，十分切合我国档案工作实践，具有很强的针对性、指导性及可操作性，可供国内档案馆作为建立档案规范记录之依据。

（6）应用性

本书所制定的两项标准《档案规范记录著录规则》（语义标准）与《基于 XML 的档案规范记录编码格式规范》（语法标准）作为已立项的国家行业标准《电子档案著录规则》的配套标准（前期研究成果）已初步为国家档案局法规办的相关决策提供了参考，下一步有可能独立立项。研究中，围绕新制定的切合中国实践的标准《档案规范记录著录规则》，进行了较为系统的著录应用研究。在此基础上，从计算机理解和机器应用视角，制定并研发了《基于 XML 的档案规范记录编码格式规范》（中国 apcEAC-CPF）和中国档案规范记录计算机检索应用系统，在真实的计算机网络应用环境下检验了以上两项标准的实际应用，因而具有很强的应用性。

第2章 研究背景

在人类由信息时代迈向知识时代的今天，随着时代背景、社会背景、技术背景和专业背景的变化，人们对档案信息的需求也发生着重要变化。高效的信息服务和知识服务的总体形势，对档案利用服务提出了适应性发展的要求。在手工利用、本地利用的传统模式下，用户可以在具备专业知识的档案工作者帮助下，获得所需的档案背景知识，从而确保对档案内容的正确理解；而在网络利用、远程检索的情况下，用户又从何处获取档案背景知识呢？这就需要反映了丰富档案背景知识的档案规范记录的帮助。

在档案利用检索中，将人名、机构团体名或家族名作为检索词的现象屡见不鲜。无论是从理论上还是从实践上看，作为档案形成者（或是主题）的人名、机构团体名或家族名，是一个十分有效的检索途径。相对来说，它是一个既容易获得、又具有较高效率的检索方法。传统的本地档案利用模式中，虽然人名、机构团体名或家族名的重名、多名及识别困难等现象存在，但在一个局部的、半封闭式的档案信息资源总量有限的环境中，其对检索效率的干扰并不显得十分突出。然而，社会发展、技术进步等驱使档案信息资源面向一个广阔的、开放式的环境，档案信息资源极其丰富，人名、机构团体名或家族名的重名、多名和识别困难等现象成倍增加。同时，其他领域信息服务、知识服务的高效性亦要求档案利用服务提高检索效率、提升利用效益。建立具有规范人名、机构团体名或家族名检索点功能的档案规范记录，已显得十分迫切，成为档案信息化、档案检索中一个急需研究的重大问题。

2.1 时代背景：知识时代实现档案规范控制知识组织的紧迫性

马克思主义唯物辩证法告诉我们：一切事物的运动规律是与时间、空间息息相关的。因而，我们进行“网络环境下的档案规范记录系统研究”时，就不能不从时间轴上考察一下当今我们所处的时代。也就是说，只有认清了当今我们所处的时代背景，才可能站在时代高度对“网络环境下的档案规范记录系统研究”有一个科学的认识。

当今时代是一个什么样的时代呢？联合国教科文组织于2005年正式向全世界发布的《迈向知识社会》的时代报告给出了最具权威的说明，在这个报告中专门指出[①]：随着国际互联网新技术的不断出现与日益发展，知识已成为社会发展的源泉，人类社会正在由信息社会迈向知识社会。所谓的知识社会就是具有对信息进行确认、生成、处理、转换、传播及使用并为人类的发展构建知识与应用知识的社会。

在该报告中，明确指出人类社会所处的时代正由信息社会时代迈向知识社会时代。

其实，早在1998年，世界银行就发布了《知识促进发展》[②] 的报告，指出在人类社会的发展中，以知识为动力的经济发展战略正在形成。知识的生产、传播和应用成为生产力发展的重要驱动力，在全世界范围内出现了基于知识的价值链。信息流、知识流在世界范围内的快速流转和共享，加快了时代发展的步伐。信息和通信技术的发展为知识社会的来临创造了条件。

由此可见，当今我们所处的时代正由信息时代迈向知识时代。这是由知识在人类社会组织、管理和发展等方面的诸多优越性及其作用所决定的，是时代发展的必然趋势。著名的未来学家托夫勒在《第三

---

① United Nations Educational, Scientific and Cultural Organization. Towards knowledge societies [R]. France: Paris, 2005.

② The World Bank. Knowledge for development [R/OL]. [2013 - 10 - 31]. http: //www. worldbank. org/wdr/.

次浪潮》① 中指出，随着信息与经济的全球化、网络化，知识将成为最为关键的社会经济资源。

在当今的时代发展进程中，知识驱动着社会改革，知识促进着社会发展，知识创造着社会财富。知识，正以其丰富的存在形式，成为当代社会的关键资产②，并快速地在社会各个领域、各个层面以知识管理取代信息管理，以知识服务取代信息服务，从而驱动着人类社会发生深刻的变化。为此，著名的美国经济学家和管理学专家彼得·德鲁克认为，在知识时代，知识工作者是唯一的最大财产③。著名的国际档案学专家加拿大学者 T. 库克在 20 世纪末就指出："档案工作者不应囿于档案保管员的角色，而应成为概念和知识的提供者。将着眼点从信息转移至知识上。"④

时代需要我们档案工作者在继承的基础上，努力地进行创新和发展。在保护好档案的前提下，对档案进行充分利用。档案著录⑤，是对档案信息的智能控制，是档案利用工作的基础，是档案信息资源建设的窗口，是档案信息资源建设质量的展示，档案著录工作质量直接决定着档案信息检索效率，影响着档案信息利用效益。档案规范记录工作，是广义档案著录工作的重要组成部分，其本质是知识组织，是以标准化的方法，著录档案形成者信息，实现对人名、机构团体名和家族名检索点（在档案利用中，以人名、机构团体名或家族名作为检索关键词，在整个检索中占了较高的比重）的规范控制。它是档案著录的关键组成部分，是档案信息检索的重要途径，是理解档案的基础。做好档案规范记录工作，是时代对档案工作者的基本要求，更是利用档案提供知识服务的重要基础工作。

"适者生存"这是亘古以来无法颠覆的生存法则。面对信息时代、知识时代的要求，世界各国都在竭尽所能地进行变革和创新，美国、欧盟、非洲等纷纷提出了面向知识的服务规划。因循守旧、裹足不前的结果只能是被时代抛弃！作为新时代的档案工作者，我们不仅要把握时代发展趋势，认知领域发展前沿，更应该以时不我待的神圣使命感肩负起时代赋予我们的职责，以科学的、历史的、前瞻的眼光思谋档案工作的发展。档案规范记录工作，不仅仅是当今时代档案信息检索和提供知识服务的需要，也是长久保存档案的需要，是档案工作者勤奋耕耘、对保存历史记忆所做贡献的重要体现。进行我国档案规范记录建设研究是迈向知识时代过程中的一项紧迫任务。

2.2 社会背景：网络化社会对档案网络化管理与检索利用的高度关注

马克思主义唯物辩证法指出，没有离开空间的时间，也没有离开时间的空间。因此，还必须对"网络环境下的档案规范记录系统研究"所处的社会背景进行考察。唯有如此，才可能对研究课题有一个全面、多维的深入认识。

社会学创始人孔德认为，社会作为由各个不同部分要素构成的整体系统，社会结构各个部分之间的平衡与和谐关系，是社会正常运转的基本条件⑥。当今时代，作为社会正常运转的各要素之特征的总和就构成了当代社会的总体特征——当今的社会背景。

当今社会背景总的特征是：网络化社会，数字政府，智慧城市，知识经济。

① Alvin Toffler. The third wave [M]. USA: Bantam Books, 1980.

② Bonifacio M, Bouquet P, Cuel R. Knowledge nodes: the building blocks of a distributed approach to knowledge management [J]. Journal of Universal Computer Science, 2002, 8 (6): 652－661.

③ Drucker Peter F. Management challenges of the 21st century [M]. New York: Harper Business, 1999.

④ 特里·库克. 电子文件与纸质文件观念：后保管及后现代主义社会里信息与档案管理中面临的一场革命 [J]. 刘越男，编译. 山西档案，1997 (2): 7－13.

⑤ 国际标准 ISAAR (CPF) 将"档案著录（Archival Description）"定义为：通过捕获、分析、组织与记录确定识别、管理、定位查找与解释档案资源与背景及产生的文件系统的信息，创建对一个著录单位及其组成部分（若有的话）的准确表述。它是一个过程，亦描述（档案著录）过程形成的成果。

⑥ 麦克·布洛维. 公共社会学 [M]. 沈原，译. 北京：社会科学文献出版社，2007.

所谓网络化社会①，就是指电子网络构建了新社会形态，它改变了生产、经济、政治与文化发展过程和结果，文字、人际关系、数据和财富这些社会要素都可以在网络空间中得到体现。随着信息和网络技术的发展，尤其是互联网在世界范围内的普及（截至2013年6月底，我国网民5.91亿人，互联网普及率达44.1%②；全世界网民达27亿人③）。由此，社会也在网络驱动下发生着变革。

数字政府（Digital Government），又称为虚拟政府（Virtual Government）或电子政府（Electronic Government，或e-Government）④，其建设并非以计算机和网络技术简单地替代传统的手工运作模式，而是应用信息、网络和通信等技术，对政府机构团体的业务运行、管理模式和服务模式乃至服务理念进行优化，实现政府运作和服务模式的创新发展，以提高政府工作效率和服务水平。在数字政府建设中，美国率先将数字政府列入政府改革议程，1993年克林顿政府建立了“国家绩效评估委员会”，提出了电子政府，随后电子政府建设在全球范围内开展。2012年5月，美国联邦政府又专门发布了数字政府建设战略——《数字政府：构建21世纪平台》⑤。当前，数字政府建设已成为世界各国关注的焦点。数字政府与传统运作模式的政府相比，运作效率显著提升，由此，其成为一个国家综合国力的重要衡量指标。在数字政府建设中，其关键的一条就是知识管理。随着数字政府的高效运行，知识信息迅速增长。面对巨量的知识资源，如何对其进行有效控制、组织、利用与开发就成为当今数字政府建设一个迫切需要解决的问题。

以数字政府为基础，智慧城市也出现在人类社会的发展之中。2008年11月，在纽约召开的国际关系理事会上，IBM首次提出“智慧地球”这一理念。2010年，IBM又提出“智慧城市”愿景，进而引发了全球智慧城市建设热潮。所谓的智慧城市，是新一代信息技术支撑、知识社会下一代创新（创新2.0）环境下的城市形态。全球所掀起的“智慧城市”建设，必要要求建设智慧档案馆⑥，而智慧档案馆的建设，一方面，要求充分开发档案信息资源为此建设目标服务；另一方面，要求档案信息作为一种资源，需要与此智能发展之目标保持同步。

知识经济，根据OECD的界定，就是以适应和信息的生产、分配、传播和应用为基础的经济⑦。知识经济是对工业化经济的全面超越。超越工业化的核心内容与实质，在于规定着人们全部社会关系特征的社会基础关系，从物质依赖关系到知识依赖关系的转变。这种转变主要体现在两点上：第一，以具有“知识生产力”为特征的社会生产力的形成和普及，知识成为经济增长的主要资源；第二，社会基础关系从物质依赖关系发展到了知识依赖关系，知识的掌握和利用水平决定经济发展的成败。知识经济正从根本上改变着以往工业化经济的格局。

由此可见，在当今网络化社会、数字政府、智慧城市、知识经济社会背景之下，档案作为知识资产，因其全面地记录了人类活动的各个领域，已经成为行政管理、文化与思维活动的唯一可靠证据，是支撑决策、行动和记忆信息的权威来源⑧。

在此社会背景之下，作为档案工作者，我们需要系统思考档案工作可能发生的变化。在传统利用模式之下，档案利用者可以在熟悉档案背景的档案工作者引导下，开展档案检索、选择与理解。而在网络

---

① 冯务中，李艳艳．“网络社会”概念辨析［J］．广西社会科学，2008（9）：175.

② 中国互联网络信息中心．第32次中国互联网络发展状况统计报告［EB/OL］．［2013-10-31］．http：//www.cnnic.net.cn/hlwfzyj/.

③ 环球网．联合国：手机用户数量2014年将超过全世界人口［EB/OL］．［2013-11-08］．http：//tech.huanqiu.com/comm.02013-0503929984.html.

④ 孙志建．数字政府发展的国际新趋势：理论预判和评估引领的综合［J］．甘肃行政学院学报，2011（3）：32-43.

⑤ The White House. Digital government：building a 21st century platform to better serve the American people［EB/OL］．（2012-05-23）［2013-11-08］．http：//www.whitehouse.gov/sites/default/files/omb/egov/digital-government/digital-government-strategy.pdf.

⑥ 杨来青，徐明君，邹杰．档案馆未来发展的新前景：智慧档案馆［J］．中国档案，2013（2）：68-70.

⑦ 周石山，晏涌涛．知识经济：对工业化经济的全面超越［J］．湖南师范大学社会科学学报，2001（1）：35-38.

⑧ UNESCO. Universal declaration on archives，2010［C］．［2013-10-31］．http：//unesdoc.unesco.org/images/0021/002134/213423e.pdf.

环境之下，没有了档案工作者的引导，我们又用什么来保障用户对于档案的检索效率和内容理解呢？档案规范记录体系建设就是十分重要的保障手段之一。档案规范记录起到了规范检索点[①]的作用，消除了对档案形成者理解的歧义，不但增加了检索途径，而且提高了检准率和检全率。同时，也向档案用户提供了较为完备的档案背景知识。此外，档案规范记录对检索点的规范及其数据关联功能，为实现计算机组织和检索档案信息过程中的推理能力奠定了基础。开展中国档案规范记录理论研究，建设中国档案规范记录体系，并向社会提供档案规范记录以便利用，是当今社会对我们档案工作者提出的重要挑战。

2.3 技术背景：新技术推进档案规范记录系统实现具有可行性

如前所述，社会是由各个不同要素构成的整体系统，在总体上考察了社会背景之后，需要对与档案密切相关的构成要素——技术背景进行考察，它对档案形成、管理和利用方式起着决定性的影响，技术的发展会对不能适应时代的传统管理机制产生冲击、瓦解和重构作用[②]。

2.3.1 云计算服务模式的应用

云计算是网格计算、分布式计算、并行计算、效用计算、虚拟化等计算机技术与网络技术发展的融合[③]。自从2006年云计算作为一种新的计算模型被提出来至今，云计算被视为“革命性的计算模型”，成为继PC、互联网之后再一次改写IT面貌的“第三次IT革命”。云计算正在改变着人类社会，正在极大地提高社会生产力，推动人类经济的快速发展。2011年以来，美国、澳大利亚、英国、加拿大、日本等纷纷发布云计算战略[④]，极大地促进了信息技术的发展。

2008年5月10日，江苏省无锡市与IBM公司合作在无锡太湖新城科教产业园建设的云计算中心正式运营[⑤]，2010年“山东省云计算公共服务平台”建设工程启动[⑥]，2011年“北京超级云计算中心”项目建设启动[⑦]。2011年10月，为了加强我国云计算创新发展，推进云计算中心（平台）建设，我国工业和信息化部与发展改革委联合印发了《关于做好云计算服务创新发展试点示范工作的通知》[⑧]，确定在北京、上海、深圳、杭州、无锡5个城市先行开展云计算服务创新发展试点示范工作。目前，北京、上海、天津、济南、南京、杭州、成都和深圳等城市均已建立了云计算相关平台。可以预见，云计算将与我国国家创新型城市建设相结合，与现有数据中心相结合，为我国提升信息化水平提供有力的支撑。

云计算服务模式的大范围推广应用，必然给档案管理技术环境的变化，以及业务流程的变化，并为提升档案信息管理的智能性、协作性和共享性奠定技术基础[④⑨]。2012年12月，“基于云计算的国家公共档案信息资源共享服务平台研究及实践”课题试点工作会议在浙江杭州召开，会议拟定于2013年6月底前完成远程联网测试工作，并要求各试点单位做好设施设备配置和开放档案数据共享准备工作。在此情形之下，云计算服务模式驱使档案工作者、档案信息资源由封闭、半封闭式环境走向更加广阔、开放式

---

① 国际标准ISAAR（CPF）将“检索点（Access Point）”定义为：可用于检索、确定与定位查找档案著录，包括规范记录的名称、术语、关键词、短语或代码。

② 章燕华，马林青．澳大利亚国家电子文件保管模式的转变及其启示［J］．浙江档案，2007（10）：14－17.

③ 张鹏．新兴互联网专业如何从稚嫩迈向成熟［N］．文汇报，2013－10－17.

④ 王大青，温敬鹏．在电子文件管理中应用云计算需要辨析的问题［C］//金波，于英香．新趋势　新思维　新途径：数字时代的档案工作．上海：世界图书出版公司，2013.

⑤ 新华网．IBM云计算中心落户无锡［EB/OL］．［2013－10－31］．http：//it. sohu. com/2008/511/n256779384. shtml.

⑥ 山东软件信息网．山东省云计算公共服务平台启动建设［EB/OL］．（2010－05－04）［2013－10－31］．http：//www. Scsit. org. cn/news_ read. asp？id＝1258.

⑦ 北京超级云计算中心启动建设［N］．北京日报．2011－11－02（2）．

⑧ 国家发展改革　工业和信息化部关于做好云服务创新发展试点示范工作的通知［EB/OL］．［2013－10－31］．http：//www. gov. cn/zwgk/2010－10/25/content_1729805. htm.

⑨ 王大青．云计算环境下档案利用服务发展趋势分析［M］//谈志兴，杨安莲，张健．新形势下档案工作转型发展研究．上海：世界图书出版公司．

的环境，不同人物、机构团体的同名现象增加，而同一人物、机构团体所形成档案的分散性提升，规范其检索点显得更为迫切。在整合数据中心、建设云平台之后，异地提供服务比例增加，档案信息内容理解偏差可能性增加。此时，档案背景信息显得尤为重要，它是确保档案真实性、完整性、可靠性、可用性和可理解性的重要内容。档案规范记录工作成为档案工作者和用户的共同需求。

2.3.2　大数据环境的形成

大数据是正在到来的数据革命①，在人类迈向知识时代的过程中，传感器数量的不断增加、智能手机的迅速普及、智慧城市的席卷而来，使得计算机数据呈指数级增长。在宽带化、移动互联网、物联网、社交网络、云计算等的催生下，人类进入了一个前所未有的大数据环境②。

2010年，美国总统科学技术顾问委员会在给总统和国会的报告《规划数字化的未来》中专门指出："当今数据正在呈指数级增长，现在几乎所有数据的产生形式，都是数字化的。"③ 2000年，人类所保存的信息只有25%是数字化的。但是，数字信息的增长速度却是十分惊人的，几乎每3年就翻一番。至2013年，数字信息已占全部信息的98%。国际数据公司IDC的调查报告指出，全球数据量2011年为1.8 ZB，2020年将达到40 ZB，而40 ZB则相当于地球上所有沙粒总量的47倍。在这种大数据环境下，传统的数据平台已完全不适合大数据的要求，由此，人类又一次面临着时代所带来的大数据之严峻挑战。大数据的一个重要特征就是能够用数据来描述世界众多层面，这个特征可称为"数据化"。从数据收集、处理和使用的理念上看，发生了重要变化：一是扩大数据收集渠道和范围，可使用数据量迅速增加；二是对数据失序进行重新认识，允许非条理和非纯净数据的存在；三是数据关联性的重新定位，在探索事物因果关系的同时强调数据相关性分析。大数据以相关性分析来预测事物发展规律，这将改变人们生活、工作和思考方式。大数据是一种资源，也是一种工具。它的目的是告知，而不是解释，并旨在促进理解④。大数据环境，从其本质上来说，主要是数据量的变化和数据关系的挖掘。大数据环境正在催生的最大技术变革，是重新构造互联网，驱动互联网由Web 2.0向Web 3.0发展，即由基于互联网的交流、协同和互动向以本体化的数据为基础的语义网方向前进。语义网就是数据网，从某种程度上来说，它就像一个全球性的数据库，各类相关数据通过元数据相互联结。当前的互联网，网页是信息资源组织的基本单位。对于语义网来说，数据是信息资源组织的基本单位。语义网的建设，元数据至关重要。在此时代背景之下，元数据成为计算机数据不可或缺的构成部分。从数据抽取与集成、数据分析、数据解释乃至最终的数据应用都需要元数据的参与。

2.3.3　关联数据的发展

关联数据最早是由被誉为因特网之父的TimBerners-Lee于2006年首次提出，2007年国际万维网联盟（简称W3C）正式启动了关联开放数据项目⑤。所谓"关联数据"，就是用来组织、发布和连接各类数据、信息和知识的技术，为语义信息组织工作提供一种轻型、渐增、可伸缩和可扩展的动态机制⑥，从而构建起一个计算机能够理解的具有结构化和丰富语义的数据网络，并在此基础上构建更为智能的应用。目前关联数据已得到全球学术界、工业界和政府部门的广泛关注。

近年来，"关联数据"在科学研究、图书、情报等领域获得了重要关注，代表了信息资源组织和知识服务的重要发展趋势。"关联数据"是用来组织、发布和连接各类数据、信息和知识的技术，为语义信息

① 涂子沛．大数据［M］．桂林：广西师范大学出版社，2012.

② 王大青．大数据环境下数字文件元数据战略研究［C］．第三届全国情报学博士论坛，南京，2013.

③ Executive Office of the President，President's Council of Advisors on Science and Technology. Designing a digital future：federally funded reseahch and development in networking and information technology，2010［R/OL］．［2013－10－31］．http：//www. whitehouse. gov/ostp/pcast.

④ 世界迎来大数据时代［N］．参考消息，2013－05－06.

⑤ 肖琴，郑立新．关联数据研究进展概述［J］．图书情报工作，2011（13）：72.

⑥ 沈志宏，张晓林．关联数据及其研究现状综述［J］．现代图书情报技术，2010（11）：1－9.

组织工作提供一种轻型、渐增、可伸缩和可扩展的动态机制①。“关联数据”在档案领域的应用，则无可避免地要着眼于档案规范数据、背景信息建设。如果根据《国际标准——档案规范记录著录规则》［ISAAR（CPF）］来建立档案规范记录，则可用规范化的形式将来源相同、保管地点分散的不同档案及其他资源关联起来，将相关的档案形成者连接起来，很好地实现档案之间的关联。

2.3.4 置标语言技术的标准化

置标语言及其标准化是实现信息包括档案规范记录在网络环境下提供检索利用的关键技术之一。在国际标准化组织（ISO）与万维网联盟（W3C）等国际标准组织的积极推动下，置标语言的标准化逐步实现。

从历史发展的时间维度来考察，可供档案规范记录置标所用的基础置标语言主要分为3种：标准通用置标语言（SGML）；超文本置标语言（HTML）；可扩展置标语言（XML）。

首先，SGML，是1986年国际标准化组织发布的为生成标准化文档而制定的标准ISO 8879：1986（E），中文全称为《信息处理 文本和办公系统 标准通用置标语言》，英文为Information processing-Text and office systems-Standard Generalized Markup Language（SGML）。

其次，HTML，是2000年国际标准化组织正式将该标准颁布为国际标准ISO/IEC 15445：2000，中文全称为《超文本置标语言》，英文为Hypertext Markup Language（HTML）。HTML是一种专为www网页显示及浏览而设计的简易标记语言，它更多地关注文本的呈现形式。目前是www上制作网页的标准语言格式。

最后，XML，是1998年2月国际万维网联盟（W3C）正式颁布的标准，中文全称为《可扩展置标语言（1.0）》，英文为EXtensible Markup Language（1.0）。至此，XML标准在国际范围内迅速发展，各大厂商也均在积极研制相关支持性应用软件。

以上3种标准置标语言技术目前在国际上仍较常用，因此有必要对它们进行比较，从而优选出更适用于档案规范记录置标所用的基础语言。详见6.3.1。

2.4 专业背景：国内外档案规范记录研究的现状与发展综述

档案规范记录的理论探索和实践应用，在国外许多国家早已起步和发展，有的已经在实践中获得了较好的效益。然而这一课题在我国尚未深入开展，无论是理论上还是实践上都有待进一步提升和发展。

2.4.1 国际上研究档案规范记录的缘起与最新进展

（1）国际上档案规范记录著录规则研究的缘起与发展

规范记录的研究最早起源于图书情报界。20世纪初，美国编目专家卡特为建立字顺目录，主张用著者全称形式，首先提出“规范控制”概念。1922年美国费洛斯在《编目规则及图解》一书中对规范文档的建立和维护作了较为全面的论述②。20世纪70年代，规范记录工作引起了国际图联（IFLA）的高度重视，为了便于各国交换规范数据，1977年国际图联拟定了1项规范文档编制原则及工作规程的计划，并先后制订了3项重要的国际规范控制标准，即《规范款目和参照款目指南》（Guidelines For Authority And Reference Entries，GARE）、《UNIMARC/规范：通用规范格式》（UNIMARC/A）和《主题规范和参照款目指南》（GSARE）。

档案领域关于规范记录的研究起步要晚于图书情报界，于20世纪80年代才开始关注，例如，1985年拟订的美国档案界第一份被普遍采用的《档案与手稿控制的形式词目》（Form Terms for Archival and

① 沈志宏，张晓林．关联数据及其研究现状综述［J］．现代图书情报技术，2010（11）：1－9.

② 黄俊贵．规范控制概说［J］．高校图书馆工作，1999（3）：1－8.

Manuscrip Control，FTAMC）[①]。主要原因如下。

①由于各个档案馆在保管同一来源的档案时，没有统一的规范记录来控制，各档案馆之间要实现档案形成者背景信息的共享十分困难。而过去在诸如殖民、移民和贸易等这些活动中所形成的档案文件都具有跨国界的特征，涉及多个国家，在这样的迫切要求下，国际档案理事会档案著录标准特别委员会于1993年开始考虑档案著录过程中检索点的规范问题。

②由于1994年国际档案理事会档案著录标准特别委员会制定颁布的《国际标准——档案著录规则（总则）》中没有规定档案检索点的规范选取，所以，为了使档案规范记录的各项数据能在国际档案界实现资源共享，更好地开发、利用和保护作为人类文明遗产和人类历史记忆的档案信息资源及背景信息，国际档案理事会档案著录标准特别委员会于1994年后又开始着手制定关于档案规范记录著录规则的国际标准。

国际档案理事会档案著录标准特别委员会在研究了国际图联的《规范款目与参照款目指南（GARE）》及有关图书馆界的其他规范记录标准之后，于1995年正式制定了《国际标准——档案规范记录著录规则》［ISAAR（CPF）］，并于1996年正式颁布，2004年颁布了第2版。从该标准英文名称中可以看出，“规范记录”英文为“Authority Record”，这一短语中的“Record”在我国档案界常常被理解为“文件”，实际上，这个词在国际档案著录领域是一个专用术语，有其特定的含义，专门指的是根据一定的标准进行著录而形成的一条条以规范档案中的机构团体名、人名或家族名为检索点的“记录”。而“Authority Record”在国际档案著录领域中作为一个专门术语，则指的是“规范记录”。

由此可见，作为档案规范记录工作的基础是建立规范记录。按照《国际标准——档案规范记录著录规则》［ISAAR（CPF）］所建立起来的档案规范记录，通过在著录系统中创建既相互分离又互有联系的文件责任者的描述，为获取及管理最有助于发现、利用和理解、评估的背景信息提供了一个有效而灵活的手段。按照该标准建立起来的档案规范记录可以达到跨国、跨语言链接背景信息的要求，而且可以使文件的著录由仅著录单一的特征信息而发展到著录全面的背景信息，从而能够确保档案学基础理论之一——来源原则的有效实现，使档案作为“社会记忆”而得到永久保存，并且使档案信息资源能够得到更有效的控制与利用。

《国际标准——档案规范记录著录规则》［ISAAR（CPF）］的主要目的在于为文件形成者[②]与文件创建背景的档案著录的标准化提供总则，从而能够[③④]：①为来源相同（或者相互关联）却在物理上分散的不同文件综合著录条目创建背景信息著录，从而提高档案与文件的检索效率；②所提供的相关背景信息，可以为利用者提供帮助，从而使他们能够更好地理解档案、文件的含义与意义；③通过结构化地记录相关实体之间的关系，尤其是机构团体内管理变化或个人与家族内情况变化的记录，而准确鉴别文件形成者；④在机构团体、系统或网络之间交换这些著录信息。

（2）国际上档案规范记录“XML-ISAAR（CPF）”研究的缘起与发展

国际档案理事会制定的《国际标准——档案规范记录著录规则》［ISAAR（CPF）］作为档案规范记录著录内容方面的标准，还不能直接用于计算机网络环境，为了使该标准能够在计算机网络环境下进行档案规范记录著录与使用，于1998年在国际档案界出现了一个以《国际标准——档案规范记录著录规则》为内容标准的XML规范，并于2001年在多伦多召开的第二届国际性的有关讨论档案背景信息的学

① SAA. Chapter 6：authority control［EB/OL］.［2010－03－16］. http：//www. archivists. org/catalog/stds99/chapter6. html.

② 国际标准ISAAR（CPF）中将“形成者（Creator）”定义为：机构团体、个人或家族活动实施中创建、积累或维护文件的任何实体（机构团体、个人或家族）。亦被称为责任者或产生者。

③ The Secretariat of the ICA Ad Hoc Commission on Descriptive Standards. ISAAR（CPF）：international standard archival authority record for corporate bodies，persons and families（2nd edition）［S］. 2004：8.

④ Adrian Cunningham. Harnessing the power of provenance in archival description：an australian perspective on the development of the second edition of ISAAR（CPF）［J］. Journal of Archival Organization，2008，5（1－2）：15－31.

术会议上，将该XML规范正式定名为《档案背景信息编码著录规则》，英文为Encoded Archival Context（EAC），从而开启了基于《国际标准——档案规范记录著录规则》的XML-EAC标准的研制历程。

为了更规范地形成一个国际档案界能共同接受的并有利于在国际档案界交换与共享的档案规范记录，在2001年的多伦多会议上，EAC工作组还专门发布了《多伦多原则：档案背景信息模型的原则与标准》[①]，用于指导EAC的制定。会议工作组还制定了基于《国际标准——档案规范记录著录规则》［ISAAR（CPF）］的XML文档类型定义，即EAC的DTD（Document Type Definition）。

2004年，发布了EAC的β版本，并应用于欧洲、澳大利亚与美国相关项目，从而开始了长期的测试。

2006年，由国际档案界来自9个国家的14名代表成立了EAC工作组（EAC Working Group，EAC-WG）。

2007年，美国档案工作者协会成立了EAC工作组，以推进EAC标准版的面世，并开始着手建立EAC的Schema与词典（tag library）。同时，由美国主导的EAC工作组向国际档案界寻求对EAC β版本的反馈，得到了20份单独的文档，其中就包括来自对于EAC β版本的实施具有重要经验的“澳大利亚”项目（People Australia Project）的重大贡献。

2008年，EAC工作组在Gladys Krieble Delmas基金会、Regione Emilia-Romagna的IBC（Instituto per I beni artistici culturali e naturali）、Archivio di Stato di Bologna、OCLC研究，以及澳大利亚国家图书馆（National Library of Australia）等的支持下召开会议，将EAC正式命名为“EAC-CPF”，从而奠定了现有“EAC-CPF”标准的基础。

2009年，EAC工作组完成了“EAC-CPF”的XML Schema的开发[②]。

2010年，“EAC-CPF”完整的XML Schema与词典得以形成。这是由EAC工作组历经30个月的工作而取得的，其中，法国的AFNOR项目对于“EAC-CPF”的XML Schema与词典的完成起到了至关重要的作用[③]。

2011年，EAC-CPF正式作为档案规范记录数据标准而被美国档案工作者协会（SAA）所采用，并在SAA的标准委员会之下建立了EAC-CPF技术分委会（Technical Subcommittee，TS-EAC-CPF），与柏林国家图书馆（Berlin State Library）共同负责该标准的维护等。[②④]

至此，在国际档案界正式形成了基于《国际标准——档案规范记录著录规则》［ISAAR（CPF）］的XML Schema标准，即EAC-CPF标准。

EAC-CPF标准首先用于著录个人、家族与团体，其以各种各样的方式创建、保存、利用。[⑤⑥⑦] 其基本目的在于：在计算机网络环境下实现对档案规范记录的标准化著录，以支撑网络环境中规范记录的共享、发现、检索、浏览及交换。

2.4.2 国内关于档案规范记录研究的状况

与国际上开展档案规范记录工作的快速发展相比，我国的档案规范记录工作起步较晚，有关的理论

① EAC working group. Principles and criteria for a model for archival context information［C］. Toronto，2001.

② Katherine M Wisser. Describing entities and identities：the development and structure of encoded archival context – corporate bodies，persons，and families［J］. Journal of Library Metadata，2011，11（3 – 4）：166 – 175.

③ Dennis Meissner，Jennifer Schaffner. Introducing EAC-CPF［J］. Archival Outlook，2010（May/June）：10 – 11.

④ http：//www. apenet. eu/index. php？option = com_ content&view = article&id = 50&Itemid = 65&lang = en.

⑤ Encoded Archival Context Working Group of the Society of American Archivists and the Staatsbibliothek zu Berlin. Encoded archival context – corporate bodies，persons，and families（EAC-CPF）tag library［EB/OL］.［2013 – 07 – 16］. http：//www3. iath. virginia. edu/eac/cpf/tagLibrary/cpfTagLibrary. html#d1e8025.

⑥ EAC-CPF homepage［EB/OL］.［2011 – 02 – 12］. http：//eac. staatsbibliothek-berlin. de/.

⑦ Daniel Pitti. Encoded archival context – corporate bodies，persons，and families：8th European conference on digital archiving［C］. Geneva：Springer，2010.

研究和实习系统的研发活动较为罕见。但我国图书馆界在规范记录方面已经做了许多工作，目前已制定《中国机读规范格式》《名称规范数据款目著录规则》和《主题规范数据款目著录规则》等有关规范记录著录方面的标准。

在档案领域，我国虽然于1985年就制定了《档案著录规则》，但对档案著录中建立档案规范记录体系却几乎是空白。在有关档案工作的大量文献论著中，也很少有涉及档案规范记录的问题。在“中国期刊全文数据库”中使用“规范记录”（或“规范控制”）进行检索，关于我国档案规范记录方面的研究文献只有2篇，分别为张正强的《论国际标准——机构团体、个人和家族档案规范记录著录规则的制定对提高档案检索效率的重要意义》（《档案科技与现代化》，2002年第6期）和徐维、张文友的《〈国际标准——机构团体、个人和家族档案规范记录著录规则〉的制定及其结构特点》（《档案与建设》，2001年第2期）；讨论档案规范控制的文献有2篇，分别为冯留燕的《图书与档案的规范控制工作研究》（《云南档案》，2011年第4期）和束维兵的《从客观著录原则谈规范控制工作》（《山西档案》，2003年第3期）。尽管我国目前关于规范记录的研究现状不容乐观，但是，从研究动向上看，国内学术界已开始注意对该问题的研究。因此，在今后的研究中仍需不断借鉴国外的先进理论和成功经验，并紧密结合我国的工作实际，进一步拓展研究的范围，提升研究的广度和深度。

上海图书馆建有名人手稿馆，在其著录系统中，规范档的主要作用在于对元数据库进行规范控制，以保证元数据库的一致性，同时在未来的系统中起到聚集、规范、扩展、关联的作用。由于名人手稿馆的目标就是收集关于“名人”的各种资源，因此，名人手稿馆著录系统目前只实现了关于人名的规范档控制，包括规范名、出处、国籍、民族、生年、卒年、籍贯、出生地、性别、小传、专长、著作、职衔、关系人等字段。并计划在以后的工作中，根据实际情况逐步实现对团体名称等的规范控制。①

名人手稿馆著录系统作为一个专门管理各种名人资源而开发的系统，具有其独特性，名人和名人之间、名人和资源之间，具有复杂的关系。因此，需要提供一种在名人与资源间的浏览功能，即名人导航功能。名人导航界面主要分三大块，分别是“当前人物”“关系人”和“与当前人物相关的资源”。系统在此提供两大功能，第一，系统首先在界面的导航栏显示名人手稿馆中的重要名人，点击任何一个名人姓名后，该名人成为“当前人物”，并显示和其有关系的其他名人及相关资源。当前人物除了能浏览界面提供的规范名、衔职、小传，点击当前人物的规范名还可以对整条规范档数据进行浏览，并提供当前人物的大头照；也可以点击与该名人有关系的其他名人，并以被选择的名人作为一个基准点进行下一步的信息显示；点击相关资源的题名时，则显示资源中的详细内容。第二，界面提供用于人名检索的检索框，进行检索后，页面显示该名人及其与该名人有关的其他名人和资源的关系图。此后的操作与第一项功能相同。这样可以层层叠套，将名人手稿馆的整个资源囊括和串联起来，形成名人手稿馆信息系统的一个亮点。② 名人手稿馆的规范档著录系统为我国档案规范记录著录系统提供了很好的借鉴。

在我国台湾所实施的数字档案馆项目（National Digital Archives Program）却建立了档案规范记录体系，如“人名规范记录”“地名规范记录”等。③

2.4.3　国内外档案规范记录的应用情况

我国目前已有一些大型图书馆在编目过程中开始建立规范记录。比如，国家图书馆联合编目中心建立的《中国国家名称规范数据库》，北京邮电大学图书馆、武汉大学图书馆、华中师范大学图书馆和上海交通大学图书馆等少数高校图书馆所使用的图书馆自动化系统也建立了联机规范记录，清华大学图书馆名称规范文档也已在INNOPAC系统中正式建立。

国际档案领域进行了大量颇有成效的实践探索。美国是世界上最早建立档案规范记录的国家，如

① 刘炜．基于本体的数字图书馆语义互操作［D］．上海：复旦大学，2006：168－169．

② 刘炜．基于本体的数字图书馆语义互操作［D］．上海：复旦大学，2006：173－174．

③ 许静芬，郑玉玲，林淑芬．台湾地区中文名称构成的现况及展望［J］．台湾图书馆馆刊，2007（96年2）：211－229．

图 2-1 所示，美国的档案规范记录最初通过 MARC 来实现。在英国，规范记录利用已经面向用户，用户可以通过互联网直接查询到英国国家档案馆的相关规范记录，虽然提供的只是简单级次的信息，但用户可以同时链接到规范记录的储存地（包括博物馆或图书馆）①。

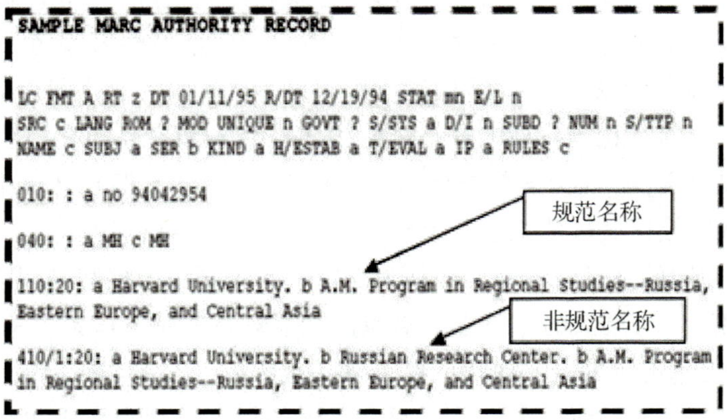

图 2–1　美国 MARC 实现的规范记录款目

在欧洲，于 2001 年 3 月启动了为期 3 年的国际规范数据库合作建置计划（Linking and Exploring Authority Files，LEAF）②，该项目主要是为分布式的规范记录建立链接提供模型，该项目将建立一个中心 LEAF 系统，根据 ISAAR（CPF）规范记录著录规则，以 EAC 格式进行存储，使得在欧洲范围内的档案馆、图书馆、博物馆的文件有一个标准化的名称和数据格式可供利用。目前，该项目已经完成。图 2-2 与图 2-3 分别为 LEAF 系统架构图与 LEAF 系统的检索界面截图。

国际上另一具有广泛影响力的规范记录项目是“虚拟国际规范文档”（Virtual International Authority File，VIAF）③。该计划是 2003 年国际图书馆联盟会议提出的。其最突出的特色是系统包含中文等多语种，同时也是关联数据的具体应用，如图 2-4 所示胡适在 VIAF 数据库的规范记录④。

作为规范合作计划的典型代表，LEAF 与 VIAF 等项目可为我国连接各地区中文档案名称规范记录数据库的建置工作提供参考。

由此可见，建立档案规范记录已成为当今国际档案界的一个趋势。从《国际标准——档案规范记录著录规则》[ISAAR（CPF）] 的附录实例来看，现在美国、加拿大、澳大利亚、英国、法国、西班牙、墨西哥、巴西等国都已经建立了本国的档案规范记录体系。

要特别提出的是，美国国家档案馆的 OPA（Online Public Access）⑤ 检索系统中，将档案规范记录的机构团体名索引和人名索引中的基本结构分为“著录的简要级次部分”和“著录的详细级次部分”，这两部分实际上就实现了规范记录的两大功能：在“著录的简要级次部分”，将机构团体名、人名按字顺排列，各个机构团体名、人名之间的用代关系清楚地显示出来，并将代表同一机构团体或个人的多个不同名称指引到最常用的规范名称上；而“著录的详细级次部分”，实现了提供详细的背景信息功能。一些已经撤销的、从其名称很难判断其性质、职能的机构团体，“著录的详细级次部分”可以为用户提供非常丰富的机构团体背景信息，从而为用户在检索时判断该机构团体是否符合自己检索需求提供了切实的依据（具体分析研究详见第 7 章案例研究）。

---

① 参见 http：//www. nationalarchives. gov. uk/searchotherarchives/。

② 参见 http：//www. crxnet. com/leaf/index. html。

③ VIAF：the virtual international authority file [EB/OL]. [2012 – 12 – 08]. http：//viaf. org/.

④ 参见 http：//viaf. org/viaf071426854。

⑤ 参见 http：//research. archives. gov/search？ v% 3Asources = opa-boosts&query = &v% 3aframe = form&form = opa-advanced&。

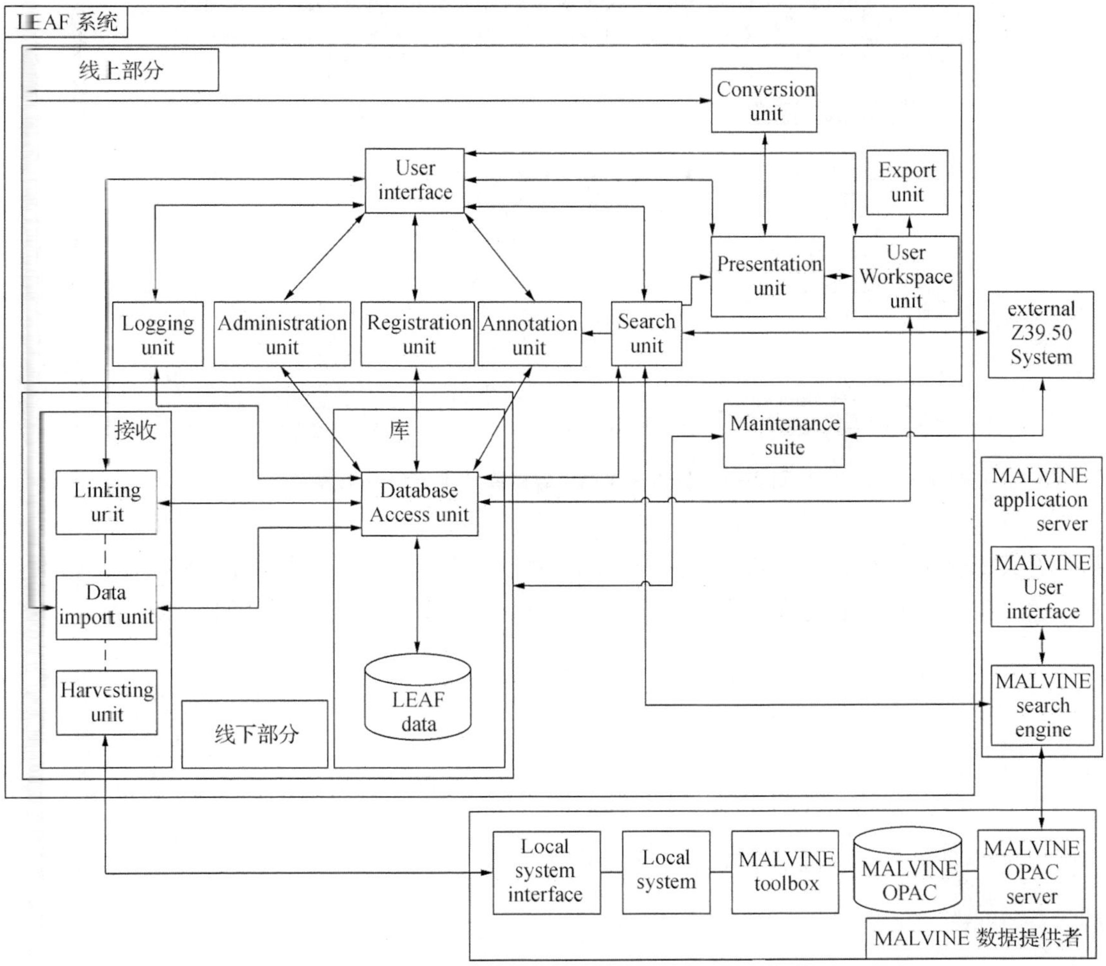

图 2–2　LEAF 系统架构

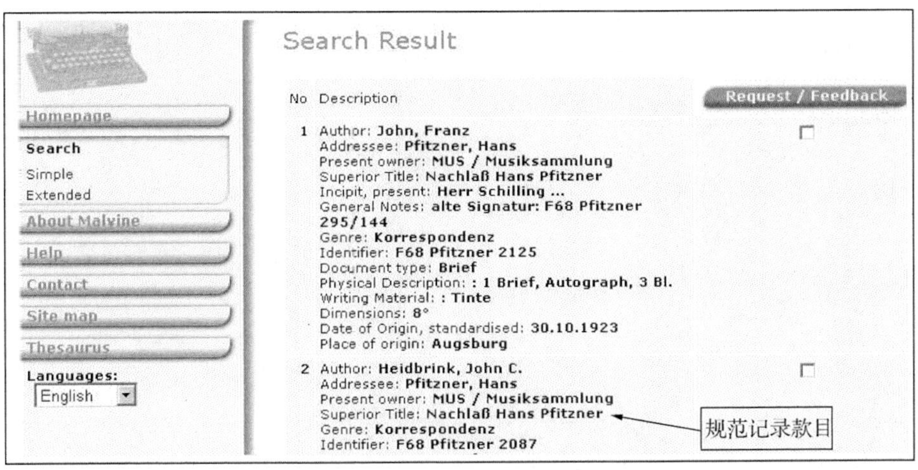

图 2–3　LEAF 系统检索界面

在数字档案馆和电子文件中心建设逐步发展的今天，我国档案部门规范记录的应用尚处于摸索阶段，许多应用系统在设计时也没有考虑建立规范记录的需求。我国档案规范记录理论研究的滞后，也在某种

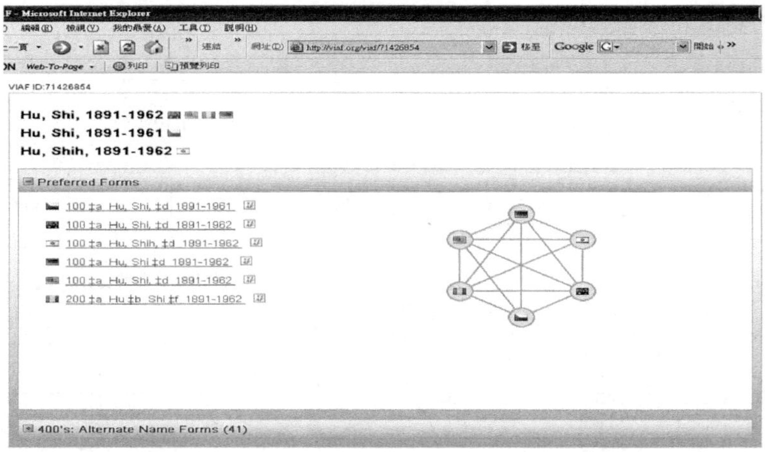

图 2-4　胡适在 VIAF 数据库的规范记录示意

程度上迟滞了实践应用的发展，但同时也应该看到，我国档案界在规范记录研究和应用的空间上发展余地还很大。建立我国档案规范记录体系，无疑势在必行，而且是一项较为紧迫的工作任务。

第3章　档案规范记录的作用与意义

档案规范记录是在档案著录系统以机构团体、个人或家族为单位而对其进行著录①，其具有提供档案背景信息、提高检索效率和实现知识增值的作用与意义。在提供档案背景信息方面，其具有增强档案的凭证价值、情报价值和社会文化价值的意义；在提高检索效率方面，其具有增强档案检全率与检准率、增加检索方便性的意义。此外，档案规范记录还具备使知识增值的功能。

3.1　档案规范记录提供背景信息的作用与意义

在2004年国际档案理事会发布的《国际标准——档案规范记录著录规则》［ISAAR（CPF）］（第2版）中明确指出，规范记录就是名称的规范化形式，该名称的规范化形式是名称及由标识和描述该名称所命名实体的其他信息元所构成，并可能指向其他相关规范记录。

规范记录与背景信息的关系在于：规范记录是背景信息中最具典型意义的组成部分。规范记录有利于提供丰富的背景信息，尤其是反映文件创建来源与利用的背景信息，反映档案文件的历史联系，提供历史与职能检索，以实现档案文件的凭证价值。

3.1.1　背景信息的定义

国际文件、档案领域对背景信息高度关注，从多个层面对文件背景信息进行定义，主要有以下3种权威定义，按时间顺序依次为如下内容。

（1）档案背景信息国际会议报告的定义

2001年3月，在加拿大多伦多召开了档案背景信息国际会议，在其报告②中对档案背景信息作了专门的定义：档案背景信息是描述文件形成和使用所处环境的信息，这些信息包括作为文件的责任者、利用者或作为文件主题的人物、机构团体和家族特征的信息及它们之间的关系。

（2）国际文件管理协会术语标准的定义

国际文件管理协会（ARMA）所颁布的《文件与信息管理术语词汇表》（第3版）中对“背景信息”（Contextual Information）的定义为③：背景信息是关于文件创建、接收、存储或使用及该文件与其他文件关系的数据。

（3）国际性研究项目InterPARES术语库的定义

电子信息系统中永久真实性文件的国际研究（InterPARES）项目明确背景（Context）是可信文件真实性的要素之一，在其术语数据库中对什么是文件的背景做了专门的定义：背景是文件形成、使用和维护所处的环境④，具体包括：司法－行政管理、来源、过程、对文件的各种注释及技术等。

---

① The Secretariat of the ICA Ad Hoc Commission on Descriptive Standards. ISAAR（CPF）: international standard archival authority record for corporate bodies, persons and families（2nd edition）［S］. 2004: 7.

② 参见http://www.library.yale.edu/eac/torontotenets.htm。

③ ARMA International Standards Development Committee. Glossary of records and information management terms, 3rd ed［S/OL］. US: ARMA International, 2007［2012－10－15］. http://www.arma.org/standards0glossary0index.cfm? index＝77. 其英文原文定义为：Data about the creation, receipt, storage, or use of a document and its relationship to other records.

④ 参见http://www.interpares.org/ip2/ip2_terminology_db.cfm。其英文原文定义为：The Procedural, documentary and technological environment in which the record was created and used overtime.

从以上的各类定义可以看出背景信息的一个共同点，即背景信息作为文件凭证价值的重要构成部分，同时也是档案所必不可少的一个组成部分，必须对其进行置标。

3.1.2 档案背景信息的地位

2010 年，联合国教科文组织向全世界发布了第 1 项有关档案方面的法规文件——《档案共同宣言》，在该宣言中专门强调指出①，档案全面地记录了人类活动的各个领域；档案生成形式多样，包括纸质、电子、声像及其他类型，是独特且不可替代的遗产，是信息的权威来源。所以，档案的管理需要从其形成时就开始，以维护其价值和意义。要以正确的方式管理和保护档案，以保证其真实性、可靠性、完整性和可用性。

而档案的本质是文件。在国际档案理事会电子文件委员会 1997 年出版的《电子文件管理指南》（Guide for Managing Electronic Records from an Archival Perspective）中，首先给“文件”作了定义：文件是由机构团体或个人在其活动的开始、进行和结束过程中所产生或接收的记录信息，该记录信息由足以为其活动提供凭证的内容、背景信息和结构所构成，而不管其形式或载体如何。

在这个定义中，“文件”由三部分构成，即：①能够提供凭证的内容；②能够提供凭证的背景信息；③能够提供凭证的结构。

因此，背景信息是构成档案的一个必不可少的部分，没有背景信息就难以构成具有凭证价值的档案。背景信息与档案自身的本体信息是有差别的，本体信息是档案所具有的内容信息和结构信息，背景信息则是反映档案形成、保管和利用的相关信息。因为档案是人类历史的记录，没有背景信息也就没有真正意义上的档案，也就难以真正有效地开发档案信息资源，档案的价值也会受到质疑。鉴于背景信息的重要地位，必须将背景信息作为档案构成的重要组成部分，进行充分记录。

3.1.3 档案背景信息的分类

2001 年 3 月，在加拿大多伦多档案背景信息国际会议的报告②中对档案背景信息的定义和用途做出了阐述：档案背景信息是有关描述文件形成和使用环境的信息，它不是描述其他信息源的元数据，而是描述那些作为信息源存在环境的一部分而存在的实体；背景信息作为独立信息源也是具有价值的。

根据如上阐述，档案背景信息主要分为以下几类：①从背景信息的主体上看，应该具有个人背景信息、机构团体背景信息和家族背景信息；②从背景信息的领域上看，应该具有文书档案的背景信息、科技档案的背景信息和专门档案的背景信息；③从背景信息的内容上看，至少应该有社会关系背景、法律关系背景、历史文化背景、政治关系背景及包括各专业、各门类的专业关系背景等。其模型如图 3-1 所示。

由以上模型可以看出，背景信息不仅可以分成几个类别，而且这些类别之间还是相互关联的，这些关联不但是多维的，而且是网状和立体的。这又带来一个启示：背景信息其本身就是一个系统，有着自身的逻辑结构。它的结构以分类形式来表示，如图 3-2 所示。

从上面的分类结构看，对每一个类下的背景信息又可以进一步细分。①社会关系背景可以细分为个人关系背景、家族关系背景和职业关系背景等；②法律关系背景可以细分为当事人法律地位及状况背景、当事机构团体法律地位及状况背景和当事家族法律地位及状况背景等；③历史文化背景可以细分为人文环境背景、风俗风貌背景、社会结构背景、学术研究背景和学术会议背景等；④政治关系背景可以细分为所属党团背景、参与的党团活动背景及政党派别背景等。

---

① 联合国教科文组织 36 届大会．档案共同宣言［C/OL］．［2012－10－17］．http：//unesdoc.unesco.org/images0//2100021340213423e.pdf.

② Report from Toronto Archival Context Meeting，March 2001，Appendix B：Statement of principles：the Toronto Tenets.

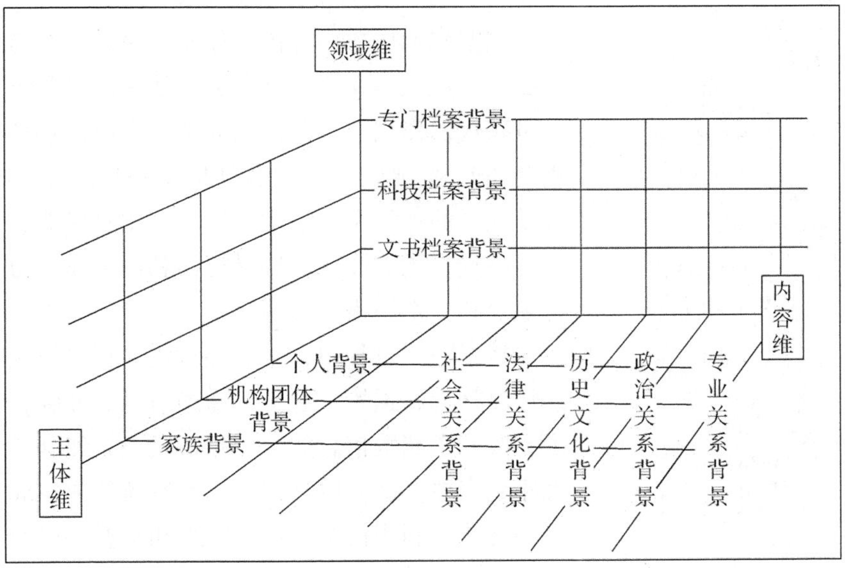

图 3–1　档案背景信息分类模型

专业背景信息就更明显了，它完全可以根据各专业、各职能、各学科的具体情况进行进一步的细分。

3.1.4　档案背景信息的作用与意义

基于文件自身的形成过程，可以看出，背景信息不但将文件与文件自身形成的管理和职能环境联系起来，而且将一份文件与其他文件联系起来，因而在这样的情况下档案具有记录历史的作用，具有对现代及未来提供凭证、信息和知识的作用，也就是通常意义上所说的档案具有凭证价值和情报价值。对这两种联系做认真分析后，可以确定背景信息具有如下 3 个层面上的功能。

（1）提供凭证价值层面

首先，背景信息是利用者完整和充分理解档案本身所必需的信息。档案部门提供大量的、系统的具有凭证价值的档案为利用者服务，在这大量的、系统的档案中，就包括了利用者所需的背景信息。这些背景信息可以消除用户由于专业差异、年代、历史及社会等诸多因素造成的理解偏差，能够给利用者一个相对完整的专业背景、年代背景、历史背景和社会背景，在这样的背景下使得档案具有真实性、可靠性，从而使利用者能够充分理解档案的内容。

其次，背景信息也是利用者完整和充分理解与档案有关的事务处理及活动所必需的信息。与档案有关的事务处理及活动，其本身就是档案背景信息的一种，档案是事务处理及活动过程中形成的副产品，所以，要理解档案本体信息，就必须理解与档案有关的事务处理及活动，这是不言而喻的。档案的这部分背景信息是利用者在利用档案时需要认识的重要信息，这对于档案信息资源开发来说极其重要。

（2）提供情报价值层面

首先，背景信息可以是与档案文件处理过程有关的信息（如文件的鉴定、迁移和移交等）。档案文件处理过程中的许多环节，如收集、整理和移交等过程，反映了档案所要说明事物的机构团体隶属和状态变化，留下了大量真切的历史标记，本身也蕴含了丰富的情报信息，对利用者来说具有很好的情报研究价值。

其次，对于档案工作者自身而言，每一部档案史料的汇编或者档案参考资料的编写，绝不只是对档案的简单挑选与整理排列，而是必须进行不同程度的情报研究工作，例如，了解特定选题历史背景的过程就是一个历史研究过程，这是背景信息所具有的情报价值的绝好体现。

- 文书档案背景
  - 个人背景
    - 社会关系背景
      - 法律关系背景
      - 历史文化背景
      - 政治关系背景
      - 专业关系背景
      - -----
  - 机构团体背景
    - 社会关系背景
      - 法律关系背景
      - 历史文化背景
      - 政治关系背景
      - 专业关系背景
      - -----
  - 家族背景
    - 社会关系背景
      - 法律关系背景
      - 历史文化背景
      - 政治关系背景
      - -----
- 科技档案背景
  - 机构团体背景
    - 社会关系背景
      - 法律关系背景
      - 历史文化背景
    - 政治关系背景
    - 专业关系背景
    - -----
- 专门档案背景
  - 个人背景
    - 社会关系背景
      - 法律关系背景
      - 历史文化背景
      - 政治关系背景
      - -----
  - 机构团体背景
    - 社会关系背景
      - 法律关系背景
      - 历史文化背景
      - 政治关系背景
      - 专业关系背景
      - -----
  - 家族背景
    - 社会关系背景
      - 法律关系背景
      - 历史文化背景
      - 政治关系背景
      - -----

图 3-2 档案背景信息分类

（3）提供社会文化价值层面

档案作为历史的存储和原始记录，具有与生俱来的文化内涵与品格，是人类文化传承和文明发展的重要组成部分，并发挥着不可替代的作用，尤其是当人类社会由信息社会迈向知识社会时更是如此①。于是，档案也就成了一种文化，档案利用工作也就成了人类的一种文化活动。档案利用不仅能够储存历史文化，而且能够选择优秀文化，凭借档案利用工作，历史得以重现，传统得以延续，知识得以继承。

档案利用过程中，必然要对包含背景信息在内的相关档案信息加以筛选、提炼、富集，增加信息的纯度、精度，这在很大程度上改变了档案信息的原始存在状态，使其得到优化、整合，从无序到有序，从分散到集中，形成新的文化成果。这样既解决了人们阅读、利用档案原件的困难和不便，也使人们可以获得某一方面集中、系统的信息成果。在全方位地考察、研究和论证社会各层面对档案背景信息不同需求的基础上，实现和开发档案的文化价值。

背景信息是有效检索和利用档案所需要的信息，利用者可以从中得到启发，产生新的思路。背景信息中的许多内容是有效的检索入口，利用者通过它们可以更快更准地对档案进行确认和定位。

由于档案背景信息具有如此重要的功能，所以，在国际档案理事会 2005 年 4 月发布的《电子文件管理——档案工作者业务指南》（Electronic Records：A Workbook for Archivists）中，对档案背景的作用作了专门的阐述。

背景信息具有证明文件的真实性、可靠性和完整性的作用。这一点对于电子文件尤其重要。文件形成组织的事务处理、职能和保管系统也是文件背景信息的一部分。背景信息可以通过文件的内部要素保存起来（如附属文件、附加信息、链接、数量和参考编码等），也可以通过文件的外部要素进行保存（如元数据）。

①背景信息是完整和充分理解文件所必需的信息；②背景信息是完整和充分理解与文件有关的活动和事务（如责任、义务）所必需的信息；③背景信息是与文件处理过程有关的信息（如文件的鉴定、迁移和移交等）；④背景信息是有效管理和长期保存文件所需要的信息；⑤背景信息是有效检索和利用文件所需要的信息。

由以上对背景信息的阐述，又可以自然地、逻辑地与合理地得出这样一个结论：背景信息是档案发挥凭证价值和情报价值所必需的，同时，也是保证档案社会文化价值和保证档案信息资源共享所必需的。因此，忽视背景信息就是忽视档案的凭证价值和情报价值，忽视背景信息也必然会对档案社会文化价值形成和档案信息资源共享产生障碍。由此可知，在档案管理中，如果不从理论和实践上重视档案背景信息，重视档案规范记录工作（档案规范记录工作是著录和反映档案背景信息的一项重要工作），那么档案

① UNESCO. Towards knowledge societies [M]. Paris：UNESCO Publishing，2005.

的质量就不可能得到有效的保证。

3.1.5　档案规范记录可以提供丰富的背景信息

档案是历史的记录，其整体性在档案中常表述为档案的“全宗原则”和“来源原则”。所谓的“来源原则”是指将档案按其来源和形成单位进行整理和分类的原则，是当前档案界公认的组织档案的理论与依据。要充分理解档案的价值必须要将其置于一定的历史环境之中。因此，档案信息检索必须以提供背景信息为基础。所谓的“背景信息”，是指不同于元数据的有关档案形成者在形成文件时所处的环境信息①。《国际标准——档案著录规则（总则）》［ISAD（G）］虽然也著录背景信息，但其侧重点是著录档案本身的特征信息，如整理体系、档案历史沿革等；而档案规范记录则侧重于著录档案形成者的相关信息，如档案形成者的历史、活动领域、相关关系、相关资源等。简而言之，档案著录条目重在“物”，即档案本身，而档案规范记录则不同。档案规范记录中有专门的人物要素、机构团体要素和家族要素，通过这些要素的生平、沿革和历史及它们之间的联系，可以反映档案的历史背景信息及机构团体的授权、职能等法律背景信息。由此可以看出，档案规范记录条目的著录重在“来源”，即档案形成者。将档案与其形成者二者结合起来，共同提供背景信息，这样检索系统才能完整。

以粟裕为例，在检索系统中，检索以“粟裕”为责任者的档案，检索结果如图3-3所示。用户可以检索到“粟裕”作为责任者所形成的档案条目，进而可以看到档案的档号、题名等特征信息，如“关于张家口工学移交问题给李涛的信”，而用户对于“粟裕”是个什么样的情况并不了解（如是否为另一个可能重名的人物），系统中也并没有提供。在没有档案规范记录的情况下要想系统地了解到这些情况需要花费大量的时间和劳动，而且有时还难以证实。在这种情况下用户要充分理解该份档案就有了难度，从法律角度来说其凭证性也不完整，其凭证价值受到质疑。

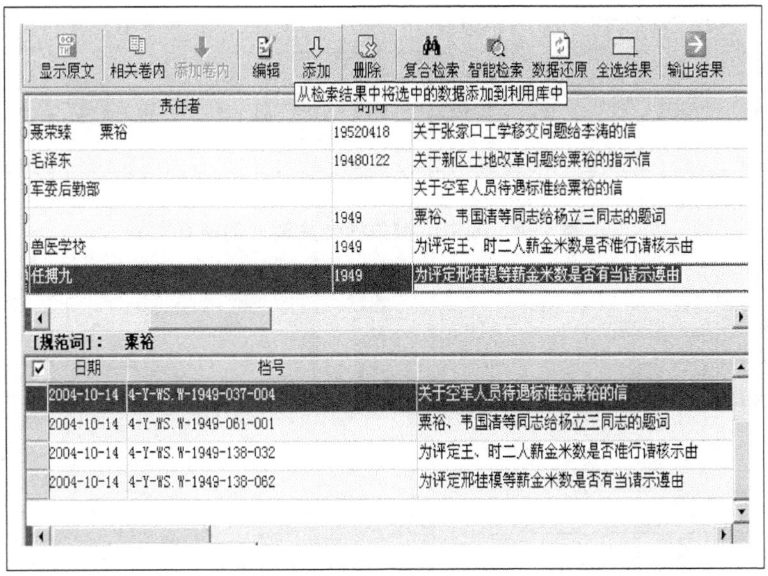

图3-3　以“粟裕”为责任者的检索结果显示

档案规范记录能够记录不同文件创建者之间、文件创建者同创建的文件之间（来源），或文件创建者同其相关或创建的其他资源之间的关系。② 有了档案规范记录，就可以提供丰富的背景信息，从而可以增进用户对档案的理解，并增强档案的凭证性。从档案规范记录提供的背景信息的类型来看，它可以提供

① 张琪玉．档案信息检索［M］．北京：解放军出版社，2004.

② The Secretariat of the ICA Ad Hoc Commission on Descriptive Standards. ISAAR（CPF）：international standard archival authority record for corporate bodies，persons and families（2nd edition）［S］．2004：7.

以下几个方面的背景信息。

（1）档案规范记录可以提供与档案形成者相关的历史背景信息

作为档案形成者，无论是个人还是机构团体总是处于一定的社会、经济、政治和文化的历史环境之中，将著录对象置于整个历史环境中才能更好地反映其所形成档案的价值。档案规范记录通过著录相关的政治、文化、经济等历史背景，在横向上将档案与其相关的历史背景相连，能够更翔实地反映关于档案形成者所形成的一份档案、一个案卷、一个类别乃至一个全宗的历史原貌，从而使利用者在进行档案信息检索时能够更加快速、准确地判定所需档案的价值，提高检准率和检索速度，节约检索成本。

（2）档案规范记录可以提供与档案形成者相关的社会关系背景信息

任何机构团体、个人或家族都不是孤立地生活在其所处的社会环境中，必然有其相关的社会关系，如隶属关系、家族关系和其他相关关系等。档案规范记录提供的社会关系背景信息，能够使用户在档案信息检索中立体、全面地了解关于机构团体、个人或家族的各种关系，节省甄别档案的时间，有利于提高检索效率。

以孙中山为例，如图 3-4 所示[①]：孙中山拥有自己的家庭关系；作为一名革命先行者，曾经担任过一系列组织的领导，有其行政关系；同时，他的活动领域中还有一些朋友、革命同志等，属相关关系。所有这些社会关系都将在“孙中山”的档案规范记录中得以显现，如图 3-5 所示。

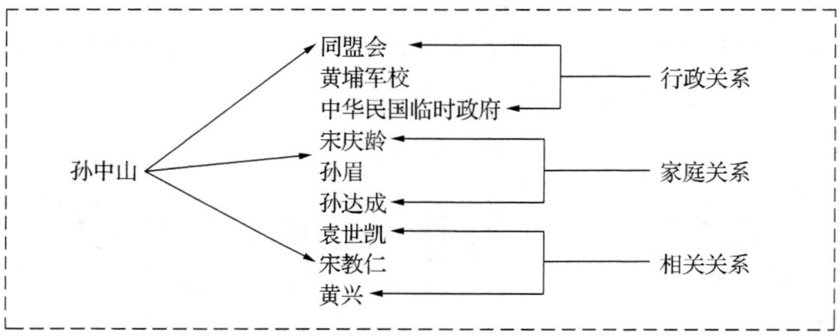

图 3-4　孙中山相关社会关系（简略）

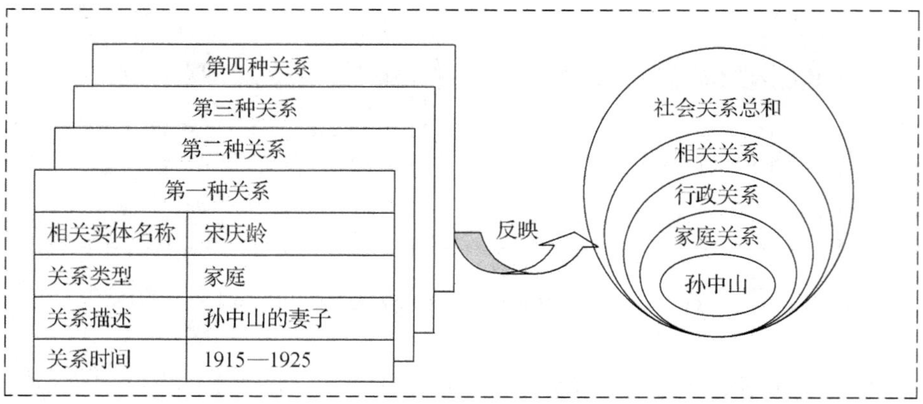

图 3-5　孙中山的规范记录反映其社会关系

① 本例只是简单列举孙中山的社会关系，并未穷尽。

(3) 档案规范记录可以提供档案形成者相关的资源背景信息

档案、图书等同属信息范畴，当前的形势是档案、图书等信息日益交叉，相互补充。面对浩瀚繁杂的文献资源，任何一个文献部门都不可能将所有知识和信息全部加以收集、整理、加工、存储和利用，单个档案馆有限的馆藏资源，已远远不能满足利用者多方面的信息需求①。根据《国际标准——档案著录规则（总则）》[ISAD（G）]，可以了解同一份档案保存的不同形式及不同地点，在档案机构团体内部实现了档案资源的共享。当著录对象是机构团体、个人或家族时，其形成的文件可能并非只有档案，还可能有图书及与其相关的一些有重要价值的文物，而这些资源则保存在图书馆或博物馆中。在档案信息检索中，如果没有提供相关资源的背景信息，利用者就只能检索到在档案资源范围内的档案信息。要完整、多维、立体、全面地反映档案形成者的历史面貌，除了档案信息外，还应该提供与档案形成者相关的其他资源的背景信息，将分散在档案馆、图书馆乃至博物馆中形成者所形成的档案、图书等都完整地呈现出来。著录相关资源信息的类型，如档案检索工具、网址、照片、口述历史记录等，还能提供更多的检索入口，并提高检索效率。

因此，国际档案界已有学者认识到，档案规范控制的发展趋向是背景控制②，即其不仅规范了机构团体、个人或家族的名称，还规范了机构团体、个人或家族的职能等，更强调的是机构团体、个人或家族同其他机构团体、个人或家族，机构团体、个人或家族同文档，以及机构团体、个人或家族同图情资源之间的关联。

3.2　档案规范记录提高检索效率的作用与意义

档案检索工具或检索系统，其检索效率由5项指标构成：检全率、检准率、检索方便性、检索速度和检索的成本效益。其中，检全率和检准率是主要的衡量指标。因此，在对档案检索工具或检索系统作检索效率分析时，往往是针对其检全率和检准率进行分析。

3.2.1　无档案规范记录的检索效率分析

在档案检索工具或检索系统中，如责任者目录中，作为检索点的是责任者名称，这个名称可以是机构团体名，可以是人名，也可以是家族名；同样，在其他档案检索工具或检索系统中，如档案的机构团体名索引和人名索引中，作为检索点的也是机构团体名和人名；而在档案的计算机检索系统中，当以责任者即以机构团体、人员和家族作为检索入口时，其检索点也是机构团体名、人名和家族名。但是，实际上，当档案中的机构团体名、人名和家族名在其作为检索点时，却存在着不规范现象，即一个机构团体可以有多个名称形式，一个人也可以有多种称谓，同样一个家族名称其表达形式也可能不止一个；反之，多个机构团体、多个人或多个家族又可能有同名现象。例如，天津市救济院，其在1915年时称“育黎堂”，1926年改名为“游民收容所”，1936年又正式称为“天津市救济院”。如果对其名称不进行规范，那么建立责任者检索工具时，同一个机构团体就会因其有不同名称而可能出现多个检索点。

---

① 巩玉荣．档案社会化研究［D］．上海：南京政治学院上海分院，2003.

② Jean Dryden. From authority control to context control［J］. Journal of Archival Organization，2008，5（1－2）：1－13.

例 1：

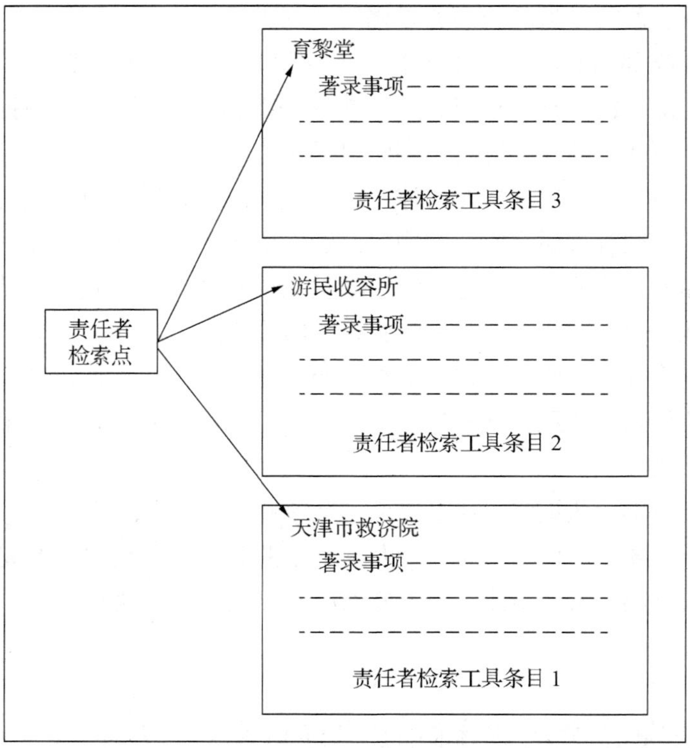

从例 1 可以看出，如果著录中没有依据规范记录著录规则对“天津市救济院”的名称表达形式进行规范，结果就会造成同一机构团体的档案文件分散在 3 个检索点之下。这样，在检索中如果用户以“天津市救济院”这一名称形式作为检索点进行检索，就只能查到例 1 中“条目 1”中所著录的文件，而要漏掉“游民收容所”和“育黎堂”检索点下所著录的档案文件；而如果用“游民收容所”这一名称形式作为检索点进行检索，就只能查到例 1 中“条目 2”中所著录的文件，而要漏掉“天津市救济院”和“育黎堂”检索点下所著录的档案文件；如果用“育黎堂”进行检索，结果也会造成同样的漏检。

当名称相同而所指称对象不同时，如果在著录中不进行规范，又会造成误检。例如，地质学家“许杰”、高级经济师“许杰”和记者“许杰”是同名，如果不进行规范处理，那么在人名索引中，同一个检索点下就可能集中了这 3 个不同个人的档案。

例 2：

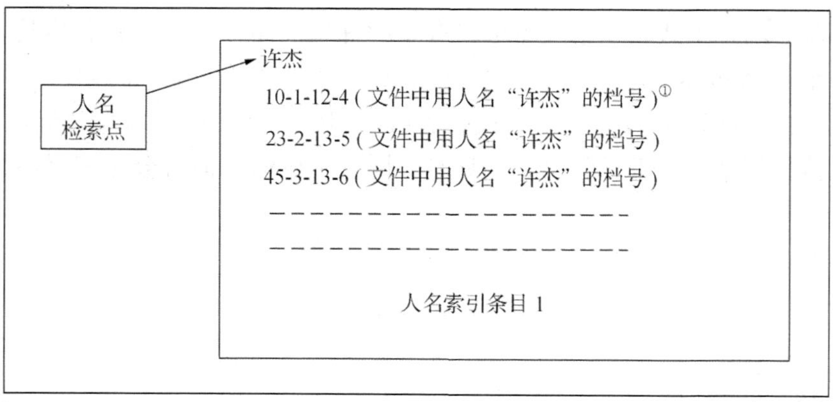

从例 2 中我们可以看到，在 1 条人名索引的条目上就集中了同一“许杰”名称形式而实际上却是 3 个不同个人的文件。显然，在人名索引中如果以“许杰”作为检索点进行检索，结果会同时带出这 3 个不同个人的档案，从而导致检索过程中的误检。

① 条目上括号中的内容是作为举例说明而专门加的，不是条目的组成部分，下同。

3.2.2　档案规范记录提高检索效率的作用与意义

利用规范记录文档进行规范控制在情报检索中属于事先控制行为，如果进行彻底，能够按照概念语义组织信息资源，通过概念的联系建立资源之间的关系，一方面大幅提高信息系统的查准率和查全率，另一方面启发和引导用户的查询行为。①

档案规范记录能够在档案著录中控制检索点的创建与使用②，其具体作用与意义包括如下内容。

（1）档案规范记录对提高检全率的作用与意义

为了提高检全率，避免档案检索中由于机构团体名、人名和家族名中所出现的以上这些不规范现象而给档案检索效率所带来的不利影响，在档案著录中就要进行机构团体名、人名和家族名的规范，这就必须建立规范记录，而如何建立规范记录这又必须要有规则，要有标准。

按照《国际标准——档案规范记录著录规则》［ISAAR（CPF）］，对例 1 的“天津市救济院”这一机构团体就可以建立如下的 1 条规范记录。

例 3：

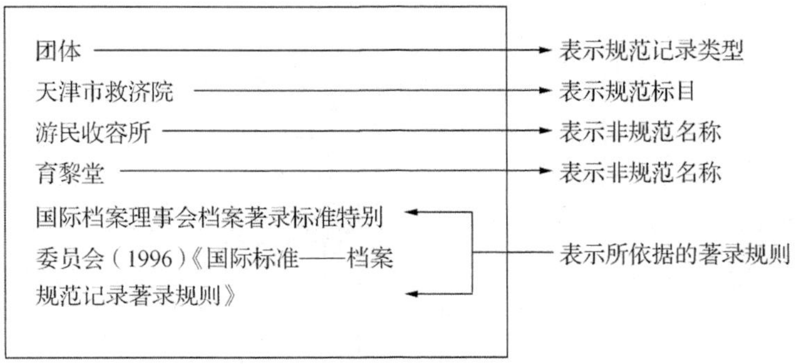

关于机构团体的简单著录级次的规范记录 1

在例 3 这条规范记录中，“天津市救济院”是规范标目，它起着关键性的作用，因为它是对“游民收容所”和“育黎堂”这两个非规范名称形式进行规范后的规范的表达形式；也就是说，在检索工具中，如目录或索引中，如果要选取检索点的话，就必须根据这一规范标目来选，而非规范化的名称形式则不能作为检索工具的检索点。

在形成了规范记录以后，为了将“游民收容所”和“育黎堂”这样的非规范名称形式参照到规范标目——“天津市救济院”处，应再做 2 条参照。

例 4

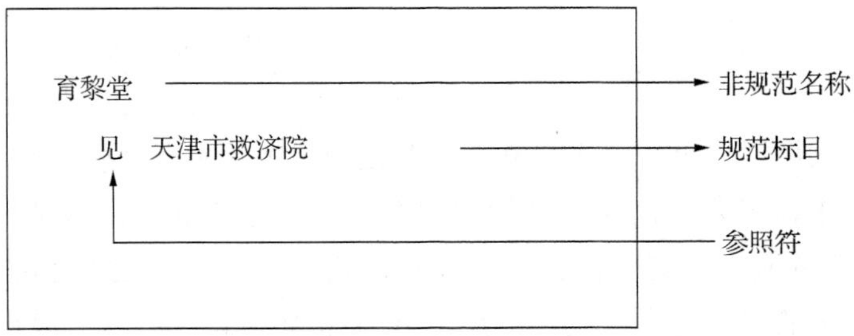

参照 1

① 刘[illegible]. 基于本体的数字图书馆语义互操作［D］. 上海：复旦大学，2006.

② The Secretariat of the ICA Ad Hoc Commission on Descriptive Standards. ISAAR（CPF）: international standard archival authority record for corporate bodies, persons and families（2nd edition）［S］. 2004: 7.

例 5：

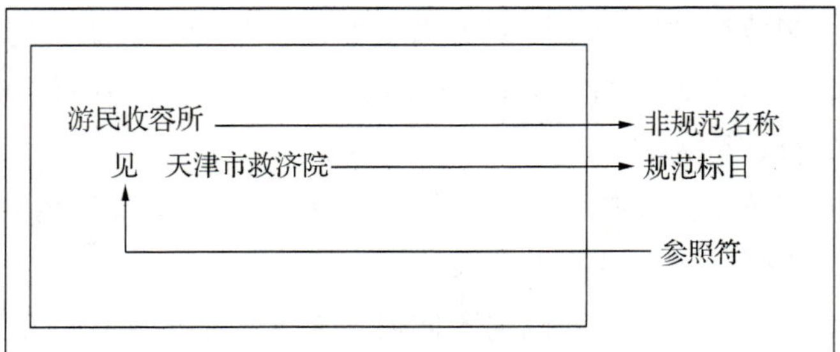

参照 2

有了规范记录与参照，再将两者组织在一起就构成了规范记录文档。然后，再把由规范记录与参照所构成的规范记录文档与检索工具的文档连接起来。这样，凡是检索工具中作为检索点的机构团体名、人名和家族名都从规范记录的规范标目中选取，由此，就保证了检索点的唯一性和一致性。仍以“天津市救济院”名称作为检索点的责任者检索工具为例，在有规范记录保证的情况下，就可看到其检索点只有 1 个。

例 6：

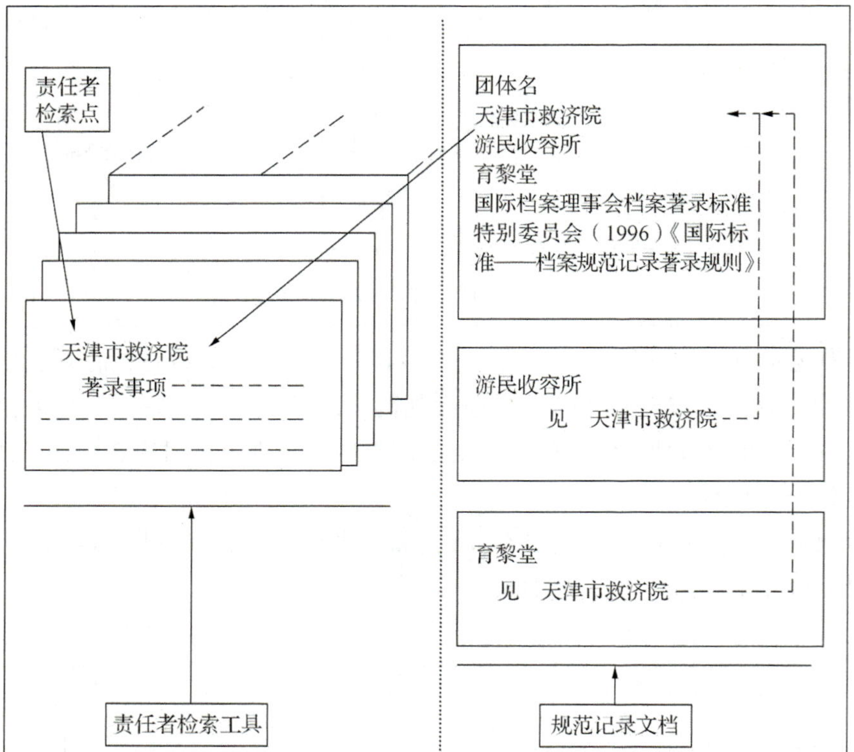

将例 6 与例 1 比较，就可以看出，由于建立了规范记录，就规范了责任者检索工具中检索点的选取。因为在档案规范记录文档中，将非规范名称“游民收容所”“育黎堂”都参见到了规范标目处——“天津市救济院”；档案检索工具又是以规范标目“天津市救济院”作为自己的检索点。这样，就将原先分散在各个非规范名称形式下的档案都集中到了以规范标目作为检索点的“天津市救济院”下；由此，通过档案规范记录文档与档案检索工具的连接，就形成了以“天津市救济院”为规范检索点的检索入口。

所以，在有规范记录的情况下，用户只要以“天津市救济院”作为检索点就可以检全以其作为责任者的所有档案，从而也就极大地避免了重要档案在检索中被遗漏的可能性，大大提高了档案检索工具或检索系统的检全率。

例 6 所示意的是手工检索工具中卡片目录文档与规范记录文档的连接，而在计算机检索系统中，则是专门设有连接字段，将档案检索工具与规范记录文档连接起来。

（2）档案规范记录对提高检准率的作用与意义

为了提高档案检准率，避免由于档案检索中因机构团体名、人名或家族名中出现同名现象而给档案检准率带来的不利影响，在档案著录中就要对机构团体名、人名和家族名的同名现象进行规范，建立规范记录。例如，仍以前述的“许杰”为例，依据《国际标准——档案规范记录著录规则》［ISAAR（CPF）］为其建立如下的规范记录。

例 7：

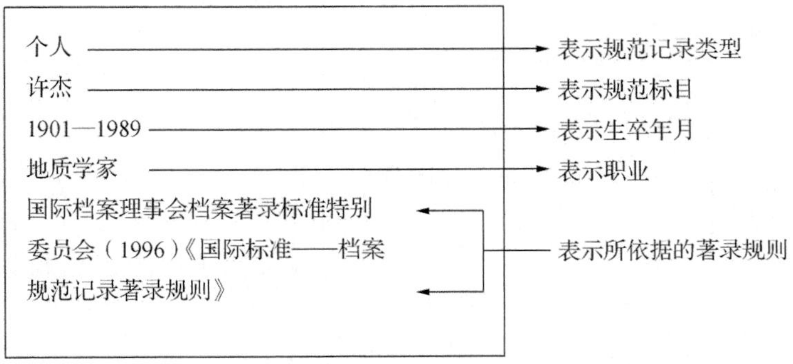

关于个人的简单著录级次的规范记录 1

例 8：

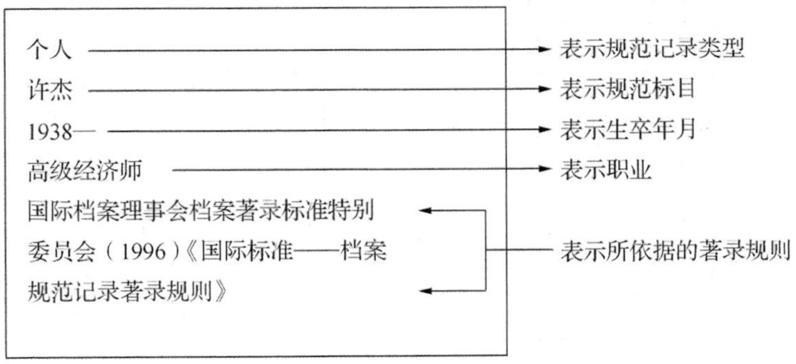

关于个人的简单著录级次的规范记录 2

例 9：

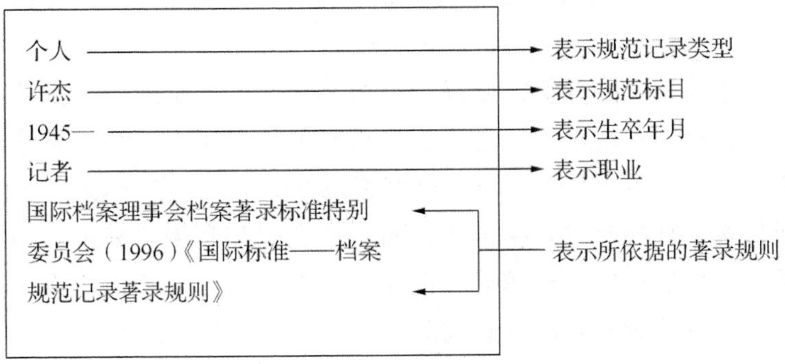

关于个人的简单著录级次的规范记录 3

这样，建立了例 7 至例 9 这 3 条有关个人的规范记录，就把具有相同名字的地质学家“许杰”、高级经济师“许杰”和记者“许杰”区分开了。同样，在以人名为检索点的检索工具或检索系统中，在有了规范记录作保证的基础上，则在著录中检索点的选取时，就可以形成 3 个不同“许杰”的检索点。

例 10：

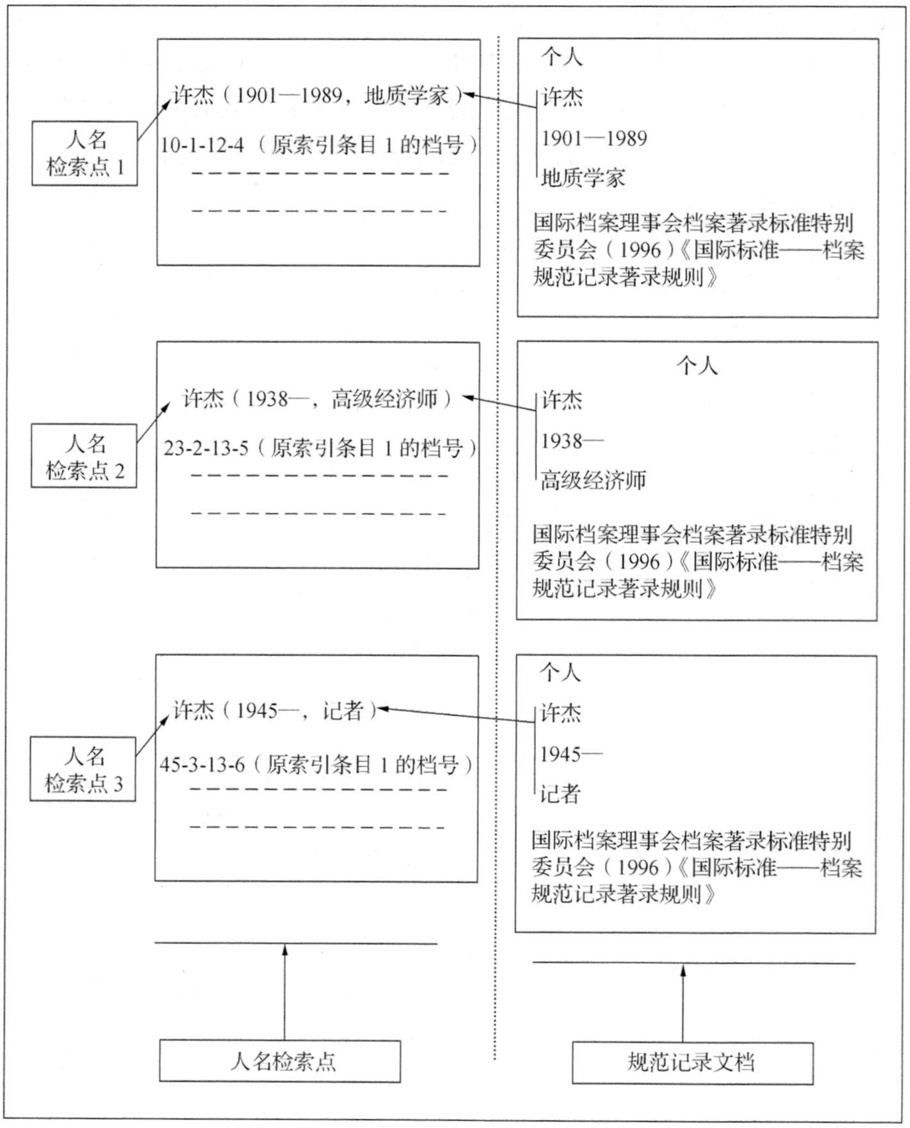

从例 10 可以看出，由于在规范记录中对不同“许杰”作了区别，所以在人名为检索点的检索工具或检索系统中相应地形成了 3 个不同的检索点，从而将原先未建立规范记录时混在一起的不同“许杰”的档案区分开来了。这样，在档案检索过程中就极大地避免了带出不相关档案的可能性，提高了检准率，加快了检索速度。

从以上对规范记录作用与意义的分析，可以知道档案规范记录是现代档案著录工作的一个极其重要的组成部分，它可以提高检全率和检准率，进而提高档案的检索速度，增加检索方便性，最终提高档案检索的成本效益。反之，如果没有规范记录，对档案著录人员来说，就可能会由于无章可循而无所适从，从而使档案检索工具或检索系统的检索效率下降；而对广大档案利用者来说，则会由于档案检索工具或检索系统的检索效率下降，而漏检或误检馆藏中已有的档案，这无异于山中有宝而路向不明；同样，在计算机网络环境中，如果档案检索系统没有规范记录，其结果也将是如此。

3.3 档案规范记录实现知识增值的作用与意义

在“21 世纪的社会记忆——中国首届档案学博士论坛”国际学术研讨会上，国际档案与文件管理资深专家迈克尔·库克在演讲和论文中指出，我们要认识到档案馆的角色也在不断地变化和发展，仅仅将所保存档案中的数据资源开发出来是远远不够的，我们必须要考虑到所含信息的完整性。我们已经提出了若干问题并试图解决，我们可以宣布自己已经步入知识管理领域，知识管理也是整个档案界未来的重要发展方向①。

档案信息管理，并不仅仅是在数字环境下的数据管理，而是需要对其进行体系的有序化管理，这种体系的有序化，仅仅靠对其进行处理与传输是不够的，必须对其进行信息的内在加工的深度的有序化，即知识体系的构建与创建。

所以，在人类迈向知识的时代，档案信息也必须实现知识管理，知识管理从狭义上来说主要是针对知识本身的管理，包括对知识的创造、获取、加工、存储、传播和应用的管理。档案规范记录通过对档案信息进行精简、提取，发现隐含在档案信息中的有用知识单元，对于相关知识信息进行挖掘和重组，可以实现档案信息的深度有序化、体系化，并进而实现基于档案信息基础上的知识共享和知识增值。

从以上对档案规范记录作用与意义的分析可以发现，档案规范记录不仅提供丰富的背景信息，可以规范检索点，提高检全率和检准率，同时它还能在此基础上对知识进行挖掘、创建从而使知识增值，进而使整个档案信息资源体系实现增值，这充分体现了档案由信息管理向知识管理的进步。

由此可见，建立规范记录是档案著录工作中一个必须要有的核心组成部分，是建立档案资源体系与档案利用体系乃至档案安全体系中一个重要而不可或缺的构成部分，在档案信息化建设中不能不抓紧档案规范记录的体系建设。

① 姜之茂，马素萍．为了 21 世纪的社会记忆——中国首届档案学博士论坛学术观点述要［J］．北京档案，2001（12）：12－15.

第4章　档案规范记录的基本原理

根据国际档案著录研究与实践，可以得出档案规范记录是宏观档案著录主要的依据，是其有机组成部分（见4.3.1）。因此，在具体研究档案规范记录前，有必要先论述网络环境下的档案著录。

4.1　网络环境下的档案著录

4.1.1　网络环境下档案著录的概念

“档案著录”的概念其实质是对档案信息资源的一种智力控制。那么本书为什么要将“网络环境下的档案著录”作为一个专门的概念而提出呢？此处显然是相对于传统手工条件下的档案著录概念而言的。随着现代化信息技术手段运用于档案领域，档案工作逐步被纳入电子网络环境当中，档案从管理到开发利用等无不深受现代化、信息化、网络化技术对其的影响。著录工作作为档案现代化管理的重要环节，也已发展成为一个动态的过程，其基本内容包括著录项目、著录格式、著录标识，文字、著录级别、著录来源等都发生了不同程度的变化及扩展。在网络环境下，“档案著录”概念已不仅仅简单地局限于传统手工条件下的“按照一定的方法规则，对档案本身的内容特征和形式特征进行分析、选择和记录的过程”，还包括揭示产生和使用档案的上下文信息及形成档案的信息系统的信息等。因此，国际档案理事会档案著录标准化特别委员会在2000年出版的《国际标准——档案著录规则（总则)》［ISAD（G)］中，对“档案著录”进行了新的定义：档案著录是通过捕获、核对、分析和组织有助于确认档案及说明其上下文和产生该档案的文件系统的各种信息这一过程，形成对所描述单位及其构成部分的准确表述。

由此可见，正是档案工作电子网络化实践的发展，导致了现代“档案著录”概念的进一步完善和系统性。本书认为，这种系统性正体现在其结构化和标准化两大方面。

4.1.2　网络环境下档案著录的结构化

如前所述，建立档案信息系统的核心问题，从某种意义上看并不完全取决于运用哪一种计算机网络技术，更重要的在于其组织加工信息的方式方法，因此，要充分重视档案信息前处理即档案著录等基础性工作，进而实现档案的梯度检索功能。《国际标准——档案著录规则（总则)》［ISAD（G)］中规定了“多级著录”，能够兼顾全宗级、分全宗级及各级著录的要求，且其著录项目鲜明地体现了档案文献的特点，包括其背景和关联信息。实践证明，只有提供了多级多项的著录结果，档案信息网络检索体系才是相对完善的；对于利用者而言，他所获得的关于某一条目的信息才会较为全面，检索效率才能相应地提高。而我国的档案网络检索系统实际所反馈的条目信息量有限，且无真正意义上的多级著录，即数据库内容空洞且无层次性，因此利用者很难确定检索结果是否真正符合要求。可见，我国的网络数据库著录今后也应着重在增强条目的合理性，即实现其结构化方面下功夫，以满足最广大利用者的检索需求。具体来讲，网络环境下档案著录的结构化包括以下两点。

（1）隐性结构化（体现于从全宗到文件的多级纵向著录）

本书将此归纳为宏观层面的档案著录。档案著录级别按不同著录对象可区分为文件级、案卷级、类别级和全宗级等。只有在档案著录级别上实现多维化、立体性和完整性，才能真正符合一个全宗内档案的不可分割性原理，从而突出档案间有机的历史联系，这对于利用者甄别已检出档案，提高检准率起着十分重要的作用。

从美国的网络档案数据库检索（Access to Archival Databases，AAD）系统检索结果的条目显示上可以看出其具体的档案著录状况。一般来说，AAD 的每一次检索结果都可以分为简单和详细两个级次，这两者之间往往由文件级到文件类别级再到全宗级，由低到高、由深到浅地进行著录级别的转换。由于采用了三级著录的综合体系，所以当利用者检索到某一份档案时，往往还可连接到其所属的类别乃至全宗，进一步确定当前已命中的记录是否真正符合利用者的检索需求，以在众多检索结果中做出取舍，从而提高该系统的检准率。另外，通过对这三级著录结果的浏览，利用者还会发现其他一些相关信息，为下一步的扩（缩、改）检创造了条件，这更增添了检索的灵活性，同时也体现了一个全宗内档案间联系的整体性。

加拿大、澳大利亚两国的检索系统中也都采取了多级著录的方法，但与美国有区别。美国的多级著录结果的获取通常是通过超文本链接技术逐级实现的。而加、澳的多级著录结果却各自分散、孤立地存在于其后台网络数据库中，利用者进行检索时，首先要对著录级别进行选择限定，这样检索结果中才能出现该单一级别的著录信息。这种著录结果的显示不及美国的优越，因为美国的检索系统可在同一次检索过程中同时获得多级著录的结果，而加、澳则至少要分三次检索才能将整个多级著录的结果综合反映出来。而且这种将著录级别本身作为检索限定条件的做法并不科学，因为在网络环境中根据利用者的检索需求，人们往往直接以单份档案为检索对象，而其文件类别级、全宗级的著录结果仅作为一个整体存在，即作为该份档案的相关信息而存在。因此，美国的著录能够真正起到提高检索结果的甄别效率，即检准率的功效；而加、澳两国的著录在此方面的功能相对较差。

分析比较了美、加、澳三国在网络环境下档案宏观著录工作方面各自的利弊，我们应该明确，对于我国来说，除了应借鉴三国所共同采用的宏观梯度“多级著录”外，更应学习美国加强各著录级别间纵向联系的做法，这样才能真正符合档案著录的隐性结构化要求，改变我国档案网络数据库内容无层次性的不足，从而提高系统的检索效率。

（2）显性结构化（体现于每一级别内项目完整且科学的横向著录）

本书将此归纳为微观层面的档案著录。档案著录项目的确定，决定着该检索系统能够回答哪些检索提问（即检索的入口途径），即能给检索者提供哪些档案特征信息。由此，档案著录项目反映的是条目的信息量，即指著录的详细程度。由于每种著录项目对检索者识别、确认和利用档案，以及对档案人员管理档案都有一定意义，所以，著录详细的条目在检索中的作用较大，它所能提供的检索途径也较多，则检索到这份文件、这个全宗、案卷或文件类别的可能性也随之增加，检全率和档案的利用率也可大大提高；同时在标引深度适当加大的前提下，对提高检准率也有帮助。

美国的 AAD 在其每一著录级别内部的著录项目相对完整，三级著录中共有著录项目 72 项，且每一著录级别内部还视具体情况选择著录的详简级次，恰当地安排著录内容。在著录必要项目的同时灵活处理选择项目，具体可进行以下输出格式间的转换：简要级次（以表格形式显示所有必著项目）→详细级次（以条目形式显示必著项目及部分或全部选著项目）→档案全文。著录项目的微观梯度多层结构层次十分简明且易于格式转换，便于用户较快掌握检索技巧进行检索和结果的处理；同时可以增强系统的针对性、实用性，有效地减少冗余数据，加快著录工作的速度，进而扩大系统对于馆藏档案的覆盖面，提高检索效率。而加、澳却只设置了单一的检索级次，其中，加拿大的三级著录中共提供了著录项目 37 项；澳大利亚则只提供了 26 项。

由此可见，在著录级别相同的前提下，美国的著录条目信息量最为丰富，加拿大次之，澳大利亚相对简略，这在一定程度上也就决定了各系统的检准率大小。

实践证明，档案著录项目的完备程度决定系统的总体检准率大小。因此，我国的档案信息网络检索系统在进行著录项目的具体设置时，一定要从提高系统检索效率的角度出发，既保证著录项目的多元化，避免网络数据库内容的空洞性，又兼顾其科学性，从而准确地区分检索类型、检索路线及途径。

4.1.3　网络环境下档案著录的标准化

档案著录系统性的另一方面则体现在其标准化上。档案著录必须实行标准化，这在网络环境下尤为重要，是档案信息资源联网共享的必要前提条件。档案著录实行标准化有利于使此项工作在网络环境下逐步走向智能化，提高著录标引速度，进而加快数据更新频率，提高系统数据覆盖率。如果说著录级别与著录项目的设计，即网络环境下档案著录的结构化，对著录侧重的是从质的角度加以确保，那么其标准化则偏重于保证入库数据量的增加，从而进一步奠定用户利用档案的物质基础。这样利用频率上升，系统整体效益也就会提高，因此应将网络环境下档案著录的结构化与标准化这二者有机地结合起来。

网络环境下档案著录的标准化应符合网络档案信息资源共享的要求。具体来讲，即档案著录规则的制定在国家范围内，横向上，应从国家信息系统整体出发，做好与图书、情报等各类信息著录标准的相互协调；而纵向上，应保证国家标准、行业标准的一致；同时在国际范围内，则更应做到与相应的国际标准接轨。

目前，国际上联合国教科文组织已主持研制并推荐可兼容档案著录的机读目录格式——《公共交换格式》。在实践中美国与加拿大档案部门都使用了图书情报界通用的信息格式，大大推动和促进了档案工作的现代化。其中，美国国家档案馆已参与制定了《英美编目条例》（第 2 版）；加拿大由其档案局的著录标准计划委员会于 1985 年提出了《走向档案著录标准化》文本，并着手制定《档案著录规则》，澳大利亚也制定了本国的《档案著录规则》。

以上无论是联合国教科文组织，还是美、加、澳三国各自制定的档案著录规则，都已能够适应网络环境下档案信息的加工组织与处理，随着标准化联网效率的提高，档案数据的维护与交换变得相对简单，而且信息的共享性建设和扩充所需的成本也可大幅下降，最终方便于对档案的网络化检索，使系统具有更大的推广适用性。而我国目前所使用的 DA/T 18—1999《档案著录规则》（第 2 版）却仅具有总则性质，尚未形成一个完整的著录规则体系。虽然它比 1985 年的第 1 版增加了“电子文档号”这一著录项目，但仍然由于整体的著录项目过于简单且规则中所提供的著录格式无法反映“多级著录”的具体操作方法，因此并不能适应网络环境下的档案著录需求。

虽然目前国内的档案著录规则尚不完善，但国内已有学者将网络环境下理想的著录标准化体系划分为 4 个层次，从低到高依次是：①著录的信息系统标准；②著录的数据结构标准；③著录的数据内容标准；④著录的数据值标准，如图 4–1 所示①。本书相信，只要我国的档案著录规则能够按照以上模式兼顾各个层次，并借鉴国际、国内如图书情报界 1996 年制定的《计算机文档著录规则》等相关标准，具体结合网络环境下档案检索的需求特点，就一定能够制定出具有更广泛适应性的档案著录规则。

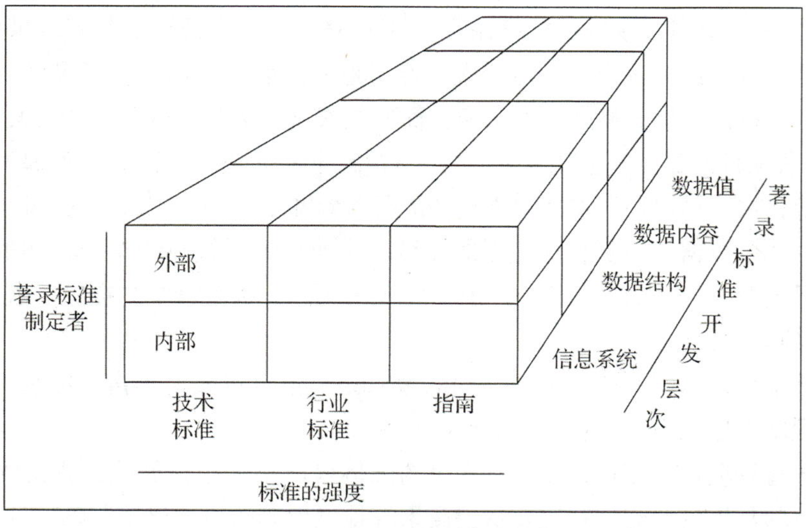

图 4–1　档案著录标准开发模型

① 段荣婷．论国际档案信息标准化现状、发展趋势及我国的对策［J］．档案学研究，2008（1）：45.

以上本书所归纳出的几点既是网络环境下档案著录的特点，也是其所应满足的要求。因此，只要我国的档案信息网络检索系统真正在其最基础性的前期工作环节——著录方面做到了以上各点，并结合我国的档案工作特色而有所创新，就一定能够走出现有网络环境下档案著录标引的“瓶颈”，并以此为突破口，发挥后发优势，带动我国档案信息网络系统的整体运行质量，促使我国的档案事业取得一个新的发展。①

4.2　档案规范记录的概念

档案规范记录的英文名称为“Archival Authority Record”。“Record”一词在档案界常常被理解为“文件”，实际上，这个词在文献著录中作为专用术语，是指“记录”。而“Authority Record”在文献著录中作为一个专门术语，则指的是“规范记录”。“规范记录”是一个被多个专业——如计算机信息技术领域、图书情报领域、博物馆领域及档案领域关注的一个重要术语。但究其渊源，其最早出现于图书情报领域②。在图书和档案领域，对其定义是不同的。在图书领域，美国国会图书馆的《规范数据 MARC 21 格式》（MARC 21 Format for Authority Data）中将规范记录定义为：“记载 MARC 书目记录里用作检索点的名称和主题的规范形式，被用作参照规范形式的其他名称、主题和复分形式，以及这些形式之间的相互关系。”

在国际档案理事会所最新制定的《国际标准——档案规范记录著录规则》［ISAAR（CPF）］（第 2 版）中，（档案）“规范记录”（Authority Record）的内涵定义是指③，名称的规范化形式，连同其他信息元素，用于确定与描述命名实体，并且也可指向其他相关规范记录。

简而言之，档案规范记录就是由著录规则规定的检索点形式及其相关信息的记录。

1996 年版的 ISAAR（CPF）将“规范控制”（Authority Control）定义为：标准词语的控制，包含被使用为检索点的名称（个人的、机构团体的或地理的）。④ 新版的国际标准中并未定义档案规范控制，但档案工作者却使用并认为术语“规范控制”指的是创建唯一的术语以代表充当来源检索点的文件创建实体的名称或充当主题检索点的主题。因此，档案规范记录是档案控制查寻、聚集、联结、评估等功能实现的要素及其结果。⑤

归纳国际如美国档案界使用的规范记录发展现况，可得出，在档案应用中，规范记录的外延种类可包括：①团体名称（包括政府组织、家族与公司的名称）；②人名；③主题（Subjects，包括用作主题的名称与地名）；④职能（Functions）、职业（Occupations）与/或材料形式（Forms of Material）⑥ 等，其中又以人名、机构团体名称、家族名规范记录为主，这也是本书研究的主要对象。

4.3　档案规范记录的特性

对档案规范记录特性的归纳总结体现于对其同档案著录、图书规范记录之间关系的分析上。

---

① 段荣婷. 网络环境下的档案著录［J］. 档案，2000（6）：12－15.

② 张文友，徐维.《国际标准——团体、个人和家族档案规范记录著录规则》的制定及其结构特点［J］. 档案与建设，2001（2）：55－56.

③ The Secretariat of the ICA Ad Hoc Commission on Descriptive Standards. ISAAR（CPF）：international standard archival authority record for corporate bodies，persons and families（2nd edition）［S］. 2004：10. 其英文原文定义：The Authorized form of name combined with other information elements that identify and describe the named entity and may also point to other related authority records.

④ The Secretariat of the ICA Ad Hoc Commission on Descriptive Standards. ISAAR（CPF）：international standard archival authority record for corporate bodies，persons and families［S］. 1996：1.

⑤ Jean Dryden. From authority control to context control［J］. Journal of Archival Organization，2008，5（1－2）：1－3.

⑥ Durance C J. Authority control：beyond a bowl of alphabet soup［J］. Archivaria，1992，1（35）.

4.3.1 档案规范记录与档案著录的关系

根据最新的《国际标准——档案规范记录著录规则》[ISAAR（CPF），第2版，2004年]，‘档案著录”（Archival Description）是指①，著录单位及其组成部分的准确表现形式，其组成部分是借由捕获、分析、组织和记录信息的过程而来，而这些信息适合去确认、管理、定位与解释档案和背景及产生它的文件系统。也指过程的结果。即宏观的档案著录，是对档案内容和形式特征进行分析、选择和记录的过程，或其结果。档案规范记录与档案著录的逻辑关系如图4-2所示。

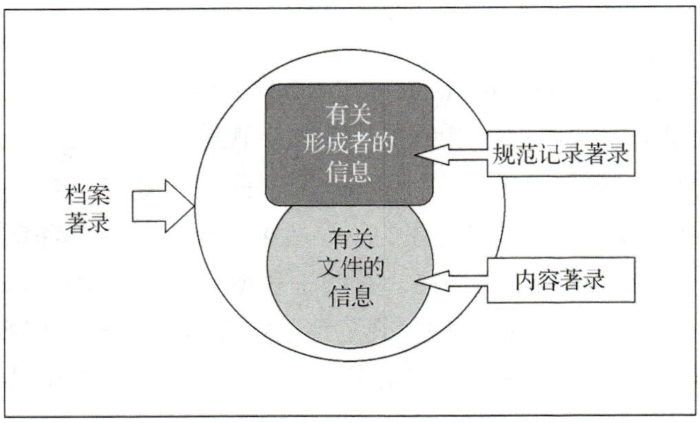

图4-2 档案规范记录与档案著录的逻辑关系示意

4.3.2 档案规范记录与图书规范记录的关系

档案规范记录与图书规范记录二者既有联系又有区别。其相似点体现于二者均需在著录中支持标准化检索点（Access Point）的创建。著录单位形成者的名称就是其中最重要的检索点之一。例如，《国际标准——档案规范记录著录规则》[ISAAR（CPF）] 就在其标准文献目录中引用了IFLA的《机构团体标目的形式与结构：机构团体标目工作组建议》。

然而，档案规范记录的理论基础是来源原则（Principle of Provenance），其特性则体现于需要支持附加的、重要的功能需求，即需要在档案著录系统中记录有关文件形成者（records creators）与文件创建背景（context）的相关信息。例如，在“5.2　描述项（DESCRIPTION AREA）”内著录档案形成者的重要著录项包括：5.2.1　存在日期（Dates of existence）；5.2.2　历史（History）；5.2.3　地点（Places）；5.2.4　法律地位（Legal status）；5.2.5　职能、职业与活动（Functions，occupations and activities）；5.2.6　法规或授权的来源（Mandates/Sources of authority）；5.2.7　内部结构或家谱（Internal structures/Genealogy）；5.2.8　时代背景（General context）等。因此，档案规范记录较图书规范记录包含更多信息。

由此，可归纳出档案规范记录的特性在于：一方面，档案规范记录是宏观档案著录的有机组成部分，同时又是著录对象与内容相对独立的一部分。另一方面，档案规范记录及其规范控制不仅需在著录中支持标准化检索点的创建，更需要包含机构团体、个人和家族实体的传记－历史著录，更需要提供理解文件的背景，即文件创建的背景与来源。

---

① The Secretariat of the ICA Ad Hoc Commission on Descriptive Standards. ISAAR（CPF）：international standard archival authority recordfor corporate bodies，persons and families（2nd edition）[S]. 2004：10. 其英文原文定义为：The Authorized form of name combined with other information elements that identify and describe the named entity and may also point to other related authority records.

4.4　档案规范记录的基本结构

根据系统原理，任何事物都有其自身的结构，档案规范记录也有其基本结构，这些结构按其类型可以有多种。由于规范记录可适用于多个领域，那么我们就要从通用要素与特性要素两个方面分别加以讨论。

4.4.1　通用要素

无论是图书情报领域还是档案领域里的规范记录，其通用要素都是共同具有的。通用要素由三部分构成，即规范要素、参照要素和控制要素。

（1）规范要素

规范要素是规范记录中最重要的要素，它由3个子要素构成：①名称的规范化形式；②规范标目的有关注释；③与规范标目相关的非规范名称形式。

（2）参照要素

这一项与规范要素中的“与规范标目相关的非规范名称形式”相对应。主要用于将非规范名称参见到规范标目上来。

（3）控制要素

控制要素用以说明规范记录中关于标目选择的有关事项、组织原则、遵循的标准、使用方法等。

4.4.2　特性要素

虽然“规范记录”这一概念，档案界与图书情报领域在概念含义上是共享的，但在档案领域的实际应用中，规范记录的功能在档案检索与图书检索中是不同的。无论在图书领域还是档案领域，规范记录都可用于规范检索点，但档案规范记录比图书规范记录更复杂、更具有特殊性，体现在档案检索与利用中，档案规范记录不仅仅要提供档案本身的特征信息，还要提供与形成者（如机构团体、人物和家族等）相关的背景信息。由于这些背景信息构成了档案的来源信息，因此，这些能够提供档案背景——来源的信息要素又构成了档案规范记录的特性要素。这些特性要素可以分为以下几个部分。

（1）机构团体要素

由于档案的机构团体全宗其立档单位就是由机构团体构成，因此机构团体要素也是档案规范记录中的一个重要要素。机构团体由子要素如类型、授权、法律状况、财产、组织结构和管理沿革等构成。

（2）人物要素

人物要素是档案规范记录的一个重要要素，因为档案的个人全宗，其立档单位就是由人物构成。人物由子要素如性别、受教育程度、住址、能力、活动、隶属关系、获奖及生平等构成。

（3）家族要素

家族也是立档单位中的一个重要类型。家族由子要素如财产、家族谱系、家族活动、住地、法律状况及家族史等构成。

4.5　档案规范记录的构成方法

档案规范记录的构成方法有广义和狭义之分。就狭义而言，是指一条档案规范记录由哪些著录要素构成，也就是由哪些著录项构成。就广义而言，是指一个档案规范记录体系如何组织，即在档案著录中确定作为检索点的机构团体名、人名或家族名的形式，确定该形式所需要的参照及这一记录与其他记录之间的关联过程。

档案规范记录构成的基本步骤如下。

第一步，确定规范标目，即在检索中以规范标目作为检索点；

第二步，建立档案规范记录；

第三步，将档案规范记录进行排序，组织成规范记录文档；

第四步，将规范记录文档与档案著录条目文档通过“索引”连成一体（即整合内容著录文档与规范文档），构成一个规范记录体系。

以明清档案为例，通过以上步骤可建成明清档案人名规范系统，如图 4-3 所示。

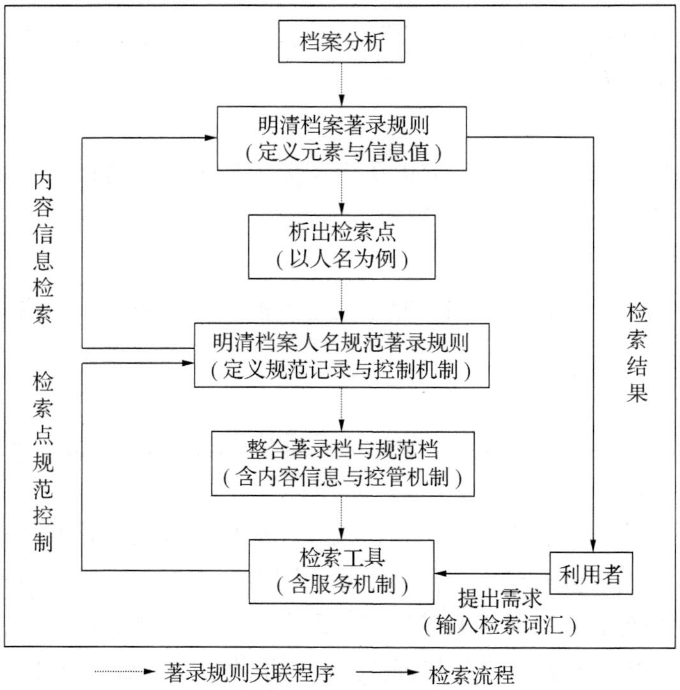

图 4-3　明清档案人名规范系统的建置与系统应用模式

其中，档案著录与档案规范记录文档架构如图 4-4 所示。

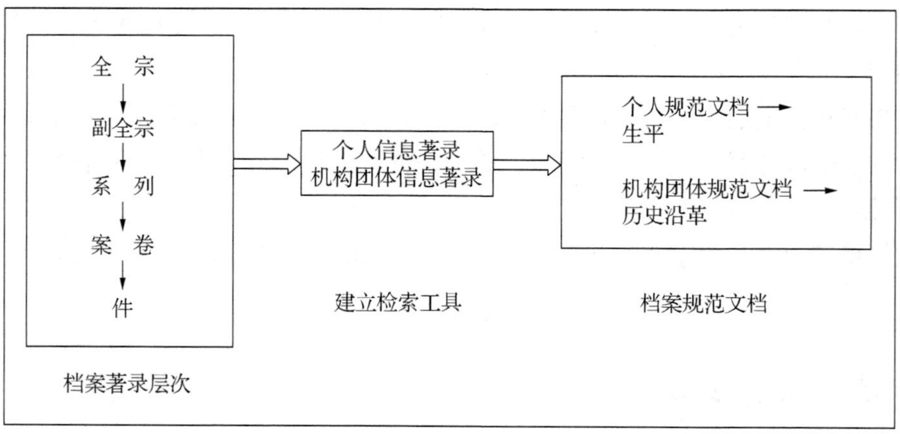

图 4-4　档案著录与档案规范文档架构示意

在建立档案规范记录时需要将规范记录与档案著录条目加以连接，在连接时要注意连接的索引结构，这个索引结构应该包括以下要素：①档案著录条目的标识符。用于唯一地确定所要连接的条目。②档案著录条目的名称。用于说明所连接的全宗名、类别名、案卷题名或文件题名。③档案著录条目的级次。

用于说明所连接的档案著录条目是全宗级、类别级、案卷级还是文件级。④连接关系的性质。用于说明所连接档案著录条目的形成者与规范记录实体之间的关系，如责任者等。⑤时间。用于说明档案著录条目的时间。

档案规范记录与档案著录条目之间通过索引结构连接成一个完整的检索系统。通过索引，用户可以查检出与档案形成者有关的所有档案，提高了检全率；同时，用户还可以了解相关的档案著录条目的信息以判定是不是所需要的档案，提高了检准率，节省了检索的时间。因此，索引结构的存在大大提高了检索效率。以“粟裕”为例，其规范记录与其所形成的档案著录条目连接如图 4–5 所示。

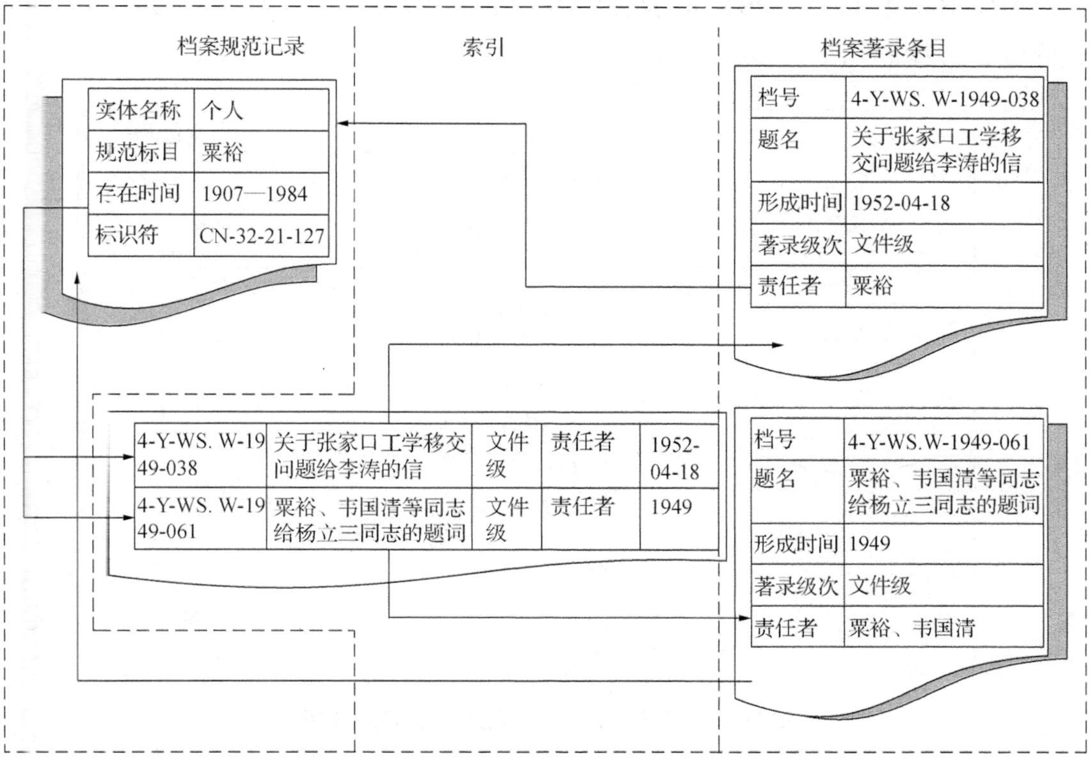

图 4–5　档案规范记录条目与其所形成的档案著录条目的连接

4.6　档案规范记录对检索点的规范控制

根据结构—功能法，档案规范记录在其现有结构的基础上能够实现规范检索点选取的功能。

在档案检索过程中，档案著录单位的责任者通常是档案著录条目中的主要检索点。所谓的“检索点”在档案信息检索中是指①：用于查寻、确认或检索档案著录条目和规范记录的名称、关键词或代码等。在《国际标准——档案著录规则（总则）》［ISAD（G），第 2 版，2000 年］中并未设置对检索点进行规范的规则，在我国的档案著录规则 DA/T 18—1999《档案著录规则》中也没有关于规范检索点的规则。所以，如果仅依据这些著录规则，在档案著录过程中，档案中出现什么人名、机构团体名就著录什么名称。如果不加以规范，极易造成漏检或误检现象。从这个意义上来说，检索点的“规范”是在档案人员著录的环节，而不是用户的检索环节。

在信息爆炸时代，档案信息量剧增，要高效、准确地查找出所需档案信息，就必须对作为责任实体

① The Secretariat of the ICA Ad Hoc Commission on Descriptive Standards. ISAAR（CPF）: international standard archival authority recordfor corporate bodies，persons and families（2nd edition）［S］. 2004.

（或者作为主题实体）的人名、机构团体名或家族名进行一致、准确和清晰的著录，并且要与国际标准中所著录信息的标准化相一致。通过建立档案规范记录，凡是检索工具中作为检索点的机构团体名、人名或家族名都从规范记录的规范标目中选取，以此保证检索点的唯一性和一致性。同时，将非规范名称标目都参照到规范标目之下，这样用户在使用非规范名称进行检索时也能顺利地检索到所需的档案。

规范检索点的功能主要是通过规范记录的规范名称，以及非规范名称之间的参照来实现的。以“毛泽东”为例，为规范“毛泽东”这一检索点，先建立“毛泽东”这一规范标目作为规范要素。然后建立参照要素，通过参照要素将非规范名称如“毛润之”“李德胜”规范到“毛泽东”这一规范标目，从而实现将原先分散在各个非规范名称形式下的档案都集中到规范形式的检索点之下，避免了同一形成者的档案因名称不同而分散在不同的名称标目下，如图 4–6 所示。

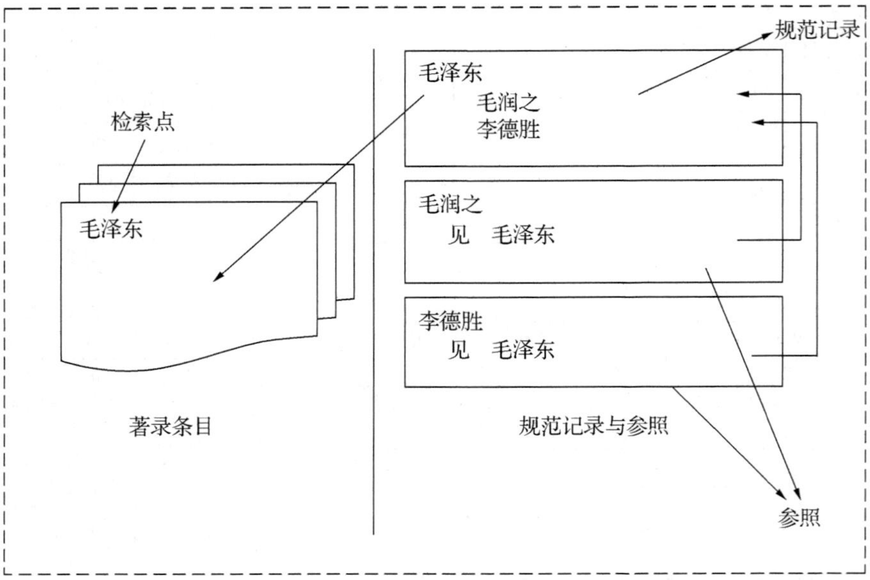

图 4–6　档案人员选取检索点并做出参照的过程

用户如果用“毛润之”进行检索，由于在规范记录体系内已有参照要素对“毛润之”进行了规范控制，因此，就被参见到规范要素“毛泽东”上，然后再由规范要素转查著录条目上的检索点“毛泽东”。由于规范了检索点，因此，可以把以毛泽东为责任者的所有档案检全，提高了检全率。同样，用“李德胜”检索也是如此。检索过程如图 4–7 所示。

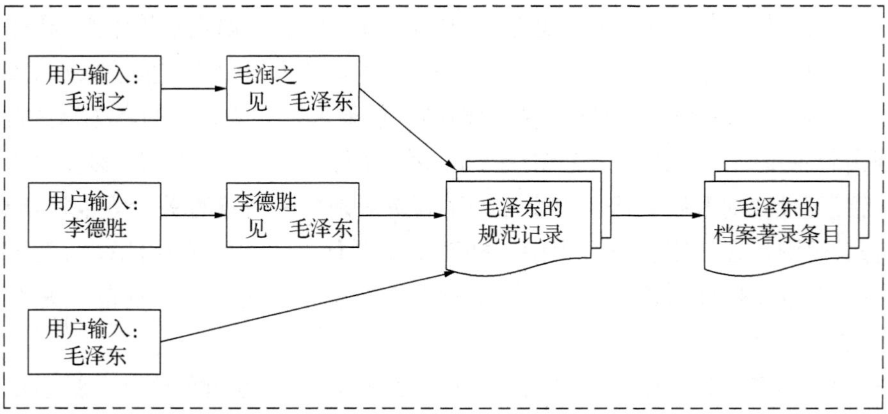

图 4–7　用户检索过程

第 5 章 《国际标准——档案规范记录著录规则》研究

《国际标准——档案规范记录著录规则》［ISAAR（CPF）］的制定，正好是为国际档案界建立规范记录提供了一个标准的规范化的纲领性文件，同时也是对国际档案理事会档案著录标准特别委员会制定颁布的《国际标准——档案著录规则（总则）》［ISAD（G）］的一个很好的补充。

5.1 《国际标准——档案规范记录著录规则》的制定与最新进展

如前所述，《国际标准——档案规范记录著录规则》是国际档案理事会档案著录标准化特别委员会继《国际标准——档案著录规则（总则）》［ISAD（G）］之后制定的又一重要的国际著录标准。该标准主要是为了规范档案著录中的机构团体、个人和家族名称的形式而制定的。随着档案信息化发展，特别是网络信息资源日益发达，国际档案信息交换越来越频繁，对档案的规范化要求也越来越高。由于《国际标准——档案著录规则（总则）》［ISAD（G）］中没有规定检索点的规范选取，同时也没有提供档案形成者的相关背景信息，因此国际档案理事会档案著录标准特别委员会于 1996 年正式颁布了《国际标准——档案规范记录著录规则》［ISAAR（CPF）］。该标准的制定为国际档案界建立规范记录提供了一个规范化的标准，同时也是《国际标准——档案著录规则（总则）》［ISAD（G）］的有益补充，并于 2004 年正式颁布了其第 2 版。

研究《国际标准——档案规范记录著录规则》［ISAAR（CPF）］，对于建立我国档案规范记录标准是极为必要的。

事物发展到一定程度和水平之后都应制定出相应的标准，对该事物进行科学系统的规范，以便能促使事物向更加科学的方向发展。档案规范记录的发展也同样适合这个道理。国际档案理事会档案著录标准特别委员会关于《国际标准——档案规范记录著录规则》［ISAAR（CPF）］的起草小组，于 1993 年就开始考虑档案著录过程中检索点的规范问题，最初起草小组认为，档案检索点的问题与图书馆界的标目规范控制标准在很大程度上是相似的，但在研究了国际图联的《规范款目与参照款目指南》（GARE）及有关图书馆界的其他规范记录的标准之后，起草小组认为图书馆界的规范控制标准还不能直接用于档案界，于是决定制定一个档案界自己的规范记录标准①。经过 3 年的努力，国际档案理事会档案著录标准特别委员会于 1996 年正式颁布了《国际标准——档案规范记录著录规则》［ISAAR（CPF）］。经过 5 年在世界各国的应用，该标准对开发档案信息资源起到了重要的作用，但在实践中也发现了该标准在某些方面还不适应档案著录实践新的发展要求。通过在国际档案理事会各成员国、国际档案理事会内各相关的组织及相关的同类国际组织内广泛征求意见，收集各国有关档案规范记录的实例以充实并丰富该规则，在 2004 年维也纳国际档案大会上正式通过了《国际标准——档案规范记录著录规则》［ISAAR（CPF），第 2 版］。由此可见，该标准的制定建立在各国档案规范记录实践基础之上，具有广泛的实践性。

规范记录工作是档案著录的核心组成部分。所谓的规范记录工作是指，在档案著录中确定作为检索

---

① 张文友，徐维．《国际标准——团体、个人和家族档案规范记录著录规则》的制定及其结构特点［J］．档案与建设，2001（2）：55－56.

点的机构团体名、人名和家族名的规范化形式，确定该形式所需要的参照及这一记录与其他记录之间关系的过程。这项工作主要包括 3 个方面：①建立规范记录；②将规范记录汇集起来，组织成规范记录文档（规范记录文档既可以组织成手工形式的卡片文档，也可以组织成机读形式的计算机文档）；③将规范记录文档与档案的检索工具——目录或索引文档连接成一体，以形成一个规范记录体系。

由此可见，作为规范记录工作的基础是建立规范记录。所以，国际档案理事会档案著录标准特别委员会又专门制定了这项关于档案规范记录的著录标准，以便档案规范记录的各项数据能在档案界实现资源共享，更好地开发、利用和保护作为人类文明遗产的档案信息资源。

目前，已经制定和根据《国际标准——档案规范记录著录规则》［ISAAR（CPF）］正在制定本国档案规范记录著录规则的国家有美国、英国、法国、澳大利亚、加拿大、瑞典和意大利等，并随着档案检索由本地检索向远程检索发展、由单机检索向网络检索发展，档案规范记录已被用于档案置标著录（EAD）之中，而且形成了专门的背景信息置标标准——EAC。档案规范记录引起国际档案界越来越多的关注与研究，国际性的关于档案规范记录的专题学术会议也多次召开，像澳大利亚、美国、英国、加拿大和瑞典等国家专门设有研究档案规范记录的特别工作组进行专项研究。

5.2 《国际标准——档案规范记录著录规则》同其他相关国际标准之间的关系

《国际标准——档案规范记录著录规则》［ISAAR（CPF）］的制定不是孤立的，它与国际档案理事会所制定的其他标准如《国际标准——档案著录规则（总则）》［ISAD（G）］、《国际标准——档案职能著录规则》（ISDF）[①] 和《国际标准——档案保管机构团体著录规则》（ISDIAH）[②] 之间有着紧密的联系，那么如何理解它们之间的关系呢？

①《国际标准——档案规范记录著录规则》［ISAAR（CPF）］与《国际标准——档案著录规则（总则）》［ISAD（G）］之间的具体关系，如图 5-1 所示。

②《国际标准——档案规范记录著录规则》［ISAAR（CPF）］与《国际标准——档案著录规则（总则）》［ISAD（G）］、《国际标准——档案职能著录规则》（ISDF）和《国际标准——档案保管机构团体著录规则》（ISDIAH）之间的总体关系，可以用一个档案概念模型加以说明。例如，参考目前应用于 ICA-AtoM 的逻辑对象模型[③]，其基本概念图解如图 5-2[④]所示。

如图 5-2 所示，在这些标准之间，《国际标准——档案规范记录著录规则》［ISAAR（CPF）］与《国际标准——档案著录规则（总则）》［ISAD（G）］之间可以通过《国际标准——档案职能著录规则》（ISDF）而更加紧密地关联；而《国际标准——档案保管机构团体著录规则》（ISDIAH）又成为《国际标准——档案规范记录著录规则》［ISAAR（CPF）］的一种有益补充。

显然，《国际标准——档案规范记录著录规则》［ISAAR（CPF）］制定不仅完善与充实了国际档案著录标准体系，也促进与推动了国际档案界档案信息资源的开发与利用，进而提高了档案凭证价值实现的真实性、可靠性和完整性。

① ICA. ISDF：International standard for describing functions［S/OL］.［2012-05-01］. https：//www. ica. org/en/isdf-international-standard-describing-functions.

② ICA. ISDIAH：International standard for describing institutions with archival holdings［S/OL］.［2012-05-01］. https：//www. ica. org/en/isdiah-international-standard-describing-institutions-archival-holdings.

③ ICA Committee on Best Practices and Standards / Sub-committee on archival description. Progress report for revising and harmonising ICA descriptive standards［S］. 2012：15.

④ 该模型在 ICA AtoM 用户手册中，包括基本概念图解。参见 http：//ica-atom. org/docs/index. php？title = UM-1. 3。

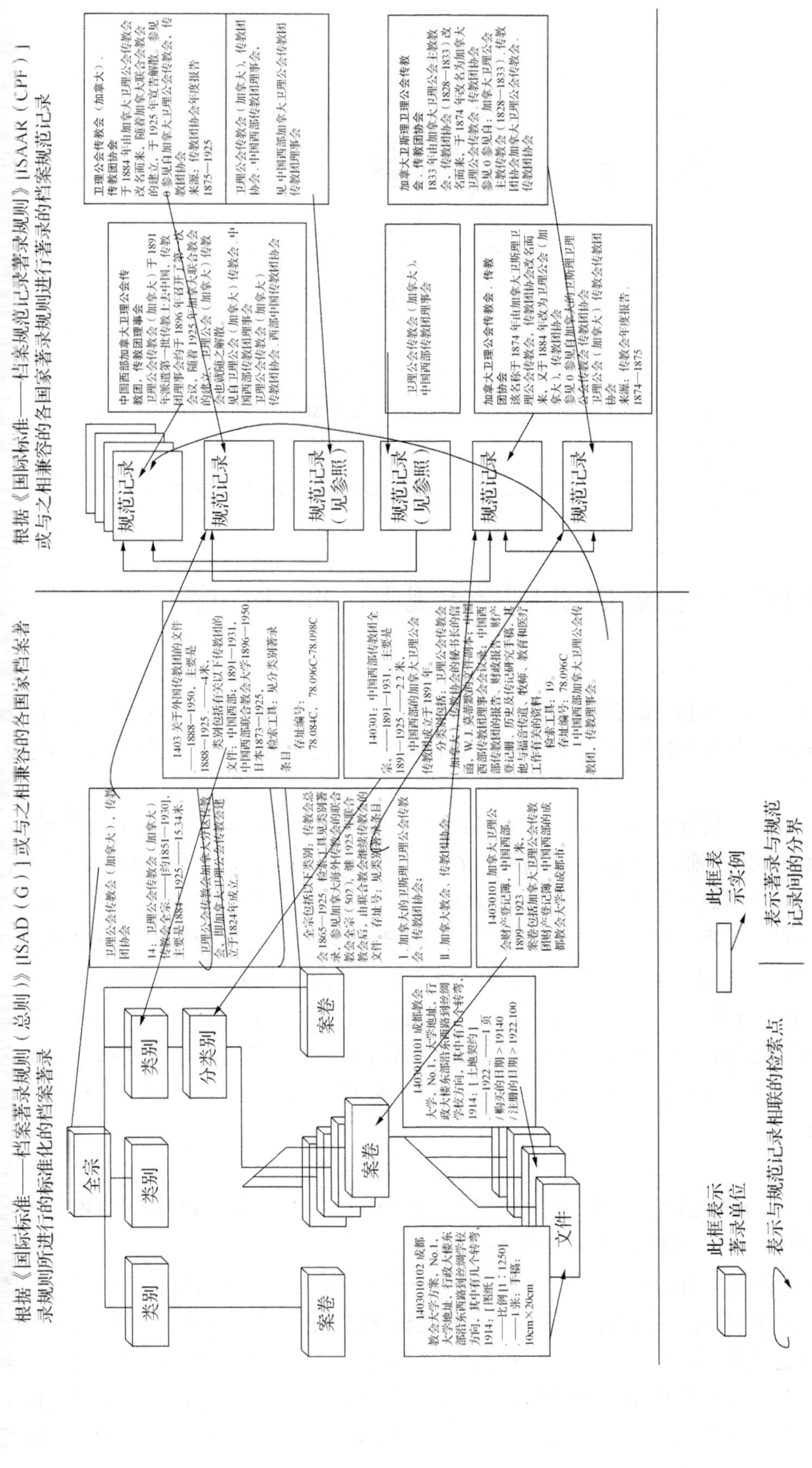

图 5-1　档案著录与档案规范记录之间的关系

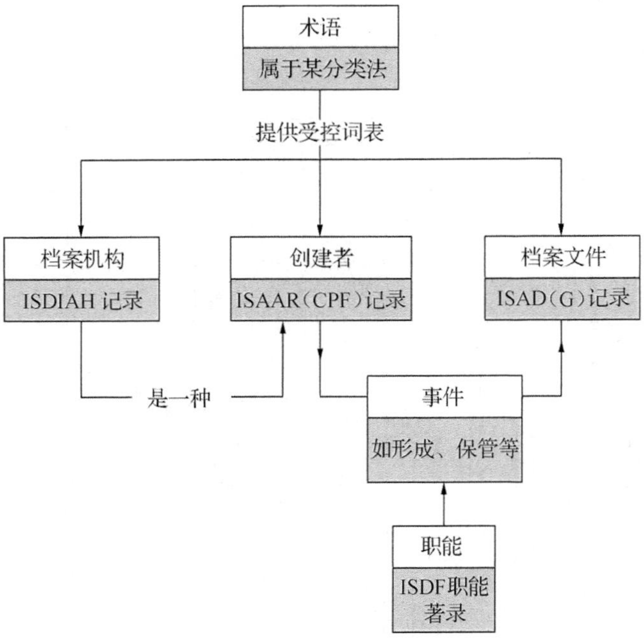

图 5-2　ISAAR（CPF）同其他相关国际标准之间关系的档案概念模型

5.3　《国际标准——档案规范记录著录规则》的结构功能

5.3.1　宏观结构

《国际标准——档案规范记录著录规则》［ISAAR（CPF）］主要由“范围和目的”“引用标准”“术语和定义”“标准的结构及使用方法”“规范记录的著录项”“档案规范记录与其他资源的连接”及“附录”7 个部分组成。

系统论告诉我们，任何标准都不是孤立的，是整个标准体系中的一部分。国际标准化组织（ISO）在《国际标准的起草与表述规则》中规定，国际标准在其宏观结构上必须包括“引用标准”。该标准在横向上增强了与其他相关标准的兼容性，在纵向上更好地体现了标准的延续性，充分显示了该标准的系统性。

在“规范记录的著录项”部分，详细地给出了规范记录的著录项，将著录项按其功能进行了归并，分为“特征项”“描述项”“关系项”和“控制项”4 个大项，层次十分清晰。

“相关档案和其他资源”是《国际标准——档案规范记录著录规则》［ISAAR（CPF），第 2 版］新增加的部分，将规范记录和相关档案著录条目及其他资源相连接，使规范记录信息能够在整个文献信息领域得到充分共享，这在信息资源利用、开发与共享要求不断提高的今天，无疑是一个极大的改进，甚至可以说是质的飞跃。

5.3.2　微观结构

《国际标准——档案规范记录著录规则》［ISAAR（CPF）］作为规范记录的著录标准，其微观部分即为各个著录项的设置。与《国际标准——档案著录规则（总则）》［ISAD（G）］关于著录项的设置方法一样，将各个著录项设置的目的和规则一一做出说明，同时给出各国著录的实例，对于规则的理解很有帮助。而作为档案规范记录的国际标准，是为建立规范记录提供具有总则性质的规则，为哪些机构团体、个人和家族建立规范记录，以及要为一条规范记录选择哪些著录项，是以叙述形式还是以结构化的形式来表达这些著录项等，这些主要取决于具体规范记录体系的要求，故在该标准没有做出规定，只规定了档案规范记录信息交换所需要的必要部分，有关检索点规范化的标准或规则将由各国根据具体情况制定。

ISAAR（CPF）（第 2 版）档案规范记录著录内容的结构功能[①]如表 5-1 所示。

表 5-1 ISAAR（CPF）（第 2 版）档案规范记录著录内容的结构功能

著录项（一级）	功能	著录项（二级）
5.1 标识项（IDENTITY AREA）	传达唯一标识被著录实体与定义文件标准化检索点的信息	5.1.1 实体类型（Type of entity）
		5.1.2 名称的规范化形式［Authorized form(s) of name］
		5.1.3 名称的并列形式（Parallel forms of name）
		5.1.4 符合其他规则的名称的标准化形式（Standardized forms of name according to other rules）
		5.1.5 名称的其他形式（Other forms of name）
		5.1.6 机构团体标识符（Identifiers for corporate bodies）
5.2 描述项（DESCRIPTION AREA）	传达被著录实体性质、背景及活动的相关信息	5.2.1 存在日期（Dates of existence）
		5.2.2 历史（History）
		5.2.3 地点（Places）
		5.2.4 法律地位（Legal status）
		5.2.5 职能、职业与活动（Functions, occupations and activities）
		5.2.6 规范的授权/来源（Mandates/Sources of authority）
		5.2.7 内部结构/家谱（Internal structures/Genealogy）
		5.2.8 时代背景（General context）
5.3 关系项（RELATIONSHIPS AREA）	记录与描述同其他团体、个人与/或家族之间的关系	5.3.1 相关团体、个人或家族的名称/标识符（Names/Identifiers of related corporate bodies, persons or families）
		5.3.2 关系的种类（Category of relationship）
		5.3.3 关系的描述（Description of relationship）
		5.3.4 关系的日期（Dates of the relationship）
5.4 控制项（CONTROL AREA）	唯一标识规范记录，并记录如何、何时及由何机构团体创建与维护规范记录	5.4.1 规范记录标识符（Authority record identifier）
		5.4.2 规范记录机构标识符（Institution identifiers）
		5.4.3 著录用规则（Rules and/or conventions）
		5.4.4 状态（Status）
		5.4.5 级次（Level of detail）
		5.4.6 创建、修订或删除的日期（Dates of creation, revision or deletion）
		5.4.7 语种与书写体（Languages and scripts）
		5.4.8 来源（Sources）
		5.4.9 维护注释说明（Maintenance notes）

① The Secretariat of the ICA Ad Hoc Commission on Descriptive Standards. ISAAR（CPF）: international standard archival authority record for corporate bodies, persons and families（2nd edition）［S］. 2004: 11.

5.4 《国际标准——档案规范记录著录规则》中的主要著录规则

5.4.1 特征项

（1）实体类型

目的：

用于表明被著录实体究竟是机构团体、个人，还是家族。

规则：

在规范记录中明确正在被著录的实体（机构团体、个人或家族）的类型。

实体类型分为机构团体、个人和家族 3 个类别。

（2）名称的规范化形式

目的：

用于创建唯一标识机构团体、个人或家族的规范化检索点。

规则：

依照规范记录创建机构团体所应用的任何相关国家或国际的规则，为被著录实体记录名称的标准化形式。使用适合的日期（Dates）、地点（Place）、管辖权（Jurisdiction）、职业（Occupation）、附加于人名后之描述词（Epithet）及其他限定词①，以区分名称的规范化形式与那些具有相似名称的其他实体名称的规范化形式。在著录用规则项（5.4.3）中详细说明了已应用于此著录项（名称的规范化形式）的成套规则。

（3）名称的其他形式

目的：

用于表明不用于特征项其他处的机构团体、个人或家族的任何其他名称。

规则：

记录实体可被闻知的其他名称，诸如：

①同一名称的其他形式，如首字母缩略词。

②机构团体的其他形式，如名称随着时间及其日期的变化。

③个人或家族的其他名称，如假名、娘家姓等名称随着时间及其日期的变化。

④个人与家族名称及其前后头衔，如贵族头衔，或者个人或家族所持有的荣誉称号。

5.4.2 描述项

描述项的目的在于描述机构团体、个人或家族的历史、任务、作用、背景与活动。

（1）存在日期

目的：

用于表明机构团体、个人或家族的存在日期。

规则：

记录被著录实体的存在日期。对于机构团体而言，包括其确立、创立或法律赋权与解散的日期；对于个人而言，包括生与死的日期或当日期不明确时的近似日期，以及在世的日期。当存在日期有可并行表达的不同的时间标准时，可根据相关的时间标准等效地进行日期著录。如根据国际标准 ISO 8601《数据存储和交换形式－信息交换－日期和时间的表示方法》进行著录。

---

① 国际标准 ISAAR（CPF）中将“限定词（Qualifier）”定义为：有助于规范记录标识、理解或利用著录元素的附加信息。

（2）历史

目的：

用于提供机构团体、个人或家族的准确历史。

规则：

以叙述体形式或作为年表记录被著录实体的主要的生命事件、活动、成就或任务、作用。这可能包括性别、国籍、家族与宗教或政派信息。在任何可能之处，将日期作为叙述体描述的完整组成而提供。

（3）地点

目的：

用于表明机构团体、个人或家族所建立的基础、居住或有其他关联的主要地点或行政辖区。

规则：

记录主要地点或行政辖区名称，以及其与实体关联的性质与涵盖日期。

（4）法律地位

目的：

用于表明机构团体的法律地位。

规则：

记录机构团体类型的法律地位，并在适当时记录其所应用的日期范围。

（5）职能、职业与活动

目的：

用于表明机构团体、个人或家族执行的职能、职业与活动。

规则：

记录被著录实体所执行的职能、职业与活动，以及其作用日期范围。如果必要的话，描述职能、职业与活动的性质。

（6）时代背景

目的：

用于提供机构团体、个人或家族操作、居住或活跃的社会、文化、经济、政治或历史背景的相关重要信息。

规则：

提供任何有关著录实体所处社会、文化、经济、政治或历史背景的重要信息。

5.4.3 关系项

该著录项的目的在于描述同可能著录于其他规范记录中的其他机构团体、个人与家族之间的关系。

（1）相关机构团体、个人或家族的名称标识符

目的：

用于表明相关实体名称与任何唯一标识符，并且支持与相关机构团体、个人或家族规范记录间的联系。

规则：

记录相关实体名称的规范化形式和任何唯一标识符，包括机构团体标识符。

（2）关系的种类

目的：

用于标识被著录实体与另一个机构团体、个人或家族之间关系的一般类别。

规则：

记录被描述关系所属一般类别。利用由国家规则中所规定的一般类别或以下4个类别之一。为描述

关系，而在著录用规则项（5.4.3）中著录用作受控词来源的受控词表。

——等级体系（关系）（Hierarchical）（如上级与下级、受控与控制、所有与被拥有）

在等级体系关系中，实体可能对若干其他机构团体、个人或家族的活动行使权威与控制。实体亦可能从属于若干其他机构团体、个人或家族，例如，上级随着时间的迁移而发生了改变的联合委员会或组织机构团体。

——时间（关系）（Temporal）（如前辈与继承者、先前与后续）

在时间关系中，实体可能在一些职能行使与活动中接替若干其他机构团体、个人或家族。反过来，实体亦可能被若干其他机构团体、个人或家族所接替。

——家族（关系）（Family）

在家族中，某个人作为一个实体，可能与该家族的其他成员及该家族（整体）有广泛的关系。当家族的宗谱结构复杂时，可能适合于为每一成员创建单独的规范记录，并同其父母、配偶与子女联系起来。或者，该信息亦可著录于内部结构或家谱项（5.2.7）。

——关联（关系）（Associative）

关联关系是除以上3种关系外的一般类别（如供应者与客户、部分与整体）。

（3）关系的描述

目的：

用于提供关系性质的具体描述。

规则：

记录著录于该规范记录中的实体与其他相关实体之间关系性质的准确描述，例如，上级机构团体、所属机构团体、所有者、前辈、丈夫、妻子、儿子、堂兄弟姊妹、老师、学生、同事。对于采用受控词来描述关系的，应在著录用规则项中对于所采用的受控词所来源的词表加以说明。在描述此关系的著录项也可对关系的历史或关系的性质进行著录。

（4）关系的日期

目的：

用于表明与另一机构团体、个人或家族关系持续的日期。

规则：

记录关系的生效日期或连续日期，以及终止日期。但应在“著录用规则”项中说明所用的著录规则，例如，著录时采用了国际标准 ISO 8601《数据存储和交换形式 - 信息交换 - 日期和时间的表示方法》来著录时间，就应当加以说明。

5.4.4　控制项

（1）规范记录标识符

目的：

用于在规范记录使用背景中唯一标识规范记录。

规则：

依照地方性或国家性标准，著录唯一的规范记录标识符。如该规范记录将在国际通用，则依照最新版的国际标准 ISO 3166《国家名称表示代码》（Codes for the Representation of Names of Countries）来著录规范记录创建时所涉及的国家代码。

当规范记录的形成者是国际组织时，则以该组织机构团体标识符取而代之。

（2）规范记录机构标识符

目的：

用于标识规范记录的负责机构团体。

规则：

记录负责规范记录创建、修改或传播机构团体名称的完整规范形式，或者依照国家或国际机构团体代码标准记录机构团体代码。包含对用于标识机构团体的标识系统（如 ISO 15511）的参考。

(3) 著录用规则

目的：

用于标识应用于档案规范记录创建时所采用的国家或国际标准。

规则：

著录所应用的标准名称与之相关的版本或出版日期。单独指定已应用于名称的规范化形式创建的规则。包含对用于该规范记录所采用的日期标准，如 ISO 8601。

(4) 级次

目的：

用于表明规范记录适用级次为最简级次、简要级次或详细级次。

规则：

依照相关国际或国家指南或规则，说明规范记录级次为最简级次、简要级次或详细级次。当不存在国家指南或规则时，规范记录的最简级次是指仅著录 ISAAR（CPF）标准所规定的 4 个必著项，而详细级次则应著录所有相关的 ISAAR（CPF）著录项的信息。

(5) 创建、修订或删除的日期

目的：

用于表明规范记录被创建、修订或删除的时间。

规则：

记录规范记录被创建及其修订的日期。在著录用规则项（5.4.3）中著明所使用的日期表示系统，如 ISO 8601。

(6) 维护注释说明

目的：

用于记载规范记录的创建与维护。

规则：

著明同规范记录的创建与维护相关的注释说明。规范记录创建负责人的名字亦可著录于此。

5.4.5 机构团体、个人或家族同档案及其他资源之间的关系

档案规范记录的创建首先是为了记录文件创建的背景。为使该记录有用，有必要建立规范记录同文件著录之间的关联。档案规范记录还能够与其他信息资源建立关联。当建立以上联系时，描述机构团体、个人或家族同被关联资源之间关系的已知性质是重要的。

以叙事体自由文本或以结构化文本记录在以下项或资源关联中所指定的相关信息。

(1) 相关资源的标识符与名称

目的：

用于唯一标识相关资源或能够建立规范记录同所存在的相关资源著录之间的关联。

规则：

提供相关资源的唯一标识符或参照代码或名称。在适当之处同时提供相关资源单独著录的标识符。

(2) 相关资源的类型

目的：

用于标识被引用相关资源的类型。

规则：

标识相关资源的类型，例如，档案（全宗、文件系列等）、档案著录、检索工具、专题论文、期刊文章、网站、照片、博物馆藏、纪录片、口述历史记录。

（3）关系的性质

目的：

用于标识机构团体、个人或家族同相关资源之间关系的性质。

规则：

描述机构团体、个人或家族同相关资源（如形成者、作者、主题、保管者、版权所有者、控制者、所有者）之间关系的性质。

（4）相关资源或关系的日期

目的：

用于提供相关资源的相关日期或机构团体、个人或家族同相关资源之间关系的日期，并用于表明那些日期的意义。

规则：

提供相关资源或机构团体、个人和家族同相关资源之间关系的相关日期，并描述那些日期的意义。

5.4.6 《国际标准——档案规范记录著录规则》第 1 版与第 2 版著录项之间的映射

《国际标准——档案规范记录著录规则》［ISAAR（CPF）］的第 1 版与第 2 版之间，著录项作了比较大的调整。为更好地反映历史传承性和标准的连续性，表 5-2 列出了两者之间著录项的对应关系。

表 5-2　ISAAR（CPF）第 1 版与第 2 版著录项之间的映射关系

第 1 版	第 2 版
1.1　标识代码	5.4.1　规范记录标识符与 5.4.2　规范记录机构标识符
1.2　记录类型	5.1.1　实体类型
1.3　规范条目	5.1.2　名称的规范化形式
1.4　类似条目	5.1.3　名称的并列形式
1.5　非优先术语	5.1.5　名称的其他形式
1.6　相关条目	5.3　关系项
2.1.1　合法数字	5.1.6　机构团体的唯一标识符
2.1.2　名称	5.1.4　取决于其他规则的名称的标准化形式
2.1.3　存在的日期与地点	5.2.1　存在日期与 5.2.3　地点
2.1.4　业务地点	5.2.3　地点
2.1.5　法律地位	5.2.4　法律地位
2.1.6　受命进行的工作、职能与活动范围	5.2.5　职能、职业、活动与 5.2.6　法规命令指令或授权的来源
2.1.7　行政管理结构	5.2.7　内部结构或家谱
2.1.8　关系	5.3　关系项
2.1.9　其他重大信息	5.2.8　时代背景
2.2.2　名称	5.1.4　取决于其他规则的名称的标准化形式
2.2.3　存在日期与地点	5.2.1　存在日期与 5.2.3　地点
2.2.4　住处	5.2.3　地点
2.2.5　国籍	5.2.2　历史

续表

第 1 版	第 2 版
2.2.6 职业、活动范围	5.2.5 职能、职业、活动
2.2.8 关系	5.3 关系项
2.2.9 其他重大信息	5.2.8 时代背景
2.3.2 名称	5.1.4 取决于其他规则的名称的标准化形式
2.3.3 存在日期与地点	5.2.1 存在日期与 5.2.3 地点
2.3.4 地点或地理区域	5.2.3 地点
2.3.5 国籍	5.2.2 历史
2.3.6 职业、活动范围	5.2.5 职能、职业与活动
2.3.7 家族树	5.2.7 内部结构或家谱
2.3.8 关系	5.3 关系项
2.3.9 其他重大信息	5.2.8 时代背景
3.1 档案工作者的注解	5.4.8 来源与 5.4.9 维护注解说明
3.2 著录用规则	5.4.3 著录用规则
3.3 日期	5.4.6 创建、修订与删除日期

《国际标准——档案规范记录著录规则》[ISAAR（CPF）] 的第 2 版译文请见附录 1。

第6章　国际档案规范记录网络化置标标准《档案背景信息编码著录规则》研究

档案规范控制的内容必须包含3个层面：①规范控制中各类名称的选择：人名、家族名、机构团体名等；②规范记录的著录规则：可参考ISAAR（CPF）；③规范记录的编码。① 其中，ISAAR（CPF）确定了在档案规范记录中所能够被包含的信息类型，并且提供了这些记录可如何在档案著录系统中被部署的指导。ISAAR（CPF）还注意到档案规范信息在计算机网络上成功自动交换依赖于涉及交换的馆库采用相配的通信格式。而《团体、个人与家族档案背景编码》（Encoded Archival Context for Corporate Bodies, Persons, and Families, EAC-CPF）就是这种支持遵循ISAAR（CPF）档案规范记录数据在万维网（World Wide Web）之上交换的通信格式，为个人、团体与家族档案背景信息提供通信结构。

《团体、个人与家族档案背景编码》（EAC-CPF），作为新档案著录标准，支持文件创建者著录的共享。EAC-CPF是档案背景的（数据）结构标准。②

基于EAC-CPF，文件创建实体的相关背景信息能够整合于文件著录中，或者作为单独规范记录文档的独立系统而同文件著录连接。②

6.1　EAC-CPF的特征与优点

EAC-CPF的主要特征，包括如下内容。

①适应《资源描述与检索》（RDA）的许多变化，体现于其特征项<identity>等：增强了数据的粒度，如将生命日期细分为出生日期与死亡日期；强调关系，包括：同其他资源之间的关系，同其他团体、个人、家族的关系，同职能之间的关系；在名称方面，增强了名称相同与不同形式的功能，能够区分名称的“规范化（Authorized）”与“优先（Preferred）”形式，能够通过“使用日期（Use Dates）”而限制名称的不同形式。

②与目前的规范数据（LCSH等）相兼容，体现于：封装元素允许大规模地包含外部元数据，即规范MARC-XML。

③对于别名、异体字、当地实现等具有很大的灵活性。

④能够容纳4种不同类型的“实体”：单一标识（Single Identity）；多重标识（Multiple Identity），包括：多重标识中的每一种均以单一的EAC-CPF实例表现（Many in One）与多重标识中的每一种均以多重实例表现（One in Many），即采用多个<cpfDescription>封装于<多重特征项>（<multipleIdentities>）内；供选择的集合（Alternative Sets）（即变体记录）；共享标识（COLLABORATIVE IDENTITY）。③

国际档案界已有学者将应用EAC的优点概括为：档案形成者著录标准化（Standardization of Creator Description）；适应性（Flexibility）；真实性（Provenance）；为利用者节约时间（Saving the Time for User）；

---

① 薛理桂等．中文档案名称权威档建立之研究：以台湾中研院近史所档案馆为例［R］.2001：7.

② Jean Dryden. A structure standard for archival context：EAC-CPF is here［J］. Journal of Archival Organization，2010，8（2）：150－163.

③ Encoded Archival Context Working Group of the Society of American Archivists and the Staatsbibliothek zu Berlin. Encoded archival context－corporate bodies，persons，and families（EAC-CPF）tag library［EB/OL］.［2013－07－16］. http：//www3. iath. virginia. edu/eac/cpf/tagLibrary/cpfTagLibrary. html#d1e8025.

超越档案领域（Beyond the Realm of Archive）；在线传记词典（Online Biographical Dictionaries）；国际方面（International Aspects）；多机构团体（Multi Institutes Corporation）；博物馆、图书馆与档案馆的联合（Combination of Museums，Libraries，and Archives）。①

综观国际 EAC-CPF 标准的研究及其应用现状，可以分析出其具有以下优点。

①规范数据的标准化与共享。EAC-CPF 基于国际标准 ISAAR（CPF），并且其本身也正在由事实标准进一步向国际标准发展。

②趋向语义网、关联开放数据（Linked Open Data，LOD）发展。例如，国际上 IBC Archivi［艾米利亚-罗马涅区（Emilia-Romagna，意大利中北部行政区）历史档案信息系统］的规范记录编码就已应用了 EAC-CPF 标准著录本体，如图 6-1 所示。从中可以得出，事实上，规范记录就其本身性质而言是不同资源之间的连接点。某位创建者的规范记录意味着连接的不仅是其所创建的相关文件，还连接了其他相关个人或实体。②

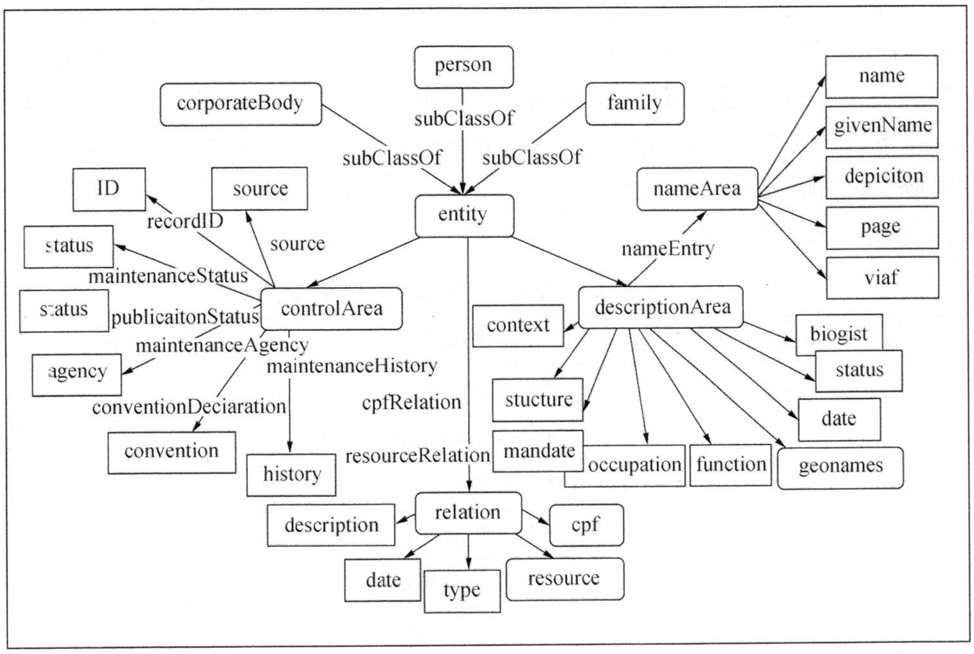

图 6-1　基于 EAC-CPF 构建的本体示意②

③更好的终端用户体验，最终能够节约时间，体现于：其一，提升了分面检索的能力；其二，更直观的网络接口。

6.2　EAC-CPF 著录内容的结构功能与语义

EAC-CPF 是一种可扩展置标语言（eXtensible Markup Language，XML③）词汇表（Vocabulary）。

① Farokhzad B F，Nikfarjam H，Arbabi V. Challenges and opportunities involved in implementing EAC［J］. World Academy of Science，Engineering and Technology，2011（54）：159.

② Silvia Mazzini，Francesca Ricci. EAC-CPF ontology and linked archival data［C］. Proceedings of the 1st International Workshop on Semantic Digital Archives，2011：72－81.

③ World Wide Web Consortium. Extensible markup language（XML）1.0（fifth edition）［EB/OL］.（2008－11－26）［2013－02－03］. http：//www. w3. org/TR/REC-xml/.

EAC-CPF 是使用 XML 编码档案材料相关个人、团体与家族背景信息的标准。①

如表 6-1 所示，EAC-CPF 著录内容的宏观结构功能与语义②所示，EAC-CPF 的基本模型包括两部分，即："控制项" <control>与"团体个人家族著录项" <cpfDescription>。

"控制项" <control>元素其功用在于实体著录控制，并且为其提供背景③（即规范记录本身的相关管理数据），具体包含 6 个必备与 5 个可选子元素。必备子元素有规范"记录标识符" <recordId>、"维护机构" <maintenanceAgency>、"维护状态" <maintenanceStatus>、"维护历史" <maintenanceHistory>、"语种声明" <languageDeclaration>及"多个来源" <sources>。可选子元素中的"本地控制" <localControl>与"本地类型声明" <localTypeDeclaration>提供了可扩展性，以使个人实施者管理其规范记录。

"团体个人家族著录项" <cpfDescription>元素其功用在于提供所著录实体标识的背景信息，包含 3 个子元素，即"特征项" <identity>、"描述项" <description>及"各关系项" <relations>。

"特征项" <identity>是"团体个人家族著录项" <cpfDescription>中唯一的必备项，其功用在于实现规范记录的名称控制。其中，必备子元素"实体类型" <entityType>用于建立实体标识的类型，子元素"名称条目" <nameEntry>用于标识其名称。"名称条目" <nameEntry>与"并列名称条目" <nameEntryParallel>的子元素"规范化形式" <authorizedForm>与"交替形式" <alternativeForm>允许文件创建者根据一套规则来标识规范化或变体的名称。该模型的优势在于多重具有不同构造的名称受控词表能够被包含于同一记录中。④

表 6-1 EAC-CPF 著录内容的宏观结构功能与语义

著录特征项（一级）	功能与语义	著录特征项（二级）		著录特征项（三级）
控制项 <control>	实体著录控制，并且为其提供背景	必备元素	规范记录标识符 <recordId>	
			维护机构 <maintenanceAgency>	
			维护状态 <maintenanceStatus>	
			维护历史 <maintenanceHistory>	
			语种声明 <languageDeclaration>	
			多个来源 <sources>	
		可选元素	出版状态 <publicationStatus>	
			惯例声明 <conventionDeclaration>	
			本地控制 <localControl>	
			本地类型声明 <localTypeDeclaration>	
			其他规范记录标识符 <otherRecordId>	

① Daniel Pitti. Encoded archival context - corporate bodies, persons, and families: 8th European conference on digital archiving [C]. Geneva: Springer, 2010.

② 受篇幅所限，此处仅列出 EAC（CPF）的最高三级著录特征项，其下更深级次著录特征项略。

③ Encoded Archival Context Working Group of the Society of American Archivists and the Staatsbibliothek zu Berlin. Encoded archival context - corporate bodies, persons, and families (EAC-CPF) tag library [EB/OL]. [2013-07-16]. http://www3.iath.virginia.edu/eac/cpf/tagLibrary/cpfTagLibrary.html#d1e8025.

④ Katherine M Wisser. Describing entities and identities: the development and structure of encoded archival context - corporate bodies, persons, and families [J]. Journal of Library Metadata, 2011, 11 (3-4): 166-175.

续表

<table>
<tr><th>著录特征项（一级）</th><th>功能与语义</th><th colspan="2">著录特征项（二级）</th><th>著录特征项（三级）</th></tr>
<tr><td rowspan="16">团体个人家族著录项 < cpfDescription >（或多个 < cpfDescription > 封装于多重特征项 < multipleIdentities > 中）</td><td rowspan="16">提供被著录实体标识的背景信息（< multipleIdentities >，用于包含对单一记录实体不只一个标识的著录①）</td><td>必备元素</td><td>特征项 < identity ></td><td>实体类型 < entityType >
名称条目 < nameEntry >
并列名称条目 < nameEntryParallel ></td></tr>
<tr><td rowspan="15">可选元素</td><td rowspan="11">描述项 < description ></td><td>存在日期 < existDates >，可使用：日期 < date >、日期范围 < dateRange >，或日期集 < dateSet ></td></tr>
<tr><td>地点 < place > 或 < places ></td></tr>
<tr><td>本地描述 < localDescription > 或 < localDescriptions ></td></tr>
<tr><td>法律地位 < legalStatus > 或 < legalStatuses ></td></tr>
<tr><td>职能 < function > 或 < functions ></td></tr>
<tr><td>职业 < occupation > 或 < occupations ></td></tr>
<tr><td>所使用的语种 < languageUsed > 或 < languagesUsed ></td></tr>
<tr><td>授权 < mandate > 或 < mandates ></td></tr>
<tr><td>内部结构或家谱 < structureOrGenealogy ></td></tr>
<tr><td>时代背景 < generalContext ></td></tr>
<tr><td>历史沿革或生平 < biogHist ></td></tr>
<tr><td rowspan="3">关系项 < relations >：< cpfRelation >、< functionRelation >、< resourceRelation >，均有子元素：关系款目 < relationEntry >、对象 XML 封装 < objectXMLWrap >、对象二进制封装 < objectBinWrap >、日期 < date >、日期范围 < dateRange >、日期集 < dateSet >、地点款目 < placeEntry >，以及描述注释 < descriptiveNote ></td><td>团体个人家族关系 < cpfRelation >（包含属性团体个人家族关系类型@ cpfRelationType）</td></tr>
<tr><td>职能关系 < functionRelation >（包含属性职能关系类型@ functionRelationType）</td></tr>
<tr><td>资源关系 < resourceRelation >（包含属性资源关系类型@ resourceRelationType）</td></tr>
<tr><td>可选记录集 < alternateSet ></td><td></td></tr>
</table>

① Katherine M Wisser. Describing entities and identities: the development and structure of encoded archival context – corporate bodies, persons, and families [J]. Journal of Library Metadata, 2011, 11 (3 – 4): 166 – 175.

“团体个人家族著录项” <cpfDescription>的“描述项” <description>，其功用在于形式描述实体。“描述项” <description>包含 11 个子元素，基本与 ISAAR（CPF）对应，而 EAC-CPF 又附加了‘本地描述” <localDescription>与“所使用的语种” <languageUsed>分别用于考虑未在其他“描述项” <description>子元素中所包含的其他描述信息的本地实现，以及描述著录实体所使用的语种，以实现多元文化论。

“团体个人家族著录项” <cpfDescription>的“各关系项” <relations>，其功用在于将特定的关系分类，具体包括 3 种：“团体个人家族关系” <cpfRelation>，“职能关系” <functionRelation>，与“资源关系” <resourceRelation>。其中对关系的描述，有 3 种方式，即使用以下 3 个子元素：“关系款目” <relationEntry>、“对象二进制封装” <objectBinWrap>及“对象 XML 封装” <objectXMLWrap>。[①]

因此，再结合 ISAAR（CPF）（第 2 版）档案规范记录著录内容的结构功能，可以得出 EAC（CPF）与 ISAAR（CPF）之间的映射关系，如表 6-2 所示。

表 6-2　EAC（CPF）与 ISAAR（CPF）之间的映射

ISAAR(CPF)		EAC(CPF)		
5.4 控制项(CONTROL AREA)		<控制项>(<control>)		
	5.4.1 规范记录标识符(Authority record identifier)		<规范记录标识符>(<recordId>)	
	5.4.2 规范记录机构标识符(Institution identifiers)		<维护机构>(<maintenanceAgency/agencyCode and/or agencyName>)	
	5.4.3 著录用规则(Rules and/or conventions)		<规则声明>(<conventionDeclaration>)	
	5.4.4 状态(Status)		<维护状态>(<maintenanceStatus>)	
	5.4.5 级次(Level of detail)		<本地控制>(<localControl>)	
			<本地类型声明>(<localTypeDeclaration>)	
	5.4.6 创建、修订或删除日期(Dates of creation, revision or deletion)		<维护事件>/<事件时间>(<maintenanceEvent>/<eventDateTime>)	
			<维护历史>(<maintenanceHistory>)	

① Katherine M Wisser [J]. Describing entities and identities: the development and structure of encoded archival context—corporate bodies, persons, and families [J]. Journal of Library Metadata, 2011 (3-4): 166-175.

续表

ISAAR(CPF)		EAC(CPF)		
	5.4.7 语种与书写体(Languages and scripts)		<语种单项声明>(<languageDeclaration>)	
	5.4.8 来源(Sources)		<多个来源>(<sources>)	
	5.4.9 维护注释说明(Maintenance notes)		<维护事件>(<maintenanceEvent>)/<维护描述>(<maintenanceDescription>)	
			其他规范记录标识符(<otherRecordId>)	
		机构团体个人家族著录项<cpfDescription>[或多个<cpfDescription>封装于<多重特征项>(<multipleIdentities>)内]		
5.1 特征项(IDENTITY AREA)			<特征项>(<identity>)	
	5.1.1 实体类型(Type of entity)			<实体类型>(<entityType>)
	5.1.2 名称的规范化形式[Authorized form(s) of name]			<名称条目>(<nameEntry>)或<并列名称条目>(<nameEntryParallel>)与<名称的规范化形式>(<authorizedForm>)
	5.1.3 名称的并列形式(Parallel forms of name)			<并列名称条目>(<nameEntryParallel>)
	5.1.4 符合其他规则的名称的标准化形式(Standardized forms of name according to other rules)			<名称条目>(<nameEntry>)或<并列名称条目>(<name EntryParallel>)与<名称的规范化形式>(<authorizedForm>)

续表

ISAAR(CPF)		EAC(CPF)		
	5.1.5 名称的其他形式(Other forms of name)			<名称条目>(<nameEntry>)或<并列名称条目>(<nameEntryParallel>)与<名称的交替形式><alternativeForm>
	5.1.6 机构团体标识符(Identifiers for corporate bodies)			<实体标识符>(<entityId>)
5.2 描述项(DESCRIPTION AREA)			<描述项>(<description>)	
	5.2.1 存在日期(Dates of existence)			<存在日期>(<existDates>),可使用:<日期>(<date>)、<日期范围>(<dateRange>),或<日期集>(<dateSet>)
	5.2.2 历史(History)			<历史沿革或生平>(<biogHist>)
	5.2.3 地点(Places)			<单一地点>(<place>)或(<多个地点>)(<places>)
				<本地单项描述>(<localDescription>)
				<所使用的单语种>(<languageUsed> 或<所使用的多语种>(<languagesUsed>)
	5.2.4 法律地位(Legal status)			单项法律地位>(<legalStatus>)或<多项法律地位>(<legalStatuses>)

续表

ISAAF(CPF)		EAC(CPF)		
	5.2.5　职能、职业与活动(Functions, occupations and activities)			<单项职能>(<function>)或<多项职能><functions>
				<单份职业>(<occupation>)或<多份职业>(<occupations>)
	5.2.6　法规(Mandates)或授权的来源(Sources of authority)			<单项法规>(<mandate>)或<多项法规>(<mandates>)
	5.2.7　内部结构或家谱(Internal structures Genealogy)			<内部结构或家谱>(<structureOrGenealogy>)
	5.2.8　时代背景(General context)			<时代背景>(<generalContext>)
5.3　关系项(Relationships area)			<关系项>(<relations>)	
	5.3.1　相关机构团体、个人或家族的名称/标识符(Names/Identifiers of related corporate bodies, persons or families)			<机构团体个人家族关系>(<cpfRelation>)
	5.3.2　关系的种类(Category of relationship)			<机构团体个人家族关系>(<cpfRelation>)(包含@机构团体个人家族关系类型(@cpfRelationType))<机构团体个人家族关系 机构团体个人家族关系="[值]">(<cpfRelation cpfRelationType="[value]">)
	5.3.3　关系的描述(Description of relationship)			<对象XML封装>(<objectXMLWrap>)或<对象二进制封装>(<objectBinWrap>)或<关系条目>(<relationEntry>)

续表

ISAAR(CPF)		EAC(CPF)		
	5.3.4 关系的日期(Dates of the relationship)			< 机构团体个人家族关系 > (< cpfRelation >) < 日期 > (< date >) 或 < 日期范围 > (< dateRange >) 或 < 日期集 > (< dateSet >)
				< 职能关系 > (< functionRelation >) [包含@职能关系类型 (@ functionRelationType)]
6 机构团体、个人和家族同档案及其他资源之间的关系(Relating corporate bodies, persons, and families to archival materials and other resources)				< 资源关系 > (< resourceRelation >)
	6.1 相关资源的标识符与名称(Identifiers and titles of related resources)			< 对象 XML 封装 > (< objectXMLWrap >) 或 < 对象二进制封装 > (< objectBinWrap >) 或 < 关系条目 > (< relationEntry >)
	6.2 相关资源的类型(Types of related resources)			< 资源关系 xlink role = "[值]" > (< resourceRelation xlink:role = "[value]" >)
	6.3 关系的性质 (Nature of relationships)			< 资源关系 > (< resourceRelation >) [包含@资源关系类型 (@ resourceRelationType)] < 资源关系 资源关系类型 = "[值]" > (< resourceRelation resourceRelationType = "[value]" >)

续表

ISAAR(CPF)		EAC(CPF)		
	5.4　相关资源与/或关系的日期(Dates of related resources and/or relationships)			<资源关系>(<resourceRelation>)/<日期>(<date>)或<日期范围>(<dateRange>)或<日期集>(<dateSet>)
			<可选记录集>(<alternateSet>)	

6.3　EAC-CPF 的主流置标语言及其模式

国际档案规范记录网络编码标准 EAC-CPF 采用了多种置标方式，其中最为主流的是基于国际万维网联盟（W3C）的 XML-Schema。因此，以下就对 W3C 的 XML 置标语言及其模式的优势进行深入分析。

6.3.1　XML 置标语言的功能、优势与性质

（1）XML 置标语言的功能

XML（eXtensible Markup Language），中文译为“可扩展置标语言”，它给档案规范记录的置标带来冲击与影响可以说是巨大的，我国也于 2002 年 12 月颁布了国家标准 GB/T 18793—2002《信息技术　可扩展置标语言（XML）1.0》。档案规范记录作为其在网络环境下运行的性质而言，是由计算机操作、传递和处理的数据。因此，档案规范记录的数据在其产生、流转、归档及保管的整个过程中，不仅要保证其能够在空间上跨平台处理与交换，而且要保证其能够在时间上适应计算机系统的更新换代，即在其后十年、百年甚至是上千年都能够不失真实性与凭证性地被读取。档案规范记录数据的这一管理需求对置标语言提出了很高的要求，而 XML 却能很好地满足这一管理要求。

如前所述，目前，作为中国档案规范记录置标语言的标准，可选用的主要有 3 种，即 SGML、HTML、XML。其中，XML 是由 W3C 组织于 1998 年制定的国际标准。XML 的出现和发展，改变了 HTML 无法描述文档和数据内容、缺乏对数据足够表现的语义描述能力的这种状况。XML 语言的最大特点就是它是一种结构化的自描述置标语言，并以 SGML 语言的 20% 的结构实现了 SGML 语言的 80% 的功能，且与 SGML 语言相兼容，因此 XML 语言可以完全地、充分地、规范地对档案规范记录结构中的元素进行置标，现有计算机技术支持也可以实现。所以，目前国际上在建立档案规范记录时所运用的置标语言都将 XML 作为首选的置标语言。

（2）采用 XML 作为中国档案规范记录置标语言的优势

对 XML 标准可以有狭义和广义的理解。其狭义的 XML 理解，指的是 XML 1.0 标准；其广义的 XML 理解，则指的是有关 XML 的一系列标准，包括 XML 模式（Schema）标准，XML 的可扩展样式表语言（XSL）标准、XML 链接（XML linking）标准等。

运用 XML 标准作为档案规范记录的置标语言，相对于其他置标语言来说，有许多优势。

首先，具有先进性。因为 XML 语言是国际上最先进的置标语言标准，利用该标准作为中国档案规范记录的置标语言，可以使中国档案规范记录的体系建立在公开的国际标准基础之上，并能独立于计算机硬件与软件，从而使中国档案规范记录的创建、流转、交换等管理有一个先进并且可靠的技术保证。

其次，具有实用性。运用 XML 来组织中国档案规范记录的结构，可充分考虑中国档案规范记录现状和实际需求，使创建的中国档案规范记录能够满足实际应用的需要，以及适应计算机信息技术现状和未

来发展，从而使中国档案规范记录具有充分发挥其电子化功能的可能性。

再次，具有系统性。采用 XML 来设计与制定中国档案规范记录 Schema，可以与其他相关的国家标准和国际标准很好地兼容，并且可以基于开放系统设计，使“中国档案规范记录 Schema”成为可扩充的开放式结构，从而使中国档案规范记录的数据具有自身结构上的系统性。

最后，具有永久性。XML 能够长期作为一种通用的标准，而且很容易向其他格式的文档转化。

（3）XML 置标语言的性质

从置标语言本身方面而言，XML 具有如下性质。

①置标的语义性。由于中国档案规范记录采用 XML 作为其置标语言，所以，其最大特点是具有语义性。也就是说，这种置标语言语词所表述的不是一种规定，即标识符所表示的不是规定“在这里做什么”，而是表示的“这是什么”，即采用由自然语言构成的标识符来描述档案规范记录结构。这一点我们将其与档案机读格式标识符作一比较就可以看得很清楚。

以 XML 为置标语言的全宗名：

```
<全宗名>上海市法租界公董局全宗</全宗名>
<titleproper>上海法租界公董局全宗</titleporer>
```

以数字与字母为置标语言的全宗名：

```
200 $ a 上海市法租界公董局全宗 @
```

从以上两例中，可以看出 XML 置标的语义性，在表达“上海市法租界公董局全宗”这一元素时，XML 直接用自然语言构成的标识符“<全宗名>”或“<titleproper>”来表示，这显然比用数字及字母的“200 $ a”来表示全宗名语义性要强得多、直观得多。由于其具有语义性，所以这种置标是一种描述性置标，而不是一种过程性置标。

②置标的结构性。XML 置标不仅可以对中国档案规范记录中的元素进行置标，还可以对中国档案规范记录中元素的逻辑关系进行置标，从而可使档案规范记录变得更有结构性，这种结构性使得应用软件能够控制规范记录并加以解读应用，从而使档案规范记录所描述的结构变得十分容易理解。如以档案规范记录的相关实体为例：

```
<机构团体个人家族关系>
        <相关机构团体个人或家族的名称标识符> 华中野战军
        </相关机构团体个人或家族的名称标识符>
        <关系的种类> 相关关系 </关系的种类>
        <关系的描述> 粟裕为司令员 </关系的描述>
        <关系的日期> 1945—1947 </关系的日期>
</机构团体个人家族关系>
```

从上面例子可以看出，规范记录的元素通过 XML 的描述：“<相关机构团体个人或家族的名称标识符>华中野战军</相关机构团体个人或家族的名称标识符>”“<关系的种类>相关关系</关系的种类>”“<关系的描述>粟裕为司令员</关系的描述>”“<关系的日期>1945—1947</关系的日期>”，它们的结构被描述得清清楚楚，从而清晰地表达了规范记录元素之间的结构性。

③置标的扩展性。XML 的置标不是一套固定的置标语言，而是一套非常灵活的置标语言。它不同于固定置标语言，因为固定置标语言在置标中提供了某些特征组，这些特征组在语言设计时就已固定好了，

而 XML 作为置标语言则相反，它提供了标准化的结构，利用这种结构用户可以扩展定义自己的置标符。这在表达档案规范记录结构的含义上，是非常灵活的。

④置标的易读性。由于采用自然语言构成置标标识符，所以置标的语义从字面上即可看出，十分明显，而采用数字或字母作为置标符则不具备这样的性质。这样 XML 的置标就实现了人可读、机可认，十分符合人们文字处理习惯中的易读性。

(4) XML 的计算机操作应用性质

从计算机应用角度来看，XML 具有如下性质。

①置标数据格式的通用性。XML 的置标则是一种极简单的数据格式，是采用百分之百的纯 ASCII 文本和人们普遍使用的格式来编写的。采用这种简单而标准的数据格式和规范，便于数据的存储、读取处理，即使许多年后档案利用人员阅读置标文件时也不会因为几个置标标识的损坏而无法浏览和理解。由此，文件保存时间更长。

自 20 世纪 40 年代计算机问世以来，许多计算机数据遭到了不可弥补的损失，这不是因为自然灾害或者损坏了备份介质，而是简单地因为没有想到人们如何阅读介质和文件的格式。这种情况国内有、国际上也有，很普遍。如果在现代的许多机构团体或部门中没有巨额的时间和资源投入，那么一个在 10 年前 3 英寸软盘上的 Lotus 1-2-3 文件或像 Lotus Jazz 的二进制格式的数据就无法使用了。

从保存档案历史记录的角度看，通用数据格式可以使档案信息资源得到永久性的保存与利用。假设用户是一个 23 世纪的档案信息资源的利用者，遇到了一张老式软盘上的有关档案数据的 XML 置标文件，这是经过了几个世纪保存下来的，其数据 XML 置标如下：

```
<分类号>GE5.75</分类号>
<档号>2-53-107-8</档号>
<档案馆代号>411010</档案馆代号>
<缩微号>46-94</缩微号>
<题名>转发国务院批转国家教委关于改革高等学校毕业生分配制度报告的通知</题名>
<文号>京政发〔1989〕56 号</文号>
<责任者>北京市人民政府</责任者>
<稿本>副本</稿本>
<文种>通知</文种>
<密级>内部</密级>
<保管期限>永久</保管期限>
<文件形成的日期>19890702</文件形成的日期>
<载体数量>8 页</载体数量>
<载体规格>260mm×184mm</载体规格>
<摘要>国家教委报告分析了毕业生分配制度上存在的问题及进行改革的意见。国务院通知要求
      各地区各部门制定改革措施。</摘要>
```

像以上有关档案数据的 XML 置标文件，即使不熟悉置标语言，也能指出这一置标文件所描述的数据内容。事实上，即使该文件的数据有漏洞或者被破坏了，仍然可能获得大部分信息。而对于大多数专用电子表格或者字处理格式，则不是这样。

②置标的独立性。XML 的置标是独立于任何计算机应用软件和任何计算机硬件系统的，即其是以一种非特定于系统的方式来描述档案规范记录的结构及其属性的置标，并独立于可能对档案规范记录文档的任何处理，从而有助于避免陷入特定的程序，因为用户的档案规范记录用了这种程序来编写，或者因

为接收了这种程序的专有格式。

③置标的规范性。由于 XML 的置标其本身就是国际标准，所以不受版权、专利或知识产权及商业秘密的制约，并且能得到软件开发人员、处理人员和浏览器使用人员的支持。

（5）XML 的数据交换应用性质

①置标数据交换的方便性。XML 的置标格式从数据交换的角度讲，是一种极便于数据交换的格式。在不存在交换标准的情况下，系统要进行档案规范记录数据的交换，其典型模式如图 6–2 所示。

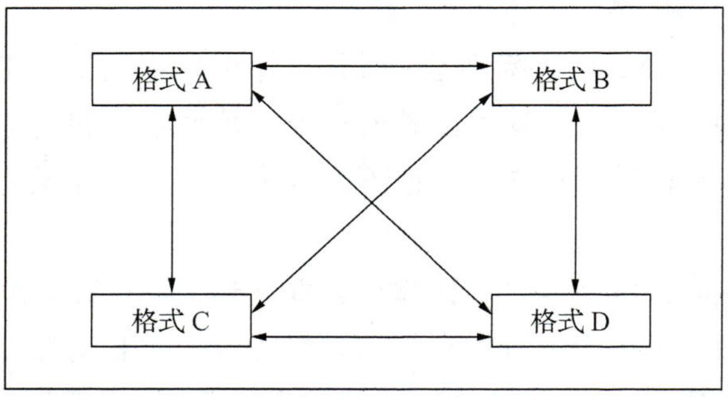

图 6–2　档案规范记录数据交换的典型模式

从上面的交换模型可以看出，对于没有交换格式标准的情况下，使用专门数据格式的一方，在与对方交流时都需要一个双向的转换，在该模式中，在只有四方的情况下，我们就可以看到，转换次数就达 12 次之多。实际上，在实际业务领域，如果没有交换格式标准，就会出现一个机构团体或部门面对的 1 对 *N* 的机构团体或部门，而在这种情况下，要实现交换，转换次数就更多。因而要实现档案规范记录数据的完全交换是不可能的。而要对不同数据格式的数据库进行统一检索，检索软件就必须了解每个数据库是如何构建的，因为每个数据库描述数据都是不同的，这实际上也是难以做到的。

通过 XML 的置标格式作为交换格式标准的情况下，所需的转换次数就会大大下降，如图 6–3 所示。

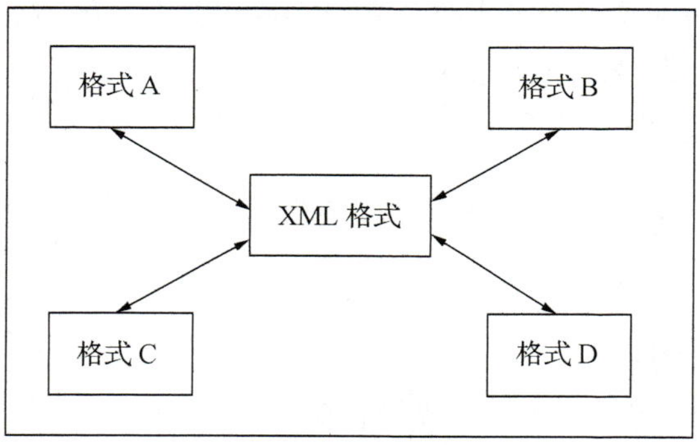

图 6–3　基于 XML 格式作为档案规范记录数据的交换模式

以上所示采用 XML 格式的交换模式，称之为转换格式的中心表示法。从该模式中可以看出，使用 XML 的置标格式可以使交换各方的交换次数大大下降，操作使用起来就特别方便，从而能够使不同来源的结构化数据很容易结合在一起，实现统一的档案规范记录数据的交换。

②置标创建的简易性。XML 的置标是针对元素的置标，而不涉及视图表达形式的置标，即视图置标，实现了元素置标与视图置标相分离。因此，中国档案规范记录数据通过 XML 置标可以一次创建，多次使用。

③置标的简洁性。支持、查看文件不必创建庞大的过于复杂的程序，中国档案规范记录一旦通过 XML 置标，被置标的中国档案规范记录数据就可以将其发送到其他应用软件、对象或者服务器，做进一

步处理，或者将其发送到桌面浏览器浏览。

6.3.2 XML DTD 标准与 XML Schema 标准的异同

（1）XML DTD 与 XML Schema 的含义

XML 的语法标准，在 XML 的家族中，主要包括 DTD 标准和 Schema 标准两类。XML DTD 标准的英文全称是“eXtensible Markup Language（XML）1.0”，其最新版本是由万维网联盟于 2008 年颁布的第 5 版①。XML Schema 标准其最新版本是由万维网联盟于 2004 年颁布的第 2 版，它主要由两部分构成：第一部分是关于 XML Schema 的结构标准，其英文全称是“XML Schema Part 1：Structures”②；第二部分是关于 XML Schema 的数据类型标准，其英文全称是“XML Schema Part 2：Datatypes”③。

在档案规范记录置标语言领域，DTD 作为一个专门的置标语言术语，其英文名全称为“Document Type Definition”，简称为“DTD”，由于其英文字面含义是“文件类型定义”，所以，在我国许多文献中，也就常将其译为“文件类型定义”，其主要含义是指运用 XML DTD 标准对一类特定的档案规范记录结构中的元素进行置标时所确定的规则。在这一含义中，有两个方面需要注意：其一是“所确定的规则”完全是遵循 XML DTD 标准的语法而确定的，不是随心所欲地各搞一套；其二是确定规则的对象是“一类特定的档案规范记录结构”，也就是说，在档案规范记录领域，所谓的 DTD 都是具体的，都是 XML DTD 标准的语法规则与某一类档案规范记录结构相结合而构成的。

英文“Schema”一词，其基本含义是“大纲、分类表”。但在不同的具体领域，其还有不同的含义。例如，在元数据研究领域，通常称为“Metadata Schema”，是指元数据元素或词汇系统有序的集合，译为“元数据规范”或“元数据方案”；而在 XML 领域，通常称为“XML Schema”，则是指以 XML Schema 标准对一类特定的档案规范记录结构中的元素进行置标时所确定的规则，从而形成的机器可处理的规范。因此，一般将“XML Schema”译为“XML 模式”，但通常在行文中直接称其为“XML Schema”（本书中也是直接使用“XML Schema”，下同）。

从置标语言角度看，“XML DTD”与“XML Schema”都是可以用于对档案规范记录结构中的元素进行置标的 XML 语法标准，都可以通过其对档案规范记录的置标来定义词汇标识符来揭示语义，但两者在功能上是有相当大的区别的。

（2）XML DTD 语法标准与 XML Schema 语法标准的比较

虽然 DTD 和 Schema 都可以定义 XML 的基本语法，但就 XML DTD 与 XML Schema 本身而言，DTD 所使用的是与 XML 不同的语法结构，而 Schema 则采用的就是 XML 的语法结构，这表现在功能上就是 Schema 比 DTD 更强大，主要从以下两个方面可以得到充分的体现。

1）语法结构方面

①作为 XML 的一个应用，XML Schema 理所当然地继承了 XML 的自描述性和可扩展性，这使得 XML Schema 更具有可读性和灵活性。

②由于 XML Schema 本身也是一种 XML，所以许多 XML 编辑工具、API 开发包、XML 语法分析器可以直接应用到 XML Schema，而不需要修改。

③由于格式完全与 XML 一样，XML Schema 除了可以像 XML 一样处理外，也可以同它所描述的 XML 文档以同样的方式存储在一起，方便管理。

④XML Schema 与 XML 格式的一致性，使得以 XML 为数据交换格式的应用系统之间，也可以方便地

---

① World Wide Web Consortium. Extensible markup language（XML）1.0（fifth edition）［EB/OL］.（2008－11－26）［2013－02－03］. http：//www. w3. org/TR/REC-xml/.

② World Wide Web Consortium. XML schema part 1：structures（second edition）［EB/OL］.（2008－10－28）［2013－02－03］. http：//www. w3. org/TR/xmlschema-10.

③ World Wide Web Consortium. XML schema part 2：datatypes（second edition）［EB/OL］.（2008－10－28）［2013－02－03］. http：//www. w3. org/TR/xmlschema-20.

进行模式交换。

⑤XML 有非常高的合法性要求，XML DTD 对 XML 的描述，往往也被用作验证 XML 合法性的一个基础，但是 XML DTD 本身的合法性却缺少较好的验证机制，必需独立处理，XML Schema 则不同，它与 XML 有着同样的合法性验证机制。

⑥XML 用户在使用 XML Schema 的时候，不需要为了理解 XML Schema 而重新学习，节省了时间。

2）数据方面

①XML Schema 与 XML DTD 相比一个最显著的特征，就是其对数据类型的支持。XML DTD 提供的数据类型只有 CDATA、Enumerated、NMTOKEN、NMTOKENS 等 10 种内置（Built-in）数据类型，这样少的数据类型通常无法满足文档的可理解性和数据交换的需要。XML Schema 则不同，它内置了 37 种数据类型，如 long、int、short、double 等常用的数据类型，并且用户可以自定义数据类型。

②XML DTD 与 XML Schema 都支持对子元素节点顺序的描述，但 XML DTD 没有提供子元素有序情况的描述，而 XML Schema 则实现了子元素有序情况的描述。

③在 XML 中引入命名空间的目的是为了能够在一个 XML 文档中使用其他 XML 文档中的一些具有通用性的定义（通常是一些元素或数据类型等的定义），并保证不产生语义上的冲突。XML DTD 并不能支持这一特性，这进一步限制了 XML DTD 的适用范围。而 XML Schema 则很好地满足了这一点。

由于 Schema 比起 DTD 来在功能上更强大，这也就是为什么国际编码标准 EAC-CPF 及本书采用 W3C 的 XML Schema 语法标准，而不采用 XML DTD 语法标准的一个根本原因。

综上所述，国际编码标准 EAC-CPF 及本书决定选择 XML 作为中国档案规范记录的置标语言，其核心作用是通过运用 Schema 来描述档案规范记录，从而最大限度地发挥 XML 的优越性。

6.4 EAC-CPF 规范记录编码

美国档案工作者协会 EAC 工作组与柏林 Staatsbibliothek zu 制定与维护着 2010 年版的 EAC-CPF 置标标识词库（Tag Library）（最初发行），其中包括所有的元素与属性。

该置标标识词库规定了以下内容：元素的使用是否为必备或可选；元素是否可重复；元素是否包含文本（#PCDATA）。

此外，还提供了元素的概述：元素能够包含的所有子元素；元素包含的所有属性；元素能够出现的所有元素。还提供了属性的概述：数据类型（如规定）；属性能够出现的所有元素。

根据国际标准 ISO/IEC 11179《信息技术 - 元数据注册》，置标标识词词典其款目格式由 3 个部分构成：第 1 部分为标识词语义标识；第 2 部分为标识词语义关系；第 3 部分为标识词的语义值。其中，语义标识包括：<元素英文名称><元素中文名称> - 元素描述性简称；可重复性；必备性；简要描述（或定义）。语义关系包括：能够包含以下子元素（下位元素）；能够出现于以下元素（上位元素）。语义值则包括：是否可包含文本；能够包含以下属性等。

据此，本书建立元素语义模型如图 6-4 所示。

EAC-CPF 的宏观结构用 XML Schema 模型（图 6-5①）表示，因此对应的具体编码依次为：根元素、控制元素、CPF 著录元素及属性等。

① 参见 http://eac.staatsbibliothek-berlin.de/eac-cpf-schemas.html.

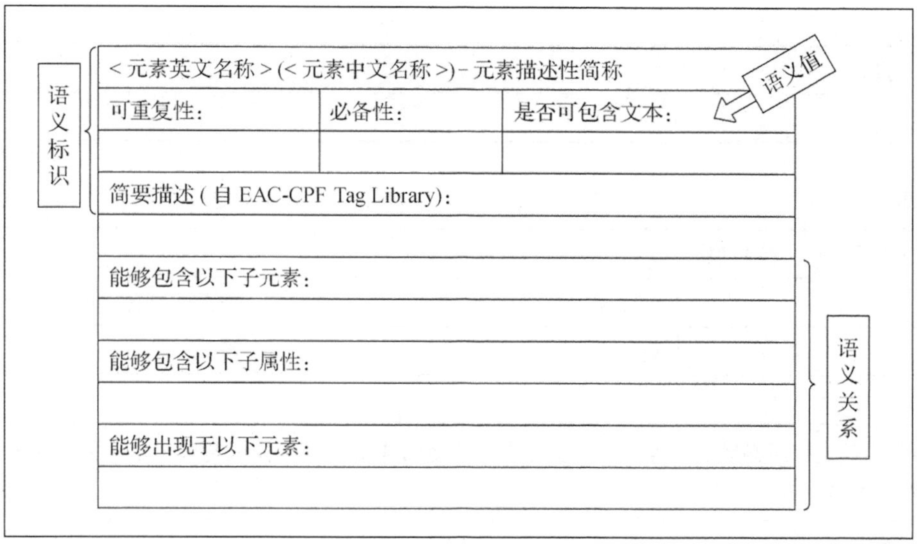

图 6-4 元素语义模型示意

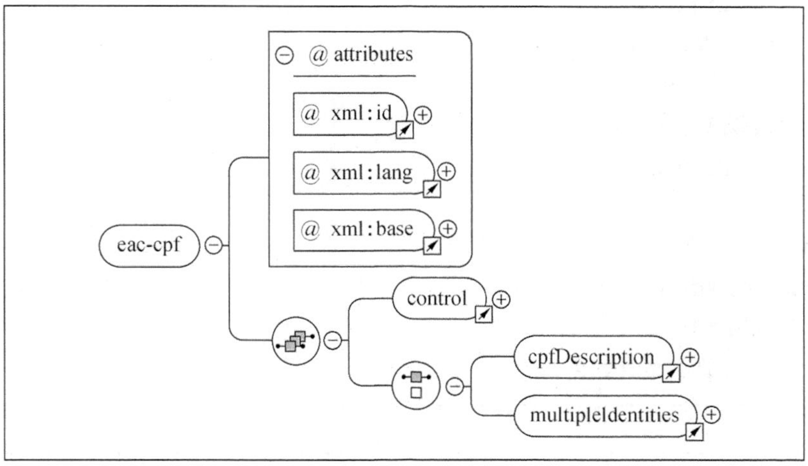

图 6-5 EAC-CPF 宏观结构 XML Schema 模型

6.4.1 根元素

<eac-cpf>(<机构团体个人家族档案背景编码>) -EAC-CPF		
可重复性:	必备性:	是否可包含文本:
否	是	否
简要描述:		
该元素为根元素		
能够包含以下子元素:		
<control>(<控制项>) <cpfDescription>(<机构团体个人家族著录项>)		
能够包含以下属性:		
@xml: id @xml: base @xml: lang		

续表

能够出现于以下元素：
/

6.4.2 控制元素

<control>（<控制项>）－控制项		
可重复性：	必备性：	是否可包含文本：
否	是	否
简要描述：		
包含管理 EAC-CPF 实例文档所必需的信息。用于在规范记录使用背景中唯一标识规范记录，并记录如何、何时及由何机构团体创建与维护规范记录		
能够包含以下子元素：		
<recordId>（<机构团体标识符>） <maintenanceAgency>（<维护机构>） <maintenanceStatus>（<维护状态>） <maintenanceHistory>（<维护历史>） <publicationStatus>（<出版状态>） <languageDeclaration>（<语种单项声明>） <sources>（<多个来源>） <conventionDeclaration>（<规则声明>） <otherRecordId>（<其他机构团体标识符>） <localControl>（<本地控制>） <localTypeDeclaration>（<本地类型声明>）		
能够包含以下属性：		
/		
能够出现于以下元素：		
<eac-cpf>（<机构团体个人家族档案背景编码>）		

6.4.3 CPF 著录元素

<cpfDescription>（<机构团体个人家族著录项>）－机构团体个人家族著录项		
可重复性：	必备性：	是否可包含文本：
否	是	否
简要描述：		
包含对机构团体个人家族同一本体的著录。通常，一个 CPF 实体具有一个本体，但当它具有多个本体时，则应使用多个相关联的 EAC-CPF 实例		
能够包含以下子元素：		
<identity>（<特征项>） <description>（<描述项>） <relations>（<关系项>） <alternativeSet>（<交替集>）		

续表

能够包含以下属性：
/
能够出现于以下元素：
<eac-cpf>（<机构团体个人家族档案背景编码>）

6.4.3.1　特征元素

<identity>（<特征项>）－特征项		
可重复性：	必备性：	是否可包含文本：
否	是	否
简要描述：		
EAC-CPF 实例中 <cpfDescription>（<机构团体个人家族著录项>）元素内著录特征标识名称的封装元素。传达唯一标识被著录实体与定义文件标准化检索点的信息		
能够包含以下子元素：		
<nameEntryParallel>（<并列名称条目>） <nameEntry>（<名称条目>） <entityId>（<实体标识符>） <entityType>（<实体类型>） <descriptiveNote>（<描述注释说明>）		
能够包含以下属性：		
@identityType（@特征类型）		
能够出现于以下元素：		
<cpfDescription>（<机构团体个人家族著录项>）		

6.4.3.2　描述元素

<description>（<描述项>）－描述项		
可重复性：	必备性：	是否可包含文本：
否	是	否
简要描述：		
在 EAC-CPF 实例中组成描述 CPF 实体著录的所有内容元素的封装元素。传达被著录实体性质、背景及活动的相关信息		
能够包含以下子元素：		
<existDates>（<存在日期>） <places>（<多个地点>） <place>（<单一地点>） <localDescriptions>（<本地多项描述>） <localDescription>（<本地单项描述>） <legalStatuses>（<多项法律地位>） <legalStatus>（<单项法律地位>） <functions>（<多项职能>）		

续表

<function>（<单项职能>） <occupations>（<多份职业>） <occupation>（<单份职业>） <mandates>（<多项法规>） <mandate>（<单项法规>） <languagesUsed>（<所使用的多语种>） <languageUsed>（<所使用的单语种>） <structureOrGenealogy>（<内部结构或家谱>） <generalContext>（<时代背景>） <biogHist>（<历史沿革或生平>）
能够包含以下属性：
/
能够出现于以下元素：
<cpfDescription>（<机构团体个人家族著录项>）

6.4.3.3　关系元素

<relations>（<关系项>）－关系项		
可重复性：	必备性：	是否可包含文本：
否	否	否
简要描述：		
集成一个或更多关联元素的封装元素，其中每一关联元素为一种特定的关系编码		
能够包含以下子元素：		
<cpfRelation>（<机构团体个人家族关系>） <functionRelation>（<职能关系>） <resourceRelation>（<资源关系>）		
能够包含以下属性：		
/		
能够出现于以下元素：		
<cpfDescription>（<机构团体个人家族著录项>）		

6.4.3.4　交替集元素

<alternativeSet>（<交替集>）－交替集		
可重复性：	必备性：	是否可包含文本：
否	否	否
简要描述：		
两个或更多来源于两个或更多规范系统，且在同一 EAC-CPF 实例的规范记录的容器元素		
能够包含以下子元素：		
<setComponent>（<集成分>）		

续表

能够包含以下属性：
@ xml：lang @ xml：base
能够出现于以下元素：
<cpfDescription>（<机构团体个人家族著录项>）

6.4.4　属性

本书确定属性的一般模型如下。①

@属性英文名称（@属性中文名称）		
可重复性：	必备性：	是否可包含文本：
简要描述：		
数据类型：		
能够出现于以下元素：		

6.4.5　EAC-CPF 实例

所有的 EAC 记录均具有以下结构。

```
<eac-cpf>
  <control>
  ...
  </control>
  <cpfDescription>
    <identity>
    ...
    </identity>
    <description>
    ...
    </description>
    <relations>
    ...
    </relations>
  </cpfDescription>
</eac-cpf>
```

① 受篇幅所限，国际标准 EAC-CPF 的所有属性及元素的完整编码暂略。

对应的 EAC-CPF 的 XML 实例文档如下。

```
  <?xml version="1.0" encoding="utf-8" ?>
- <eac-cpf xmlns="urn:isbn:1-931666-33-4" xmlns:xlink="http://www.w3.org/1999/xlink">
  - <control>
      <recordId />
      <maintenanceStatus>new</maintenanceStatus>
      <publicationStatus>approved</publicationStatus>
    + <maintenanceAgency>
    + <conventionDeclaration>
    + <localTypeDeclaration>
    + <localControl localType="detailLevel">
    + <maintenanceHistory>
    + <sources>
    </control>
  - <cpfDescription>
    - <identity>
        <entityId />
        <entityType>person</entityType>
      - <nameEntry>
          <part>Abbott, Elizabeth Scott, 1871-1957</part>
          <authorizedForm>conventionDeclaration</authorizedForm>
        </nameEntry>
      </identity>
    - <description>
      - <existDates>
          <date>1871-1957</date>
        </existDates>
      + <place>
      + <legalStatus>
      + <function>
      + <occupation>
      + <mandate>
      + <structureOrGenealogy>
      + <generalContext>
      + <biogHist>
      </description>
    + <relations>
    </cpfDescription>
  </eac-cpf>
```

第 7 章　国际档案规范记录应用案例研究

国际档案规范记录应用主要体现于档案规范记录检索系统的构建，其总体上可分为两大类，即档案规范记录嵌入集成式检索系统与档案规范记录专门独立式检索系统。

7.1　档案规范记录嵌入集成式检索系统典型案例研究

档案规范记录嵌入集成式检索系统的典型代表是国际档案理事会的记忆存取（International Council on Archives"Access to Memory", ICAAtoM）①，以及美国国家档案馆（NARA）最新的"在线公共存取"（Online Public Access，OPA）。

7.1.1　国际档案理事会的记忆存取（ICAAtoM）档案规范记录研究

国际档案理事会的记忆存取档案著录开源软件是档案界目前唯一的国际性项目。

（1）ICAAtoM 创始的目的与价值

"ICAAtoM 计划"的目的是提供免费的开源软件：①使机构团体能够使其档案馆藏在线提供利用；②遵行 ICA 标准来管理档案著录；③提供多语种界面与内容翻译特色；④支持多馆藏类型；⑤完全基于网络、用户友好，并且遵从可检索的最佳实践；⑥灵活并且可用户定制；⑦对于小或大的机构团体而言都同样有用；⑧支持单一或多馆藏的应用。

"ICAAtoM 计划"的价值在于以开源合作的精神处理事务，包括：①开放地共享专门知识与技能；②提升专业最佳实践；③培育用户与开发者的积极团体；④使用现有开放网络技术而呈递最佳品种的档案软件；⑤向经费与技术资源均有限的机构团体提供解决方案；⑥保证有必要经费与技术资源的机构团体的积极参与；⑦为与相关团体的跨专业合作提供共同基础；⑧创造经费支持 ICAAtoM 同其他 ICA 活动使其受益于广泛采用 ICAAtoM 的业务模型。

（2）ICAAtoM 提供规范记录的浏览功能

如图 7-1 所示是 ICAAtoM 的检索框，其提供了规范记录的添加（著录）、检索功能。

正是基于如图 7-2 所示的数据模型，ICAAtoM 能够提供规范记录的浏览功能。

如图 7-3 所示是 ICAAtoM 的浏览页面，形成者的名称与其他执行者实体能够通过事件实体（同时还记录了同事件相关的日期与其他信息）由档案著录链向规范记录。

在 ICAAtoM 中，形成者信息，如行政管理历史与存在日期等均保存于独立的规范记录中，并通过向现存或新建 ISAAR 规范记录链接而添加至档案著录。

目前 ICAAtoM 所提供规范记录的浏览功能已在 Strathclyde 大学档案馆目录应用，如图 7-4 所示。

在 Strathclyde 大学档案馆目录检索系统提供了名称（names）的检索入口项，检索结果以 EAC 格式输出，即支持规范记录输入与输出的 EAC XML 模板，提供了与相关实体的关联链接。

7.1.2　美国国家档案馆档案规范记录研究

美国国家档案馆 OPA 检索系统就是在国际档案领域众多的档案检索系统中一个最具代表性的包含有规范记录的信息检索系统。该系统无论是从检全率与检准率上看，还是从检索速度和检索方便性上看，

① 参见 http://ica-atom.org/。

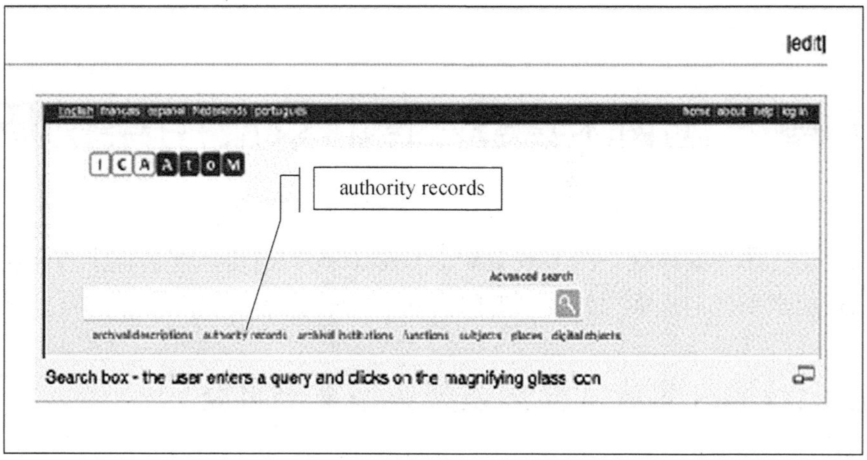

图 7-1　ICAAtoM 检索框示意

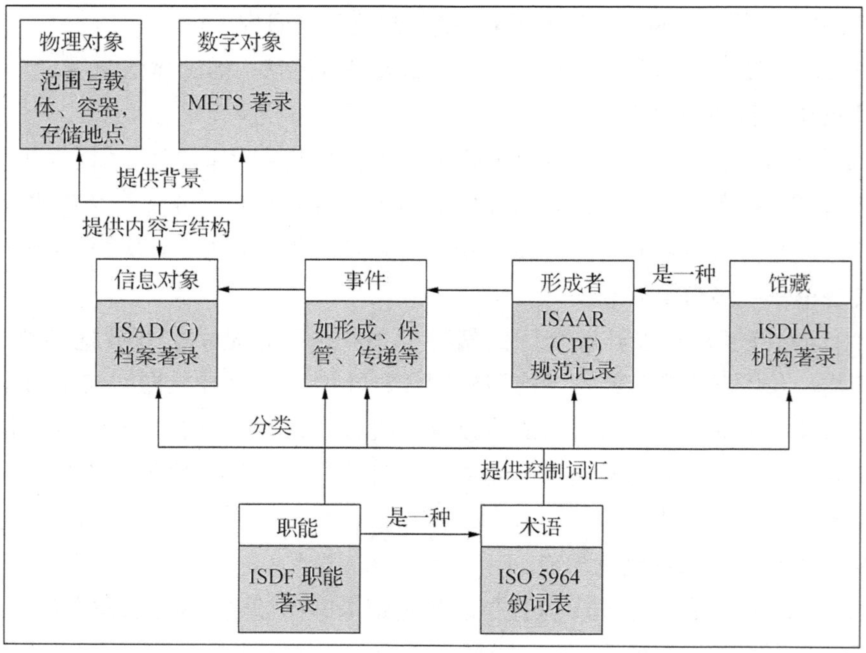

图 7-2　ICAAtoM 的数据模型

都具有很高的检索效率，尤其是该系统中的规范记录凭借其简洁独特的结构和详细丰富的内容信息在很大程度上提高了系统的检索效率，从而使美国国家档案馆 OPA 检索系统在众多档案信息检索系统中脱颖而出。他山之石，可以攻玉。目前，在我国各档案检索系统中，用于浏览检索用的规范记录建设几乎是空白。因此，借鉴美国国家档案馆检索系统中规范记录建设的经验，将会给我国档案规范记录体系建设提供有益的启示。

（1）美国国家档案馆规范记录检索系统概况

美国国家档案馆的档案规范记录检索系统，包含于 OPA 之中。OPA，英文名为“Online Public Access”，其英文直译名称是“档案检索目录”，该系统于 2002 年 10 月正式推出。OPA 的前身是“美国国家档案馆信息检索系统”，其全称为“Archives Research Catalog，ARC”，与“美国国家档案信息检索系统”相比，当前的 OPA 检索系统不仅增强了原有的关键词检索功能，而且还在系统中新增了档案规范记

图 7-3 ICAAtoM 的浏览页面示意

录检索，从而大大增强了系统的检索功能。

在 OPA 中建立了档案规范记录索引。档案规范记录索引①，在这里要注意区分的是，它不是指计算机数据库内部所建的索引，而是指一种能够以直观形式显示于计算机界面，将档案文件专有名词（如机构团体名、人名和地名）作为索引的检索词，按一定顺序排列，为用户提供从名称途径浏览、检索档案的一种索引。它的基本原理和基本形式与传统手工检索工具中的档案索引相同，但是计算机中的规范记录，其功能却远比手工检索工具中的规范记录强大得多。美国国家档案馆规范记录检索系统中的规范记录索引主要分为机构团体名索引和人名索引两类。

(2) 档案规范记录检索系统对 OPA 检索策略的优化

由于美国国家档案馆前档案检索系统“ARC 检索系统”已经具备了关键词检索、定位检索和数字化副本检索功能，所以 OPA 在此基础上对这 3 种检索策略进行了改进，以进一步提高其检索效率。其中，新增检索策略中，规范记录即为十分重要的一个优化策略。

规范记录检索系统将专题目录、机构团体名索引、人名索引提供给检索者在线查询，当检索者对其所检档案的专题名、机构团体名、人名不明确时，使用以上目录和索引进行检索，通过索引检索者可以得到较为详细的机构团体名、人名的目录信息。机构名索引如图 7-5 所示，检索者可以获得机构名、机构建立的时间、机构撤销时间、机构简介、机构职能等目录信息，这为检索者判断此机构是否符合其检索需求提供了较为充足的依据，同样也提高了系统的检准率和检索方便性。人名索引如图 7-6 所示，检索者可以获得人名、人名参照、人物生平、曾用名等目录信息，这为检索者判断此人是否符合其检索需求提供了较为充足的依据，提高了系统的检准率和检索方便性。如果检索者已确切地掌握专题名、机构团体名或人名的拼写，则可以直接利用专题名、机构名或人名进行检索，如图 7-7 所示。这样检索者不

① 指按一定顺序和结构组织的档案规范记录条目。

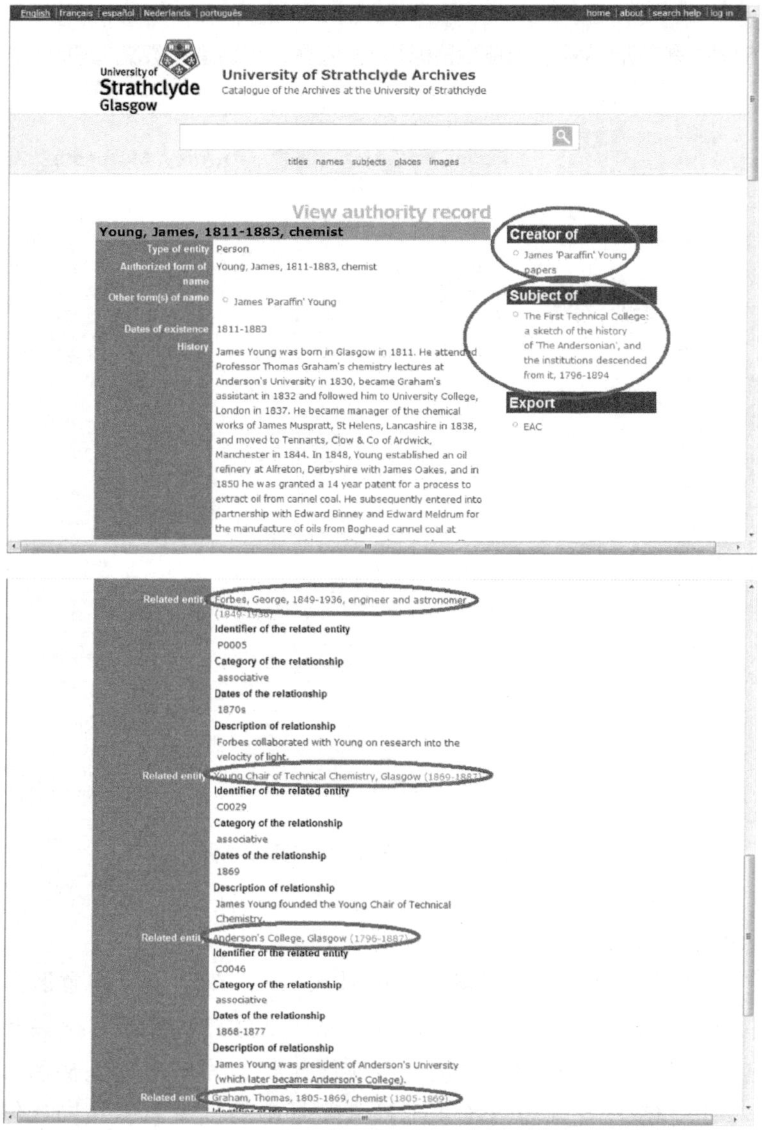

图 7-4　ICAAtoM 在 Strathclyde 大学档案馆目录的应用实例示意

机构名索引检索

机　构　名：立法部调查局

机构建立时间：1934 年　　　　机构撤销时间：1935 年

机 构 简 介：联邦调查局是根据 1935 年 3 月 22 日通过的一项法案建立的，它隶属于立法部。在这项法案中还将调查部更名为立法部。联邦调查局的主要工作是执法和犯罪调查，其直属机构是一个技术实验室和一个国立警官学校。此机构主要负责对犯罪证据档案的收集、整理、保存和利用工作。

机构曾用名：FBI

机 构 成 员：杰克·李 (1895—1972)

机 构 职 能：犯罪调查
案件调查
执法

图 7-5　机构名索引示例

仅可以从机构团体名、人名途径检索档案，还可以按专题方式系统地、批量地检索档案，大大提高了检全率。同时对于那些不明确专题名、机构团体名或人名拼写的检索者而言，也提高了检索方便性。

人名索引检索

人　　名：乔布·肯瑞德
人名参照：在 ARC 检索系统中有 54 个条目涉及该人名。
人物生平：1876 年生于德国科隆，1949—1963 年，任联邦德国（西德）政府大臣，卒于 1967 年。
曾 用 名：乔·肯瑞德
　　　　　约翰·肯瑞德

图 7–6　人名索引示例

专题、机构名、人名检索策略

专　题：废除奴隶制
机构名：美国联邦立法院
人　名：亚伯拉罕·林肯

图 7–7　专题名、机构名、人名检索示例

7.2　档案规范记录专门独立式检索系统典型案例研究

档案规范记录专门独立式检索系统的典型代表则是美国等的社会网络与档案背景（Social Networds and Archival Context，SNAC）计划的成果。

7.2.1　SNAC 计划进展与技术实现路径

（1）SNAC 计划发展背景与目标

美国等的社会网络与档案背景（Social Networds and Archival Context，SNAC）计划[①]的目标不仅在于更易于发现与访问存取文件，同时还在于创新性地提供对文件创建的社会历史背景的访问存取。包括提供：①对由个人、家族和组织机构团体形成或相关的第一手的档案和出版资源，对这些分散资源进行统一存取检索利用；②对传记和历史著录的存取检索利用；③对人所居住和工作的社会与专业网络的存取检索利用。

该计划的中心包括以下目标。

①通过使实体所使用的所有名称能够被检索而支持学者和其他利用者发现与识别个人、家族和组织机构团体。

②通过将由人形成或相关的各种资源的著录之间建立关联而强化对档案资源的存取检索利用。

③通过系统记录人们之间的关系而提供对人居住与工作的社会与专业网络的存取检索利用。

① 参见 http：//socialarchive. iath. virginia. edu/（Project website）和 http：//socialarchive. iath. virginia. edu/xtf/search（Public prototype）。

④向档案馆提供利用与转换档案著录的有效与可靠方式，从而促进档案文件的著录，以及各馆元数据的重用。

（2）SNAC 计划技术实现路径：合并 EAC 记录

SNAC 计划的技术实现路径如图 7–8[①] 所示，主要是对现有 EAC-CPF 记录的合并，其记录的抽取与迁移主要包括以下 3 个步骤。

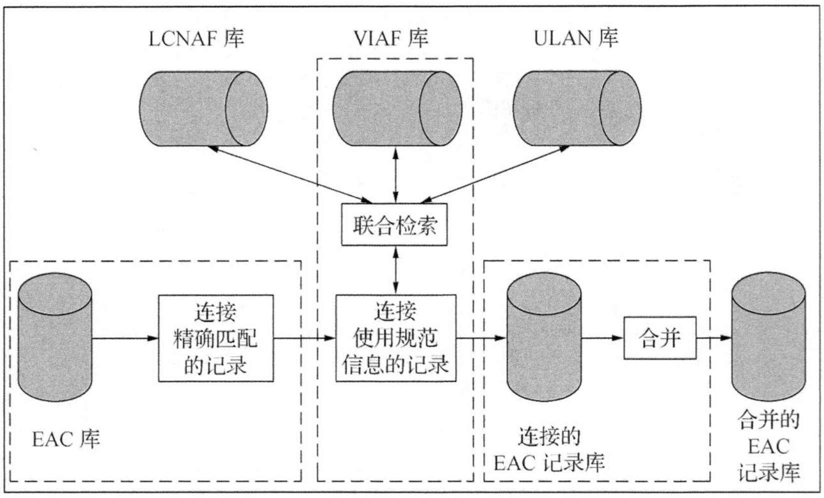

图 7–8 SNAC 计划的技术实现路径：合并 EAC 记录

首先，连接精确匹配记录：自 EAD 编码的检索工具中抽取以下两个著录项，以形成 EAC-CPF 形成者记录：①所著录档案馆藏形成者的名称；②所著录形成者的传记/历史信息。其他 EAC-CPF 记录可得自于检索工具的以下两个主要著录项的相关实体：①控制款目；②通信标题中的可识别名称。

其次，检索规范档：匹配已抽取得到的 EAC-CPF 记录，进行互相的识别与合并重复项。

最后，合并标记的记录：将 EAC-CPF 的结果同《美国国会图书馆名称规范档》（Library of Congress Name Authority File，LCNAF）和 Getty 的词汇项目艺术家名称联合列表（Union List of Artists' Names，ULAN）的规范记录相匹配。

7.2.2 SNAC 规范记录原型检索系统的结构功能

（1）SNAC 原型系统的基本检索结构与功能

SNAC 原型系统提供了机构团体（Corporate）、个人（Personal），以及家族（Family）档案规范记录（档案背景记录）的检索与浏览，其界面如图 7–9 所示。

SNAC 原型系统所提供的规范记录的基本检索途径包括以下内容：①统一检索（Search）框，可输入机构团体、个人或家族的名称或关键词（目前已有 128 787 个名称，所有名称以字顺索引排列）；②名称索引（All Names→Alphabetical Index），所有个人、机构团体和家族的名称均以字母排序；③特色记录（Featured Records）列表，可通过个人、机构团体和家族名称的特色记录列表直接从中选择链接，从而实现快速浏览与检索；④高频职业（Top Occupations）列表；⑤高频主题（Top Subjects）列表。

其中，②、④和⑤都随着机构团体、个人或家族具体选项卡的专指选择而相应有所不同。

① Larson R R，Janakiraman Krishna. Connecting archival collections：the social networks and archival context project ［C］. International Conference on Theory & Practice of Digital Libraries：Research & Advanced Technology for Digital Libraries，2011.

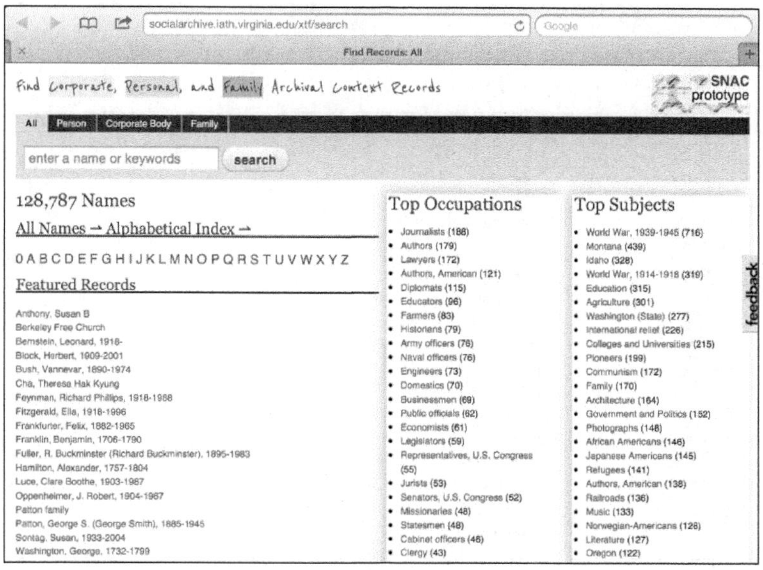

图 7-9　SNAC 原型系统检索界面示意

（2）SNAC 原型系统的高级检索结构与功能

SNAC 原型系统所提供的规范记录的高级检索功能包括以下内容。

①可通过限定匹配 EAC-CPF 的某著录项而精练检索结果，如图 7-10 所示，仅检索 < cpfDescription >（默认）项。

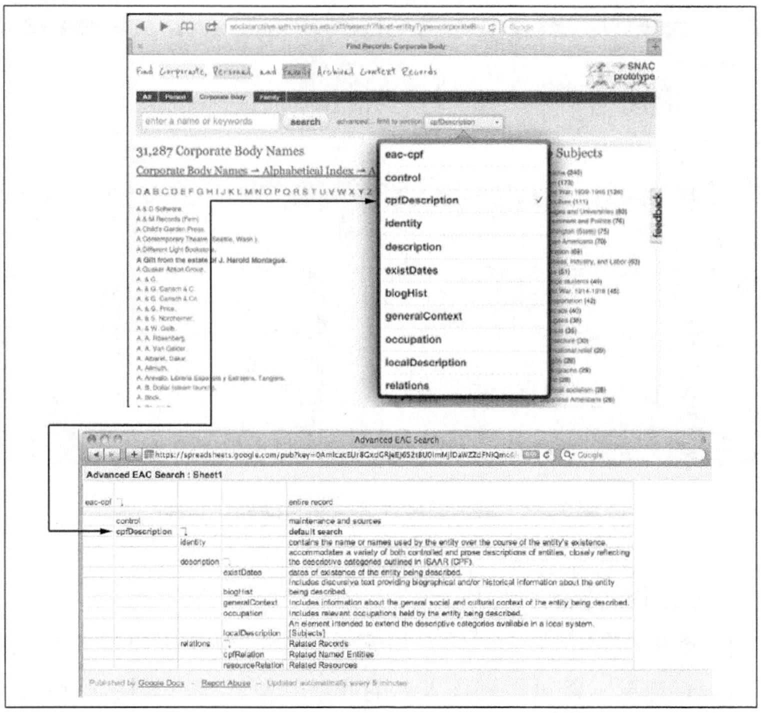

图 7-10　SNAC EAC 著录项限定高级检索

②通过职业（Occupation）或主题（Subject）缩检，如将职业（Occupation）限定为“史学家”（Historians），则可以得到 79 条 EAC-CPF 记录，如图 7-11 所示。

（3）SNAC 原型系统的其他检索结构与功能

SNAC 原型系统还提供了名称向规范形式自动转化等功能。例如，以人名为检索入口，要检索

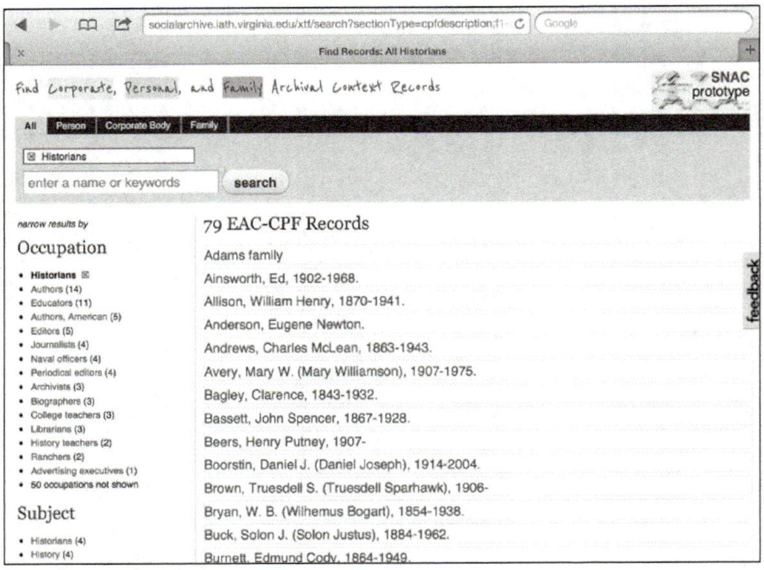

图 7-11　SNAC 职业或主题限定高级检索

"Robert oppenheimer"，在输入过程中，检索框会直接自动将匹配的该人名的规范形式显示出来，供利用者规范与快速输入，如图 7-12 所示。

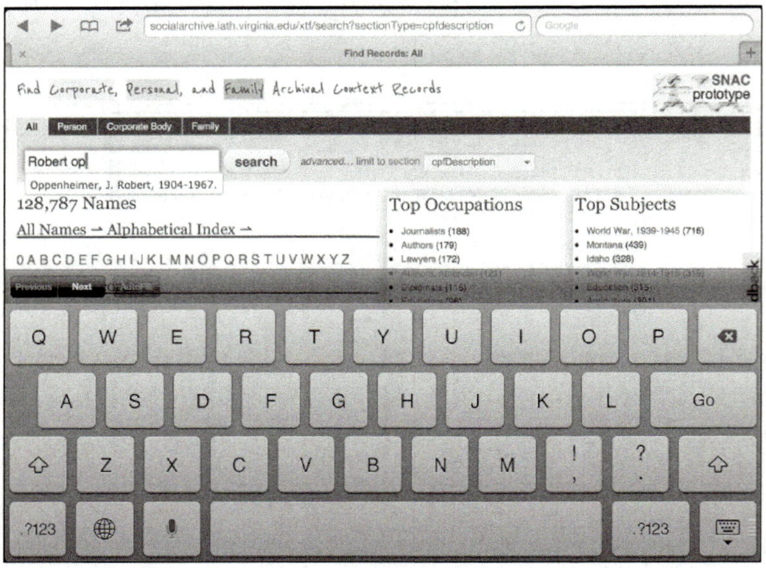

图 7-12　SNAC 名称规范化自动转化功能

（4）一条完整规范记录结构功能的具体解析

如图 7-12 所示，当向检索框输入某人名后，检索系统会命中与该规范人名匹配的所有 EAC-CPF 记录列表，如图 7-13 所示。点击第一条可得到该人名的完整规范记录，如图 7-14 所示。

以下对 SNAC 检索结果中的某条完整规范记录的结构功能进行具体详细的解析。

如图 7-14 所示，该规范记录左上部分显示的是该规范记录所代表人物的基本信息，包括：①人名的规范形式；②生卒日期（起讫日期于括号内显示）；③性别；④国别；⑤语种；⑥人名的其他可选形式：在该规范记录左上部分还可点击"Alternative forms of name"，得到其人名的其他可选形式的列表，如图 7-15 所示。

如图 7-14 所示，该规范记录下部的左侧显示的是该规范记录著录人物的职业（Occupations）与主题

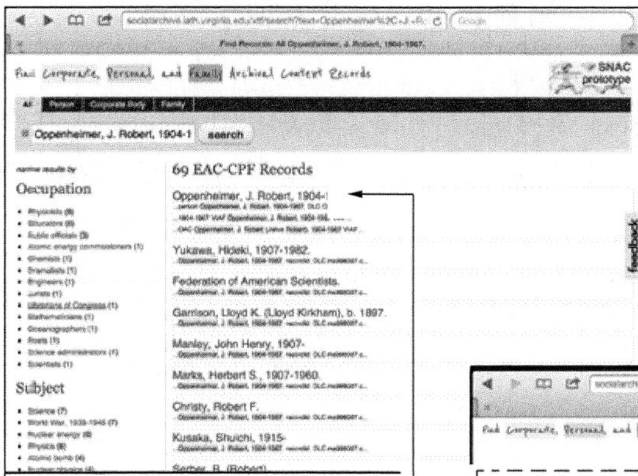

图7-13　SNAC检索结果列表示例

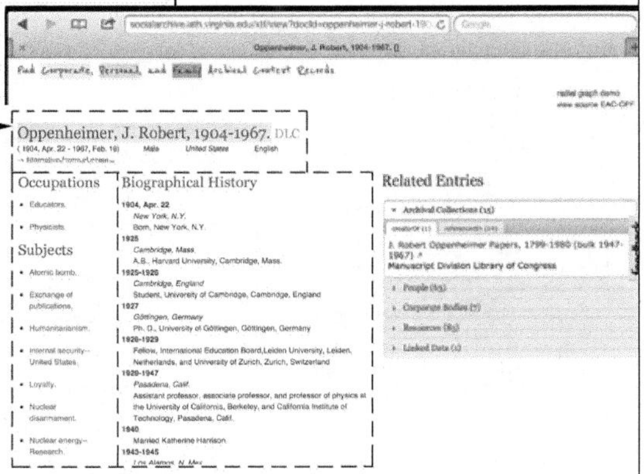

图7-14　SNAC一条完整规范记录检索结果示意

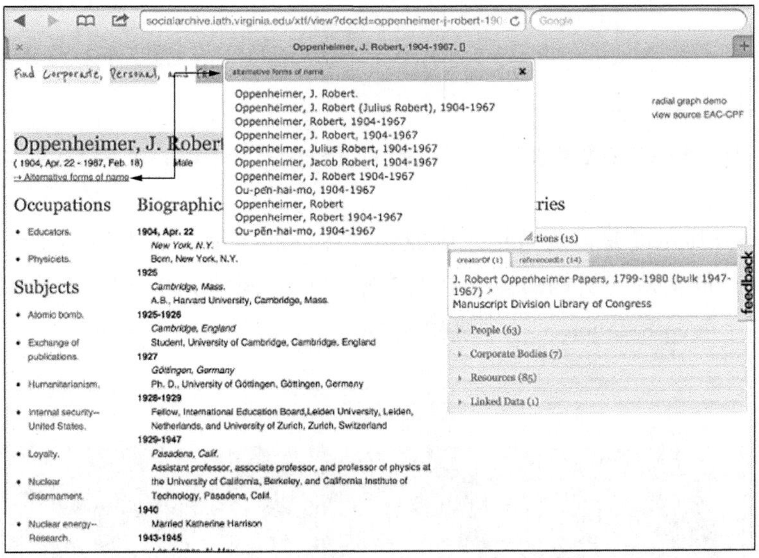

图 7-15　SNAC 规范记录名称的其他可选形式列表

(Subjects)。

如图 7-14 所示，该规范记录下部的中间显示的是该规范记录著录人物的历史沿革或生平（Biographical History），记录了其大事年表。

如图 7-14 所示，该规范记录下部的右侧显示的是该规范记录的相关款目。具体包括以下几类：①相关档案馆藏（Archival Collections），又可细分为两类：作为责任者的档案馆藏（creatorOf）；作为被引用对象的档案馆藏（即在其他档案中涉及该人物）（referencedIn）；②相关人物（People）；③相关机构团体（Corporate Bodies）；④相关资源（Resources）：相关的图书情报资源等；⑤关联数据（Linked Data）。

其中，①与④对应于 EAC-CPF 中的＜资源关系＞（＜resourceRelation＞）；②与③对应于 EAC-CPF

中的 <团体个人家族关系>（<cpfRelation>）。⑤则显示 SNAC 的原型检索系统还提供了关联数据的功能。

所有类型的关联款目列表都可进行相关链接，如可通过④相关资源（Resources）中的第 2 条记录链接至联机计算机图书馆中心（Online Computer Library Center，OCLC）书目记录和馆藏信息数据库（WorldCat），如图 7-16 所示。

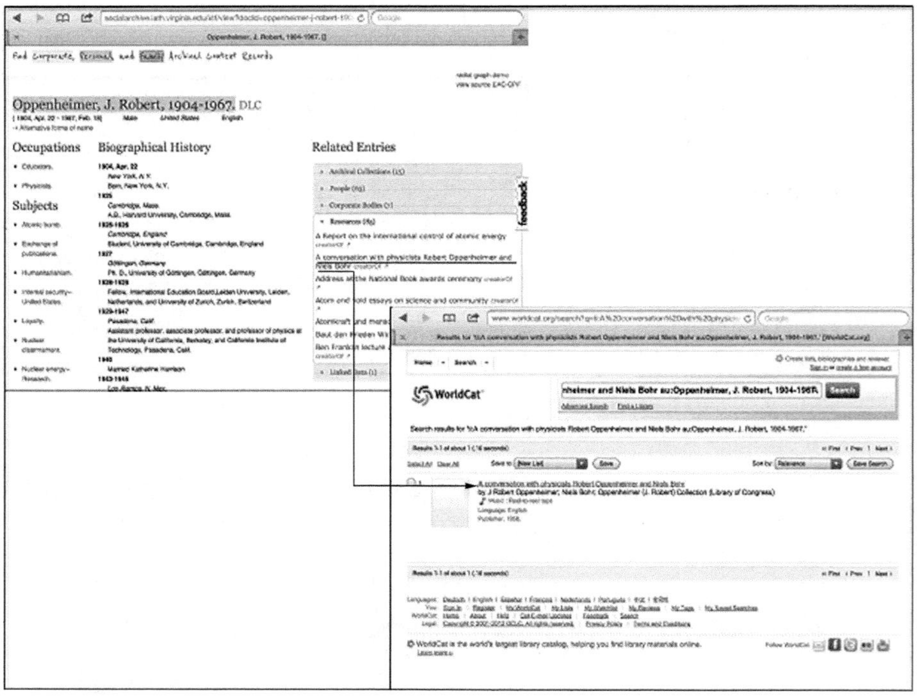

图 7-16　SNAC 原型检索系统的关联款目（Related Entries）及其链接实例示意

该规范记录右上部分显示的是该规范记录的放射状图形的演示，如图 7-17 所示。其功能主要在于能够显示在该规范记录同其他实体（机构团体、个人或家族）之间的关联［对应于 EAC-CPF 中 <relations>（<关系项>）下的多个 <cpfRelation>（<机构团体个人家族关系>）子项］。

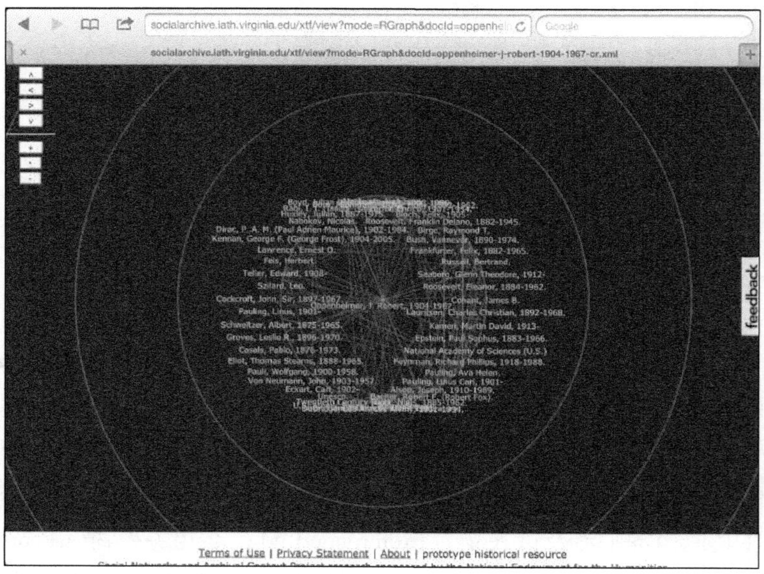

图 7-17　SNAC 规范记录放射状图形演示示例

当然，SNAC 原型检索系统还能够提供 EAC-CPF 源文件的浏览功能，实例如图 7-18 所示。

图 7-18　SNAC 原型检索系统所提供的 EAC-CPF 源文件实例示意

7.2.3　SNAC 规范记录原型检索系统的科研功能与优点小结

（1）SNAC 规范记录原型检索系统的功能

SNAC 检索原型系统具有以下两种科研功能。

第一种功能——档案检索。

SNAC 检索原型系统将提升档案研究过程，能够使学者由人检索至记录，且该过程可逆。例如，一位研究物理学家 Robert Oppenheimer 生活的历史学家使用了 SNAC 检索原型系统，并找到 Robert Oppenheimer 的规范记录。

由人（Robert Oppenheimer）检索至记录（Robert Oppenheimer 的规范记录）。

①由该规范记录的“传记注释（Biographical Note）”部分，该历史学家了解到，1929—1947 年，Robert Oppenheimer 在伯克利的加利福尼亚大学及 Pasadena 的加利福尼亚技术学院教物理。

②在该规范记录的“相关资源（Related Resources）”部分，该历史学家发现了通向美国国会图书馆《J. Robert Oppenheimer 论文登记簿》（J. Robert Oppenheimer：A Register of His Papers）的链接。

③在该规范记录的“相关（Related to）”部分，该历史学家发现了同 Oppenheimer 通信的人与机构团

体按字母排序的列表，每一人或机构团体都链接了其创建者规范记录。

由记录（Robert Oppenheimer 关联者的规范记录）检索至人（Robert Oppenheimer）。

该历史学家链向了 Raymond T. Birge、Felix Bloch、Richard Feynman、Earnest Orlando Lawrence、Julian Seymour Schwinger，及 Leo Szilard，并且找到其记录。①在每一记录的“相关资源（Related resources）”部分，该历史学家发现了通向加利福尼亚档案馆所藏论文的加利福尼亚线上档案（Online Archive of California，OAC）检索工具的链接；②在其“相关（Related to）”部分，该历史学家又发现了同 Robert Oppenheimer 的链接。

第二种功能——图情等资源检索。

该原型同样能够使研究者发现由研究对象创建及与其相关的一系列资源，包括二次文献资源。例如，加利福尼亚的某个阅读科学史文本的大学生碰到了涉及物理学家 Richard Feynman 的参考文献。通过检索 SNAC 系统，他发现了详细记录。传记注释提供了 Feynman 生活的简要概况，以及其他传记信息、参加图书馆目录检索，以及其他因特网资源的链接。被激起兴趣后，该大学生选择了检索加利福尼亚数字图书馆 Melvyl 目录，在那里他发现了 Feynman 所著或同其相关的 18 本书。在这些书中，他发现了进一步激起其兴趣的一本由 James Gleick 所著的《天才 Richard Feynman 的生活与科学》（Genius：the Life and Science of Richard Feynman）。

（2）SNAC 规范记录原型检索系统的优点

SNAC 的发展趋向是国家档案规范合作计划（National Archival Authorities Cooperative，NAAC），并成为国家档案规范基本设施（National Archival Authorities Infrastructure）的有机组成部分。在档案规范控制及其合作发展方面，其具体优点可概括总结如下。对于档案工作者而言，只有当成功维护共享规范记录时才能够最终实现档案规范控制，确保在著录中对同一实体名称使用的一致性。

档案规范控制合作著录具有经济效益：①对于出现于不同文档馆藏、不同检索工具的同一实体（如人物）的规范控制可以一次著录，多次重复利用；②能够将不同馆藏、记录于文件中的实体（如人物）相关联起来；③能够对与同一机构团体、个人或家族相关的所有分散文件进行统一集成检索存取利用。

共享的国家规范记录将是一个充实的历史资源库。因此，对于档案利用者而言，是其工具书：能够统一集成检索存取利用分散的档案资源；能够获取档案文件及其他一切文化遗产资源的背景信息；能够获知实体（如人物）所生存与工作的社会 - 职业 - 智力网络；能够获取历史沿革或生平资源；不仅服务于学者，还满足于终生学习者对历史轶事、家谱等的好奇心。

7.3 国际档案规范记录应用的启示

从以上分析可知，无论是档案规范记录嵌入集成式检索系统，还是档案规范记录专门独立式检索系统，它们都以特有的结构使其具有很好的检索功能，极大地优化了档案检索系统的检索效率。总体来说，从其构建的共性中我们都可以得到有益的借鉴。

7.3.1 档案检索系统建立规范记录是科学有效地开发档案信息资源的关键性措施

在计算机网络环境下建立档案检索系统，首先就要认识计算机网络环境下的检索与手工环境下的检索的区别。在手工环境下，用户进行的档案检索是本地的、面对面的、直接的检索，用户在检索中遇到不清楚的问题，如对机构团体、人物背景信息的不熟悉，可以通过直接面对面的现场咨询或直接调阅档案就可解决。所以，在传统档案检索工具中档案索引的结构都是比较简单的，而且在档案馆的检索体系中不占据主导地位。但是，在计算机网络环境下，用户进行的档案检索是异地的、远程的、非面对面的检索。这时，用户在检索中遇到不清楚的问题，如对机构团体、人物背景信息的不熟悉，就无法通过面对面的直接咨询或调阅档案来解决。由此可见，在计算机网络环境下，用户要获取背景信息就得直接依赖于检索系统，而此时如果检索系统不提供规范记录，用户就无法获得这些信息，那么用户在检索中就会受挫，检索系统的检索效率就会受到极大的制约。在这样的检索条件下，要想有效地、科学地开发档案信息资源是很难做到的。所以，在计算机网络环境下建立起功能强大的索引不仅是为用户检索档案提供方便性的措施，而且更重要的是，这是使档案信息资源得到科学、有效开发的关键性措施。

7.3.2　建立档案规范记录检索系统要标准先行

在档案检索系统中建立规范记录，从计算机的角度来讲，不存在什么技术难题，但是要对一个检索系统中的几十万条、几百万条乃至几千万条数据建立起规则有序的规范记录，这在没有标准与规范的情况下，是难以想象的。国际档案规范记录标准化理论与应用都取得了一定发展，例如，美国档案就制定了符合国际标准 ISAAR（CPF）的《档案著录内容标准》[Describing Archives：a Content Standard（Second Edition）（DACS），2013 年第 2 版]，尤其是其将档案规范记录（Archival Authority Records）独立作为标准的第Ⅱ部分①，加拿大也制定了《档案著录规则》（Rules for Archival Description，2008 年 7 月修订版），对人物、机关团体的标目及参照等进行了规范②，再如欧洲档案门户网站则应用了符合国际标准 ISAAR（CPF）的 EAC-CPF，并将其最佳实践本地化为 apeEAC-CPF③。

实践证明，建立档案规范记录检索系统，不是一件简单的任务，它需要标准与规范。目前，国内档案界也开始重视档案规范控制及档案规范记录标准化的理论研究④，但在应用研究方面却仍有所欠缺。目前国内除香港、台湾（如明清档案人名权威系统⑤等）外，大陆地区仅有的档案著录参考依据——DA/T 18—1999《档案著录规则》，仅仅对著录进行规范，而没有相应的具体规范控制。这恐怕也就是我国目前档案计算机检索系统中缺乏规范记录检索途径的重要原因。

根据国际档案规范记录应用及其标准化研究结论，可以得出启示，即对我国档案规范记录标准化的研究与应用提出如下建议，这也符合了实现档案规范控制需求所包括的几个主要步骤⑥。

（1）遵循国际标准，为我国档案规范记录构建标准体系

①以国际标准 ISAAR（CPF）为基础，制定我国中文档案名称规范记录格式标准（著录规则）。

国际标准 ISAAR（CPF）本身需要连同现存国家标准而使用，或作为制定国家标准的基础。因此，我国也有必要据此而制定出本土化的相关标准。一方面，我国档案规范记录不仅需要与本国的 DA/T 18—1999《档案著录规则》相协调，更需同《国际标准——档案著录规则（总则）》[ISAD（G）] 等相对应。另一方面，首先需要建立我国档案规范记录著录的概念模型。建立概念模型能够通过明确实体及其关系而明确档案规范记录著录的基本数据需求（其逻辑作用如图 7-19⑦ 所示）。例如，从档案文件背景及其凭证价值的角度可建立以下关系类型的概念模型：文件与 CPF 实体的关系；CPF 实体与业务的关系；法规与 CPF 实体的关系等。还可以建立 CPF 实体之间的关系等。

可借鉴 SNAC 的模型，仅以人名规范记录文档与机构团体规范记录文档之关联为例，可将我国档案规范记录数据模型构建为如图 7-20 所示。

---

① SAA. Describing archives：a content standard（DACS）（second edition）[S]. 2013.

② Canadian Committee on Archival Description. Rules for archival description（RAD）（revised version）[S]. 2008.

③ 参见 http：//www. apex-project. eu/index. php/outcomes/standards。

④ 国内已发表了相关学术论文，例如：

张文亮，徐维．《国际标准——团体、个人和家族档案规范记录著录规则》的制定及其结构特点 [J]．档案与建设，2001（2）：55－56.

李超，常瑶茹．档案检索系统中的规范记录研究 [J]．档案时空，2009（2）：16－18.

冯留燕．图书与档案的规范控制工作研究 [J]．云南档案，2011（4）：56－58.

⑤ 洪一梅，王亚蕉．中国人名权威控制之建置与应用：以明清档案人名权威系统为例 [C]．新世纪资讯组织与典藏技术研讨会，2005：174－186.

⑥ Duranti C J. Authority control：beyond a bowl of alphabet soup [J]. Archivaria，1992，1（35）.

⑦ Abelardo Santamaría. Report on the work of CNEDA（2007－2012）：toward a conceptual model for archival description in Spain [R]. 2012：8.

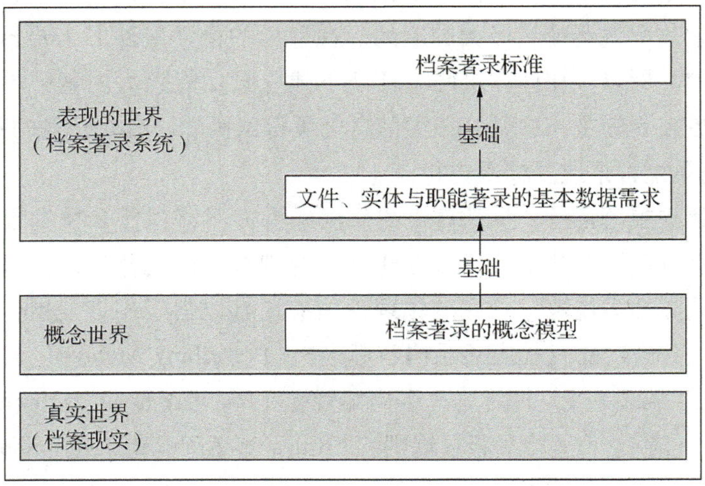

图 7-19　三个世界视角下的档案著录概念模型的地位，文件、实体与职能著录的基本数据需求，以及档案著录标准的逻辑关系示意

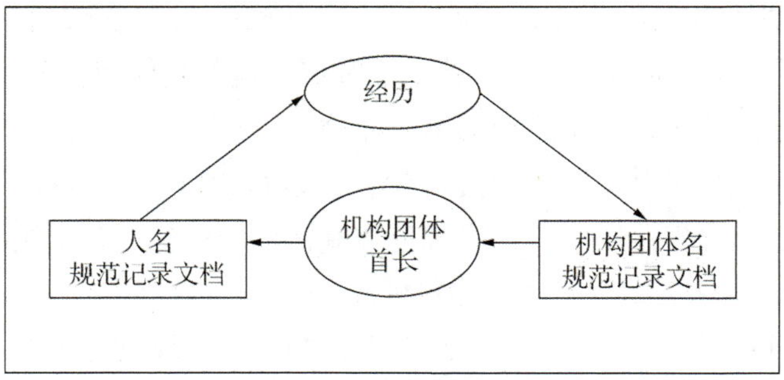

图 7-20　我国档案规范记录数据模型构建示例

②制定我国档案规范记录编码标准，加强档案与图书、博物馆规范控制的互通，及其规范记录的共享。

我国档案规范记录需与相关的档案元数据（Metadata）格式相对应，应以国际标准 EAC-CPF 为基础，制定我国档案规范记录编码标准，并与 EAD 标准、“规范记录的功能需求与编号（FRANAR）①” 等兼容与一致。而因 EAC 具有较好的开放性，据此制定的档案规范记录编码标准亦可以被图书馆、博物馆采用②。

③在我国档案规范记录标准的制定与应用过程中，应在档案著录标准体系内做到数据结构标准、数据内容标准及数据值标准的配套。

广义来说，档案规范记录是个体系，其标准化具有不断细化的特征，如国际档案规范记录标准，除 ISAAR（CPF）外，还逐渐分化出《国际标准——档案职能著录规则》（ISDF）③ 和《国际标准——档案

① IFLA UBCIM Working Group on Functional Requirementsand Numbering of Authority Records (FRANAR). Functional requirements for authority records: a conceptual model, draft [EB/OL]. (2005-06-15) [2013-02-12]. http://www.ifla.org/VIId40FRANAR2Conceptual2M2Draft2e.pdf.

② 冯留燕. 图书与档案的规范控制工作研究 [J]. 云南档案, 2011 (4): 56-58.

③ ICA. ISDF: international standard for describing functions [S/OL]. [2012-05-01]. https://www.ica.org/en/isdf-international-standard-describing-functions.

保管机构团体著录规则》（ISDIAH）[①] 等，这就要求体系配套，也符合向背景控制发展的趋势。

一般而言，国际档案规范记录标准［如ISAAR（CPF）、ISDIAH等］属于数据结构标准，国家档案著录规则［如DA/T 18—1999《档案著录规则》）属于数据内容标准，而具体的名称规范档［如《美国国会图书馆名称规范档》（LCNAF）］、叙词表及ISDF等则属于数据值标准。在我国规范记录标准制定与应用过程中，应在档案著录标准体系内做到数据结构标准、数据内容标准及数据值标准的配套。这也符合档案著录标准开发模型（图4-1）。

（2）成立中国档案著录标准委员会及档案规范记录标准专委会，推进专业人才的教育与培训及档案规范记录标准化的研究

如前所述，档案规范记录从宏观上属于档案著录范畴，因此借鉴国际经验，我国首先也需成立档案著录标准委员会，并在其下设立档案规范记录标准专委会，推进专业人才的教育与培训及档案规范记录标准化的研究，跟踪国际最新相关研究进展，如《修订与协调国际档案理事会（ICA）著录标准的进度报告》[②] 与《档案著录系统中的关系》[③] 等，并力争使我国对于规范记录的研究能够在国际档案界占有一席之地。我国国家档案局相关职能部门应对以上目标的实现提供高级管理支持。

（3）由专业人员负责档案规范记录并参考专业工具书，建立我国档案名称规范记录数据库

档案规范记录数据库的构建是档案规范控制实现的重要环节。由于档案内容多元化，档案名称规范记录数据库需由专业人员负责构建。在此过程中，务必需要参考许多相关的工具书，并承诺使用适当的现存软件与能够被检索到的任何数据。

7.3.3　档案规范记录建设需要加强培养档案信息化的复合型人才

在档案检索系统中建立规范记录，其本质也是实现档案信息化的一种措施。影响档案信息化建设的方方面面的因素很多，但是，不能否认人才是其中最关键性的因素之一。当前档案界面临着从传统手工环境向计算机数字环境的转换，这一方面需要档案工作者既熟悉传统手工环境下的档案检索的好的经验与做法，加以继承与发展；另一方面又需要档案工作者探索与研究在计算机环境下的档案信息化的最佳实践方案。这些都在呼唤着档案工作者要成为复合型的人才。所以，从这个意义上讲，培养复合型人才显得更为迫切。当然，培养可以有多种途径，如自我知识更新、在职培训、学历教育等。唯有如此，才能使我们的档案信息化建设包括档案规范记录的建立得以顺利地实现。

---

① ICA. ISDIAH：international standard for describing institutions with archival holdings［S/OL］.［2012－05－01］. https：//www. ica. org/en/isdiah-international-standard-describing-institutions-archival-holdings.

② ICA Committee on Best Practices and Standards / Sub-committee on archival description. Progress report for revising and harmonising ICA descriptive standards［S］. 2012.

③ ICA Committee on Best Practices and Standards / Sub-committee on archival description. Relationships in archival descriptive systems［S］. 2012：1－9

应用研究篇

第8章　中国档案规范记录体系的建立与标准《档案规范记录著录规则》的制定

建立中国档案规范记录体系的必要性在于：《国际标准——档案规范记录著录规则》［ISAAR（CPF）］只是从总体上明确了档案规范记录建设的一般性、原则性要求，但是具体到一个国家，还必须根据这个国家档案著录的实际，建立与之相适应的档案规范记录体系。

为此，根据我国档案著录的实际，还必须制定更为详尽的、具体的、可操作的中国档案规范记录体系，只有这样才能把我国的档案规范记录真正建立起来。

8.1　中国档案规范记录体系的构成与建立目标

8.1.1　中国档案规范记录体系的构成

中国档案规范记录体系的构成，主要有3个子系统。

①标准《档案规范记录著录规则》。

②标准《基于XML的档案规范记录编码格式规范》（即我国应用国际标准EAC-CPF的最佳实践——中国档案规范记录XML编码格式标准apcEAC-CPF。

③中国档案规范记录计算机检索应用系统。

这3个子系统共同构成中国档案规范记录体系这个大系统，其内在逻辑如图8-1所示。

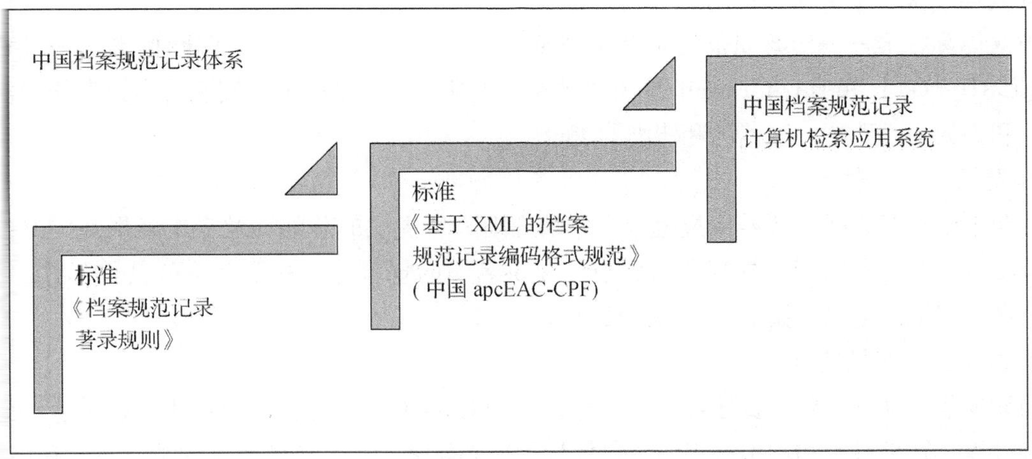

图8-1　中国档案规范记录体系逻辑模型

①标准《档案规范记录著录规则》子系统是建立规范记录的基础，它从内容的概念语义层面为该体系提供实体著录的原则与建立规范记录的规则。

②标准《基于XML的档案规范记录编码格式规范》（中国apcEAC-CPF）子系统是对规范记录数据的封装，它从逻辑的物理层面为该体系的规范记录数据的共享、交换提供原则、规则与模式。

③中国档案规范记录计算机检索应用系统是该体系的具体应用，它从规范记录利用的实现层面，为该体系提供实践反馈与用户反映。

从目前我国档案工作实践来看，我们应该尽快、尽早地明确中国档案规范记录体系建设目标、建构原则，制定切合中国实践的标准《档案规范记录著录规则》，并据此制定标准《基于 XML 的档案规范记录编码格式规范》（中国 apcEAC-CPF），开发“中国档案规范记录计算机检索应用系统”，从而形成中国的档案规范记录体系，以更好地发挥档案价值，高效地服务于中国特色的社会主义建设。

8.1.2 中国档案规范记录体系的建立目标

建立中国档案规范记录体系的总体目标：适应时代需要，依据技术发展、社会需求变化，为档案提供背景信息，为提高档案检索效率和利用效益发挥作用，为逐步提升档案信息服务的知识化和智能化水平奠定基础。同时，促进我国档案规范记录建设的标准化。其具体目标如下。

（1）科学构建中国档案规范记录体系的宏观结构和微观结构

依据标准制定的一般原则，搭建中国档案规范记录体系的宏观架构。在此基础上，构建详尽的、可操作的标准微观结构，即中国档案规范记录的著录大项及其著录小项。

（2）建立档案规范记录之间及规范记录与相关档案和资源之间的关联

中国档案规范记录，应可以将分别保管于不同档案馆（室）的相同责任者的档案著录条目连接起来，支持将同一责任者所形成的档案和其他资源（如图书文献）的著录条目关联起来，必要时，可以把该责任者所保管的文件著录条目加以连接。这样，就可以极大地提高档案检索效率，从而方便档案信息资源的利用，改善档案管理工作。

（3）实现档案规范记录重用，以节约档案部门的有限资源

在多个档案馆（室）保管有同一来源的档案时，可依据统一的规范形式来管理这些档案，共享和连接这一来源的背景信息。随着世界范围内各国交流的增强和计算机网络的发展，一些档案、责任者具有跨国特征，应考虑在国家之间分享或连接这种背景信息的可能。也就是说，在档案规范记录的建设过程中，可考虑馆（室）际协作，所建立的规范记录条目应在较高层面上实现可理解性和标识等的唯一性。

（4）实现与相关档案著录标准的兼容

在遵循《国际标准——档案规范记录著录规则》［ISAAR（CPF）］、《国际标准——档案著录规则（总则）》［ISAD（G）］和 DA/T 18—1999《档案著录规则》等的基础上，实现对作为责任者实体的机构团体、个人和家族的一致的、准确的和清晰的著录。

（5）建立规范化检索点

依据切合中国实践的标准《档案规范记录著录规则》所提供的总则性及专指性规则，为被指称为责任者的机构团体、个人和家族建立规范检索点，提供名称的规范化形式及名称的其他形式、相关注释，至少著录档案规范记录信息交换所需要的必要著录项。

（6）提供完备的背景信息

中国档案规范记录不但要为责任者建立名称的规范化形式及其他形式，而且应对那些与责任者有关档案的形成过程、管理过程和利用过程的背景信息加以必要著录，在条件允许的情况下，还应提供全面、完整、准确的背景信息。

8.2 中国档案规范记录体系的建构原则与步骤

8.2.1 中国档案规范记录体系建构的总体原则

①标准化原则。这一原则规定我国档案规范记录建设必须遵循相关的国际标准与国家标准。不但要与相关著录标准一致，而且在规范记录建设过程中应采用相关的数据值标准，如时间表示法、国家代码等。

②实用性原则。这一原则规定档案规范记录的建构要与我国实际相结合，需要具体情况具体分析的实事求是的辩证思维，以此保障其可操作性。

③来源原则。档案作为社会组织和个人实践活动历史原貌的记录，形成过程充满着有机联系，档案与形成者之间的来源联系是其中最独特、最本质的一种①。这个最基本的档案原则是必须要遵循的。

8.2.2　中国档案规范记录体系建构的基本步骤

①建立中国档案规范记录体系首先要建立切合中国实践的档案规范记录著录规则，做到规范先行。在充分借鉴国际标准，并结合我国档案工作实际的基础上，制定出具有中国特色的档案规范记录著录规则（详见附录 3）。有了规范化的著录项，就可以实现对人名、机构团体名和家族名进行规范化著录的功能。

②结合我国实际，在标准《档案规范记录著录规则》的基础上，制定《基于 XML 的档案规范记录编码格式规范》，将建立起来的档案规范记录运用 XML 进行形式化表达，为实现规范记录的重用和网络检索奠定基础（详见第 9 章）。

③最后，将档案规范记录与档案著录条目通过索引结构进行连接，最终形成具有规范记录检索功能的完善的档案检索系统（详见第 9 章）。

8.3　切合中国实践的标准《档案规范记录著录规则》的结构

8.3.1　遵循标准制定的一般原则，建立切合中国实践的标准《档案规范记录著录规则》的宏观结构

制定切合中国实践的标准《档案规范记录著录规则》，必须遵循标准、规范制定的一般原则，具体如下。

①结构规范化原则。各个标准的内容大不相同，但从宏观结构上来说一般都包括前言、范围与目的、术语等部分。关于国际标准的结构规范化问题，国际标准化组织（ISO）在《国际标准的起草与表述规则》中就有明确规定，因此，应严格按照结构规范化原则来制定切合中国实践的标准《档案规范记录著录规则》。

②格式一致性原则。制定的标准具有约束力，具有一定的“法”的效力。因此，标准《档案规范记录著录规则》在结构的安排上、行文的表述上、项目的选择上应该有格式一致的形式，而不能具有随意性。

③要素齐备性原则。标准中既要有通用要素，又要有特性要素，各种要素应该齐备，也就是说标准的项目设置要能满足各种需求，不能随意增减。

根据以上标准制定的一般规则，我国档案规范记录著录标准的宏观结构应该包括以下几个主要部分。

①术语定义部分。档案规范记录中包括许多专业术语，一些术语是过去传统档案工作中未曾遇到过的，所以，对于标准的术语应该明确定义，以免出现理解上的不一致，而造成标准的功能降低。

②相关标准的引用部分。档案规范记录的建立，根据标准化的原则，必须在纵向上与国际标准兼容，在横向要与相关标准兼容，为了真正实现这一原则，在宏观结构上必须要有相关标准的引用部分。

③规范记录著录项部分。这一部分是档案规范记录标准的主体，是实现档案规范记录功能的最关键部分。在这一部分，档案规范记录的著录项通过统一的标准条文格式得到明确的规定，档案规范记录的功能的实现、实现范围的大小主要取决于这一部分结构。

④实例部分。档案规范记录的标准是操作性与应用性很强的标准，由对标准条文的文字理解到实践中的操作与应用往往还有一段距离，而实例部分却可以起到补充、说明、示范标准条文的作用，从而缩

① 马仁玲，张辑哲．档案学概论［M］．北京：中国人民大学出版社，2001.

短这段距离。它虽然不能代替标准的条文，但也是宏观结构很重要的一部分。

由于宏观结构主要是指规范记录著录规则的标准形式结构，所以当标准《档案规范记录著录规则》以规范的形式出现时，必须具备以上各个组成部分。（对于标准的术语、引用标准等，本课题的其他章节都有所涉及）。

8.3.2 建立切合中国实践的标准《档案规范记录著录规则》的中观结构

建立切合中国实践的标准《档案规范记录著录规则》的中观结构，即设置规范记录的著录大项，而著录大项的作用其实质是规范记录标准所要实现功能的第一层次划分。这种划分的结果将会直接影响标准所要实现的总体功能。而档案著录不同于图书的著录，档案提供的背景信息远比图书复杂，所以档案规范记录功能的第一层次划分应当根据档案规范记录的特点与性质来进行。

根据国际标准与我国档案实践，可将标准《档案规范记录著录规则》的第一层次的功能划分为 4 个大项，即：中国档案规范记录的特征项、中国档案规范记录的描述项、中国档案规范记录的关系项、中国档案规范记录的控制项。

（1）中国档案规范记录的特征项

主要用于著录唯一确认一条档案规范记录的必要信息，这些著录信息规范了检索点，在交换中对于确认、识别档案来说是十分重要的。主要包括档案形成者的实体类型、名称的规范化形式、名称的非规范化形式①和机构团体标识符等著录项。

（2）中国档案规范记录的描述项

此项著录大项主要著录档案形成者的性质、背景与活动的相关信息。主要包括档案形成者的存在日期、历史沿革或生平、地点、职能职业与活动、时代背景等著录项。

（3）中国档案规范记录的关系项

这一项中包括两部分：一部分是与档案形成者有关的其他个人机构团体和家族等（即机构团体个人家族关系），将在此著录项中进行著录。主要包括相关机构团体个人或家族的名称标识符、关系的种类、关系的描述和关系的日期等著录项；另一部分是与作为档案形成者的个人、机构团体和家族等相关的档案及其他资源信息（即资源关系），将在此著录项中进行著录。主要包括相关资源标识符与名称、相关资源的类型、关系的性质和相关资源或关系的日期等著录项。

（4）中国档案规范记录的控制项

在此大项中著录档案规范记录是何时、由何机构团体、怎样创建和维护的信息。主要包括规范记录标识符、规范记录机构标识符、著录用规则、级次、语种与书写体、创建修订或删除的日期、来源、维护注释说明等著录项。

8.3.3 建立切合中国实践的标准《档案规范记录著录规则》的微观结构

建立切合中国实践的标准《档案规范记录著录规则》的微观结构，实际上就是设置著录小项，即根据实际需求，取舍国际标准中的可选项。著录小项的设置是最直接反映著录需求的重要因素，其设置应该充分反映用户对于规范记录的需求，尤其是在网络环境下，由手工检索转化为计算机检索，档案检索由本地检索转化为远程检索。因此，著录项的设置不仅要能提供检索途径与检索内容，更要能够对规范记录的真实性、可靠性进行说明。一条规范记录选择哪些著录项，这主要取决于具体规范记录体系的要求和实际可操作性，因此，应该根据实际情况进行选择。而这也将直接决定中国档案规范记录 XML 编码格式标准 apcEAC-CPF 的最佳实践。

在制定切合中国实践的标准《档案规范记录著录规则》的结构中，最复杂、工作量最大的是建立微

① 名称的非规范化形式对应国际标准 ISAAR（CPF）包括：规范名称并列形式或遵照其他规则的名称的标准形式，或名称的其他形式。

观结构。因此，如何建立微观结构就有一个策略问题。从系统论的结构与功能关系可以看出，首先是所建立的结构应该满足最基本的功能，在此基础上根据需求再建立详细的结构，并根据发展的可能建立扩展结构。所以，在制定切合中国实践的标准《档案规范记录著录规则》微观结构时必须遵循“系统动态”的策略。所谓系统动态，就是应该有核心著录项、详细级次著录项，以实现我国档案规范记录的基本功能与特性功能的系统性，然后根据动态发展的可能建立可扩展著录项，以满足我国档案规范记录动态发展的要求。

8.4　制定标准《档案规范记录著录规则》最简级次的核心著录项

由于建立档案规范记录是个从无到有的过程，各级、各类档案馆（室）的实际不一样，在人力、物力有限的基础上，可以先建立最简级次的核心著录项，只规定档案规范信息交换所需要的必要部分，即建立档案规范记录标准的必著项。换句话说，依据建立规范记录的功能目标，决定是需要提供完整背景信息还是仅需建立规范检索点，若仅仅是建立规范检索点，则可选择最简级次的核心著录项。依据《国际标准——档案规范记录著录规则》［ISAAR（CPF）］必备项，切合中国实践的标准《档案规范记录著录规则》的最简级次的核心著录项，主要包括档案形成者的以下 4 项。

8.4.1　实体类型

设置本项的目的是表明档案规范标目的实体类型是机构团体、个人还是家族。在这一著录项下，著录规范标目的类型。例如，“实体类型：机构团体”指的是机构团体（或团体），“实体类型：个人”指的是人物，“实体类型：家族”指的是家族。

8.4.2　名称的规范化形式

设置本项的目的是为档案形成者的实体——机构团体、个人或家族的名称建立一个规范的检索点。在这一著录项下，档案形成者实体名称的规范化形式的选取是关键，选择的规范形式应是人们所熟知的、最具有权威性的或最早为人们所认识的①。

例如：

邓小平（1904—1997） 陈毅（元帅）

8.4.3　存在日期

设置本项的目的是说明作为档案形成者的实体——机构团体、个人或家族的存在日期。在这一著录项下，如果著录的实体是个人，则著录个人生卒时间；如果著录实体是机构团体，则著录机构团体建立和撤销的时间；如果著录实体是家族，则著录家族存在日期。

例如：

北宁军事铁路管理局 　　成立于 1906 年，1949 年该局撤销。

8.4.4　规范记录标识符

设置本项的目的是唯一确认一条档案规范记录。在这一著录项中，著录唯一标识规范标目的编号。

① 在名称的规范化形式下还可附如下内容：生卒时间和职位、职务、称谓、受奖等。

例如：

邓小平（1904—1997） CN－56－35－27023

根据以上的中国档案规范记录所要建立的最简级次核心著录结构，包括档案形成者的以下各著录项，如表 8-1 所示。

表 8-1　中国档案规范记录最简级次核心著录项的结构

最简级次核心著录项	实体类型（属于特征项）
	名称的规范化形式（属于特征项）
	存在日期（属于描述项）
	规范记录标识符（属于控制项）

8.5　制定标准《档案规范记录著录规则》详细级次的完备著录项

一般的检索工具条目只是提供特征信息而缺少背景信息，最简级次的档案规范记录由于其结构过于简单，只规定了档案规范信息交换所需要的必要部分，对于规范记录的功能来说只实现了规范检索点的功能，基本上无法提供背景信息。而对于那些永久保存的重要档案来说，这是远远不够的。实践告诉我们，现在所知道的历史知识、时代背景、所了解的常识或今天很容易产生的联想，将来的用户未必能够很好地理解，由此往往会对档案内容的理解产生偏差。因而，从用户角度来说，历史背景、社会关系、相关资源等背景信息对于阅读与理解档案是十分必要的。因此，永久保存的重要人物、机构团体或家族的档案就必须要有详细的背景信息，以便用户能够将档案内容与背景信息一并加以理解。

同时，对于规范记录本身的控制信息也是需要著录的，著录规范记录的创建、修改等信息可以使规范记录其本身处于受控状态。

综上所述，对于重要人物、机构团体或家族档案的规范记录，应该建立对应于《国际标准——档案规范记录著录规则》［ISAAR（CPF）］的详细级次的规范记录。根据先前中观结构的划分，详细级次完整著录项如图 8-2① 所示，包括档案形成者的以下各著录项。

表 8-2 列出了切合中国实践的标准《档案规范记录著录规则》详细级次的完备著录项中需要著录的与机构团体、个人和家族规范记录相关的各必备与可选分项。对应的著录实例详见附录 2。

① 考虑到既要遵循国际标准 ISAAR（CPF），又要遵循对应 EAC-CPF 元素名设计的需要，中国国家标准《档案规范记录著录规则》中的各著录项目名称中的标点符号已被省略。

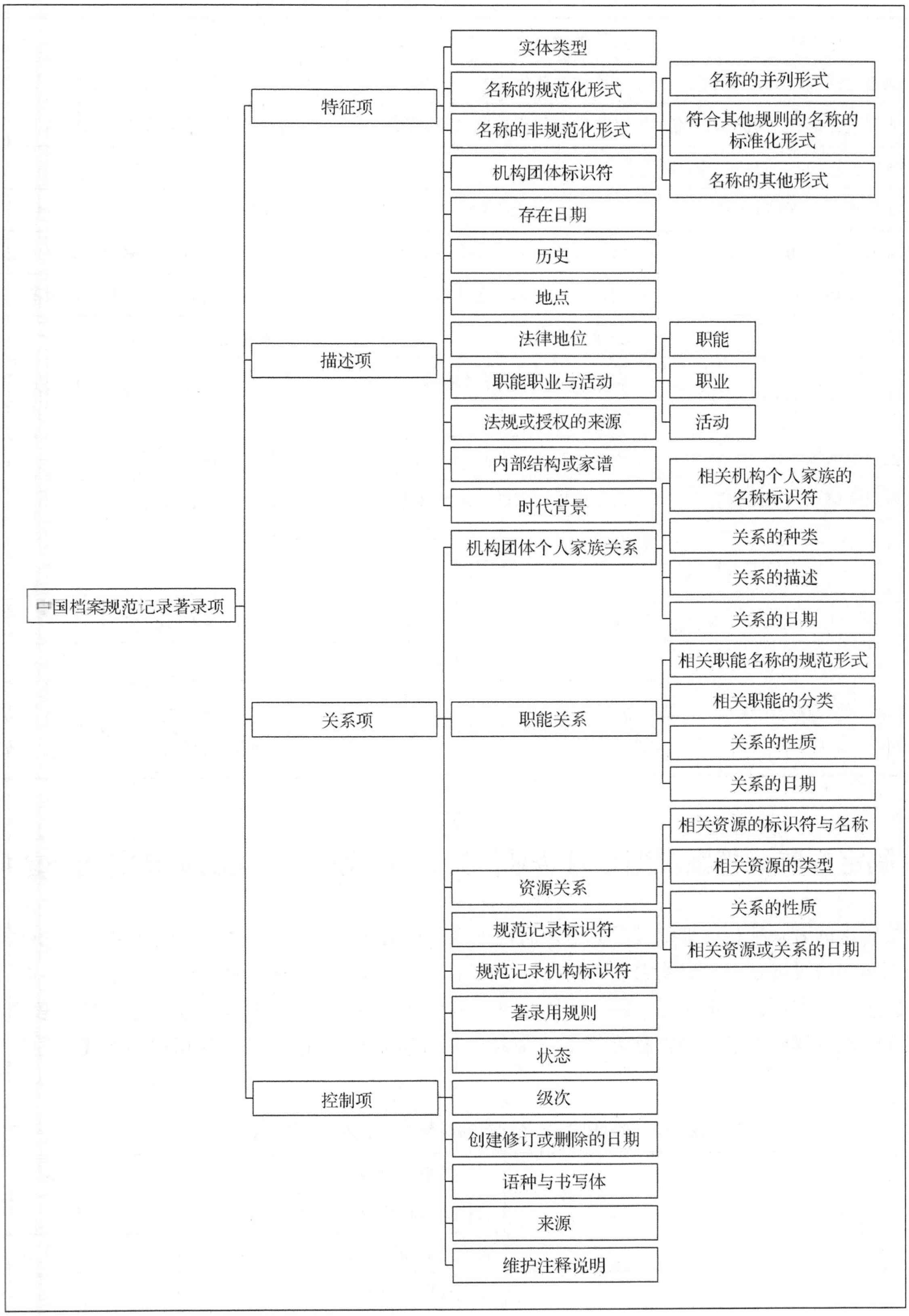

图 8–2　中国档案规范记录（详细级次）逻辑结构示意

表 8–2　机构团体、个人或家族规范记录著录表单

实体类型：机构团体	实体类型：个人	实体类型：家族
名称的规范化形式（机构团体名）	名称的规范化形式（人名）	名称的规范化形式（家族名）
名称的非规范化形式（机构团体名）	名称的非规范化形式（人名）	名称的非规范化形式（家族名）
机构团体标识符		
存在日期（成立、撤销时间）	存在日期（生卒时间）	存在日期
历史沿革或生平（历史沿革）	历史沿革或生平（生平）	历史沿革或生平（家族史）
地点（机构团体所在地）	地点（出生地、居住地）	地点（房产地点、面积、价值等）
法律地位	法律地位	法律地位
职能职业与活动（职能、活动）	职能职业与活动（职业、职务、单位等）	职能职业与活动（家族重要成员人名、职务）
法规或授权的来源	法规或授权的来源	法规或授权的来源
内部结构或家谱（内部结构）	内部结构或家谱（家庭关系）	内部结构或家谱（宗谱）
时代背景	时代背景	时代背景

关系项	
机构团体个人家族关系（略）	资源关系（略）

控制项								
规范记录标识符	规范记录机构标识符	著录用规则	状态	级次	语种与书写体	创建修订或删除的日期	来源	维护注释说明

8.6　制定标准《档案规范记录著录规则》实际需求级次的最佳实践著录项

最简级次的著录项相对来说过于简单，而详细级次的著录对于一些档案部门来说有些力不从心。因此，各档案部门可以在人力、物力和时间允许的情况下，在最简级次著录的基础上，将著录项进行扩展，而扩展的著录项则可以根据实际，在考虑效益及规范记录质量控制的前提下，从详细级次的著录项中精选。课题组经过调研制定了中国档案规范记录最佳实践著录项（表 8–3），包括档案形成者的以下各著录项。

表 8–3　中国档案规范记录实际需求级次的最佳实践著录项

特征项	实体类型（必备）
	名称的规范化形式（必备）
	名称的非规范化形式（可选）
描述项	存在日期（必备）
	历史沿革或生平（必备）
	职能职业与活动（可选）
	内部结构或家谱（可选）
	时代背景（可选）

续表

<table>
<tr><td rowspan="8">关系项</td><td rowspan="4">机构团体个人家族关系</td><td>相关机构团体个人家族的名称标识符（必备）</td></tr>
<tr><td>关系的种类（可选）</td></tr>
<tr><td>关系的描述（可选）</td></tr>
<tr><td>关系的日期（可选）</td></tr>
<tr><td rowspan="4">资源关系</td><td>相关资源的标识符与名称（必备）</td></tr>
<tr><td>相关资源的类型（可选）</td></tr>
<tr><td>关系的性质（可选）</td></tr>
<tr><td>相关资源或关系的日期（可选）</td></tr>
<tr><td colspan="2" rowspan="9">控制项</td><td>规范记录标识符（必备）</td></tr>
<tr><td>规范记录机构标识符（必备）</td></tr>
<tr><td>著录用规则（可选）</td></tr>
<tr><td>状态（必备）</td></tr>
<tr><td>级次（可选）</td></tr>
<tr><td>语种与书写体（可选）</td></tr>
<tr><td>创建修订或删除的日期（可选）</td></tr>
<tr><td>来源（必备）</td></tr>
<tr><td>维护注释说明（可选）</td></tr>
</table>

除了前面所规定的最简级次的几个主要的著录项外，按中观结构应该建立起关于档案形成者的如下微观结构著录项。

8.6.1 特征项①

在特征项内，除了以上已具体规定的实体类型与名称的规范化形式等必备著录项外，还可精选出名称的非规范化形式这一著录项。

设置本著录项的目的是在未被选作规范标目的名称形式（即非规范名称②）与规范标目之间建立联系，如用“见”参照。

例如：

名称的非规范化形式（即非规范名称）	参照	规范标目
海军淞沪基地	见	海军淞沪警备区
毛润之、李德胜	见	毛泽东

8.6.2 描述项③

在描述项内，除了以上已具体规定的存在日期等必备著录项外，还可精选出以下各著录项。

① 档案形成者的实体类型与名称的规范化形式，属于规范记录的特征项，因在最简级次中已有阐述，在此不再赘述。

② The Secretariat of the ICA Ad Hoc Commission on Descriptive Standards. ISAAR（CPF）：international standard archival authority record for corporate bodies，persons and families (2nd edition)［S］. 2004.

③ 档案形成者的存在日期，属于规范记录的描述项，因在最简级次中已有阐述，在此不再赘述。

（1）历史沿革或生平[①]

设置本著录项的目的，主要是提供作为档案形成者的人物的生平、机构团体的简要历史沿革。机构团体的历史可以包括：机构团体的主要事件、主要活动、主要成就和主要作用等。人物的生平可以包括：性别、民族、家庭、信仰、政治关系和相应的时间等。

人物以李大钊为例，本项可以著录如下：

李大钊，男，汉族，生于1889年，河北乐亭人。共产党员。1927年4月被奉系军阀张作霖逮捕，28日在北京英勇就义。

（2）职能职业与活动

设置本著录项的目的，是用于表明作为档案形成者的机构团体和人物或家族的职能、职业、活动领域和重要活动。

在这一著录项下，为了完整反映作为档案形成者的机构团体、个人或家族的主要职能、职位、所涉及的活动领域和重大活动。

对于机构团体而言可以包括如下内容：①机构团体的职能；②所涉及的活动领域；③相应的时间；④所进行的重大活动。

以机构团体——北宁军事铁路管理局为例，将其职能著录如下：

北宁军事铁路管理局主要负责北平至沈阳铁路干线及支线的铁路事务与附属事务。

对于人物而言，可以包括如下内容：①职位；②所涉及的活动领域；③相应的时间；④所进行的重要活动。

以人物——李大钊为例，将其职业著录如下：

李大钊于1916年5月在北京创办《晨钟报》任总编辑。1918年任北京大学图书馆主任，对五四运动起了重要的推动作用。1919年参加创建少年中国学会，任《少年中国》月刊编辑主任。1920年10月成立北京共产党小组。11月建立北京社会主义青年团。1921年8月任中国劳动组合书记部北京分部主任，1923年6月出席中共“三大”，当选为中央执行委员。1924年1月被孙中山指定为国民党“一大”五人主席团成员之一，当选为中央执行委员。会后任国民党北京执行部组织部长。

（3）内部结构或家谱

设置本著录项的目的，是用于描述或表现机构团体或家族宗谱的内部管理结构。

在这一著录项下，描述机构团体的内部结构及其变化日期，这对理解机构团体管理其事务的方式（如用陈旧的组织图）是有意义的。

描述家族宗谱（如用家谱），在某种程度上展示家族成员内部关系，并具有涵盖日期。

仍以机构团体——北宁军事铁路管理局为例，著录如下：

该局设路局总办、会办，其下设电务、杂务、洋务、车务、材料、工程等处，1912年，设机车、车务、工程、总务、卫生、统计、电务、购地、考核等处，1916年以后，该局内部机构团体先后设有机务处、厂务处、工务处、车务处、运输处、会计处、总务处、警务处等。

（4）时代背景

设置本著录项的目的，是用于提供关于档案形成者的存在或活动期间的社会、文化、经济、政治历

① 著录项历史沿革或生平由国际标准ISAAR（CPF）具体化而来。

史背景等重要信息。

在这一著录项下，为了完整体现档案形成者所处的历史背景，对于机构团体、个人或家族而言可以包括如下内容：①社会历史背景信息；②文化历史背景信息；③经济历史背景信息；④政治历史背景信息；⑤其他历史背景信息。

8.6.3　关系项

在关于档案形成者相关信息的著录项这一部分可以分两个方面：一方面是关于档案规范记录所著录的形成者与相关实体之间的关系的描述，即同其他机构团体、个人或家族之间的关系，也就是机构团体个人家族关系；另一方面是关于档案规范记录所著录的形成者与相关资源的关系的描述，即同档案及其他资源之间的关系，也就是资源关系。

（1）机构团体个人家族关系

以下是关于档案规范记录所描述的形成者与相关实体之间关系的描述的著录项。

1）相关机构团体个人家族的名称标识符

设置本著录项的目的在于能够将档案规范记录所描述的形成者与相关实体连接。在这一著录项下，相关实体名称应当选取名称的规范化形式，选取的标准与档案形成者“名称的规范化形式”相同，在此不再赘述。

2）关系的种类

设置本著录项的目的在于表明所著录的档案形成者的实体和其他相关实体（机构团体、个人或家族）之间的关系类型。关系类型可包括以下内容：

①从属关系。主要是指相互之间关系有一种隶属与被隶属、管理与被管理、控制与被控制的关系。

②延续关系。主要是指相互之间关系在时间上有着一种前后相继的关系。

③家族关系。主要是指相互之间的关系是在家族或家庭范围内的关系。

④相关关系。主要是指未包含在以上三类关系之中的一类关系，如机构团体与成员、全部与局部等这样一类关系。

3）关系的描述

设置本著录项主要用于为档案形成者实体和相关实体（机构团体、个人或家族）之间的关系提供一个具体的说明。

在这一著录项下，为了准确反映档案形成者实体和其他相关实体之间的关系性质，可包括以下内容：①上级机构团体；②下级机构团体；③继任者；④丈夫；⑤妻子；⑥老师；⑦学生；⑧朋友等。

4）关系的日期

设置本著录项的目的在于表明档案形成者实体和其他相关实体（机构团体、个人或家族）之间持续关系的日期。

在这一著录项下，为完整反映档案形成者实体和其他相关实体之间的日期关系，可包括以下内容：①相关关系的起始日期；②相关关系的连续日期；③相关关系的结束日期。

例如，“华东军政大学”与相关实体之间的关系著录如下：

相关机构团体个人家族的名称标识符	张云逸
关系的种类	相关关系
关系的描述	华东军政大学第一任校长
关系的日期	1946—1949

（2）资源关系

以下是关于档案形成者实体与相关资源的关系著录项。

1）相关资源的标识符与名称

设置本著录项的目的在于唯一确认与档案形成者实体相关的资源，如果有相关资源的著录，要能提供规范记录和相关资源的连接。在这一著录项下，要著录相关资源的名称或唯一的标识符。

2）相关资源的类型

设置本著录项的目的在于表明相关资源的类型，如档案（全宗、文件等）、网址、照片、杂志、口述历史记录、图书等。

3）关系的性质

设置本著录项的目的在于确认档案形成者与相关资源之间的关系性质。

在这一著录项中，著录关系性质，如责任者、作者、主题等。

4）相关资源或关系的日期

设置本著录项的目的在于提供档案形成者与相关资源之间时间或相关资源的时间。

8.6.4 控制项①

档案规范记录具有规范检索点与提供档案背景信息的功能，但是，这一功能的强弱与规范记录的编制质量是密不可分的。规范记录的编制质量，涉及编制单位、所依据的标准、著录级次和编制人员等因素，因此建立这方面的质量控制项，也是规范记录标准微观结构不可缺少的一部分。

在控制项内，除了以上已具体规定的规范记录标识符等必备著录项外，还可精选出以下各著录项。

（1）规范记录机构标识符②

设置本著录项的目的在于确定对规范记录的编制负有责任的单位，以便于对规范记录的编制进行质量控制。

在这一著录项下，应著录创建规范记录的单位的规范化全称。

（2）著录用规则

设置本著录项的目的在于确定中国档案规范记录编制中所依据的著录规则，以便于对规范记录的著录项进行识别与评价。

在这一著录项下，可包括以下内容：①所依据著录标准的名称；②所依据著录标准的版本；③所依据著录标准的颁布时间。

例如：

著录用规则	《档案规范记录著录规则》

（3）状态

设置本著录项的目的在于表明规范记录的起草状态，以使利用者能够获悉规范记录的当前状态。

在这一著录项下，维护的当前状态，可以是以下状态之一：新建、取消、删除、替代删除、合并删除、分离删除、删除来源或修订。

（4）级次

设置本著录项的目的在于表明档案规范记录著录的详细程度。

在这一著录项下，可根据以下内容选择。

①简要级次。仅著录4个必备的核心著录项。

②详细级次。既著录最简级次的著录项，又完整地著录标准中所规定的其他各个著录项。

③实际需求级次。在著录4个核心著录项的基础上，有选择地著录详细级次的部分著录项。

---

① 规范记录标识符，属于档案规范记录的控制项，因在最简级次中已有阐述，在此不再赘述。

② 著录项规范记录机构标识符由 ISAAR（CPF）的机构标识符具体化而来，以更清晰地区别于特征项中的机构团体标识符。

（5）语种与书写体

设置本著录项的目的在于表明规范记录创建所使用的语种或书写体。

在这一著录项下，著录档案规范记录的语种或书写体。语种与书写体往往需要提前嵌入规范记录检索系统的 EAC 模板之中。

包含适当的国际标准化组织 ISO 639 - 2《语种名称表示代码》① 或 ISO 15924《书写体名称表示代码》。

（6）创建修订或删除的日期

设置本著录项的目的在于表明档案规范记录是何时创建、修改或删除的。

在这一著录项下，可包括以下内容：①规范记录创建的时间；②规范记录修改的时间；③规范记录删除的时间。

（7）来源

设置本著录项的目的在于表明导致规范记录创建的来源。

在这一著录项下，著录导致规范记录建立的来源。

例如：

来源	（中国台湾）故宫清代文献档案资料库系统，http：//www. npm. gov. tw/tts/npmmeta/dblist. htm（2012 年 7 月 1 日检索）
	中央档案馆，2012 年

（8）维护注释说明

设置本著录项的目的在于表明档案规范记录的创建及变化。

在这一著录项下，可包括以下内容：①档案规范记录的创建注释；②档案规范记录的维护注释；③档案规范记录创建人员的名字。

① Codes for the representation of names of languages：ISO 639 - 2：1998 [S/OL]. [2013 - 2 - 15]. https：//www. iso. org/standard/4767. html.

第9章 标准《基于XML的档案规范记录编码格式规范》的制定与中国档案规范记录计算机检索应用系统的研制和实现

在深入分析了国际档案规范记录网络编码标准EAC-CPF的主流置标语言及其模式——国际万维网联盟（W3C）XML Schema，以及在深层次地研究了档案规范记录理论和制定了切合中国实践的标准《档案规范记录著录规则》的基础上，可以开展档案规范记录置标和计算机网络环境下的应用研究。主要包括标准《基于XML的档案规范记录编码格式规范》的制定（即我国应用国际标准EAC-CPF最佳实践——中国apcEAC-CPF的档案规范记录XML Schema设计、XML实例文档的编写，见附录3）和XSLT标准样式表的设计，数据库与中国档案规范记录XML实例文档的相互转换及中国档案规范记录计算机检索应用系统的研发等。

9.1 中国档案规范记录计算机检索应用系统的设计

中国档案规范记录计算机检索应用系统的设计与实现过程，实际上就是中国档案规范记录标准化模板的生成及应用的过程，包括档案规范记录的检索。其设计与技术的最终实现，需要经历一些步骤，如图9-1所示。

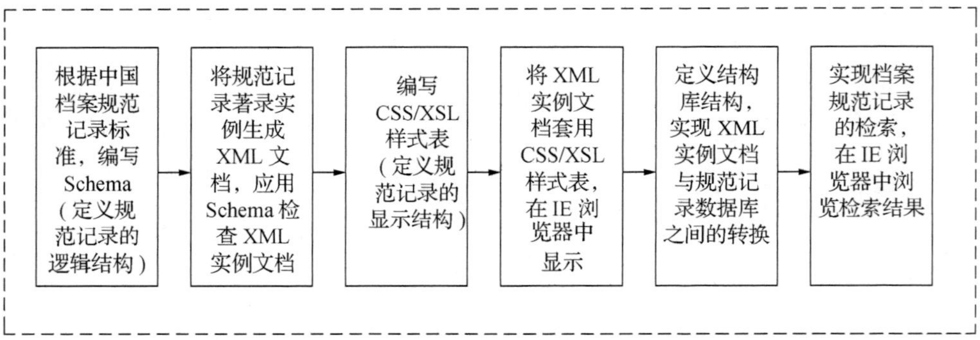

图9-1 中国档案规范记录计算机检索应用系统设计与实现过程

如图9-1所示，建立基于XML的我国档案规范记录体系，首先应该遵循现有的档案规范记录标准和著录理论，接下来就要采用国际万维网联盟（W3C）推荐标准XML定义Schema，对档案规范记录的逻辑结构进行分析和设计。根据Schema对档案规范记录进行实际置标，生成XML实例文档，以上步骤正是制定切合中国实践的标准《基于XML的档案规范记录编码格式规范》（中国apcEAC-CPF）的主体内容（具体设计与实现详见9.2、9.3及附录3）。而后根据档案规范记录的逻辑构成，采用W3C推荐标准、XML系列标准之一——可扩展样式表转换语言（eXtensible Stylesheet Language Transformations，XSLT）或CSS（层叠样式语言）标准对档案规范记录的样式表进行定义与描述，从而使一份档案规范记录能够最终在IE浏览器中显示（详见9.4）。通过这样的过程，档案规范记录文档才能够在标准化模板的基础上产生，在档案规范记录的传输与交换过程中，不仅能够做到横向的跨平台存储与交换，同时也能够确保纵向跨时间的永久保管与利用①。最后，定义档案规范记录的数据库结构，实现 XML 实例文档与数据库之间的转换，进而实现档案规范记录的网络检索与结果浏览（详见 9.5 与 9.6）。

9.2　标准《基于 XML 的档案规范记录编码格式规范》中 XML Schema 的设计

根据前面建立的我国档案规范记录著录标准，可以基于 XML 置标语言将规范记录写成计算机可读的 XML Schema。本书的另一创新研究成果便是配套的标准《基于 XML 的档案规范记录编码格式规范》（中国 apcEAC-CPF）的制定，即设计生成了中国档案规范记录的 XML Schema，其基本原理就是规定一条档案规范记录中需要包括的置标标识（元素、属性或其他实体等）及其出现次序，乃至它们之间的逻辑关系表示等。遵照以上基本原理，可以设计、生成我国档案规范记录的 XML 文档。可以这样说，XML Schema 为我国档案规范记录的结构提供了通用的模板。通过 XML Schema 就生成了结构统一的中国档案规范记录，为实现我国档案规范记录之间的交换与共享提供了便利条件。

中国档案规范记录 XML Schema 是运用 XML 语言对规范记录的逻辑结构所进行的表述。通过切合中国实践的标准《档案规范记录著录规则》所确定的各著录项的逻辑结构，运用 XML 语言，首先以我国档案规范记录的最简级次为标准进行中国档案规范记录 XML Schema 的编写。例如，首先对著录项中的要素进行声明，然后进行类型定义，再根据结构要素的出现情况，定义其出现的频率。其最简级次与详细级次中国档案规范记录的 XML Schema 编写，具体如表 9-1 所示与附录 3 中标准《基于 XML 的档案规范记录编码格式规范》附录 B（规范性附录）　档案规范记录的 Schema 定义。

表 9-1　最简级次微观结构与中国档案规范记录 XML Schema 描述对应示例

中国档案规范记录微观结构	对应的 schema 描述
实体类型	<xs:element name = "实体类型" > <xs:simpleType > <xs:restriction base = "xs:string" > <xs:enumeration value = "机构团体"/ > <xs:enumeration value = "个人"/ > <xs:enumeration value = "家族"/ > </xs:restriction > </xs:simpleType > </xs:element >
名称的规范化形式	<xs:element name = "名称的规范化形式" type = "xs:string"/ >
存在日期	<xs:element name = "存在日期" type = "xs:string"/ >
规范记录标识符	<xs:element name = "规范记录标识符" type = "xs:string"/ >

如前所述，基于标准《档案规范记录著录规则》实际需求级次精选著录项的中国档案规范记录 XML Schema 设计，从某种程度上说对于我国档案规范记录的建设实践更具指导性，其核心在于根据需求来精选 XML Schema 元素。课题组在所制定的中国档案规范记录最佳实践著录项（表 8-2）基础上进一步结合国际 EAC-CPF 标准而定义了中国档案规范记录最佳实践 apcEAC-CPF 元素表（表 9-2）。

---

① 段荣婷. 基于 XML DTD 的中国电子公文结构设计的理论研究与实践探索 [D]. 上海：南京政治学院上海分院，2003.

表 9-2　中国档案规范记录最佳实践 apcEAC-CPF 元素

<table>
<tr><th colspan="2">apcEAC-CPF 元素</th><th>遵循国际标准 ISAAR（CPF）的切合中国实践的标准《档案规范记录著录规则》的著录项</th><th>简要描述</th><th>apcEAC-CPF 使用需求备注（必备；多值；属性）</th></tr>
<tr><td colspan="2">< 特征项 ></td><td colspan="3"></td></tr>
<tr><td colspan="2">< 实体类型 ></td><td>实体类型</td><td>所著录的 CPF 实体的类型。可利用值包括：机构团体、个人或家族</td><td>必备</td></tr>
<tr><td colspan="2">< 名称的规范化形式 ></td><td>名称的规范化形式</td><td>表明记录于 < nameEntryParallel >（< 并列名称条目 >）中各单独 < nameEntry >（< 名称条目 >）元素的并行名称集是规范化检索点的名称的规范化形式</td><td>必备</td></tr>
<tr><td colspan="2">< 名称的非规范化形式 ></td><td>名称的非规范化形式</td><td>名称的非规范化形式，可包括：名称的并列形式或符合其他规则的名称的标准化形式，或名称的其他形式</td><td>可选；多值</td></tr>
<tr><td colspan="2">< 描述项 ></td><td colspan="3"></td></tr>
<tr><td colspan="2">< 存在日期 ></td><td>存在日期</td><td>所著录 CPF 实体的存在日期，例如，机构团体建立与解体的日期，以及个人出生、死亡或在世日期</td><td>必备（在数据库中，date_ from（起始日期）必备，date_ to（终止日期）仅当个人死亡或机构团体解散才需要）</td></tr>
<tr><td colspan="2">< 历史沿革或生平 ></td><td>历史沿革或生平</td><td>传记历史，提供 CPF 实体相关的个人或历史信息的准确文本或年表</td><td>必备；多值</td></tr>
<tr><td rowspan="2">< 职能职业与活动 ></td><td>< 职能 ></td><td>职能职业与活动</td><td>提供所著录的 CPF 实体所实行或表示的职能、用途，或目的的相关信息的元素</td><td>可选，仅用于机构团体；多值</td></tr>
<tr><td>< 职业 ></td><td>职能职业与活动</td><td>提供所著录 CPF 实体职业相关信息的元素</td><td>可选，仅用于个人；多值</td></tr>
<tr><td colspan="2">< 内部结构或家谱 ></td><td>内部结构或家谱</td><td>机构团体的内部管理结构或家谱的描述</td><td>可选</td></tr>
<tr><td colspan="2">< 时代背景 ></td><td>时代背景</td><td>编码所著录 CPF 实体所存在的社会、文化、经济、政治或历史环境相关信息的元素</td><td>可选</td></tr>
<tr><td colspan="2">< 关系项 ></td><td colspan="3"></td></tr>
<tr><td colspan="2">< 机构团体个人家族关系 ></td><td>机构团体个人家族关系</td><td>元素包含同所著录 CPF 实体相关的机构团体、个人或家族的著录。这些相关实体代表机构团体个人家庭关系元素，设计该元素的目的在于为机构团体、个人或家族同 EAC-CPF 实例中描述的 CPF 实体之间的关系进行编码</td><td>至少一项必备；联结</td></tr>
<tr><td colspan="2">< 资源关系 ></td><td>资源关系</td><td>编码资源与 CPF 实体之间关系的元素。用于描述与指向像 EAD 文档、图像或音频或视频文档及其他</td><td>至少一项必备；联结</td></tr>
</table>

续表

apcEAC-CPF 元素	遵循国际标准 ISAAR（CPF）的切合中国实践的标准《档案规范记录著录规则》的著录项	简要描述	apcEAC-CPF 使用需求备注（必备；多值；属性）
<控制项>			
<规范记录标识符>	规范记录标识符	规范记录著录的标识符。它必须是特定实例的唯一标识符	必备；系统自动产生
<维护机构>	规范记录机构标识符	EAC-CPF 实例创建、维护或传播的负责机构团体或服务	值预嵌入 apcEAC-CPF 模板
<规则声明>	著录用规则	EAC-CPF 实例创建中所应用的规则（包括规范化的控制词表与叙词表）声明	值预嵌入 apcEAC-CPF 模板
<维护状态>	状态	用于表明规范记录的起草状态，以使利用者能够获悉规范记录的当前状态。维护的当前状态，可以是以下状态之一：新建、取消、删除、替代删除、合并删除、分离删除、删除来源或修订	必备
<级次>	级次	设置本著录项的目的在于表明档案规范记录著录的详细程度。在这一著录项下，可根据以下内容选择：①简要级次；②详细级次；③实际需求级次	可选
<创建修订或删除的日期>	创建修订或删除的日期	设置本著录项的目的在于表明档案规范记录是何时创建、修改或删除的。在这一著录项下，可包括以下内容：①规范记录创建的时间；②规范记录修改的时间；③规范记录删除的时间	可选
<语种声明>	语种与书写体	EAC-CPF 实例中所使用占主导地位的语种与书写体声明的封装元素	值预嵌入 apcEAC-CPF 模板
<来源>	来源	用于表明导致规范记录创建的来源。用于在著录创建中所参考的一个或多个来源的编组的元素	必备
<维护注释说明>	维护注释说明	设置本著录项的目的在于表明档案规范记录的创建及变化。在这一著录项下，可包括以下内容：①档案规范记录的创建注释；②档案规范记录的维护注释；③档案规范记录创建人员的名字	可选

遵循中国 apcEAC-CPF 标准的中国档案规范记录实际需求级次的最佳实践 XML Schema 的编写如下①所示。

遵循中国 apcEAC-CPF 标准的中国档案规范记录 XML Schema （1/2）

```
<?xml version="1.0" encoding="GB2312"?>
<!--edited with oXygen XMLEditor v15.1 (http://www.oxygenxml.com) by 段荣婷-->
<xs:schema xmlns:xs="http://www.w3.org/2001/XMLSchema" elementFormDefault="qualified" attributeFormDefault="
unqualified" xmlns:apc="http://government.org/ChinaEAC-CPF-V 1.0/">
  <xs:element name="中国档案规范记录">
    <xs:annotation>
      <xs:documentation>中国档案规范记录模式(中国 apcEAC-CPF)</xs:documentation>
    </xs:annotation>
    <xs:complexType>
      <xs:sequence>
        <xs:element ref="特征项"/>
        <xs:element ref="描述项" minOccurs="0"/>
        <xs:element ref="关系项" minOccurs="0" maxOccurs="unbounded"/>
        <xs:element ref="控制项" minOccurs="0"/>
      </xs:sequence>
    </xs:complexType>
  </xs:element>

  <xs:element name="特征项">
    <xs:complexType>
      <xs:sequence>
        <xs:element ref="实体类型"/>
        <xs:element name="名称的规范化形式" type="xs:string"/>
        <xs:element name="名称的非规范化形式" type="xs:string" minOccurs="0"
                                                    maxOccurs="unbounded"/>
         <xs:element name="机构团体标识符" type="xs:string"/>
      </xs:sequence>
    </xs:complexType>
  </xs:element>
  <xs:element name="实体类型">
    <xs:simpleType>
      <xs:restriction base="xs:string">
        <xs:enumeration value="机构团体"/>
        <xs:enumeration value="个人"/>
        <xs:enumeration value="家族"/>
      </xs:restriction>
    </xs:simpleType>
  </xs:element>

  <xs:element name="描述项">
    <xs:complexType>
      <xs:sequence>
        <xs:element name="存在日期" type="xs:string"/>
        <xs:element name="历史沿革或生平" type="xs:string" minOccurs="1" maxOccurs="unbounded"/>
        <xs:element name="职能职业与活动" type="xs:string" minOccurs="0"/>
        <xs:element name="时代背景" type="xs:string" minOccurs="0"/>
      </xs:sequence>
    </xs:complexType>
  </xs:element>

  <xs:element name="关系项">
    <xs:complexType>
      <xs:sequence>
        <xs:element ref="机构团体个人家族关系" minOccurs="0" maxOccurs="unbounded"/>
        <xs:element ref="资源关系" minOccurs="0" maxOccurs="unbounded"/>
      </xs:sequence>
    </xs:complexType>
  </xs:element>
```

① 为了简化问题的研究，暂将<历史沿革或生平>等的数据类型定义为："xs:string"。

遵循中国 apcEAC-CPF 标准的中国档案规范记录 XML Schema (2/2)

```
<xs:element name = "机构团体个人家族关系" >
  <xs:complexType >
    <xs:sequence >
      <xs:element name = "相关机构团体个人家族的名称标识符" type = "xs:string"/ >
      <xs:element name = "关系的种类" type = "xs:string"/ >
      <xs:element name = "关系的描述" type = "xs:string" minOccurs = "0"/ >
      <xs:element name = "关系的日期" type = "xs:string" minOccurs = "0"/ >
    </xs:sequence >
  </xs:complexType >
</xs:element >

<xs:element name = "资源关系" >
  <xs:complexType >
    <xs:sequence >
      <xs:element name = "相关资源的标识符与名称" type = "xs:string"/ >
      <xs:element name = "相关资源的类型" type = "xs:string"/ >
      <xs:element name = "关系的性质" type = "xs:string"/ >
      <xs:element name = "相关资源或关系的日期" type = "xs:string" minOccurs = "0"/ >
    </xs:sequence >
  </xs:complexType >
</xs:element >

<xs:element name = "控制项" >
  <xs:complexType >
    <xs:sequence >
      <xs:element name = "规范记录标识符" type = "xs:string" minOccurs = "1"/ >
      <xs:element name = "规则声明" type = "xs:string" minOccurs = "0"
                                          maxOccurs = "unbounded"/ >
      <xs:element name = "维护状态" type = "xs:string"/ >
      <xs:element ref = "级次" minOccurs = "0"/ >
      <xs:element name = "创建修订或删除的日期" type = "xs:string" minOccurs = "0"
                                          maxOccurs = "unbounded"/ >
      <xs:element name = "来源" type = "xs:string" minOccurs = "1" maxOccurs = "unbounded"/ >
      <xs:element name = "维护注释说明" type = "xs:string" minOccurs = "0"
                                          maxOccurs = "unbounded"/ >

    </xs:sequence >
  </xs:complexType >
</xs:element >

<xs:element name = "级次" >
  <xs:simpleType >
    <xs:restriction base = "xs:string" >
      <xs:enumeration value = "最简级次"/ >
      <xs:enumeration value = "详细级次"/ >
      <xs:enumeration value = "实际需求级次"/ >
    </xs:restriction >
  </xs:simpleType >
</xs:element >
</xs:schema >
```

本书研究所设计的档案规范记录置标命名空间是：xmlns：apc = " http：//government. org/ChinaEAC-CPF-V 1. 0/"，表明该中国 apcEAC-CPF 标准是基于标准《档案规范记录著录规则》而制定与设计的，并且符合中国实践，具有中国自主知识产权。

通过上述中国档案规范记录 Schema，不仅可以规范著录项的名称，而且可以规范其数据结构、数据类型、出现的次序及出现次数等，可以确保生成格式统一，符合标准的档案规范记录，十分有利于数据横向的跨平台存储与交换。

9.3 遵循标准《基于 XML 的档案规范记录编码格式规范》XML Schema 生成中国档案规范记录实例文档

在设计了我国档案规范记录 Schema 之后，就可以很容易地按所定义的结构模板生成我国档案规范记录。这一过程也可以被看作是在 XML 应用软件环境下对规范记录的具体编辑，它将极大地提高规范记录结构设计的实现和应用效率。为了使建立起来的中国档案规范记录体系模式能够适合我国档案工作实践，以便在更大的范围内适用，分别选取了具有代表性的机构团体名规范记录——“华东军政大学”和人名规范记录——“粟裕”，以及家族规范记录——“胡文虎家族”的规范记录 XML 实例文档①进行实际置标操作。

以下是遵循切合中国实践的标准《基于 XML 的档案规范记录编码格式规范》（中国 apcEAC-CPF）中 XML Schema 的中国档案规范记录条目——“华东军政大学”的规范记录实例文档。

① 受正文篇幅所限，基于 W3C XML Schema（中国 apcEAC-CPF）的中国档案规范记录条目——“胡文虎家族”的规范记录 XML 实例文档见附录 3《基于 XML 的档案规范记录编码格式规范》的附录 C（资料性附录）：档案规范记录的 XML 示例。

中国档案规范记录 XML 实例文档(机构) (1/2)

apcEAC-CPF 中国档案规记录 Schema

```
<apc:中国档案规范记录 xmlns:xsi = "http://www.w3.org/2001/XMLSchema-instance"
    xsi:noNamespaceSchemaLocation = "中国档案规范记录.xsd">
  <apc:特征项>
    <apc:实体类型>机构</apc:实体类型>
    <apc:名称的规范化形式>华东军政大学</apc:名称的规范化形式>
    <apc:名称的非规范化形式>华东军大,华东军事政治大学</apc:名称的非规范化形式>
  </apc:特征项>
  <apc:描述项>
    <apc:存在日期>1946—1950</apc:存在日期>
    <apc:历史沿革或生平>1946 年底,由华中雪枫大学、淮南随营学校与山东军区的军政干校合并,成立华东军政大学。1949 年 7 月华东军政大学由原华东军大学和第三野战军军政干校,以及第三野战军第八兵团机关大部合并而成,隶属第三野战军、华东军区。1950 年 10 月经党中央批示,以华东军政大学第一总队和华北军大一部为基础,在南京组建中国人民解放军军事学院;以华东军政大学二、三、四、六总队及校直为基础,改组为中国人民解放军华东军区高级步兵学校;五、七总队调归华东军区直接领导。华东军政大学结束。</apc:历史沿革或生平>
    <apc:职能职业与活动>对来自各野战部队及地方武装的干部学员进行军事训练和政治培养,以输送到华东野战军各部队;同时也负责培养大批地方基层干部输送到部队。</apc:职能职业与活动>
    <apc:时代背景>华东军政大学成立之初,中国刚刚经历了抗日战争又爆发了解放战争,在共产党的带领下,经过中国人民解放军的努力,于 1949 年 10 月建立了中华人民共和国,1950 年 10 月抗美援朝战争爆发。</apc:时代背景>
  </apc:描述项>
  <apc:关系项>
    <apc:机构团体个人家族关系>
      <apc:相关机构团体个人家族的名称标识符>张云逸</apc:相关机构团体个人家族的名称标识符>
      <apc:关系的种类>相关关系</apc:关系的种类>
      <apc:关系的描述>华东军政大学第一任校长</apc:关系的描述>
      <apc:关系的日期>1946—1949</apc:关系的日期>
    </apc:机构团体个人家族关系>
    <apc:机构团体个人家族关系>
      <apc:相关机构团体个人或家族的名称标识符>陈毅</apc:相关机构团体个人或家族的名称标识符>
      <apc:关系的种类>相关关系</apc:关系的种类>
      <apc:关系的描述>华东军政大学校长兼政委</apc:关系的描述>
      <apc:关系的日期>1949—1950</apc:关系的日期>
    </apc:机构团体个人家族关系>
```

中国档案规范记录 XML 实例文档(机构) (2/2)

```
    <apc:机构团体个人家族关系>
      <apc:相关机构团体个人家族的名称标识符>第三野战军</apc:相关机构团体个人家族的名称标识符>
      <apc:关系的种类>从属关系</apc:关系的种类>
      <apc:关系的性质>华东军政大学隶属于第三野战军</apc:关系的性质>
      <apc:关系的日期>1949—1950</apc:关系的日期>
    </apc:机构团体个人家族关系>
    <apc:机构团体个人家族关系>
      <apc:相关机构团体个人家族的名称标识符>华东军区</apc:相关机构团体个人家族的名称标识符>
      <apc:关系的种类>从属关系</apc:关系的种类>
      <apc:关系的性质>华东军政大学隶属于华东军区</apc:关系的性质>
      <apc:关系的日期>1949—1950</apc:关系的日期>
    </apc:机构团体个人家族关系>
    <apc:资源关系>
      <apc:相关资源的标识符与名称>《华东军政大学南京招生委员会通告》</apc:相关资源的标识符与名称>
      <apc:相关资源的类型>档案</apc:相关资源的类型>
      <apc:关系的性质>主题</apc:关系的性质>
      <apc:相关资源或关系的日期>1950-01-23</apc:相关资源或关系的日期>
    </apc:资源关系>
    <apc:资源关系>
      <apc:相关资源的标识符与名称>《军校庆祝建校周年大会——向毛主席朱总司令致敬电文》</apc:相关资源的
           标识符与名称>
      <apc:相关资源的类型>档案</apc:相关资源的类型>
      <apc:关系的性质>责任者</apc:关系的性质>
      <apc:相关资源或关系的日期>1950 年</apc:相关资源或关系的日期>
    </apc:资源关系>
    <apc:资源关系>
      <apc:相关资源的标识符与名称>《华东军大纪念专辑》</apc:相关资源的标识符与名称>
      <apc:相关资源的类型>图书< apc:相关资源的类型>
      <apc:关系的性质>主题</apc:关系的性质>
      <apc:相关资源或关系的日期>1978 年</apc:相关资源或关系的日期>
    </apc:资源关系>
  </apc:关系项>
  <apc:控制项>
    <apc:规范记录标识符>CN-69-126-78</apc:规范记录标识符>
    <apc:维护状态>新建</apc:维护状态>
    <apc:维护机构>上海市档案馆</apc:维护机构>
    <apc:规则声明>中华人民共和国国家标准——《档案规范记录著录规则》
                  (征求意见稿),2014 年颁布</apc:规则声明>
    <apc:级次>实际需求级次</apc:级次>
    <apc:创建修订或删除的日期>2004-10-30 创建,2004-12-05 修改 </apc:创建修订或删除的日期>
    <apc:来源>解放军档案馆,2012 年</apc:来源>
    <apc:维护注释说明>唐丹于 2004-10-30 创建,张正强于 2004-12-05 修改</apc:维护注释说明>
  </apc:控制项>
</apc:中国档案规范记录>
```

以下是遵循切合中国实践的标准《基于 XML 的档案规范记录编码格式规范》（中国 apcEAC-CPF）中 XML Schema 的中国档案规范记录条目——“粟裕”的规范记录实例文档。

中国档案规范记录 XML 实例文档(人物)	(1/3)

apcEAC-CPF 中国档案规范记录 Schema

```
<apc:中国档案规范记录 xmlns:xsi = "http://www.w3.org/2001/XMLSchema-instance"
    xsi:noNamespaceSchemaLocation = "中国档案规范记录.xsd" >
  <apc:特征项 >
    <apc:实体类型 >个人 </apc:实体类型 >
    <apc:名称的规范化形式 >粟裕 </apc:名称的规范化形式 >
  </apc:特征项 >
  <apc:描述项 >
    <apc:存在日期 >1907—1984 </apc:存在日期 >
    <apc:历史沿革或生平 >粟裕于 1907 年 8 月 10 日生于湖南会同坪村。1924 年春参加中共领导的学生运动。1926
      年 11 月加入中国共产主义青年团。1927 年 5 月参加叶挺为师长的国民革命军第 24 师，8 月参加南昌起义，
      是南昌起义革命委员会成员之一。1928 年参加湘南起义后到井冈山。历任中国工农红军的连长、营长、团长、
      师长,红 4 军参谋长、红 7 军团参谋长等职。参加井冈山斗争,转战赣南、闽西和中央苏区第一至第五次反“围
      剿”。1939 年 8 月任新四军江南指挥部副指挥,1940 年 7 月任新四军苏北指挥部副指挥兼参谋长。皖南事变
      后,任新四军第 1 师师长(后兼政治委员)、苏区司令员兼政治委员、中共苏中区委员会书记。1945 年 10 月任
      华中军区副司令员、华中野战军司令员。指挥高邮战役和陇海线徐(州)海(州)段战役,1947 年 1 月任华东野
      战军副司令员,先后指挥了宿北、鲁南、莱芜、泰蒙、孟良崮等战役,1948 年 5 月任华东野战军代司令员兼代政
      治委员。于 11 月 6 日发起淮海战役。在战役中,直接指挥了华东野战军 17 个纵队作战。1949 年 1 月任第三
      野战军副司令员兼第二副政治委员(仍代理司令员、政治委员职务)。先后兼任上海市军管会副主任、南京市
      军管会主任、南京市市长、华东军政委员会副主席。1951 年任人民解放军副总参谋长,1954 年任总参谋长。
      1955 年被授予大将军衔和一级八一勋章、一级独立自由勋章、一级解放勋章。1958 年在军委扩大会议上受到
      错误的批判,同年调任国防部副部长兼军事科学院副院长。是军事科学研究实践的一位开拓者。“文化大革
      命”中曾任国务院业务组成员,在周恩来领导下,分管铁道、交通、邮电、港口建设和造船统筹。1967—1968
      年、1975—1982 年任中央军委常委。1980 年当选为全国人大常委会副委员长。1982 年当选为中共中央顾问
      委员会常务委员。1984 年 2 月 5 日病逝于北京。 </apc:历史沿革或生平 >
```

中国档案规范记录 XML 实例文档(人物)　(2/3)

<apc:职能职业与活动>
曾任中国工农红军红 4 军参谋长、红 7 军团参谋长、新四军第 1 师师长(后兼政治委员)、华中野战军司令员、华东野战军代司令员兼代政治委员、人民解放军总参谋长、国防部副部长兼军事科学院副院长、中央军委常委。</apc:职能职业与活动>
<apc:时代背景>1937—1945 年中国经历了八年抗日战争,在成功的赶走日本侵略者后,中国共产党又与国民党进行了三年艰苦的内战,最终是中国共产党领导的人民军队取得了最后的胜利,建立了中华人民共和国。1967 年开始的“文化大革命”让中国经历了十年的浩劫。</apc:时代背景>
</apc:描述项>
<apc:关系项>
<apc:机构团体个人家族关系>
<apc:相关机构团体个人家族的名称标识符>陈毅</apc:相关机构团体个人家族的名称标识符>
<apc:关系的种类>相关关系</apc:关系的种类>
<apc:关系的描述>粟裕的战友</apc:关系的描述>
<apc:关系的日期>1927—1975</apc:关系的日期>
</apc:机构团体个人家族关系>
<apc:机构团体个人家族关系>
<apc:相关机构团体个人家族的名称标识符>毛泽东</apc:相关机构团体个人家族的名称标识符>
<apc:关系的种类>相关关系</apc:关系的种类>
<apc:关系的描述>粟裕的领导</apc:关系的描述>
<apc:关系的日期>1927—1976</apc:关系的日期>
</apc:机构团体个人家族关系>
<apc:机构团体个人家族关系>
<apc:相关机构团体个人家族的名称标识符>华中野战军</apc:相关机构团体个人家族的名称标识符>
<apc:关系的种类>相关关系</apc:关系的种类>
<apc:关系的描述>粟裕为司令员</apc:关系的描述>
<apc:关系的日期>1945—1947</apc:关系的日期>
</apc:机构团体个人家族关系>
<apc:机构团体个人家族关系>
<apc:相关机构团体个人家族的名称标识符>华东野战军</apc:相关机构团体个人家族的名称标识符>
<apc:关系的种类>相关关系</apc:关系的种类>
<apc:关系的描述>粟裕为司令员兼代政治委员</apc:关系的描述>
<apc:关系的日期>1947—1949</apc:关系的日期>
</apc:机构团体个人家族关系>
<apc:机构团体个人家族关系>
<apc:相关机构团体个人家族的名称标识符>中央军委</apc:相关机构团体个人家族的名称标识符>
<apc:关系的种类>相关关系</apc:关系的种类>
<apc:关系的性质>粟裕为常委</apc:关系的性质>
<apc:关系的日期>1975—1982</apc:关系的日期>
</apc:机构团体个人家族关系>

中国档案规范记录 XML 实例文档(人物)　　(3/3)

```
    <apc:资源关系>
      <apc:相关资源的标识符与名称>《对未来反侵略战争初期作战方法几个问题的探讨》</apc:相关资源的标识符与名称>
      <apc:相关资源的类型>档案</apc:相关资源的类型>
      <apc:关系的性质>责任者</apc:关系的性质>
      <apc:相关资源或关系的日期>1979 年</apc:相关资源或关系的日期>
    <apc:资源关系>
    <apc:资源关系>
      <apc:相关资源的标识符与名称>《粟裕战争回忆录》</apc:相关资源的标识符与名称>
      <apc:相关资源的类型>图书</apc:相关资源的类型>
      <apc:关系的性质>主题</apc:关系的性质>
      <apc:相关资源或关系的日期>1988 年</apc:相关资源或关系的日期>
    </apc:资源关系>
    <apc:资源关系>
      <apc:相关资源的标识符与名称>《粟裕军事文集》</apc:相关资源的标识符与名称>
      <apc:相关资源的类型>图书</apc:相关资源的类型>
      <apc:关系的性质>主题</apc:关系的性质>
      <apc:相关资源或关系的日期>1989 年</apc:相关资源或关系的日期>
    </apc:资源关系>
    <apc:资源关系>
      <apc:相关资源的标识符与名称>《淮海战役的伟大胜利和华野一九四九年六大任务》</apc:相关资源的标识符与名称>
      <apc:相关资源的类型>档案</apc:相关资源的类型>
      <apc:关系的性质>责任者</apc:关系的性质>
      <apc:相关资源或关系的日期>1949-01-20</apc:相关资源或关系的日期>
    </apc:资源关系>
  </apc:关系项>
  <apc:控制项>
    <apc:规范记录标识符>CN-12-45-78-7</apc:规范记录标识符>
    <apc:维护状态>新建</apc:维护状态>
    <apc:维护机构>上海市档案馆</apc:维护机构>
    <apc:规则声明>中华人民共和国国家标准——《档案规范记录著录规则》(征求意见稿),2014 年颁布</apc:规则声明>
    <apc:级次>实际需求级次</apc:级次>
    <apc:创建修订或删除的日期>2004-11-20 创建,2004-12-15 修改</apc:创建修订或删除的日期>
    <apc:来源>解放军档案馆,2012 年</apc:来源>
    <apc:维护注释说明>唐丹于 2004-11-20 创建,张正强于 2004-12-15 修改。</apc:维护注释说明>
  </apc:控制项>
</apc:中国档案规范记录>
```

从实际置标生成的实例文档我们可以看到，虽然 XML 的置标符可以根据需要进行扩展和定义，但通过遵循中国 apcEAC-CPF 标准的中国档案规范记录 XML Schema 的制约，在< >内的置标符名称、前后次序、逻辑结构就可以达到完全一致。如果各档案部门都运用同一个遵循中国 apcEAC-CPF 标准的 XML Schema 来生成 XML 实例文档，那么档案馆（室）之间交换的档案规范记录数据格式都是统一的，既可以高度共享规范记录资源，同时也可作为各个异构数据库之间交换数据的格式，并可以作为永久保存的格式。

9.4 遵循标准《基于 XML 的档案规范记录编码格式规范》XML Schema 的中国档案规范记录标准样式表的设计

上一节遵循切合中国实践的标准《基于 XML 的档案规范记录编码格式规范》（中国 apcEAC-CPF）的 XML Schema 定义了 XML 实例文档的结构。XML 实例文档解决的是著录信息内容存储与交换问题，而样式表则解决的是著录信息的显示格式问题。这是因为，XML 是将结构、内容和显示分开的语言。如果把 XML 看作是一个整体的话，那么基于切合中国实践的标准《基于 XML 的档案规范记录编码格式规范》（中国 apcEAC-CPF）的 XML Schema 则是整体的“逻辑架构”，而其 XML 实例文档则是逻辑架构的“具体内容”，而样式表则好比内容的“显示格式”。由于 XML 将结构、内容和显示分开，因此，根据同一个 Schema 建立的 XML 实例文档可以有不同的著录内容。

档案规范记录信息，其置标的最终实现，还需通过其格式显示即可视化来完成，需要 XML 的显示语言。而可扩展样式表语言（XSL）①，是 W3C 为 XML 制定的专门性显示置标用语言标准，XSL 定义了将 XML 文件转换成 HTML、XML 或其他格式文档的语法规范。②

样式表的运作过程如图 9-2 所示③。

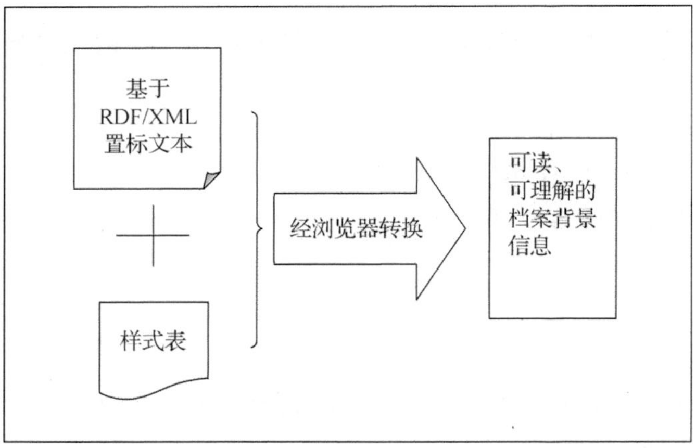

图 9-2　样式表的运作过程示意

例如，“粟裕”和“华东军政大学”的实例文档都是依据切合中国实践的标准《基于 XML 的档案规范记录编码格式规范》（中国 apcEAC-CPF）的 XML Schema 而建立的；同样，同一份 XML 实例文档又可以套用不同的样式表，显示不同的格式。如同在浏览网页时，用户看到的是他所习惯的检索界面，而不是一堆源代码一样，用户在检索规范记录时也不可能只看到由一堆尖括号< >构成的浏览与检索的界面，

---

① World Wide Web Consortium. Extensible stylesheet language (XSL) (version 1.1) [S/OL]. [2013－02－20]. http://www.w3.org/TR/xsl11/.

② 段荣婷. 中国电子文件知识组织 XML 集成置标标准化研究 [M]. 上海：上海交通大学出版社，2012：323－324.

③ 段荣婷. 中国电子文件知识组织 XML 集成置标标准化研究 [M]. 上海：上海交通大学出版社，2012：328.

因此，一份规范记录的真正生成最终还需要构建其显示格式布局，从而使档案规范记录能够以用户所习惯的检索界面显示。

对档案规范记录显示结构的具体定义与描述应该采用标准的XSLT（可扩展样式表转换语言）或CSS（层叠样式语言）进行。显示格式可以是表格式的，也可以是段落符号式的，显示字体的大小、颜色等也都可以根据实际来选择。

本系统在设计与开发过程中，对中国档案规范记录XML实例文档的显示样式采用的是XSLT标准语言。为了有利于浏览与检索，显示格式采用的是表格式的显示方式。根据中国档案规范记录的表格式著录项的显示顺序，首先采用XSLT标准语言定义中国档案规范记录“特征项”的显示格式；其次定义中国档案规范记录“描述项”的显示格式；再次定义中国档案规范记录“关系项”的显示格式；最后定义的是中国档案规范记录“控制项”的显示格式。从而形成一个完整的中国档案规范记录的表格式显示样式，具体如下。

首先采用 XSLT 标准语言定义中国档案规范记录“特征项”的显示格式。

```
<! -- ******************************************************************************==* -->
<! --                                                                                   -->
<! --                              中国档案规范记录特征项显示                               -->
<! --                                                                                   -->
<! --                                                                                   -->
<! -- ******************************************************************************==* -->

   <tr>
     <td width="27">特征项</td>
       <xsl:for-each select="../档案规范记录">
         <td width="638">
           <xsl:for-each select="特征项">
             <xsl:if test="position()=1">
               <table border="1">
                 <xsl:if test="position()=1">
                   <xsl:text disable-output-escaping="yes">&lt;tbody&gt;</xsl:text>
                 </xsl:if>
                 <tr>
                   <td width="163">实体类型</td>
                     <xsl:for-each select="../特征项">
                       <td width="524">
                         <xsl:for-each select="实体类型">
                           <xsl:apply-templates/>
                         </xsl:for-each>
                       </td>
                     </xsl:for-each>
                 </tr>
                 <tr>
                   <td width="163">名称<br/>规范形式</td>
                     <xsl:for-each select="../特征项">
                       <td width="524">
                         <xsl:for-each select="名称的规范化形式">
                           <xsl:apply-templates/>
                         </xsl:for-each>
                       </td>
                     </xsl:for-each>
                 </tr>
                 <tr>
                   <td width="163">名称<br/>非规范形式</td>
                     <xsl:for-each select="../特征项">
                       <td width="524">
                         <xsl:for-each select="名称的非规范化形式">
                           <xsl:apply-templates/>
                         </xsl:for-each>
                       </td>
                     </xsl:for-each>
                 </tr>
                 <tr>
                   <xsl:for-each select="../特征项">
                     <td width="524"></td>
                   </xsl:for-each>
                 </tr>
                 <tr>
                   <td width="163">机构团体标识符</td>
      ...............................................................................
      ...............................................................................
```

其次定义中国档案规范记录“描述项”的显示格式。

```
<!-- ************************************************************************** -->
<!--                                                                            -->
<!--                          中国档案规范记录描述项显示                          -->
<!--                                                                            -->
<!-- ************************************************************************** -->
   <tr>
     <td width = "27" >描述项</td>
      <xsl:for-each select = "../档案规范记录" >
        <td width = "638" >
          <xsl:for-each select = "描述项" >
            <xsl:if test = "position() = 1" >
              <table border = "1" >
                <xsl:if test = "position() = 1" >
                  <xsl:text disable-output-escaping = "yes" >&lt;tbody&gt;</xsl:text>
                </xsl:if>
                <tr>
                  <td width = "163" >存在时间></td>
                    <xsl:for-each select = "../描述项" >
                      <td width = "525" >
                        <xsl:for-each select = "存在日期>" >
                          <xsl:apply-templates/>
                        </xsl:for-each>
                      </td>
                    </xsl:for-each>
                </tr>
                <tr>
                  <td width = "166" >历史沿革或生平</td>
                    <xsl:for-each select = "../描述项" >
                      <td width = "525" >
                        <xsl:for-each select = "历史沿革或生平" >
                          <xsl:apply-templates/>
                        </xsl:for-each>
                      </td>
                    </xsl:for-each>
                </tr>
                <tr>
                  <td width = "166" >职能、职业和活动</td>
                    <xsl:for-each select = "../描述项" >
                      <td width = "525" >
                        <xsl:for-each select = "职能职业与活动" >
                          <xsl:apply-templates/>
                        </xsl:for-each>
                      </td>
                    </xsl:for-each>
                </tr>
                <tr>
                  <td width = "166" >历史背景</td>
                    <xsl:for-each select = "../描述项" >
                      <td width = "525" >
                        <xsl:for-each select = "时代背景" >
```

再次定义中国档案规范记录“关系项”的显示格式。

```
<! - - ***************************************************************************** - - >
<! - -                                                                                   - - >
<! - -                        中国档案规范记录关系项显示                                 - - >
<! - -                                                                                   - - >
<! - - ***************************************************************************** - - >

   <tr>
     <td width="27">关系项</td>
       <xsl:for-each select="../档案规范记录">
         <td width="638">
           <xsl:for-each select="关系项">
             <xsl:if test="position()=1">
               <table border="1">
                 <xsl:if test="position()=1">
                   <xsl:text disable-output-escaping="yes">&lt;tbody&gt;</xsl:text>
                 </xsl:if>

<! - - ***************************************************************************** - - >
<! -                          机构团体个人家族关系显示(开始)                            - - >
<! - - ***************************************************************************** - - >

                 <tr>
                   <td>相关实体</td>
                     <xsl:for-each select="../关系项">
                       <td width="525">
                         <xsl:for-each select="机构团体个人家族关系">
                           <xsl:if test="position()=1">
                             <table border="1">
                               <xsl:if test="position()=1">
                                 <xsl:text disable-output-escaping="yes">&lt;tbody&gt;</xsl:text>
                               </xsl:if>
                               <tr>
                                 <td>相关实体名称</td>
                                   <xsl:for-each select="../机构团体个人家族关系">
                                     <td width="360">
                                       <xsl:for-each select="相关机构团体个人家族的名称标识符">
                                         <xsl:apply-templates/>
                                       </xsl:for-each>
                                     </td>
                                   </xsl:for-each>
                               </tr>
                               <tr>
                                 <td>关系类型</td>
                                   <xsl:for-each select="../机构团体个人家族关系">
                                     <td width="360">
                                       <xsl:for-each select="关系的种类">
        ..........................................................................
        ..........................................................................
```

最后定义中国档案规范记录“控制项”的显示格式。

```
<! -- ******************************************************************** -->
<! --                                                                      -->
<! --                       中国档案规范记录控制项显示                       -->
<! --                                                                      -->
<! -- ******************************************************************** -->
   <tr>
     <td width = "27" >控制项</td>
       <xsl:for-each select = "../档案规范记录" >
         <td width = "638" >
           <xsl:for-each select = "控制项" >
             <xsl:if test = "position() = 1" >
               <table border = "1" >
                 <xsl:if test = "position() = 1" >
                   <xsl:text disable-output-escaping = "yes" >&lt;tbody&gt;</xsl:text>
                 </xsl:if>
                 <tr>
                   <td>规范记录标识符</td>
                     <xsl:for-each select = "../控制项" >
                       <td width = "461" >
                         <xsl:for-each select = "规范记录标识符" >
                           <xsl:apply-templates/>
                         </xsl:for-each>
                       </td>
                     </xsl:for-each>
                 </tr>
       ..........................................................................
       ..........................................................................
```

完整的中国档案规范记录的表格式显示样式的 XLST 定义的样式表见附录 4。

基于此样式表，用 IE 浏览器查看中国档案规范记录实例文档，其显示效果①如图 9–3、图 9–4 所示。

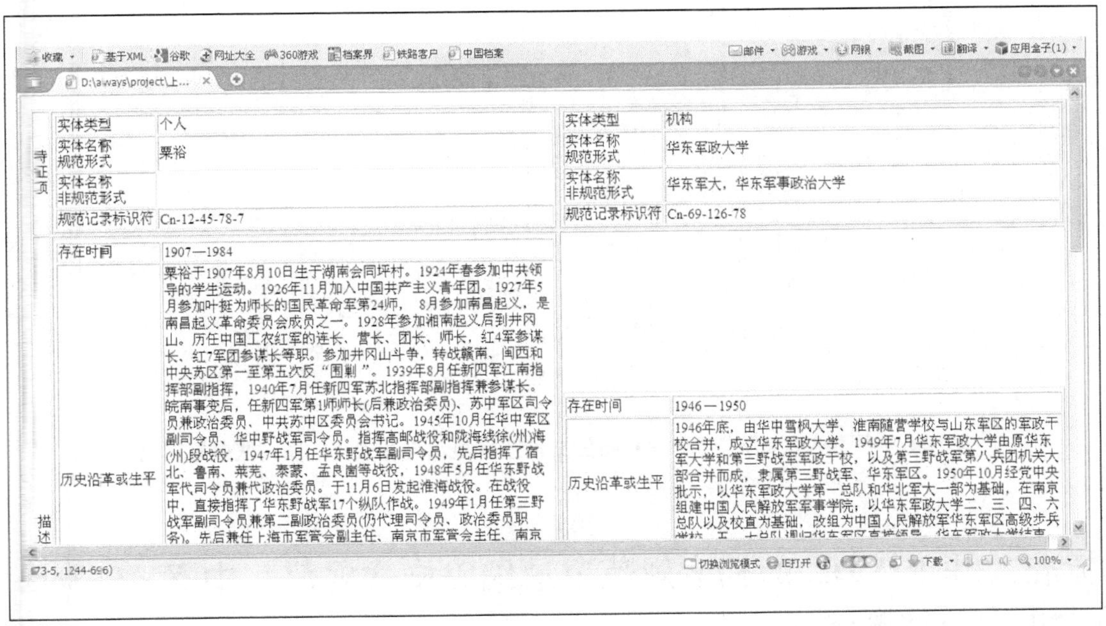

图 9–3　基于中国档案规范记录样式表的规范记录实例文档显示效果 1

① 考虑到档案检索结果显示界面的用户友好性及便于普通用户更好地理解，并贴合其检索习惯，本书利用 XSLT 技术灵活地实现了部分规范记录项目名称的调整、更改。如对应于“名称的规范化形式”著录项，可将其显示为：“实体名称规范形式”或“名称规范形式”等。

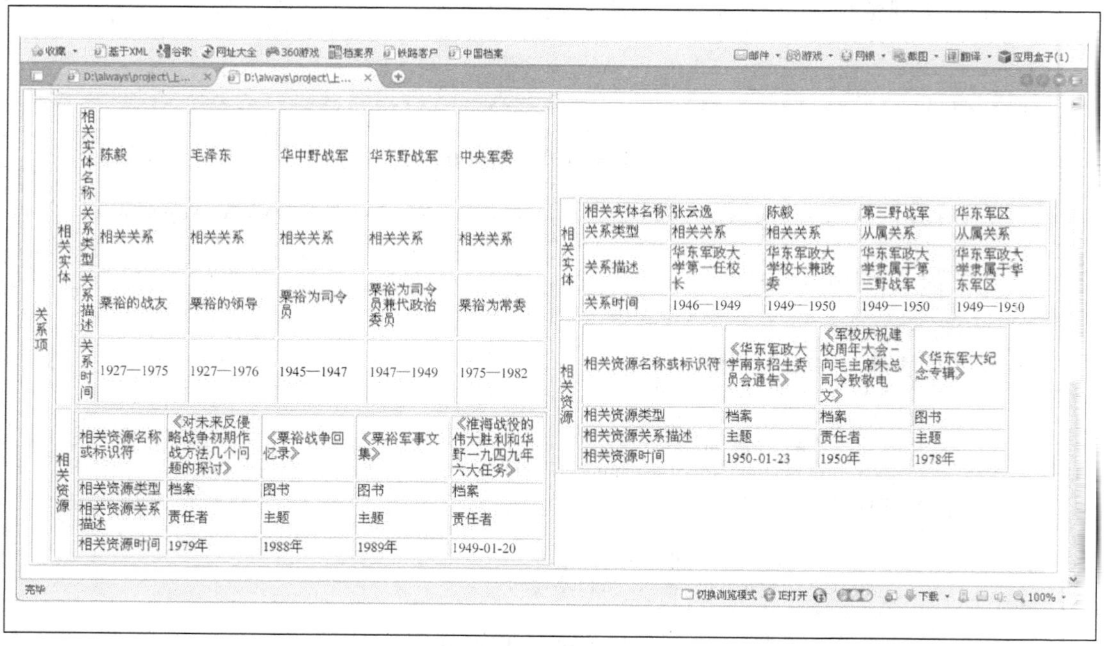

图 9-4　基于中国档案规范记录样式表的规范记录实例文档显示效果 2

其 XML 数据文档直接显示与基于样式表浏览效果对比如图 9-5 所示。

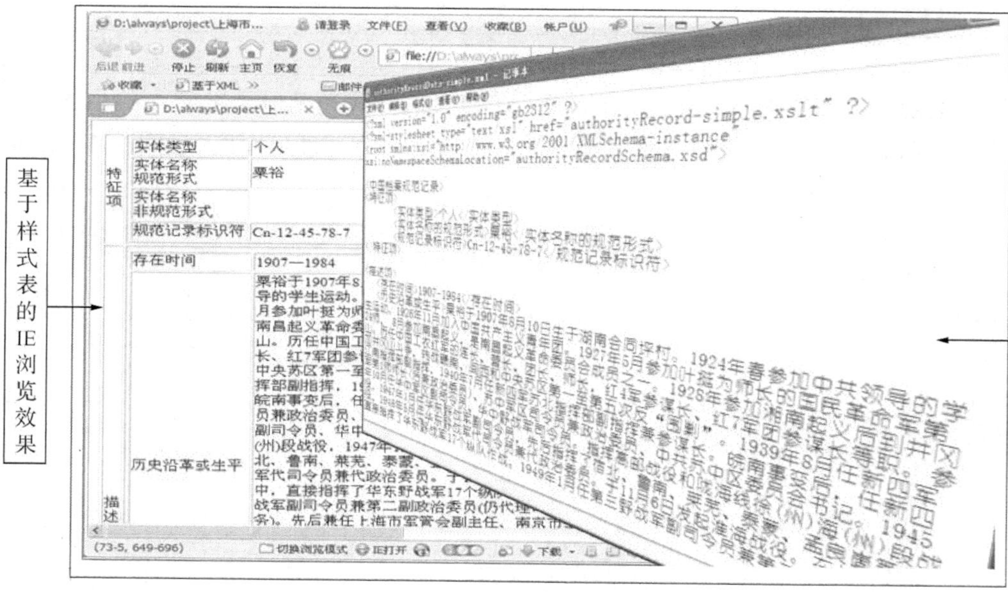

图 9-5　中国档案规范记录 XML 数据文档直接显示与基于样式表浏览效果对比

9.5　标准《基于 XML 的档案规范记录编码格式规范》中 XML Schema 与实例文档的有效性测试

遵循标准《基于 XML 的档案规范记录编码格式规范》（中国 apcEAC-CPF）XML Schema 及实例文档的测试，不仅包括对规范记录 Schema 本身的语法校验，同时也包括了基于此 XML Schema 的实例文档和样式表的创建及其有效性测试，如图9-6所示。三部分测试的通过[①]共同证明了基于标准《档案规范记录著录规则》规范记录的设计在技术上得以实现，具有合法性与实际应用价值。

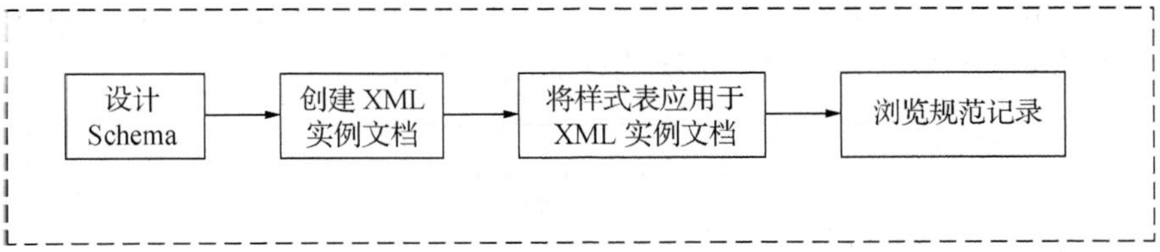

图9-6 基于XML的中国档案规范记录的创建及测试过程示意

9.6 中国档案规范记录计算机检索应用系统的实现

9.6.1 中国档案规范记录计算机检索应用系统的实现策略

（1）建立中国档案规范记录计算机检索应用系统应具体情况具体分析

建立中国档案规范记录计算机检索应用系统对满足档案信息检索的需求来说是十分必要的。但值得注意的是，目前我国各档案馆（室）发展并不平衡，很多档案馆（室）还不具备建立完整级次规范记录体系的条件和实力。因此，各档案部门应根据具体情况，量力而行，将建立档案规范记录体系的具体工作和所保存档案的重要程度相结合。另外，对大多数档案馆（室）来说，建立规范记录体系还属于一个崭新的课题，因此可采用渐进式开展工作的方式，可以将最简级次的规范记录体系先建立起来，逐步维护和完善。在规范记录体系建设过程中，并非是不讲效益（如不分重点、不计代价地盲目建设）、一蹴而就的。可以实行先重点、后一般（即先建重点档案的规范记录），重要档案和永久档案建立详细级次规范记录、定期档案建立最简级次规范记录的策略。在每走一步的过程中，要及时总结经验。

（2）建立中国档案规范记录计算机检索应用系统应注重可持续发展

中国档案规范记录计算机检索应用系统的维护主要是指对系统的更新和管理，它是著录工作中不可缺少的一部分。主要包括：一是在档案著录时使用规范文档，选择和确定检索点；二是及时收集新的信息，添加、修改和完善原有的规范记录，调整规范文档与档案著录条目之间的连接关系，同时更新索引；三是对相应的环境系统和应用系统进行适应性升级。由于规范记录体系是一个动态系统，随着档案的不断接收进馆和著录工作的开展，新的规范记录不断地出现，已有的规范记录及其关系也常发生各种变化，相关的著录条目也会不断地增加。如果不对系统做更新维护，就可能出现功能障碍，满足不了用户的检索要求。所以，档案规范记录体系的维护应该贯穿于整个著录工作的始终。而对规范记录体系的更新和管理是一项长期而艰巨的工作，必须要有一系列的系统维护工作规程，以支撑其持续发展。

9.6.2 中国档案规范记录计算机检索应用系统的实现步骤

（1）中国档案规范记录计算机检索应用系统流程

如何解决中国档案规范记录在计算机网络环境下的检索问题，是中国档案规范记录计算机检索应用系统开发的关键。其基本思路是：在当前的网络环境下，以用户与服务器端的交互模式实现档案规范记录的检索，将结果返回给用户。本书在.NET（它是微软公司推出的面向XML Web服务的平台，允许用户通过应用程序跨操作系统、跨语言、跨设备实现数据通信和共享）框架之下，利用ASP.NET技术，以VB.NET为编程语言，以SQL SERVER 2000为数据库平台，开发了Web应用程序，成功实现了档案规范记录的检索。

① 中国档案规范记录体系模式（Schema）和实例文档及样式表均通过专门测试。

系统在遵循标准《基于 XML 的档案规范记录编码格式规范》（中国 apcEAC-CPF）的 XML Schema 和 XSLT 的基础上，编写档案规范记录 XML 数据文档，并实现其向 SQL SERVER 数据库的相互转换[①]。进而实现规范记录的高效检索，返回检索结果至用户，并实现相关链接。同时，系统还提供相关资源链接、规范记录基本知识介绍和系统帮助等功能。系统流程如图 9-7 所示。

图 9-7　中国档案规范记录计算机检索应用系统流程

（2）中国档案规范记录数据库结构与切合中国实践的标准《基于 XML 的档案规范记录编码格式规范》（中国 apcEAC-CPF）的 XML Schema 元素的映射关系

所建立的 SQL SERVER 数据库的字段与切合中国实践的标准《基于 XML 的档案规范记录编码格式规范》（中国 apcEAC-CPF）的 XML Schema 元素之间具有一一对应关系，如表 9-3 所示。

表 9-3　档案规范记录数据库字段与中国 apcEAC-CPF 标准的 XML Schema 元素之间的映射

档案规范记录数据库字段名	apcEAC-CPF 元素
typeOfEntity	<实体类型>
authorizedFormOfName	<名称的规范化形式>
nonAuthorizedFormOfName	<名称的非规范化形式>
fromDate toDate	<存在日期>
biogHist	<历史沿革或生平>
function	<职能>
occupation	<职业>

① 转换可通过应用 Oxygen 等 XML 编辑器而实现。

续表

档案规范记录数据库字段名	apcEAC-CPF 元素
structureOrGenealogy	< 内部结构或家谱 >
generalContext	< 时代背景 >
cpfRelation	< 机构团体个人家族关系 >
resourceRelation	< 资源关系 >
recordId	< 规范记录标识符 >
maintenanceAgency	< 维护机构 >
conventionDeclaration	< 规则声明 >
maintenanceStatus	< 维护状态 >
levelofDetail	< 级次 >
datesOfCreationRevisionOrDeletion	< 创建修订或删除的日期 >
languageDeclaration	< 语种声明 >
sources	< 来源 >
maintenanceNotes	< 维护注释说明 >

（3）中国档案规范记录计算机检索应用系统实际运行效果

系统首页如图 9–8 所示。

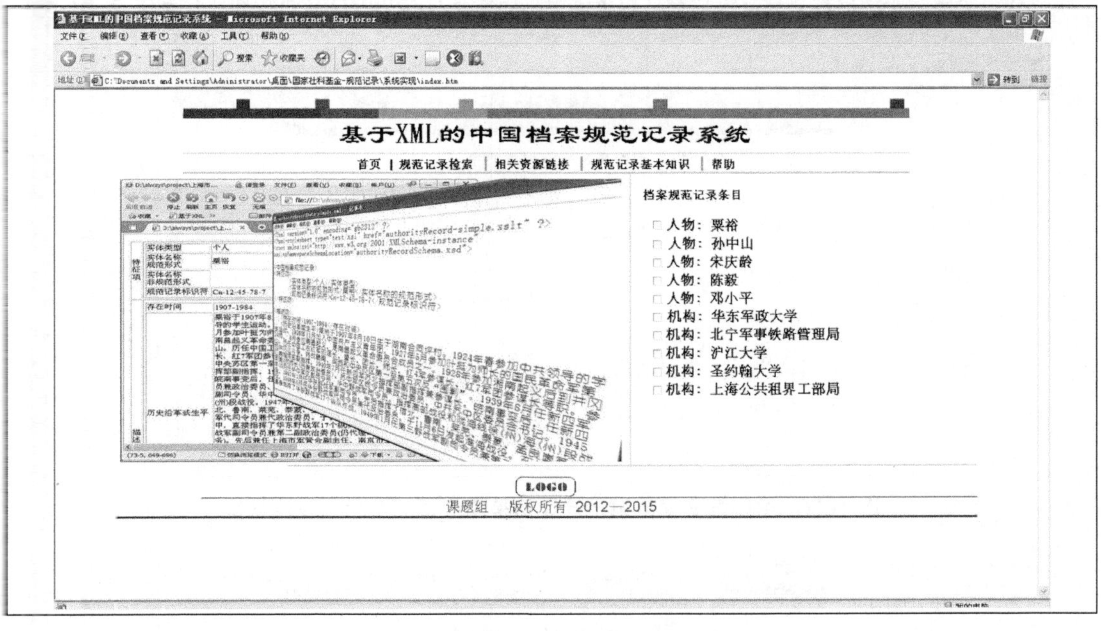

图 9–8　中国档案规范记录计算机检索应用系统首页

系统的检索界面如图 9–9 所示，用户可从档案规范记录的“实体类型”“名称规范形式”“名称非规范形式”和“历史沿革或生平”等途径进行检索。

在检索结果列表中，点击相应条目的“著录卡片”，可以用表格方式查看详细的著录信息，如图 9–10 所示。

系统的相关资源链接界面如图 9–11 所示。

系统的档案规范记录基本知识界面如图 9–12 所示。

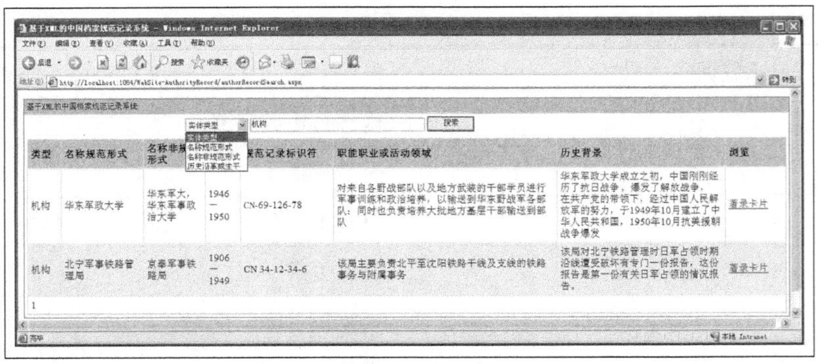

图 9–9　中国档案规范记录计算机检索应用系统检索界面（当前检索词：机构团体）

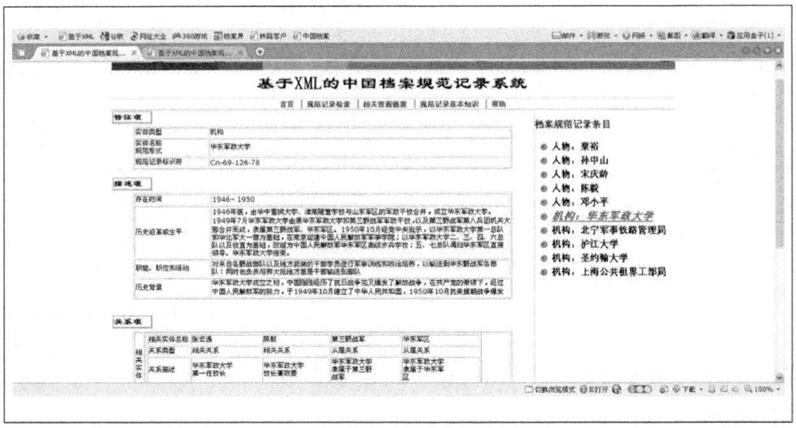

图 9–10　中国档案规范记录计算机检索应用系统检索结果卡片方式浏览（机构团体：华东军政大学）

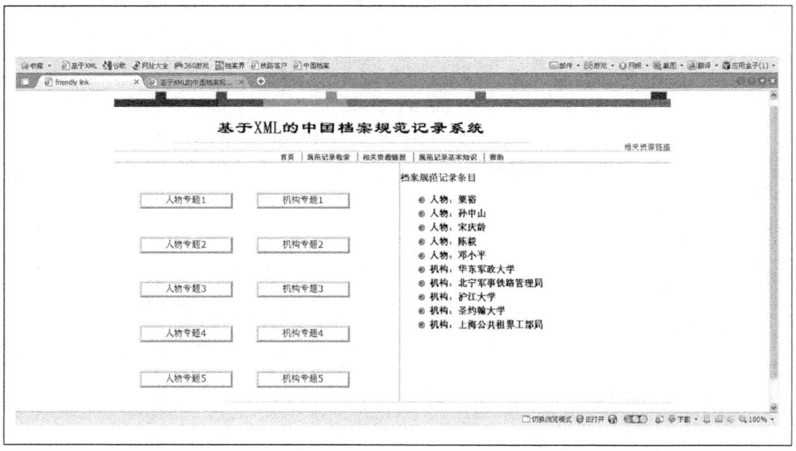

图 9–11　中国档案规范记录计算机检索应用系统相关资源链接

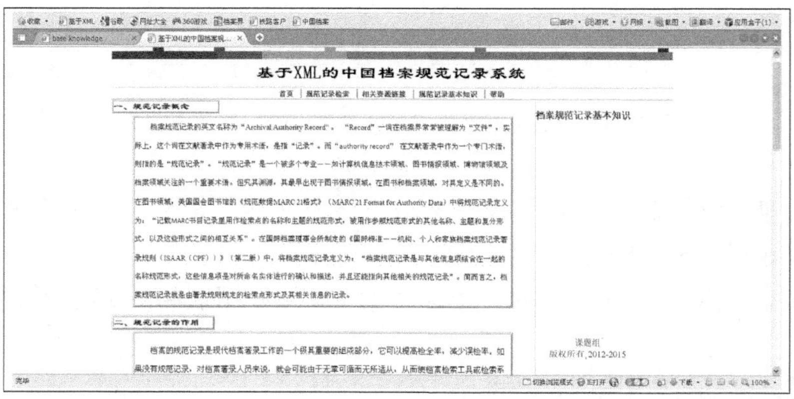

图 9–12　中国档案规范记录计算机检索应用系统的档案规范记录基本知识介绍（可选）

第10章　档案规范记录的未来发展方向

——基于RDF的档案规范记录语义网络化置标研究

2008年11月，在纽约召开的外国关系理事会上，IBM提出了“智慧地球”这一理念。2010年，IBM又提出了“智慧城市”愿景，进而引发了全球智慧城市建设的热潮。所谓的智慧城市是新一代信息技术支撑、知识社会、下一代创新（创新2.0）环境下的城市形态。智慧城市是基于云计算、物联网及大数据（包括关联数据）等新一代信息技术综合集成的应用。智慧城市的建设又推动了智慧档案建设。2013年，我国青岛市率先提出智慧档案馆的总体蓝图。智慧档案馆建设，不仅要求建立档案规范记录体系，而且更进一步要求档案规范记录在计算机网络环境下实现智能化。因此，对档案规范记录的置标描述由XML转向RDF方向发展成为一个必然趋势。

10.1　RDF概念的理解

所谓RDF，是“Resource Description Framework”的简称，其本质是一种智能化的本体描述语言。RDF是一个体系，共包括了6项标准，其中主要的是4项标准，另外2项标准一个是《RDF导读》，另一个是《RDF测试案例》。RDF的4项标准架起了RDF的整个体系，这4项标准内容如下。

①《RDF概念和抽象语法》（Resource Description Framework：Concepts and Abstract Syntax）标准（国际万维网联盟推荐标准，2004年），主要定义了RDF所基于的抽象语法。该语法主要用于将RDF具体语法与其规范语义联系起来，界定了RDF的关键概念、图形数据模型、基于统一资源标识符（URI）的词汇、数据类型、字面值、XML串行语法、简单事实的表达和继承，并阐述了RDF设计的目标，其目标是：具有一个基础的数据模型；具有规范的语义和推理机制；使用可扩展的基于统一资源标识符（URI）的词汇；使用基于XML的语法；支持XML Schema数据类型的使用；允许任何人对任何资源创建RDF的陈述。

②《RDF语法规范》［RDF/XML Syntax Specification（Revised）］标准（国际万维网联盟推荐标准，2004年），主要为RDF定义了被称之为RDF/XML的XML语法，该语法是根据XML的命名空间、XML的信息集和XML基准（XML Base）制定的。《RDF语法规范》所定义的RDF/XML语法就是专用于RDF数据模型的语法。根据RDF数据模型，该标准定义了结点元素和属性元素的语法、语种的表示、字面值的表示及定义空结点的语法等。

③《RDF词汇描述语言1.0：RDF模式》（RDF Vocabulary Description Language 1.0：RDF Schema）标准（国际万维网联盟推荐标准，2004年），该标准主要规定了如何使用RDF词汇描述语言来描述RDF的词汇，并规定了如何描述RDF的类、RDF的属性组、RDF的集合及RDF容器的词法。

④《RDF语义》（RDF Semantics）标准（国际万维网联盟推荐标准，2004年），该标准是一个RDF精确语义和相对应的完整推理规则的规范。它界定了RDF规范语义的范围，提出了RDF是一种判断语言，这种语言使用精确规范的词汇来表达陈述，其总的设计目的就是在表达任何主题的陈述时强调其通用性和精确性，并界定了RDF在词汇、数据类型、RDF容器、RDF组等的推理机制。

这4项标准中，《RDF概念与抽象语法》标准位于该标准体系的顶层，统领其他3项标准，而《RDF语法规范》标准是RDF在句法方面的主要扩展与具体化，《RDF词汇描述语言1.0：RDF模式》标准是

RDF 在词法方面的主要扩展与具体化，而《RDF 语义》标准则是 RDF 在意群方面的扩展与具体化，即 RDF 推理机制的扩展与具体化。由此就形成了 RDF 的总体架构，如图 10-1 所示。

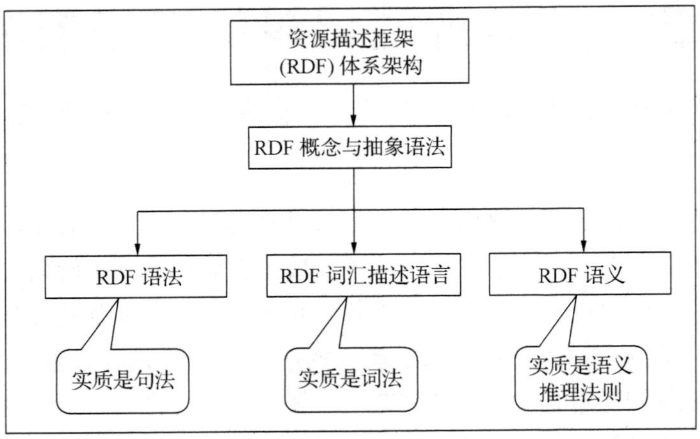

图 10-1　RDF 的总体架构

RDF 设计的目的是提供一种强有力的表述、交换与语义互操作的机制来解决 XML 的语义局限，因此可以说，XML 更侧重于是同语义规定领域内容数据交换的标准格式；而 RDF 则更侧重于是异构语义领域实现语义互操作的一种建模机制，如图 10-2 所示。

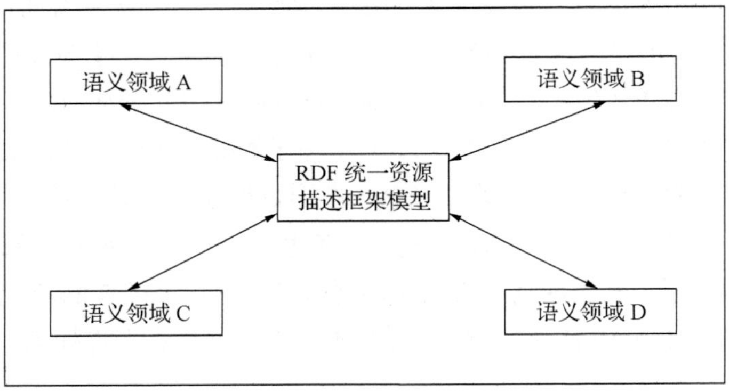

图 10-2　使用 RDF 实现语义互操作示意

根据 RDF 与 RDF Schema 标准语法模型等原理，可以分析出 RDF 具有优于 XML 等的如下具体优势①。

①有利于计算机理解语义。由于具有三元组可扩展模型结构，所以数据之间关系表达明确，因此，十分有利于计算机理解语义。

②便利于检索。由于应用符合标准语法的抽象模型，因此对相同性质的数据置标机制一致，十分便利于相应检索。

③有利于精确实现资源发现。由于在模型中区分对象和关系，为建立语义推理机制提供了条件，可以实现更精确地发现资源。

由于 RDF 具备符合标准语法的抽象语法模型，语义性强，基于 RDF 的档案规范记录的置标能够很方

① Tim Berners-Lee. Why RDF model is different from the XML model [EB/OL]. [2012-03-16]. http://www.w3.org/DesignIssues/RDF-XML.

便地实现网络环境下档案规范记录的交换，并且与档案领域其他类型元数据如 EAD、EAC 等实现集成，可以更有效地实现精确智能检索和语义网等。

10.2　RDF 的数据模型与陈述

10.2.1　RDF 的数据模型

RDF 是资源描述框架，这个框架就是一个数据模型，它由专用于存储信息的有向标记图构成。有向标记图包括结点和连接结点的有向弧。以存在日期为“1952 年至今”的机构团体“国家发展和改革委员会”的档案规范记录为例，用自然语言描述这条档案规范记录，就形成如下这样一个句子。

国家发展和改革委员会的存在日期是 1952 年至今

如果对这个句子进行分析，就可以发现这个句子在所表达的意思层面上由 3 个部分构成，如表 10–1 所示。

表 10–1　句子在意思层面上的构成

主体	国家发展和改革委员会
谓词	存在日期
客体	1952 年至今

以上的主体、谓词和客体 3 个部分如果用 RDF 的数据模型，即有向标记图来表达就如图 10–3 所示。

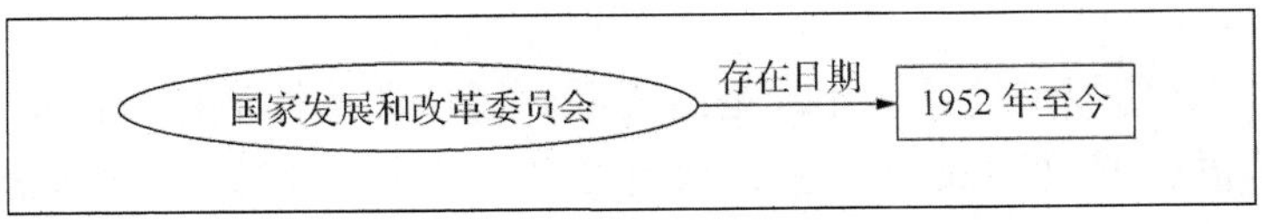

图 10–3　句子的 RDF 数据模型

但是，RDF 在用有向标记图来表示“主体、谓词、客体”时，使用了其专门的术语，即对于句子所描述的“主体”，将其称为“资源”；对于句子所描述的谓词，将其称为“属性”；对于句子所描述的客体，将其称为“属性值”。并对这三者进行了专门的定义：①资源：就是具有统一资源标识符（URI）的任何事物；②属性：就是资源所具有的特征；③属性值：就是属性的值。

因此，对于上面这一句子用 RDF 术语来描述，如表 10–2 所示。

表 10–2　句子的 RDF 术语描述

国家发展和改革委员会	资源
存在日期	属性
1952 年至今	属性值

资源、属性和属性值在 RDF 数据模型中所对应的表达符号，如图 10–4 所示。

在 RDF 数据模型中，弧的方向性很重要，它总是指向属性值。在 RDF 数据模型中的结点总是资源与属性值。于是，RDF 有向标记图就可描述为如图 10–5 所示。

从上面这个有向标记图，就可以看出 RDF 模型的特点如下。

①该模型是由“资源”“属性”和“属性值”这“三元”构成的模型，所以该模型被称之为三元组模型。

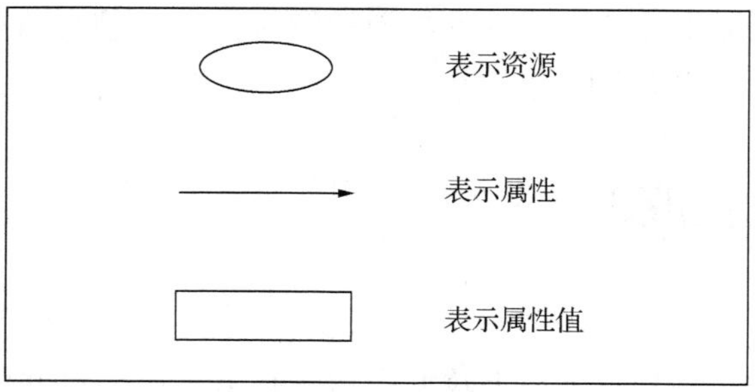

图 10–4　资源、属性和属性值在 RDF 数据模型中所对应的表达符号

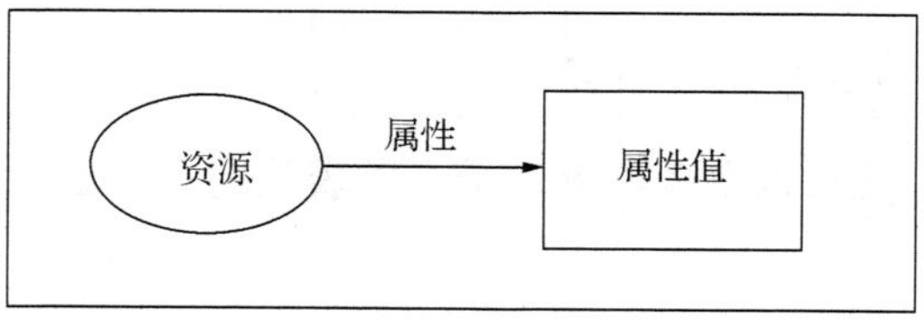

图 10–5　RDF 有向标记图

②该模型是一个专门描述资源的图，但它又不是一个具体描述某一种资源的模型，而是一个抽象的模型，可以用于描述作为资源的任何事物，而且独立于任何语法，所以又被称之为资源描述框架。

③这一资源描述框架是认识 RDF 的基础和关键。因为 RDF 作为对档案规范记录结构中元素置标的基础框架，其优于 XML 的一切优势皆从此框架而来。

10. 2. 2　RDF 的陈述

RDF 的陈述，就是三元组模型的具体化，是由资源、属性和属性值构成的集合。其中，资源、属性和属性值分别被称为主语、谓语和宾语。它必须有主语、谓语和宾语 3 个要素。同样以存在日期为“1952 年至今”的机构团体“国家发展和改革委员会”的档案规范记录为例，用陈述的方式描述这条档案规范记录的结果如表 10–3 所示。

表 10–3　档案规范记录的陈述描述形式

主语	谓语	宾语
国家发展和改革委员会	存在日期	1952 年至今

10. 3　RDF 的基本语法

10. 3. 1　RDF/XML 语法

RDF 数据模型为定义和使用档案规范记录结构中的数据提供了一个抽象的、概念的框架。这个数据模型是独立于任何语法的，但是仅仅有这一框架，还不能应用于计算机及网络系统，要应用于系统还必须要有一个具体的可在系统中实现的语法。为了实现档案规范记录数据在系统中的交换与互操作，RDF 采用了 XML 作为其交换与互操作的语法。

所谓的 RDF 语法，就是将 RDF 的陈述转换成 XML 格式的语法。实际上，其他语法也可以描述 RDF 的陈述。由于 XML 是目前国际上最通用的一种网络数据交换语言，所以，RDF 采用 XML 作为其描述资源框架的语法格式，也就形成了称为 RDF/XML 的 RDF 专门语法。在理解上往往容易将这种 XML 语法格式当作 RDF，实际上有向标记图模型是 RDF，而表达该模型的语法叫 RDF/XML。

10. 3. 2　RDF/XML 语法的主要元素

在 RDF/XML 中,最主要的元素有两个:一个是根元素“<RDF>”,一个是描述资源的元素“<Description>”。

（1）<rdf：RDF>元素

该元素是 RDF 文档的一个根元素，它声明了一个 XML 文档是一个 RDF 文档。同时，它也可以包括对 RDF 命名空间的引用。语法如下。

①不带命名空间引用的语法如图 10-6 所示。

②带命名空间引用的语法如图 10-7 所示。

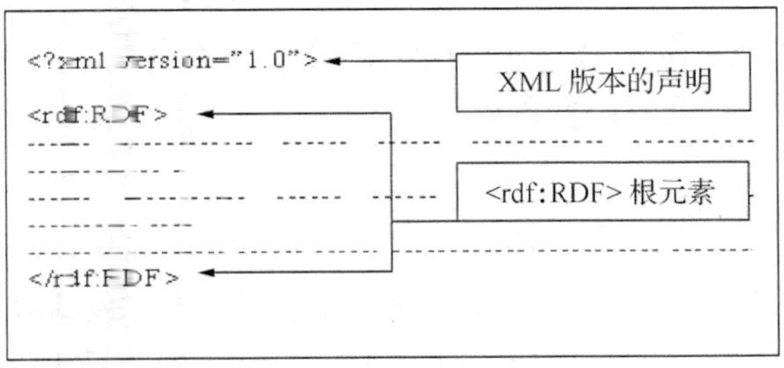

图 10-6　不带命名空间引用的语法

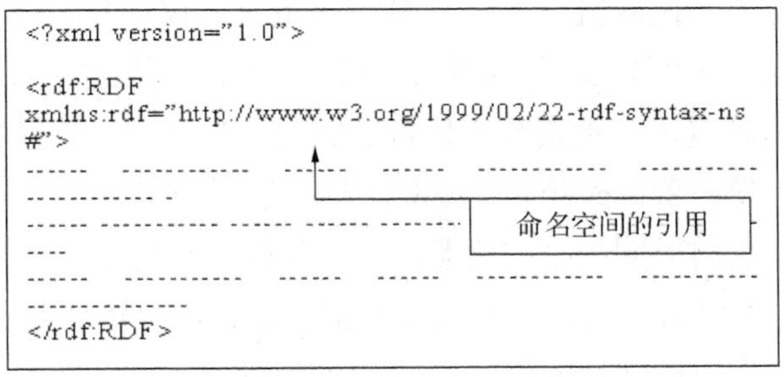

图 10-7　带命名空间引用的语法

（2）<rdf：Description>描述元素

该元素描述了一个具有属性的资源，一个 RDF 文档实际上就是一个<rdf：Description>列表，一个<rdf：Description>通常用于描述一项资源，同时包括一个属性列表，其语法如图 10-8 所示。

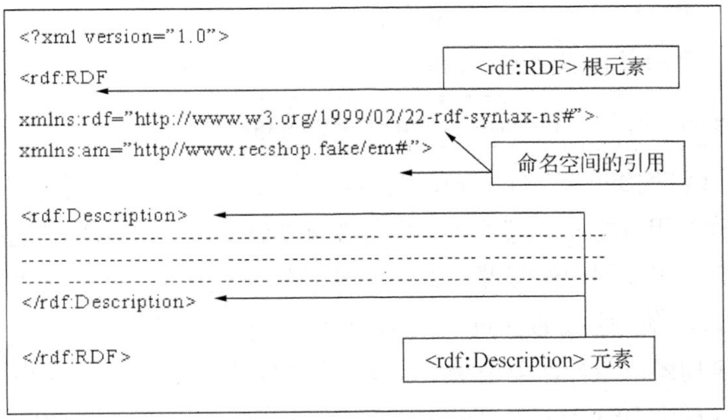

图 10-8　<rdf：Description>描述元素的语法

（3）<rdf：about>属性元素

<rdf：about>元素作为<rdf：Description>描述元素的属性元素，用于描述任何资源。该属性元素的值可以是一个统一资源标识符（URI），一个字面值或其他的<rdf：Description>。语法如图 10-9 所示。

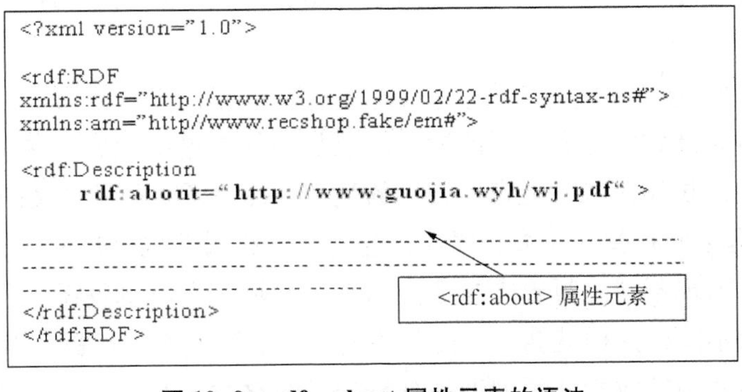

图 10-9　rdf：about 属性元素的语法

10.3.3 RDF 的统一资源标识符（URI）机制与命名空间的基本语法

（1）统一资源标识符的功能和基本语法

RDF 提供了一个将属性与资源相关联的机制，所以在对任何资源进行描述之前，数据模型都要求有一个表达资源的声明，即该资源的统一标识符。统一资源标识符（URI）的英文全称是 Uniform Resource Identifier，它为标识资源提供了一个简单且可扩展的方法。统一资源标识符（URI）语法语义规范源自于国际万维网联盟（W3C）的全球信息倡议项目，该项目对统一资源标识符（URI）的使用始于 1990 年，且在《WWW 通用资源标识符》中进行了描述。目前统一资源标识符（URI）语法和语义的设计规范要求满足《因特网资源定位符功能建议》和《统一资源名称功能建议》的标准。

统一资源标识符（URI）具有如下功能。

①对不同类型的资源用同一规范进行标识，实现了对资源的统一标识。因此，使用资源的统一标识符（URI）可以降低档案规范记录检索的难度，扩大档案规范记录查找的范围；在不同类型档案规范记录标识符间使用通用语法规则，有利于进行互操作；在不影响现有标识符使用方式的情况下，可以对新的档案规范记录标识符类型进行扩展，增强标识符使用的灵活性；统一资源标识符可以在很多不同的环境下被重用。

②可以作为资源的特征被引用。一个统一资源标识符是一个对象，可以是一个由语法限定的有序字符组合。这样，在基于 RDF 的档案规范记录的置标中使用统一资源标识符，由于其标识的资源既可以包括档案规范记录本身，也包括与档案规范记录相关的其他资源等，从而使得档案规范记录系统可以对系统内资源进行很多处理，比如检索、更新、替换等。

通用的 URI 语法由 4 个组件按以下顺序构成。

```
<URI>::=<scheme>://<authority><path>? <query>
```

通用 URI 由 scheme（模式组件）、authority（机构团体组件）、path（路径组件）和 query（询问组件）构成。这其中除了模式组件之外，其他 3 个组件在某个特定的 URI 中是可选择的，不一定要出现。

①模式组件。就像有很多不同检索资源的方式一样，标识这些资源的模式也多种多样。模式组件就表达了 URI 所采用的模式名称，常见的有 http、ftp、gopher、mailto 等。

②机构团体组件。机构团体组件即采用某个模式的机构团体代码，很多 URI 模式包括一个命名机构团体的顶级分级元素，这样由 URI 的其余部分定义的命名空间就被这个机构团体所管理。这个机构团体组件是由一个基于因特网的服务器或命名机构团体的模式规范定义的。机构团体组件由双斜线开始，由下一个单斜线、问号结束，或直接到 URI 的结束。

③路径组件。路径组件包含数据和对机构团体或所采用模式的说明，在模式和机构团体的允许范围内标识资源。路径可能由一个路径片断（由单斜线分隔）顺序组成，每个路径片断可能包括一个参数顺序，由“;”字符表明。

④询问组件。询问组件是一个由资源来解释的字符串信息。可以理解为由属性－值对组成的检索表达式。

（2）命名空间的基本语法

RDF 提供了不同资源描述领域定义语义的能力。但是如何在这些领域中区分这些语义却是非常重要的。RDF 通过使用命名空间机制来唯一地定义词汇的类型，提供了一种无歧义确定词汇语义的方法。

在 RDF 文档中包含有不同种类的元素和属性，这些元素和属性也就是词汇，当这些词汇源于不同的领域或标准时，就可能会出现不同的领域或标准使用了相同词汇名称的情况，但这些词的语义却由于其所属领域或标准的不同而不同，这样就会产生命名冲突。为了解决这一问题，RDF 采用了命名空间机制，其基本思路就是将源于不同领域或标准的词汇与其特定的命名空间相联系，并为其制定通用的名称。一方面便于这些词汇得到重用，另一方面区分同名的词汇，解决命名冲突问题。

命名空间的基本语法是对命名空间的声明，在 RDF 文档中作为属性来使用。其基本语法为：

< X　xmlns:前缀 = "URI"/ >

“X”：代表一个元素的名称，在这里表明命名空间声明是作为一个元素的属性使用的。

“xmlns”：是一个属性名称，用以与命名空间绑定，但其本身并不与任何命名空间绑定。

“前缀”：是一个 URI 的别称，用于代表该 URI，并将元素和属性名称与命名空间相联系。从结构上看是一个由字母或“_”开始的字符串，其中可以包含字母、数字、“.”“ - ”或“_”符号。要特别注意的是，前缀“xml”只与“http：//www. w3. org/XML/1998/namespace”绑定。

“URI”：为 xmlns 这个属性的属性值，用来标识命名空间的名称。

命名空间也可以作为元素类型使用，这主要是指在 RDF 文档中一些元素使用加上了命名空间前缀的限定名称。限定名称由一个与命名空间声明中的命名空间 URI 引用相联系的前缀和本地名称构成，其语法格式为：

前缀：本地名称

该语法中的“前缀”，表示对一个命名空间来说其只起占位符的作用，在具体构建命名空间名称时应该使用命名空间的 URI，而不是前缀。该语法中的“本地名称”表示具体的一个元素名或属性名。

使用了限定名称的元素如图 10-10 所示。

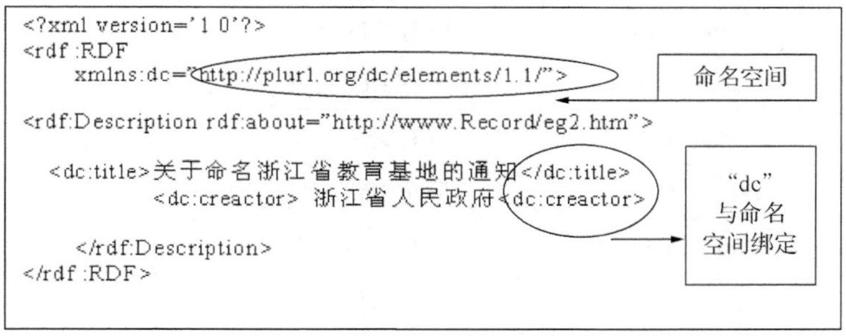

图 10-10　使用了限定名称的元素

从图 10-10 可以看出，限定名称“dc：creator”的前缀是“dc”，它与命名空间“http：//purl. org/dc/elements/1. 1/”相绑定，其本地名称为“creator”（责任者）。于是该限定名称的解析结果为“http：//purl. org/dc/elements/1. 1/creator”，说明这里所使用的 creator（责任者）是在命名空间“http：//purl. org/dc/elements/1. 1/”即都柏林核心元数据元素集中定义的那个 creator（责任者），所以图 10-10 中的语句所表达的含义为：资源统一标识符为“http：//www. Record/eg2. htm”的文件题名是“关于命名浙江省教育基地的通知”，主要责任者是“浙江省人民政府办公厅”。

10. 3. 4　RDF Schema 置标元词汇

RDF 是一种允许用户使用自定义词汇描述资源的通用置标用语言，这要借助 RDF 模式（RDF Schema，简称 RDFS）来完成。RDFS 为 RDF 模型提供了一个基本的类型系统，其目的就是定义资源的属性，定义被置标资源的类，并对类和关系的可能组合进行约束，同时提供约束违例的检测机制。RDFS 中最基本的概念是类和属性。

类可以看作元素的集合。属于类的个体对象称为该类的实例。RDF 中，使用 rdf：type 规定实例和类之间的关系。类的一个重要作用是运用模式对 RDF 文档所能表达的对象资源加以限定。类的层次化组织具有非常重要的实际意义。类可以有值域限定，并且可以通过继承限定“子类”的语义。

在 RDFS 中，属性是全局定义的，用户可以定义作用于一个已有类的新属性，这是一个影响深远的强有力的机制——可以使用其他命名空间中已定义的类，通过引入新的属性对其进行修改以满足用户新的需要。

RDFS是一个用精确的形式化词汇表达命题的简单断言逻辑语言，其中每个三元组表达一个简单的命题。为了定义和分析RDFS的语义属性，W3C用精确的模型理论规约为它提供了一个严格的语义基础①。

RDFS提供了一个定义在RDF之上的抽象词汇集，包括：多个核心类、核心属性及核心约束。该词汇集构成了一种基本类型系统。因此，RDFS具有可扩展性，适合于显式地定义对象语义，对网络环境中资源置标进行本体建模和对象模型建模。

RDFS能够使资源置标定义词汇表，其具体作用包括：①定义资源的属性类、语法、属性值的类型；②定义资源类及属性所应用到的资源类；③声明由一些机构团体定义的元数据标准的属性类。

RDFS在面向数据的档案规范记录等文本置标中的作用就是置标档案规范记录等数据文本的含义、约束档案规范记录等数据文本的用法及置标档案规范记录等数据文本各个要素间的关系。

RDFS置标词汇是其自身定义的，是任何遵循RDFS所必须采用的置标词汇，在级别上是高于基于RDFS所自定义的置标词汇，因此又称之为RDFS置标元词汇。面向数据的档案规范记录等文本置标要遵循RDFS，所以也必须采用RDFS置标元词汇。RDFS置标元词汇，包括类置标元词汇与属性置标元词汇。其中，类置标元词汇又可细分为以下几种：①核心类；②容器类；③集合类；④约束类等。具体如表10-4所示。

表10-4 RDFS类置标元词汇

类置标元词汇分类	类置标元词汇	注释
核心类	rdfs：Resource	所有资源的类
	rdfs：Class	所有类的类
	rdfs：Datatype	所有RDF数据类型的类
	rdfs：Literal	所有文字的类
	rdf：XMLLiteral	所有XML文字值的类
	rdf：Property	所有属性的类
	rdf：Statement	所有具体化陈述的类
容器类	rdf：Container	所有容器类的父类，包含rdf：Bag与rdf：Seq，以及rdf：Alt
	rdf：Bag	所有无序容器的类
	rdf：Seq	所有有序容器的类
	rdf：Alt	所有可选项容器的类
	rdfs：ContainerMembershipProperty	所有容器成员（成员子属性rdf：_1，rdf：_2，...）属性类
集合类	rdf：List	RDF列表类（包括成员：rdf：first；rdf：rest；rdf：nil等）
约束类	rdfs：ConstraintResource	所有约束的类
	rdfs：ConstraintProperty	包含定义约束的所有属性的类，它仅有2个实例：rdfs：domain与rdfs：range，它也定义为rdfs：ConstraintResource和rdf：Property的子类

属性置标元词汇又可细分为以下几种：①用于定义关系的核心属性；②用于约束属性的核心属性；③用于具体化的常用属性；④工具属性；⑤成员属性等。具体如表10-5所示。

① World Wide Web Consortium. RDF semantics [S/OL]. [2011-03-16]. http：//www. w3c. org/TR/rdf-mt/.

表 10–5　RDFS 属性置标元词汇

属性置标元词汇分类	属性置标元词汇	注释	定义域	值域
用于定义关系的核心属性	rdf：type	资源与其所属类的联系，将该资源声明为该类的一个实例	rdfs：Resource	rdfs：Class
	rdfs：subClassOf	类与其父类的联系	rdfs：Class	rdfs：Class
	rdfs：subPropertyOf	属性与其父属性的联系	rdf：Property	rdf：Property
用于约束属性的核心属性	rdfs：domain	限定属性的定义域	rdf：Property	rdfs：Class
	rdfs：range	限定属性的值域	rdf：Property	rdfs：Class
用于具体化的常用属性	rdf：subject	把一个具体化的陈述映射为其主语	rdf：Statement	rdfs：Resource
	rdf：predict	把一个具体化的陈述映射为其谓语	rdf：Statement	rdfs：Resource
	rdf：object	把一个具体化的陈述映射为其宾语	rdf：Statement	rdfs：Resource
工具属性	rdfs：seeAlso	把资源与解释它的另一资源联系起来	rdfs：Resource	rdfs：Resource
	rdfs：isDefinedBy	是 rdfs：seeAlso 的子属性，把资源和定义它的位置联系起来	rdfs：Resource	rdfs：Resource
	rdf：value	值	rdfs：Resource	rdfs：Resource
	rdfs：comment	注释	rdfs：Resource	rdfs：Literal
	rdfs：label	资源所附带的用户友好的名称（置标标识符）	rdfs：Resource	rdfs：Literal
成员属性	rdfs：member	主语资源的所有成员属性	rdfs：Resource	rdfs：Resource
	rdf：first	主语 RDF 列表类中的第一项	rdf：List	rdfs：Resource
	rdf：rest	主语 RDF 列表类中第一之后项	rdf：List	rdf：List

以上 RDFS 置标元词汇实际上是一套具有固定语义的建模元词汇，因此 RDFS 也是一种原始本体语言，而 RDFS 中置标词汇之间部分具有子类层次关系与实例的关系，如图 10–11 与图 10–12 所示。

置标元词汇之间所具有的子类层次与实例等关系为实现置标标识词间的推理奠定了基础。

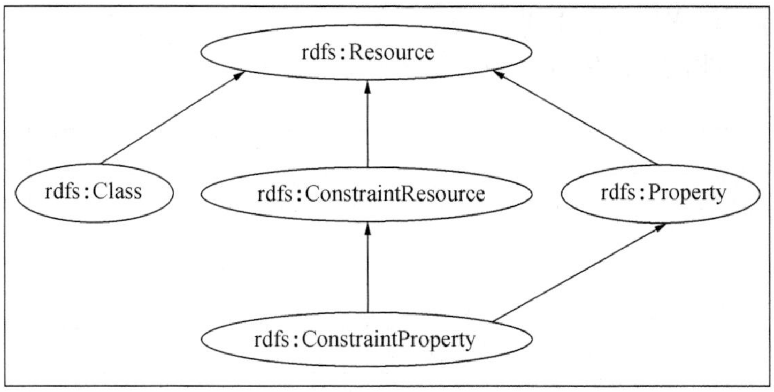

图 10–11　RDFS 部分置标元词汇的子类层次

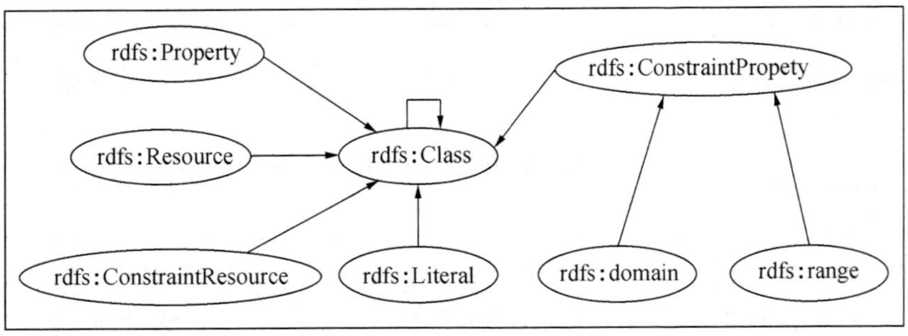

图 10-12　RDFS 元词汇中部分置标词的实例关系

10.4　档案规范记录中应用 RDF 较之于 XML 的优势

10.4.1　XML 的局限性

在档案规范记录置标中使用 RDF/XML 比起 XML 来具有很大的优势。这些优势的根本源于 RDF 的数据模型。XML 采用层次结构对数据进行标识，其数据结构是树状嵌套模型，所以，擅长表示的是数据的结构，以下面这样一个判断句为例：

这份附件的责任者是巴金

这样一个句子，在 RDF 中就是一个三元组：附件、责任者、巴金，如果用 RDF 的数据模型表示，则如图 10-13 所示。

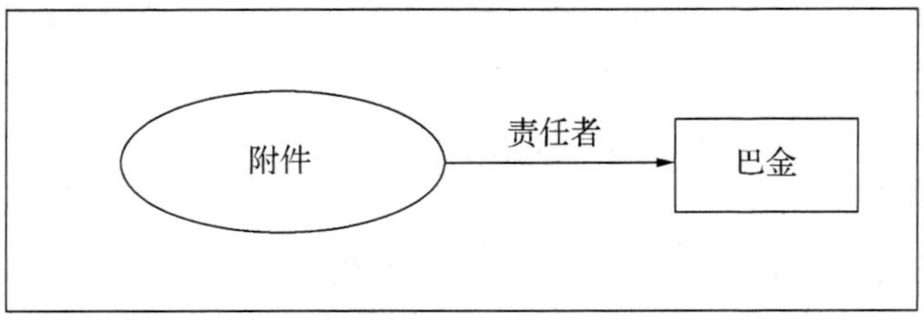

图 10-13　句子的 RDF 数据模型

像这样的数据关系，在 XML 中表述如下。

①典型的表达与树状结构如图 10-14 所示。

XML 描述	树状结构模型
<责任者> <uri>文件</uri> <人名>巴金</人名> </责任者>	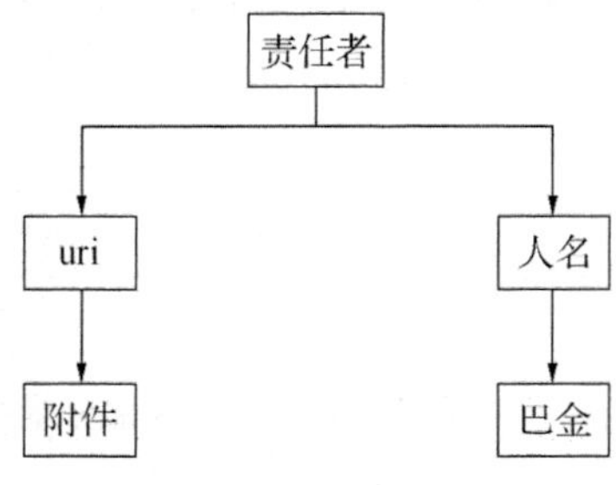

图 10-14　典型的 XML 表达与树状结构

②XML 也可以这样表达，其树状结构模型如图 10–15 所示。

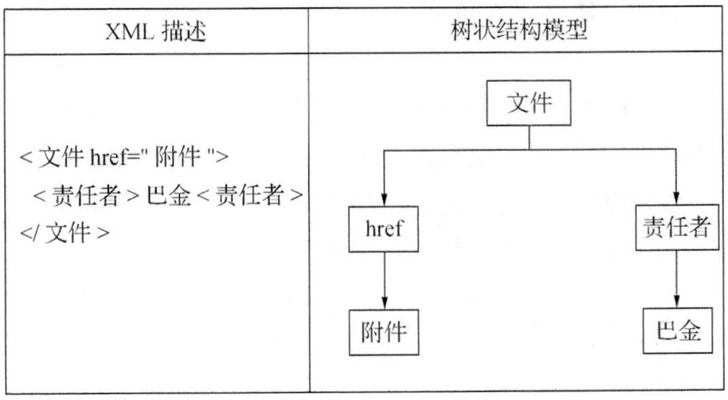

图 10–15　第 2 种 XML 表达与树状结构

③XML 还可以这样表达，其树状结构模型如图 10–16 所示。

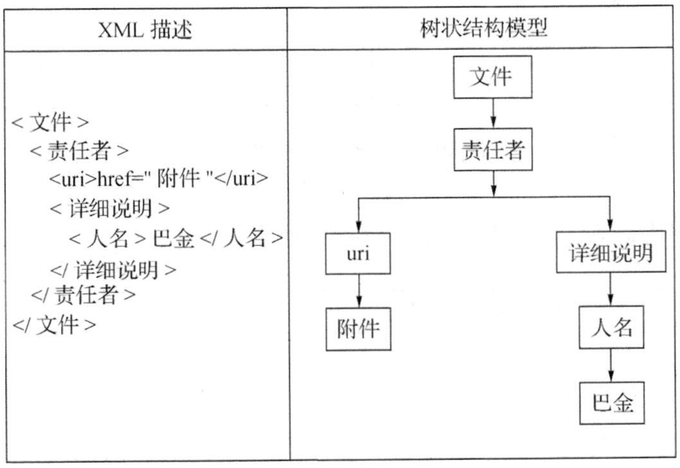

图 10–16　第 3 种 XML 表达与树状结构

从上面 XML 的 3 种表达方式可以看出，“这份附件的责任者是巴金”这个句子的 3 个部分没有变，但是由于采用了不同的 XML 表达方式，其树状结构模型各不相同。由此，我们可以得出如下结论。

①XML 的数据模型是树状结构的。

②在 XML 树状结构中不能区分对象和关系。

③由于不同的 XML 表达具有不同的树状结构，所以，对于一个具有同一性质的元素就很难确定其在结构中的位置。

④XML 在树状结构中对元素的顺序规定是很关键的，顺序变了，结构就变了。

因此，在档案规范记录置标领域中，采用 XML 对档案规范记录数据进行置标就具有不可预测性，会造成如下局限性。

①对相同性质的档案规范记录数据元素描述不一致。在 XML 文档中，元素的出现顺序是十分重要的，且具有一定的意义。对于表达同样含义的不同顺序的 XML 结构，XML 解析对其的理解是不同的。

②由于对相同性质的档案规范记录数据元素描述不一致，在检索时就会带来很多不便，因为当用户要通过某个检索入口检索档案规范记录时，还必须知道这个档案规范记录数据元素在该条档案规范记录中的位置，而由于 XML 语法的灵活性，这个位置是很难预测的。

③由于不同的 XML 表达，就会出现不同的 XML 结构，所以档案规范记录之间的关系就无法明确的

表达。因此，十分不利于计算机理解档案规范记录数据元素的语义。

④不区分对象和关系，不利于建立语义推理机制。

10.4.2 RDF 的优势

RDF 是用 XML 语法来表达 RDF 数据模型的。从广义上讲，RDF 就是将一个有向标记图的数据模型映射到 XML 中，其数据结构是平面的三元组模型，所以，擅长表示数据的关系。同样，“这份附件的责任者是巴金”这一句子，如果用 RDF 描述，也可以有多种描述方式，但是其结构模型是不变的。

①采用典型的 RDF 表达可以这样描述，其三元组模型如图 10-17 所示。

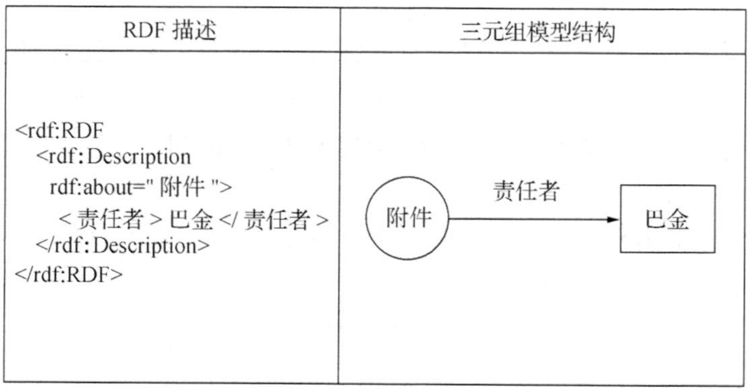

图 10-17　典型的 RDF 表达

②RDF 也可以这样描述，其三元组模型如图 10-18 所示。

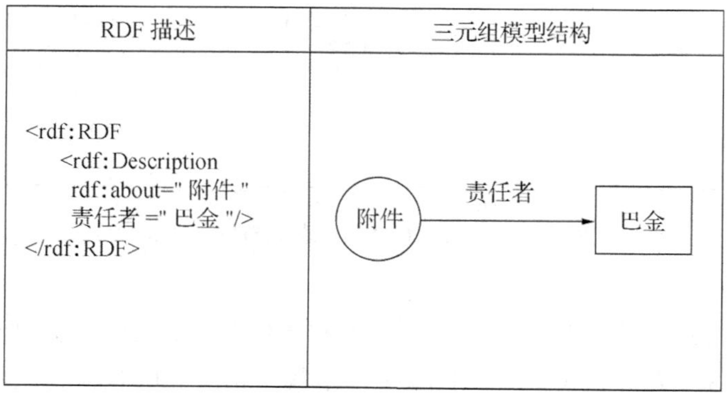

图 10-18　第 2 种 RDF 表达

③RDF 还可以这样描述，其三元组模型如图 10-19 所示。

从上面 RDF 的 3 种表达方式我们可以看出，“这份附件的责任者是巴金”这个句子的 3 个部分没有变，尽管采用了不同的 RDF 的表达方式，其三元组结构模型都是一样的。由此，我们可以得出以下结论。

①RDF 的数据模型是三元组结构的。

②RDF 的三元组结构是有向标记图，所以可以区分对象和关系。

③由于不同的 RDF 表达具有同一的结构，所以对同一性质的元素就很容易确定其在数据模型结构中的位置。

④RDF 在三元组模型结构中对元素的顺序没有规定，所以，顺序变了，结构不变。

因此，在档案规范记录置标语言领域采用 RDF 来对其进行置标，就具有可预测性，就会形成如下优势。

①对相同性质的档案规范记录中的元素描述一致。在 RDF 文档中，元素的出现顺序是没有规定的。

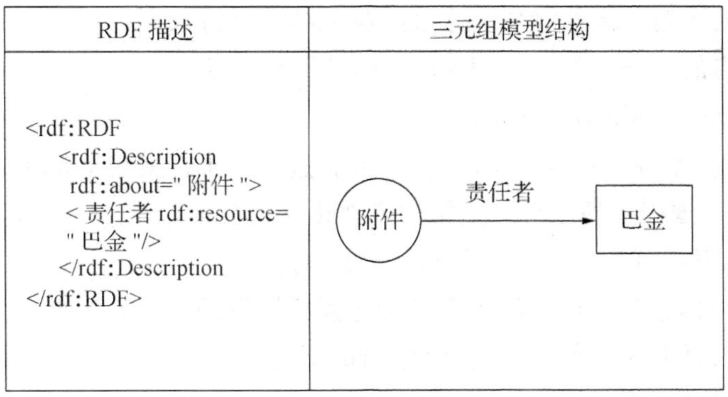

图 10–19　第 3 种 RDF 表达

因此，对于表达同样含义的不同顺序的 RDF 语法结构，RDF 解析对其理解是相同的。这样就使得不同领域对相同性质的档案规范记录中的元素的描述具有一致性。

②由于对相同性质的档案规范记录中的数据描述一致，在检索时就十分便利，用户只要记住作为检索入口的元素就可以检索到相关的档案规范记录，而无须关注这条档案规范记录的具体位置。

③由于不同的 RDF 表达其三元组模型结构却是相同的，所以档案规范记录中元素之间关系表达明确，因此十分有利于计算机理解语义。

④在模型中区分对象和关系，为建立语义推理机制提供了条件，可以实现比全文检索更精确的资源发现。

从上述比较分析可知，在档案规范记录置标语言领域，RDF 较之 XML 具有更大的优势。其实，何止在档案规范记录领域，就是在整个信息化领域都是如此，所以国际万维网联盟（W3C）创始人之一 Tim Berners-Lee 在其提出的著名的语义网标准体系结构图中，明确指出 RDF 居 XML 之上，如图 10–20 所示。

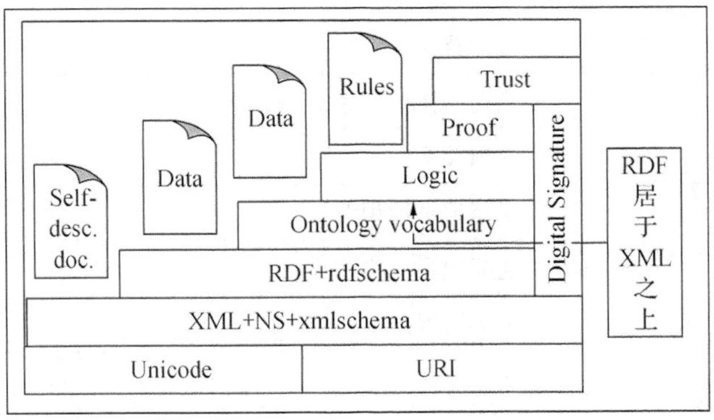

图 10–20　Tim Berners-Lee 的语义网标准体系结构

由此可见，RDF 在档案规范记录领域具有很强的生命力，也正是由于其所具有的而 XML 又不具有的优势，在档案规范记录领域，对档案规范记录的描述由 XML 转向 RDF 网络语义化置标方向发展，是一个必然趋势，如前所述的美国等的社会网络与档案背景（SNAC）计划中就应用了基于 RDF 的关联数据，值得我国借鉴。

10.5　基于 RDF 的中国档案规范记录语义网络化置标实践探索

10.5.1　基于 RDF 的中国档案规范记录置标探索实践的基本步骤

基于 RDF 的中国档案规范记录置标实践的基本流程，主要由以下几个基本步骤构成。

①根据 RDF 的置标要求对中国档案规范记录的逻辑结构进行解析。

②构建 RDF 置标所需的中国档案规范记录的 RDF 置标标识词词典。

③建立中国档案规范记录的 RDF Schema 分析。

④运用所建立的中国档案规范记录的 RDF Schema，进行中国档案规范记录 RDF 实例化。

⑤实现基于 XSLT 的中国档案规范记录实例的可视化显示置标。

⑥开发适合于中国档案规范记录 RDF Schema 的计算机检索应用系统（同第 9 章）。

10.5.2 基于 RDF 的中国档案规范记录的逻辑结构与置标标识词词典的建立

根据 RDF 的置标要求对中国档案规范记录的详细级次的逻辑结构（图 8-2）进行解析，可以形成如表 10-6 所示的基本逻辑结构体系。

表 10-6 中国档案规范记录逻辑结构

特征项	实体类型
	名称的规范化形式
	名称的非规范化形式
	机构团体标识符
描述项	存在日期
	历史
	地点
	法律地位
	职能职业与活动
	法规或授权的来源
	内部结构或家谱
	时代背景
关系项	机构团体个人家族关系
	资源关系
控制项	规范记录标识符
	规范记录机构标识符
	著录用规则
	状态
	级次
	创建修订或删除的日期
	语种与书写体
	来源
	维护注释说明

根据以上的中国档案规范记录的逻辑结构体系，可构建中国档案规范记录置标标识词，如表 10-7 所示。

表 10-7　中国档案规范记录置标标识词①

<特征项>	<实体类型>
	<名称的规范化形式>
	<名称的非规范化形式>
	<机构团体标识符>
<描述项>	<存在日期>
	<历史>
	<地点>
	<法律地位>
	<职能职业与活动>
	<法规或授权的来源>
	<内部结构或家谱>
	<时代背景>
<关系项>	<机构团体个人家族关系>
	<资源关系>
<控制项>	<规范记录标识符>
	<维护机构>
	<规则声明>
	<维护状态>
	<级次>
	<创建修订或删除的日期>
	<语种声明>
	<来源>
	<维护注释说明>

10.5.3　建立中国档案规范记录的 RDF Schema 置标并进行实例化

（1）中国档案规范记录 RDF Schema 置标

在分析了中国档案规范记录的逻辑结构并得出置标标识词的基础上，还应明确每一置标标识词的具体置标结构，只有这样才能建立起中国档案规范记录的 RDF Schema。

中国档案规范记录的 RDF Schema 主要是由语义模型，并进而根据语义模型进一步构建起语法模型，进行语法定义。

中国档案规范记录的 RDF Schema 的语义模型构建，如以“档案规范记录最简级次置标项”为例，其模型如图 10-21 所示。

从语义模型中可以看出，对置标标识词语义的定义共有 14 项语义成分，在此基础上，就可以更进一步构建起中国档案规范记录的 RDF Schema 的语法模型，如图 10-22 所示。

在 RDF Schema 的语义模型及语法模型的基础上，就可以对一个个 RDF 置标标识词进行完整的语法定义，从而形成 RDF Schema。因为档案规范记录置标项中，仅“特征项”为必备，由它可形成最简级次

① 此处仅列举了常用置标标识词名称的中文形式。

置标标识词中文名称	特征项
英文名称	IDENTITY AREA
定义	传达唯一标识被著录实体与定义文件标准化检索点的信息
注释	5.1 IDENTITY AREA 传达唯一标识被置标实体，以及为记录定义标准化检索点信息的置标项
词间关系类型	特征项是中国档案规范记录著录项的子类
上位置标标识词	中国档案规范记录著录项
下位置标标识词	实体类型：名称的规范化形式；名称的并列形式；符合其他规则的名称的标准化形式；名称的其他形式；机构团体标识符
数据类型	apc:IdentityDataType
最大值	n/a
最小值	n/a
允许值	n/a
数据格式	n/a
计量单位	n/a
版本	1.0

语义模型

图 10-21　档案规范记录 RDF Schema 置标语义模型

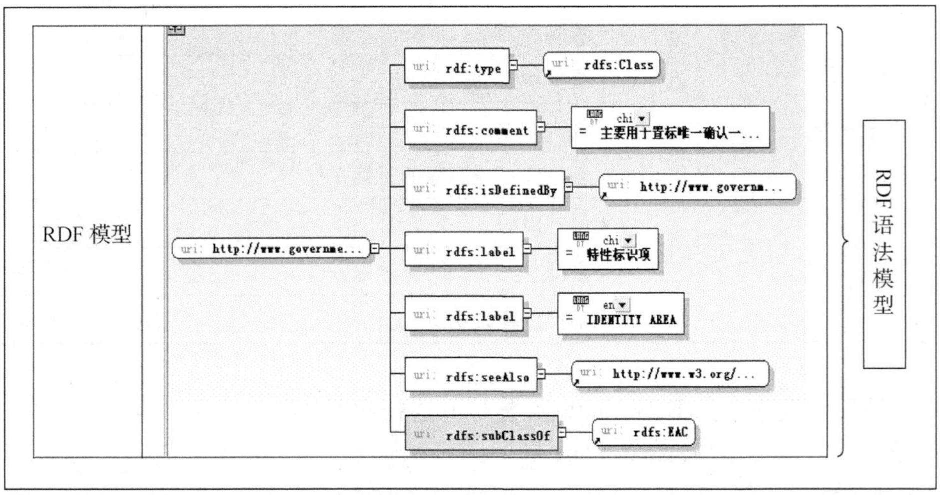

图 10-22　档案规范记录 RDF Schema 置标语法模型

核心置标项，因此受篇幅局限，本书正文部分仅以“特征项”为例，对档案规范记录进行置标，其款目定义如下。

①特征项。

置标标识词中文名称	特征项
英文名称	IDENTITY AREA
定义	主要用于置标唯一确认一条档案规范记录规范记录的必要信息，这些置标信息规范了检索点，在交换中对于确认识别档案来说是十分重要的
注释	5.1 IDENTITY AREA 传达唯一标识被置标实体，以及为记录定义标准化检索点信息的置标项

续表

词间关系类型	特征项是档案规范记录的子类
上位置标标识词	档案规范记录著录项
下位置标标识词	实体类型；名称的规范化形式；名称的非规范化形式；机构团体标识符
数据类型	apc：IdentityDataType
最大值	n/a
最小值	n/a
允许值	n/a
数据格式	n/a
计量单位	n/a
版本	1.0
RDF 模型	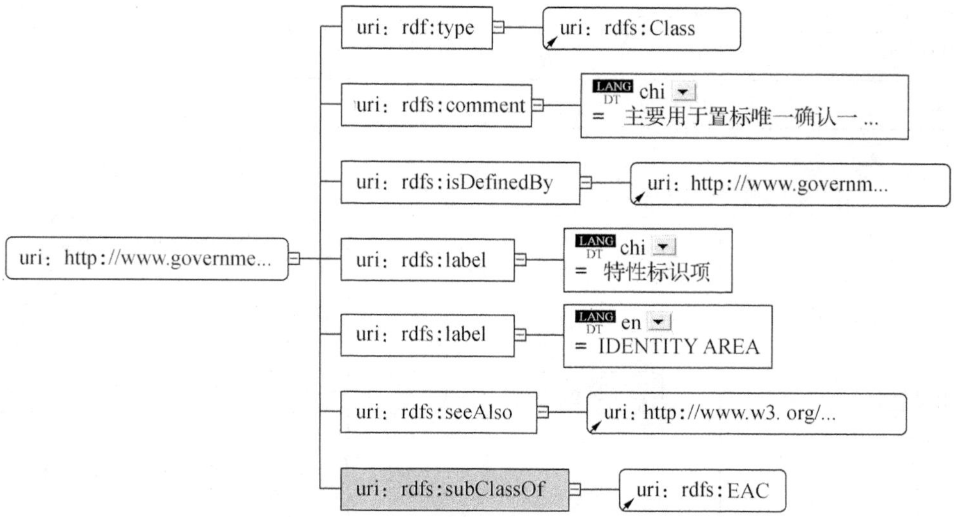
RDF Schema 置标	<rdfs:Class rdf:about = "http://www. government. org/apcEAC-CPF-V 1. 0/Identity" > <rdfs:label xml:lang = "chi" >特征项</rdfs:label > <rdfs:label xml:lang = "en" >IDENTITY AREA </rdfs:label > <rdfs:comment xml:lang = "chi" >定义:主要用于置标唯一确认一条档案规范记录规范记录的必要信息,这些置标信息规范了检索点,在交换中对于确认识别档案来说是十分重要的。 </rdfs:comment > <rdfs:comment xml:lang = "chi" >注释:5. 1　IDENTITY AREA 传达唯一标识被置标实体,以及为记录定义标准化检索点信息的置标项。</rdfs:comment > <rdfs:isDefinedBy rdf:resource = "http://www. government. org/apcEAC-CPF-V 1. 0/"/ > <rdfs:subClassOf rdf:resource = "http://www. w3. org/2000/01/rdf-schema#EAC"/ > <rdfs:seeAlso rdf:resource = "http://www. w3. org/2001/XMLSchema" xmlns = "http://jefferson. village. virginia. edu/eac"/ > </rdfs:Class >

②实体类型。

置标标识词中文名称	实体类型
英文名称	Type of entity

续表

定义	档案形成者实体类型
注释	5.1.1 Type of entity 置标档案规范记录实体类型为机构团体或个人或家族。类型也可通过标题元素的名称而辨别
词间关系类型	其定义域为特征项
上位置标标识词	特征项
下位置标标识词	n/a
数据类型	apc: EntityDataType
最大值	n/a
最小值	n/a
允许值	n/a
数据格式	n/a
计量单位	n/a
版本	1.0
RDF 模型	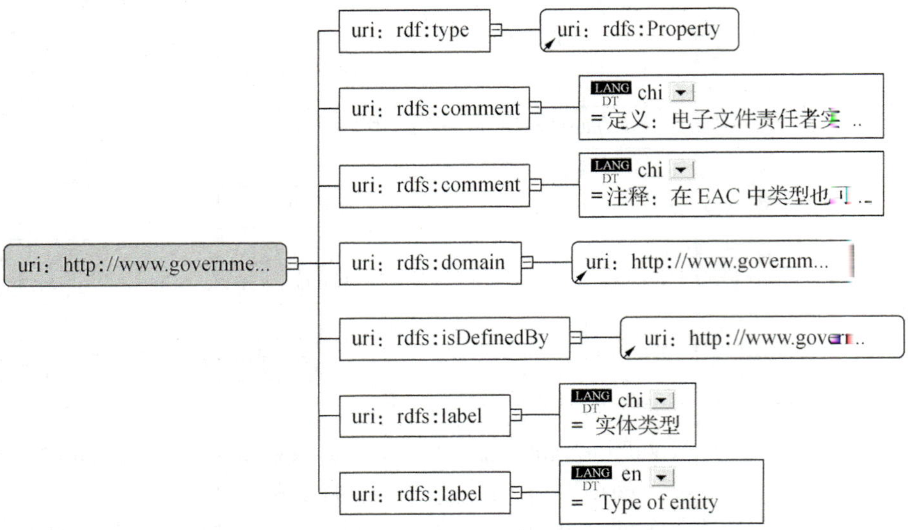
RDF Schema 置标	<rdfs:Property rdf:about = "http://www.government.org/apcEAC-CPF-V 1.0/type"> <rdfs:label xml:lang = "chi">实体类型</rdfs:label> <rdfs:label xml:lang = "en">Type of entity</rdfs:label> <rdfs:comment xml:lang = "chi">定义:档案形成者实体类型</rdfs:comment> <rdfs:comment xml:lang = "chi">注释:5.1.1 Type of entity 置标档案规范记录实体类型为机构团体或个人或家族。类型也可通过标题元素的名称而辨别。</rdfs:comment> <rdfs:isDefinedBy rdf:resource = " http://www.government.org/apcEAC-CPF-V 1.0/"/> <rdfs:domain rdf:resource = "http://www.government.org/apcEAC-CPF-V 1.0/Identity"/> </rdfs:Property>
实例	<type>团体</type>

③名称的规范化形式。

置标标识词中文名称	名称的规范化形式
英文名称	Authorized form of name

续表

定义	档案形成者机构团体名称标题或个人名称标题或家族名称标题
注释	5. 1. 2　Authorized form （s） of name 为唯一标识机构团体或个人或家族名称而创建的规范化检索点。corphead 或 pershead 或 famhead 这些元素用于各种形式的名称；属性“权威认可的”的值标识授权机构团体
词间关系类型	其定义域为特征项
上位置标标识词	特征项
下位置标标识词	n/a
数据类型	xs：string
最大值	n/a
最小值	n/a
允许值	n/a
数据格式	n/a
计量单位	n/a
版本	1. 0
RDF 模型	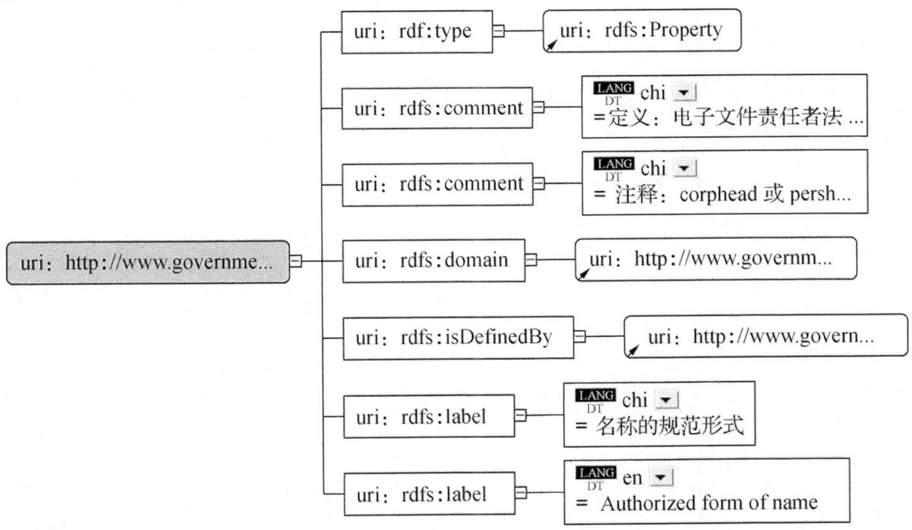
RDF Schema 置标	<rdfs:Property rdf:about = "http://www. government. org/apcEAC-CPF-V 1. 0/head" > <rdfs:label xml:lang = "chi" >名称的规范化形式</rdfs:label> <rdfs:label xml:lang = "en" >Authorized form of name</rdfs:label> <rdfs:comment xml:lang = "chi" >定义:档案形成者机构团体名称标题或个人名称标题或家族名称标题</rdfs:comment> <rdfs:comment xml:lang = "chi" >注释:5. 1. 2　Authorized form(s) of name 为唯一标识机构团体或个人或家族名称而创建的规范化检索点。corphead 或 pershead 或 famhead 这些元素用于各种形式的名称;属性“权威认可的”的值标识授权机构团体。</rdfs:comment> <rdfs:isDefinedBy rdf:resource = " http://www. government. org/apcEAC-CPF-V 1. 0/"/> <rdfs:domain rdf:resource = "http://www. government. org/apcEAC-CPF-V 1. 0/Identity"/> </rdfs:Property>

④名称的非规范化形式。

置标标识词中文名称	名称的非规范化形式
英文名称	UnAuthorized form of name
定义	名称的非规范化形式
注释	可包括：名称的并列形式，或符合其他规则的名称的标准化形式，或名称的其他形式
词间关系类型	其定义域为特征项
上位置标标识词	特征项
下位置标标识词	名称的并列形式 符合其他规则的名称的标准化形式 名称的其他形式
数据类型	xs：string
最大值	n/a
最小值	n/a
允许值	n/a
数据格式	n/a
计量单位	n/a
版本	1.0
RDF 模型	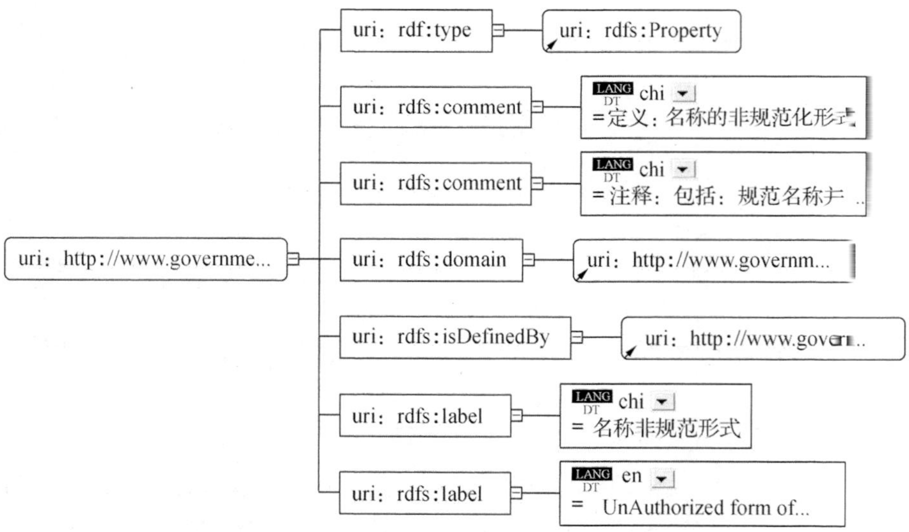
RDF Schema 置标	<rdfs:Property rdf:about = "http://www.government.org/apcEAC-CPF-V 1.0/head" > <rdfs:label xml:lang = "chi" >名称的非规范化形式</rdfs:label> <rdfs:label xml:lang = "en" >UnAuthorized form of name</rdfs:label> <rdfs:comment xml:lang = "chi" >定义:名称的非规范化形式。</rdfs:comment> <rdfs:comment xml:lang = "chi" >注释:可包括:规范名称并列形式或符合其他规则的名称的标准化形式,或名称的其他形式。</rdfs:comment> <rdfs:isDefinedBy rdf:resource = " http://www.government.org/apcEAC-CPF-V 1.0/" /> <rdfs:domain rdf:resource = "http://www.government.org/apcEAC-CPF-V 1.0/Identity" /> </rdfs:Property>

⑤机构团体标识符。

置标标识词中文名称	机构团体标识符
英文名称	Identifiers for corporate bodies
定义	法定标识代码/号码
注释	5. 1. 6　Identifiers for corporate bodies 法定标识代码/号码，即用于标识机构团体而提供的任何字母或首字母 – 数字
词间关系类型	其定义域为特征项
上位置标标识词	特征项
下位置标标识词	n/a
数据类型	xs：string
最大值	n/a
最小值	n/a
允许值	n/a
数据格式	n/a
计量单位	n/a
版本	1. 0
RDF 模型	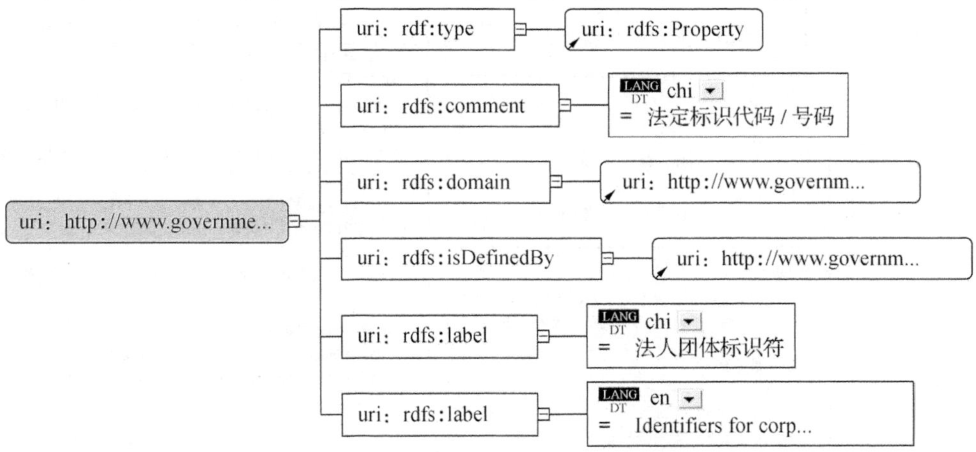
RDF Schema 置标	< rdfs:Property rdf:about = "http://www. government. org/apcEAC-CPF-V 1. 0/legalid " > < rdfs:label xml:lang = "chi" >机构团体标识符 </rdfs:label > < rdfs:label xml:lang = "en" > Identifiers for corporate bodies </rdfs:label > < rdfs:comment xml:lang = "chi" >定义:法定标识代码/号码。 </rdfs:comment > < rdfs:comment xml:lang = "chi" >注释:5. 1. 6　Identifiers for corporate bodies 法定标识代码/号码,即用于标识机构团体而提供的任何字母或首字母 – 数字 </rdfs:comment > < rdfs:isDefinedBy rdf:resource = "http://www. government. org/apcEAC-CPF-V 1. 0/"/ > < rdfs:domain rdf:resource = "http://www. government. org/apcEAC-CPF-V 1. 0/Identity"/ > </rdfs:Property >

依照以上置标规则，可以形成档案规范记录详细级次的完整置标，请见附录 5。

（2）中国档案规范记录 RDF 置标实例化

再以该 RDF Schema 为模型控制，建立中国档案规范记录的 RDF 置标实例。仍以档案规范记录的

“特征项”为例，其 RDF 置标实例如图 10–23、图 10–24 所示。

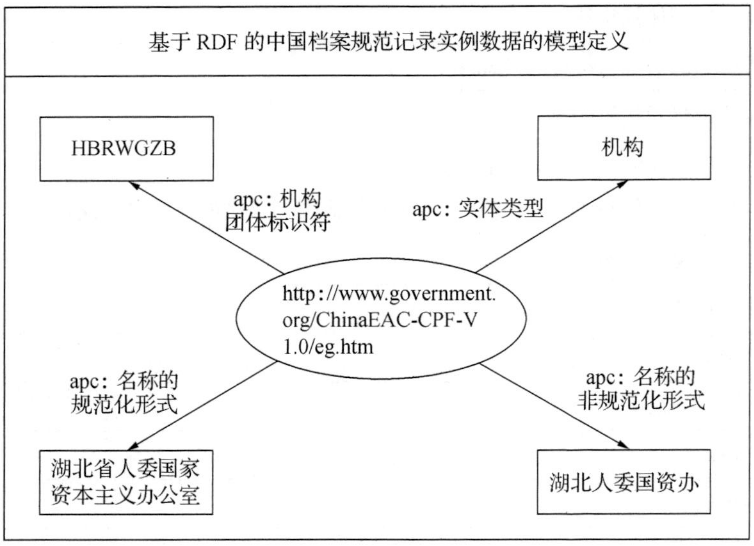

图 10–23　基于 RDF 的中国档案规范记录实例数据的模型定义

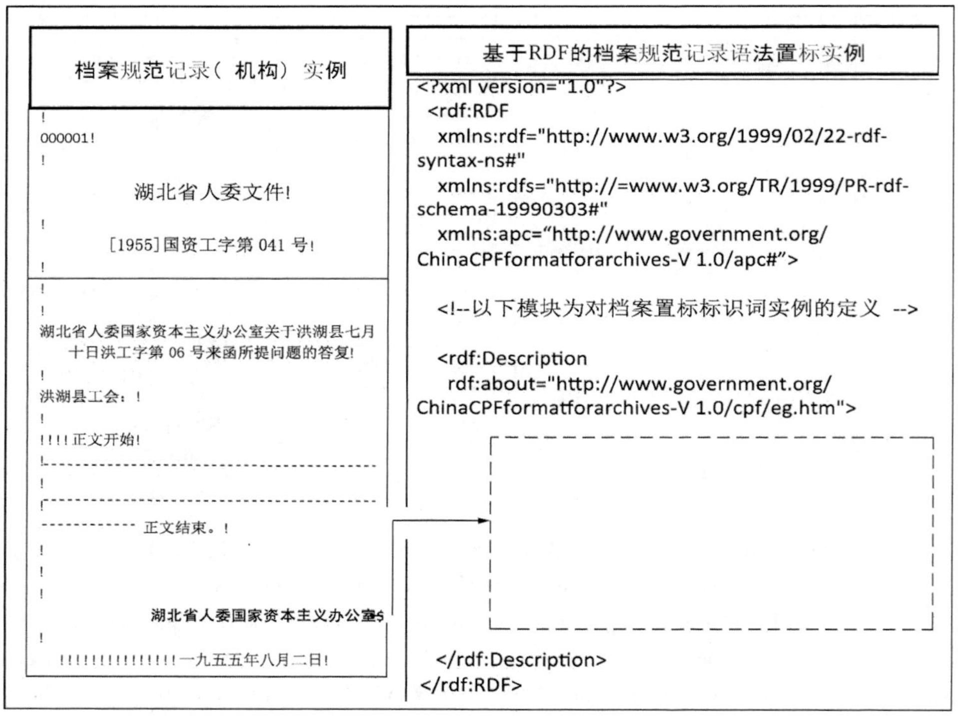

图 10–24　基于 RDF 的中国档案规范记录实例的语法置标简略示意

上例中，首先，自定义了命名空间，即 xmlns：apc = " http：//government. org/ChinaEAC-CPF-V 1. 0/"，表示只要以“apc:”为前缀的元素均属于该命名空间；其次，这里采用了档案规范记录特征项的置标项<实体类型><名称的规范化形式><名称的非规范化形式>及<机构团体标识符>。

10.5.4　实现基于 XSLT 的中国档案规范记录实例的可视化显示置标应用

通过以上对 RDF 实例的语法置标描述，再通过以 XSLT 定义中国档案规范记录的显示结构，就可以清晰地显示出档案规范记录信息的特征项、描述项及关系项等结构要素。

将 XSL 档案置标样式表添加于档案规范记录 RDF 实例化文本①中，就可清晰地显示出规范记录的特征项、描述项及关系项等结构要素，以文件机构团体形成者“华东军政大学”的档案规范记录信息的显示为例，通过 XSLT 样式表②，用户能够清晰了解该形成者的名称的规范化形式、历史等背景信息，这为长久保存档案，实现其凭证价值，并精准检索档案奠定了重要基础，如图 10-25 所示。

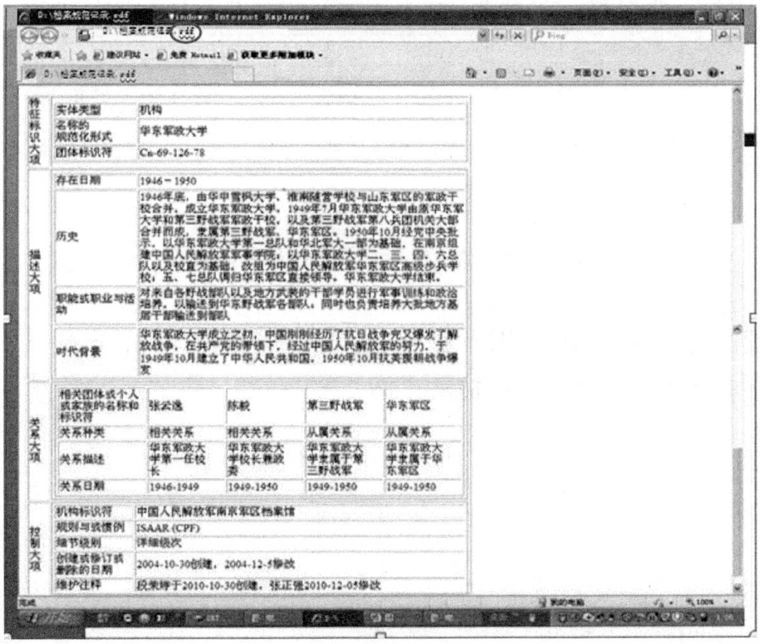

图 10-25　基于 RDF 的中国档案规范记录显示置标应用实例

10.5.5　基于 RDF/XML 置标中国档案规范记录的检索效率评价

基于 RDF/XML 置标中国档案规范记录有利于全面提升档案的检索效率。以检全率为例，基于 RDF 的档案规范记录，利于规范档案形成者，提升形成者相关档案的检全率。由于规范记录可以规范检索点的选取，例如，通过首先置标“毛泽东”这一规范要素，然后建立参照要素，通过参照要素将非规范名称如“毛润之”“李德胜”规范到“毛泽东”这一规范标目，从而实现将原先分散在各个非规范名称形式下的档案都集中到规范形式的检索点之下，避免了同一形成者的档案因名称不同而分散在不同的名称标目下。用户如果用“毛润之”进行检索，由于在规范记录系统内已有参照要素对“毛润之”进行了规范控制，因此，就被参见到规范要素“毛泽东”上，然后再由规范要素转查著录条目上的检索点“毛泽东”。由于规范了检索点，因此可以把以毛泽东为责任者的所有档案检全，提高检全率。同样，用“李德胜”检索亦是如此。检索过程如图 10-26 所示。

综上所述，中国档案规范记录在基于 RDF 置标基础上可以实现档案背景信息著录标准化，可以高效实现档案规范记录资源的共建共享，还有助于智能化地获取档案及其背景信息，进一步掌握相关信息，更好地理解档案，提高档案的凭证价值，还十分有利于在一定范围内建立开放利用的传记性或历史性信息数据库，通过与文件著录的链接，以档案规范记录作为检索点可以直接作为获取档案的检索入口从而

---

① RDF 实例化文本中，对 XSLT 标准样式表文件进行调用的具体语句为：<? xml-stylesheet type = " text/xsl" href = " 档案规范记录 . xslt" ? >。

② 档案规范记录 RDF 实例化文本的 XSLT 标准样式表文件，具体的定义方式类似于 9. 4 及附录 4，只是其与规范记录 RDF 文档之间的关联语句为：<xsl:for-each select = " rdf:RDF/rdf:Description/档案规范记录" >。

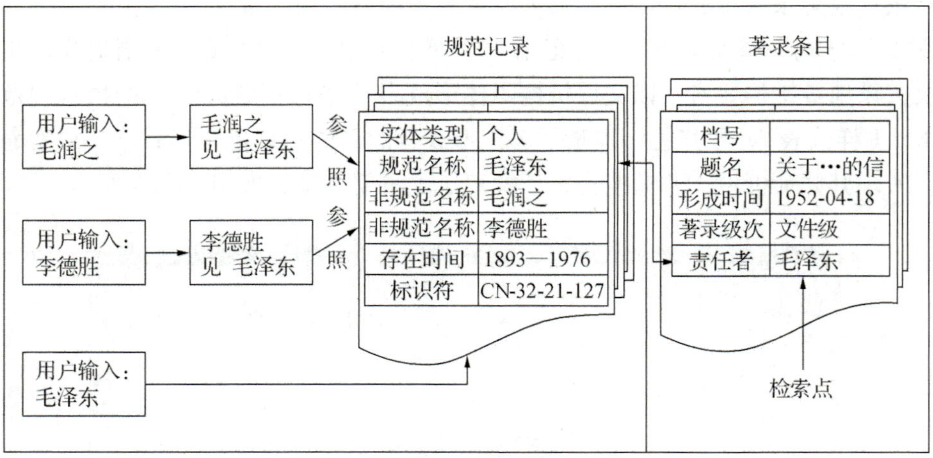

图 10–26　通过规范记录系统检索的过程

十分有利于档案信息资源的开发与利用。因而对于建立与健全档案的 3 个体系——“资源体系、利用体系与安全体系”及智慧档案的建设具有难以估量的现实意义。

附　　录

附录1　《国际标准——档案规范记录著录规则》（第2版）译文

国际标准——档案规范记录著录规则

International Standard Archival Authority Record for Corporate Bodies, Persons and Families, ISAAR (CPF)

第2版

国际档案理事会档案著录标准委员会
2003年10月27—30日于澳大利亚堪培拉正式通过

国际档案理事会
维也纳
2004年出版

前　　言

P1. 该国际标准 ISAAR（CPF）的第 1 版由国际档案理事会著录标准特别委员会（ICA/DDS）于 1993—1995 年制定，并于 1996 年由 ICA 出版。ICA/DDS 于 1996 年在中国北京举办的 ICA 国际档案大会成为永久性委员会。当前的国际档案理事会著录标准委员会（ICA/CDS）着手将 ISAAR（CPF）的修订作为其 2000—2004 年工作计划中的主要工作。

P2. 该 ISAAR（CPF）的第 2 版是国际档案理事会著录标准委员会历经 5 年修订所商定的成果。该委员会于 2000 年年末在发送到 ICA 所有机构团体与协会成员及 ICA 中不同相关组织机构团体单位和其他同类国际组织的信中向国际档案界发布公告，以求其为标准的修订提交意见；还通过电子邮件将公告向 ICA（邮件名单）列表（ICA List）及其他相关电子邮件讨论名单列表进行了邮递。

P3. 2001 年 8 月前 ICA/CDS 秘书处已收到了来自国家委员会、机构团体与个人的 18 份意见书。秘书处将这些意见汇编成一个提纲而在布鲁塞尔召开的（国际档案理事会著录标准委员会）全体会议前将其分发给了委员会的所有成员。

P4. 在布鲁塞尔召开的 ICA/CDS 全体会议就所提交的意见进行了考虑，并对该标准所做出的修订进行了若干决定。随后，反映布鲁塞尔所作决定的 ISAAR（CPF）修订版的第一份草稿产生。该草稿分发给委员会成员，并在 2002 年 6 月马德里与 2002 年 11 月里约热内卢所召开的委员会的全体会议上得到了进一步的精炼。该草稿于 2003 年 1 月公布于 ICA/CDS 网站上。从此时截至 2003 年 7 月 15 日，国际档案界人士均可提供有关标准修订的建议。在 2003 年 10 月澳大利亚堪培拉召开的委员会全体会议考虑了这些建议，通过了标准修订的最终版本，并且以出版形式向随后在 2004 年维也纳的档案理事会大会进行了提交。

P5. ISAAR（CPF）的第 2 版对 1996 年的第 1 版进行了扩展与重构。该标准的 1996 年版本包括 3 个项目，即规范控制项、信息项与注释说明项。而第 2 版则包括 4 个项目，即特性项（Identity Area）（与前一版本的规范控制项相似）；描述项（Description Area）（与前一版本的信息项相似）；关系项（Relationships Area）与控制项（Control Area）（后两项与前一版本的注释说明项相似）。尽管在 1996 年版本的 2.3.8 项中已有了著录关系的规定，但后两项本质上是该标准的新增内容。在这 4 个新项中组织与设计元素和规则的目的在于支持对概念的清晰理解及档案背景著录的更佳实践。此外，此版本还包括档案规范记录如何能够被链接至档案与其他资源，包括遵循 ISAD（G）的档案著录。标准复审过程中收到的来自专业界的建议表明，需要提供比 1996 年版本更大的清晰度与丰富的指导。委员会希望新版本试图解决建设遵循 ISAAR（CPF）的档案规范控制系统的实践者所提出的大部分的实践与概念问题。该标准第 1 版与第 2 版著录项间的映射见附录 A。

以下是 2000—2004 年承担了修订并任职于委员会的 ICA 著录标准委员会成员。

Nils Brübach（德国）

Herman Coppens（比利时）

Adrian Cunningham（澳大利亚）项目总监与秘书，2002—2004 年

Blanca Desantes Fernández（西班牙）

Vitor Manoel Marques da Fonseca（巴西）

Michael Fox（美国）

Bruno Galland（法国）
Kent Haworth（加拿大）项目总监与秘书，2000—2002年
Juan Manuel Herrera（墨西哥），2002—2003年
Gavan McCarthy（澳大利亚），2002年—
Per-Gunnar Ottosson（瑞典）
Lydia Reid（美国）
Dick Sargent（英国）
Claire Sibille（法国），2003年—
Hugo Stibbe（加拿大）临时项目总监与秘书，2002年6月
Yolia Tortolero（墨西哥），2003年—
Stefano Vitali（意大利）主席

ICA著录标准委员会（ICA/CDS）非常感谢赞助其全体会议的以下机构团体：
Archives Générales du Royaume and Archives de l'État dans les Provinces（布鲁塞尔，比利时）
Ministerio de Cultura. Subdirección General de los Archivos Estatales（西班牙）
Arquivo Nacional（巴西）
澳大利亚国家档案馆（National Archives of Australia）
联合国教科文组织（UNESCO）
没有其在会议组织、财务、设施和后勤方面的巨大贡献，该标准的修订将是不可能的。

1 范围与目的

1.1 档案规范记录提供同档案形成与保存相关联实体（机构团体、个人和家族）的著录，而国际标准ISAAR（CPF）为档案规范记录的准备提供指导。

1.2 档案规范记录可用于：

a. 在档案著录系统中以机构团体、个人或家族为单位对其进行著录；

b. 在档案著录中控制检索点的创建与利用；

c. 著录不同文件形成者之间的关系、那些（文件形成者）实体同由其创建的文件或同与其相关或由其创建的其他资源之间的关系。

1.3 无论在手工或自动化系统的著录中，文件形成者著录均是档案工作者的必要工作之一。这就需要对文件创建与利用的背景进行全程著录与持续维护，其中最重要的是档案与文件的来源。

1.4 ISAAR（CPF）的配套标准《国际标准——档案著录规则（总则）》［General International Standard Archival Description，ISAD（G）］提供在任何级别（译者注：全宗－类别－案卷－文件）档案著录中包含背景信息。ISAD（G）还认识到独立捕获与保存背景信息及将其用于档案与文件著录的其他信息元素的组合联系起来的可能性。

1.5 对此类背景信息的独立捕获与维护成为档案著录的主要部分的原因有许多。（背景信息著录）实践使文件形成者与背景信息的著录同源自相同形成者但可能被收藏于不同馆库文件的著录之间，同诸如图书馆、博物馆的其他与以上形成者实体相关资源的著录之间能够建立起关联。此类关联能够改善文件管理实践，并便利于科研。

1.6 收藏有给定来源文件的馆库能够容易地共享或链接与此来源相关的以标准方式保存的背景信息。尤其当对背景信息的共享或链接可能跨国界时，此种标准化就特别具有国际优势。过去与现在文件保管的多国特征产生了将支持背景信息交换的国际标准化的动机。例如，殖民地化、外来移民与贸易等过程已为文件保管的多国特征做出了贡献。

1.7 国际标准ISAAR（CPF）旨在通过对创建文件的机构团体、个人和家族的一致、恰当与自说明的著录，促进和支持档案规范记录的共享。ISAAR（CPF）与现存国家标准一同使用，或作为国家标准制定的基础。

1.8 档案规范记录同图书规范记录，由于这两种形式的规范记录均需要在著录中支持标准检索点的创建，因此二者具有相似性。这种检索点中最重要的是著录单位的形成者名称。对于阐明命名实体特性 修饰符被视作是必要的，而检索点可能依赖于修饰符的使用，因此需准确区分具有相同或相似名称的不同实体。

1.9 然而，档案规范记录相较于图书规范记录，需要满足更广范围的需求。这些附加需求同在档案著录系统中著录文件形成者及文件创建背景的相关信息的重要性相关（译者注：即档案规范记录的这些附加需求对于在档案著录系统中对文件形成者及文件创建背景的著录是重要的）。就此点而论，档案规范记录通常较图书规范记录包含更多信息。

1.10 因此，国际标准ISAAR（CPF）的基本目的在于为文件形成者与文件创建背景的档案著录标准化提供通用规则，从而能够：

——在提供文件创建背景著录（与物理上分散的、不同种文件本身的著录相关联）的基础上检索利用档案与文件；

——被以档案与文件的创建与利用为基础的背景利用者所理解，由此他们（译者注：利用者）能够更好地解释其（译者注：档案与文件）含义与意义；

——文件形成者的准确标识，包含不同实体关系的著录，尤其是对机构团体的行政管理变化或个人与家族变化的著录；

——体系、系统或网络之间档案规范记录著录信息的交换。

1.11 符合国际标准 ISAAR（CPF）的档案规范记录还可有助于控制命名于检索点的、与档案著录单位相关的机构团体、个人或家族的名称形式与特性。

2 相关标准与指南

注意：该列表所包括的相关标准是在 2003 年年末 ISAAR（CPF）第 2 版定稿时的日期。该标准鼓励将来的读者引用每一标准的最新版本。

ISAD（G） 国际标准——档案著录规则（总则）（General International Standard Archival Description），第 2 版，马德里：国际档案理事会，2000.

ISO 639－2 语种名称表示代码 第 2 部分：3 字母代码（Codes for the representation of names of languages，Alpha-3 code），日内瓦：国际标准化组织，1998.

ISO 690 文献－目录参考文献－内容、格式和结构（Documentation－Bibliographic references－Content，form and structure），日内瓦：国际标准化组织，1987.

ISO 690－2 文献－目录参考文献－第 2 部分：电子文献或其组成部分（Documentation－Bibliographic references－Electronic documents or parts thereof），日内瓦：国际标准化组织，1992.（译者注：目前已有 1997 年的最新版）

ISO 999 信息和文献－索引的内容、结构和描述指南（Information and documentation－Guidelines for the content，organization and presentation of indexes），日内瓦：国际标准化组织，1996.

ISO 2788 文献－单种语种叙词表编制指南（Documentation－Guidelines for the establishment and development of monolingual thesauri），日内瓦：国际标准化组织，1986.

ISO 3166 国家名称表示代码（Codes for the representation of names of countries），日内瓦：国际标准化组织，1997.

ISO 5963 文献－主题标引规则（Documentation－Methods for examining documents，determining their subjects，and selecting indexing terms），日内瓦：国际标准化组织，1985.

ISO 5964 文献－多语种叙词表编制指南（Documentation－Guidelines for the establishment and development of multilingualthesauri），日内瓦：国际标准化组织，1985.

ISO 8601 数据存储和交换形式－信息交换－日期和时间的表示方法（Data elements and interchange formats－Information interchange－Representation of dates and times），第 2 版，日内瓦：国际标准化组织，2000.

ISO 15489 信息与文献－文件管理（Information and documentation－Records management），第 1 与第 2 部分，日内瓦：国际标准化组织，2001.

ISO 15511 信息与文献－图书馆及相关机构团体国际标准标识符（Information and documentation－International standard identifier for libraries and relatedorganizations），日内瓦：国际标准化组织，2003.

ISO 15924 书写体名称表示代码（Codes for the representation of names of scripts），日内瓦：国际标准化组织，2003.

规范记录与参照款目指南（Guidelines for Authority Records and References）/国际图书馆协会联合会 GARE 修订工作组（International Federation of Library Associations Working Group on GARE revision）修订，第 2 版，München：K. G. Saur，2001［世界书目控制与国际机读目录出版物新丛书（UBCIM Publications New series），第 23 卷］.

国际共享资源规范记录必著项：IFLAUBCIM 最简级次规范记录与 ISADN 工作组报告，1998. http：//www. ifla. org/VI/3/p1996-2/mlar. htm（被称为“MLAR”）.

机构团体标目的形式与结构：机构团体标目工作组建议（Form and Structure of Corporate Headings：

Recommendations of the Working Group on CorporateHeadings). 经 IFLA 编目部与 IFLA 官方出版物部长期委员会批准，1980［国际编目与书目控制（International Cataloguing and Bibliographic Control，1992 年更新］.

3 术语词汇表与定义

以下术语表构成了该标准的完整部分。术语以该标准规则为背景进行定义。

检索点（Access point）：可用于检索、确定与定位查找档案著录包括规范记录的名称、术语、关键词、短语或代码。

档案著录（Archival description）：通过捕获、分析、组织与著录确定识别、管理、定位查找与解释档案资源与背景及产生其（译者注：背景）的文件系统的信息，创建对一个著录单位及其组成部分（若有的话）的准确表现（译者注：是一个过程）。

该术语亦描述（档案著录）过程形成的成果。

规范记录（Authority record）：名称的规范化形式，连同其他信息元素，用于确定与描述命名实体，并且也可指向其他相关规范记录。

机构团体（Corporate body）：有特定名称标识并担当实体的组织机构团体或人群。亦包括具有法人资格的个人。

形成者（Creator）：机构团体、个人或家族活动实施中创建、积累或维护文件的任何实体（机构团体、个人或家族）。

来源（Provenance）：文件同机构团体、个人或家族活动实施中创建、积累或维护与利用文件的机构团体、个人或家族之间的关系。

修饰符（Qualifier）：有助于规范记录标识、理解或利用的著录项的附加信息。

文件（Record）：由机构团体、个人或家族在业务处置或事务处理中创建或接收与维护的任何形式或载体的信息。

4 国际标准 ISAAR (CPF) 的结构与使用

4.1 国际标准 ISAAR（CPF）规定了在档案规范记录中所能够包含的各类著录项，并为在档案著录体系中如何建立档案规范记录提供指南。对于规范记录中所包括的著录项的相关内容则由采用本标准的机构团体按具体规则进行确定。

4.2 国际标准 ISAAR（CPF）的每一著录项包含：

a. 著录项的名称；

b. 著录项目的、用途的陈述；

c. 适用于该著录项的规则陈述；

d. 在适用情况下，规则应用的举例。

4.3 仅仅为了引用的目的而将段落编号并提供。这些号码不应被用于指定著录项的名称或规定著录资源的顺序或结构。

4.4 档案规范记录著录项被组织成四大信息项。

4.4.1 特性项

（该著录项传递唯一标识所著录实体且定义该规范记录的标准化检索点的信息）

4.4.2 描述项

（该著录项传递有关所著录实体的性质、背景与活动的相关信息）

4.4.3 关系项

（该著录项记录与描述同其他机构团体、个人或家族的关系）

4.4.4 控制项

(在该著录项中，规范记录被唯一标识，并且有关该规范记录创建与维护的方法、时间与机构团体的信息被著录)

4.5 国际标准 ISAAR (CPF) 还在第6章提供了如何建立档案规范记录同由该实体创建文件的著录或同与实体相关或由实体创建的其他信息资源的著录之间关联的指南。第6章还包括了阐明著录档案文件形成者的规范记录与由那些实体创建的档案的著录间关系的数据模型。

4.6 附录A提供了国际标准 ISAAR (CPF) 第1版与第2版间著录项的映射。附录B提供了符合本标准的档案规范记录的完整实例。

4.7 这些规则所涉及的所有项都可提供利用，但以下4个著录项是必著项：

——实体类型（著录项5.1.1）；

——名称的规范化形式（著录项5.1.2）；

——存在日期（著录项5.2.1）；

——规范记录标识符（著录项5.4.1）。

4.8 被著录实体的性质与档案规范记录生成者工作的特定系统或网络的需求将决定给定规范记录中使用哪些可选著录项，以及这些著录项是以叙述体或结构化格式呈现。

4.9 遵循国际标准 ISAAR (CPF) 的规范记录中的许多著录项将被用作检索点。可为标准化检索点分国别或分别为每一语种制定规则。同样，可为这些著录项数据内容的生成与选择分国别或分别为每一语种制定词汇表。以下国际标准化组织（简称 ISO）标准对于制定与维护受控词汇是有用的：

ISO 5963 文献－主题标引规则（Documentation – Methods for examining documents, determining their subjects, andselecting indexing terms）；

ISO 2788 文献－单语种叙词表编制指南（Documentation – Guidelines for the establishment and development ofmonolingual thesauri）；

ISO 5964 文献－多语种叙词表编制指南（Documentation – Guidelines for the establishment and development ofmultilingual thesauri）；

ISO 999 信息和文献－索引内容、结构和描述指南（Information and Documentation – Guidelines for the content, organization and presentation of indexes）。

任一著录项要引用出版源时，建议机构团体遵循最新版的 ISO 690 文献－目录参考文献－内容、格式和结构（Documentation – Bibliographicreferences – Content, form and structure）。

4.10 国际标准 ISAAR (CPF) 所提供的实例是说明性而非规定性的。这些实例仅是阐明其所隶属的著录规则的条款而不是对著录规则条款的扩展，不要将这些实例或其出现形式看作是著录规定。为了阐明背景，在每一实例后是以斜体字提供该实例的机构团体名。为了进一步对实例加以说明，在斜体字“注释”之后注出该实例的说明内容。不要将实例来源的说明与实例本身注解相混淆。

4.11 国际标准 ISAAR (CPF) 应与 ISAD (G)（第2版）及国家档案著录标准共同使用。当这些标准被一起用于档案著录系统或网络环境中时，规范记录将与档案著录有关联，反之亦然。有关这些关联如何创建的指南见第6章。档案与文件著录能够在遵循 ISAD (G) 著录的形成者名称项（3.2.1）与行政管理或历史沿革或生平项（3.2.2）同档案规范记录有关联。

4.12 国际标准 ISAAR (CPF) 应同国家标准与惯例共同使用。例如，档案工作者在决定哪些著录项可以或不能重复时应以国家标准为指导。在许多国家，档案著录系统需要为给定实体名称提供单一的规范化形式，而在其他国家却允许产生不止一个的名称规范化形式。

4.13 国际标准 ISAAR (CPF) 仅处理部分需要支持档案规范信息交换的条件。遍布于计算机网络之上的档案规范记录信息的成功、自动化的交换依赖于采用涉及交换馆库所用的适当交流格式。《档案背景信息编码著录》（Encoded Archival Context，EAC）就是支持遵循 ISAAR（CPF）遍于万维网之上的档案规范数据交换的这样一种通信格式。（目前）已开发了 EAC 的可扩展置标语言（eXtensible Markup Language，XML）与标准通用置标语言（SGML）文档类型定义（DTDs）形式。

5　规范记录著录项

5.1　特征项（IDENTITY AREA）

5.1.1　实体类型（Type of entity）

目的：

用于表明被著录实体究竟是机构团体、个人，或家族。

规则：

在规范记录中明确正在被著录实体（机构团体、个人，或家族）的类型。

实例：

（略）

5.1.2　名称的规范化形式［Authorized form（s）of name］

目的：

用于创建唯一标识机构团体、个人或家族的规范化检索点。

规则：

依照规范记录创建机构团体所应用的任何相关国家或国际的规则，为被著录实体著录名称的标准化形式。使用适合的日期（dates）、地点（place）、管辖权（jurisdiction）、职业（occupation）、附加于人名后之描述词（epithet），以及其他修饰符，以区分名称的规范化形式与那些具有相似名称的其他实体名称的规范化形式。著录用规则项（5.4.3）中详细说明了已应用于此著录项（名称的规范化形式）的成套规则。

实例：

诺埃尔家族，庚斯博罗伯爵（Noel family，Earls of Gainsborough）

英国，国家档案馆：历史手稿委员会

约克大学高级教员公用室（York University Senior Common Rooms Inc.）

加拿大，档案馆

5.1.3　名称的并列形式（Parallel forms of name）

目的：

用于表明在其他语种或书写体形式中出现的名称的规范化形式中的不同形式。

规则：

著录依照规范记录创建机构团体所应用的任何相关国家或国际规则的名称的并列形式，包括那些规则所需的任何必须著录项或修饰符。在著录用规则项（5.4.3）中详细说明了已被应用的规则。

实例：

威尔士课程与评估局（Curriculum and Assessment Authority of Wales），1994—1997

英国，国家档案馆：历史手稿委员会

5.1.4　符合其他规则的名称的标准化形式（Standardized forms of name according to other rules）

目的：

用于表明依据那些用于构造名称规范化形式的规则而构造的机构团体、个人或家族名称的标准化形式。这能够促进在不同专业机构团体间规范记录的共享。

规则：

依照其他惯例或规则著录所著录实体名称的标准化形式。详细说明构造名称的这些规范化形式所依据的规则，如具有的话，详细说明构造名称的这些标准化形式的机构团体名称。

实例：

Mistry Rchinton，1952— ［AACR2］

加拿大，约克大学档案馆

5.1.5 名称的其他形式（Other forms of name）

目的：

用于表明不用于特征项其他小项的机构团体、个人或家族的任何其他名称。

规则：

著录实体可被闻知的其他名称，诸如：

a. 同一名称的其他形式，例如，首字母缩略词；

b. 机构团体的其他形式，例如，名称随着时间及日期的变化；

c. 个人或家族的其他名称，例如，假名、娘家姓等名称随着时间及日期的变化；

d. 个人与家族名称及其前后头衔，例如，贵族头衔，或者个人或家族所持有的荣誉称号。

实例：

诺埃尔（Noel）家族，诺埃尔（Noel）男爵

诺埃尔（Noel）家族，Barham 男爵

诺埃尔（Noel）家族，Campden 子爵

诺埃尔（Noel）家族，Barham Court 的从男爵

英国，国家档案馆：历史手稿委员会

5.1.6 机构团体标识符（Identifiers for corporate bodies）

目的：

用于提供用于标识机构团体的任何数字式或文字数字式标识符。

规则：

在可能之处为机构团体著录任何官方数字或其他标识符（如公司注册号），并引用分配给机构团体的管辖权与计划。

实例：

Registered company 60096（Companies House，England）

英国，国家档案馆：历史手稿委员会

注解：用于机构团体 Cerain Iron Ore Company Ltd

5.2 描述项（DESCRIPTION AREA）

描述项的目的在于描述机构团体、个人或家族的历史、任务作用、背景与活动。

存在日期（5.2.1）必须作为一个独立的著录项进行著录。

5.2.3 至 5.2.8 中详细说明的信息可被以单独的、结构化的著录项或 5.2.2 中的叙述体文本著录。

5.2.1 存在日期（Dates of existence）

目的：

用于表明机构团体、个人或家族的存在日期。

规则：

著录被著录实体的存在日期。对于机构团体而言，包括其确立、创立、法律赋权与解散的日期；对于个人而言，包括生与死的日期或当日期不明时的近似日期，及在世期。当使用类似的记日期的系统（译者注：即日期和时间的表示方法）时，可根据相关惯例或规则著录等效日期。在著录用规则项

（5.4.3）中详细说明所使用的日期和时间的表示方法，如 ISO 8601。

实例：

12th—20th 世纪

英国，国家档案馆：历史手稿委员会

5.2.2　历史（History）

目的：

用于提供机构团体、个人或家族的准确历史。

规则：

以叙述体形式或作为年表著录被著录实体的主要的生命事件、活动、成就或任务作用。这可能包括性别、国籍、家族与宗教或政派信息。在任何可能之处，将日期作为叙述体描述的完整组成而提供。

实例：

约克大学高级教员公用室（York University Senior Common Room）建立于 Glendon 会堂（Glendon Hall），1963 年。该高级公用室在 1966 年成为 Glendon 大学教员公用室。在那年，Keele 街校园的 Founders 大学教员公用室开放，1968 年又被重命名为约克大学学院全体教员公用室（York University College Faculty Common Room），并且，随着校园内新专科学院的开放，一个伞形结构体，约克大学高级教员公用室公司建立，以担任多个高级教员公用室（SCR）的许可证持有者与实物承包人。高级教员公用室的成员资格仅限于学术与高级管理人员，但根据成员资格能够接受名誉或特别成员。高级教员公用室公司由 SCR 正式成员的五人董事会管理。高级教员公用室公司 1976 年解散。

加拿大，约克大学档案馆

5.2.3　地点（Places）

目的：

用于表明机构团体、个人或家族所立基、居住或有其他关联的主要地点或行政辖区。

规则：

著录主要地点或行政辖区名称，及其与实体关联的性质与涵盖日期。

实例：

1883 年的房地产：拉特兰郡（Rutland）15 076 英亩，格洛斯特郡（Gloucestershire）3170 英亩，莱斯特郡（Leicestershire）159 英亩，林肯郡（Lincolnshire）89 英亩，沃里克郡（Warwickshire）68 英亩，北安普敦郡（Northamptonshire）6 英亩；一年总数达 18 568 英亩，价值£28 991。

英国，国家档案馆：历史手稿委员会

生于：Krefeld，德国（1899 年 5 月 14 日）卒于：爱丁堡（Edinburgh）（1994 年 3 月 17 日）

英国，皇家学会

5.2.4　法律地位（Legal Status）

目的：

用于表明机构团体的法律地位。

规则：

著录机构团体类型的法律地位，并在适当时著录其所应用的日期范围。

实例：

国务院（Department of State）

澳大利亚，澳大利亚国家档案馆

5.2.5　职能、职业与活动（Functions，occupations and activities）

目的：

用于表明机构团体、个人或家族执行的职能、职业与活动。

规则:

著录被著录实体所执行的职能、职业与活动，及其作用日期范围。如果必要的话，描述职能、职业与活动的性质。

实例:

房地产权；英格兰土地贵族典型的社会、政治与文化角色。第一任 Campden 子爵在伦敦贸易中积聚了大量财产，并购置了大量房地产，包括拉特兰郡（Exton）与格罗斯特郡（Chipping Campden）。Barham 法庭（Barham Court，肯特州）房地产是第一任 Barham 男爵的获得物，他是成功的海军上将管理员(1805 号海事法庭第一任大臣)。

英国，国家档案馆：历史手稿委员会

国防部委员会；被拘留者［Internees，澳大利亚国家档案馆（NAA）职能主题词表］；

国防部委员会负责国防活动的协调，并且包括：

(i) 国防政策：同海军、陆军、空军与供应发展部门相关的国防政策的全部事项。

(ii) 行政协调与检查。

(a) 在行政管理范围内协调海军、陆军与空军部门的活动与需求；

(b) 海军、陆军与空军与供应发展部门之间、与多项服务需求相关的更高协调；

(c) 全部联合服务事项的协调；

(d) 文职人员事项（而非公共服务）的协调。

(iii) 财政协调与检查。

(a) 影响陆军、海军、空军、供应发展，以及国防协调的国防政策的财政需求协调；

(b) 对（a）中被提及部门主要财政建议与支出的审查；

(c) 国防政策执行调拨资金的一般控制，以及对审计授权与支出的监管；

(d) 海军、陆军与空军部门金融监管的协调。

(iv) 作品协调与检查。

(a) 服务部门与供应发展部作品需求的协调；

(b) 统一标准与性能规范的维护；

(c) 检查；

(d) 国防协调部、海军、陆军与空军，包括 Victoria Barracks 区域的办公用具的总体方案。

(v) 真联邦战争书。

(a) 真联邦战争书的修订；

(b) 国家安全法案与规章总管理处与其下属部门活动的协调。

(vi) 民防与国家合作：民防计划建议与相关国家活动的协调。

澳大利亚，澳大利亚国家档案馆

5.2.6 法规（Mandates）或授权的来源（Sources of authority）

目的:

用于依据机构团体、个人或家族的权力、职能、责任或活动包括领地范围来指出其授权来源。

规则:

著录充当被著录实体权力、职能与责任的授权来源的任何文件、法律、指示或宪章，并著录当授权实施或改变时有关司法管辖权与涵盖日期的信息。

实例:

创建：执行委员会会议 No. 72（首相署 No. 167）1939 年 11 月 13 日

废除：1942 年 4 月 14 日的执行委员会会议 No. 59A（首相署 No. 13）

1939 年 11 月 29 日的行政安排命令

澳大利亚，澳大利亚国家档案馆

被皇家澳大拉西亚大学医疗管理者承认，1971 年 5 月 1 日

澳大利亚，澳大利亚科技遗产中心

5.2.7　内部结构或家谱（Internal structures/Genealogy）

目的：

用于描述或表现机构团体或家族宗谱的内部管理结构。

规则：

描述机构团体的内部结构及其变化日期，这对理解机构团体管理其事务的方式（如用陈旧的组织图）是有意义的。

描述家族宗谱（如用家谱），在某种程度上展示家族成员内部关系，并具有涵盖日期。

实例：

爱德华·诺埃尔（Edward Noel，卒于 1643 年）先生与 Julian［Baptists Hicks（卒于 1629 年）与 Campden 子爵的女儿，为其两个继承人之一］结了婚。爱德华·诺埃尔继承了 Campden 子爵辖区及其岳父的部分财产。第三任 Campden 子爵（1612—1982）与 Hester Wotton（第二任 Wotton 男爵的女儿）结了婚。第四任 Campden 子爵［1641—1989，1682 年生了庚斯博罗（Gainsborough）伯爵］与 Elizabeth Wriothesley 结了婚（第四任 Southampton 伯爵的大女儿）。简·诺埃尔（Jane Noel，卒于 1811 年，第五与第六任 Gainsborough 伯爵的姐妹）与 Welham Grove（Leicestershire）的 Gerard Anne Edwards 结了婚，并且其后代是杰勒德·诺埃尔（Gerard Noel）Edwards（1759—1838）。Gerard Noel Edwards 于 1780 年与 Diana Middleton（1762—1823）［具有巴勒姆男爵之女的头衔，亦是 Charles Middleton（1726—1813）的女儿］结了婚，并且在 1781 年生了第一个 Barham Court（Kent）准男爵，1805 年生了第一个 Barham 男爵。GN Edwards 设想诺埃尔（Noel）1798 年继承第六任庚斯博罗（Gainsborough）伯爵在 Rutland 与 Gloucestershire 的财产；后来他又继承了其岳父的准男爵爵位。其长子约翰·诺埃尔（John Noel，1781—1866）继承了其父母的财产、其母亲的大片私有土地、其父亲的准男爵爵位，并于 1841 年生了 Campden 子爵与庚斯博罗（Gainsborough）伯爵。

英国，国家档案馆：历史手稿委员会

5.2.8　时代背景（General context）

目的：

用于提供机构团体、个人或家族操作、居住或活跃的社会、文化、经济、政治或历史背景的相关重要信息。

规则：

提供任何有关所著录实体所处社会、文化、经济、政治或历史背景的重要信息。

实例：

（略）

5.3　关系项（RELATIONSHIPS AREA）

该著录项的目的在于描述同可能著录于其他规范记录中的其他机构团体、个人和家族之间的关系。

5.3.1　相关机构团体、个人或家族的名称标识符（Names/Identifiers of related corporate bodies，persons or families）

目的：

用于表明相关实体名称与任何唯一标识符，并且支持与相关机构团体、个人或家族规范记录间的联系。

规则：

著录相关实体名称的规范化形式和任何唯一标识符，包括机构团体标识符。

5.3.2 关系的种类（Category of relationship）

目的：

用于标识被著录实体与另一个机构团体、个人或家族之间关系的一般类别。

规则：

著录被描述关系所属一般类别。利用由国家规则或惯例中所规定的一般类别或以下4个类别之一。为描述关系，而在著录用规则项（5.4.3）中著录用作受控词汇术语来源的受控词表。

——等级体系（关系）（Hierarchical）（例如，上级、下级；受控、控制；所有、被拥有）

在等级体系关系中，实体可能对若干其他机构团体、个人或家族的活动行使权力并控制其活动。实体亦可能从属于若干其他机构团体、个人或家族，例如，上级随着时间的过去而发生了改变的联合委员会或组织机构团体。

——时间（关系）（Temporal）（例如，前辈、继承者）

在时间关系中，实体可能在一些职能行使与活动中接替若干其他机构团体、个人或家族。反过来，实体亦可能被若干其他机构团体、个人或家族所接替。

——家族（关系）（Family）

在家族中，某个人作为一个实体，可能与该家族的其他成员及该家族（整体）有广泛的关系。当家族的宗谱结构复杂时，可能适合于为每一成员创建单独的规范记录，并同其父母、配偶与子女联系起来。或者，该信息亦可著录于内部结构或家谱项（5.2.7）。

——关联（关系）（Associative）

关联关系是除以上3种关系外的一般类别（例如，供应者和客户、成员、部分和整体、业务伙伴）。

5.3.3 关系的描述（Description of relationship）

目的：

用于提供关系性质的具体描述。

规则：

记录著录于该规范记录中的实体与其他相关实体之间关系性质的准确描述，例如：上级机构团体、所属机构团体、所有者、前辈、丈夫、妻子、儿子、堂兄弟姊妹、老师、学生、同事。为描述关系，在著录用规则项（5.4.3）中著录作为受控词汇表术语来源的受控词表。在此也可提供对关系历史或性质的叙述性说明。

5.3.4 关系的日期（Narrative description）

目的：

用于指示表明与另一机构团体、个人或家族关系持续的日期。

规则：

著录关系的生效日期或连续日期，以及终止日期。在著录用规则项（5.4.3）中规定所使用的日期表示系统，例如 ISO 8601。

实例：

（略）

5.4 控制项（CONTROL AREA）

5.4.1 规范记录标识符（Authority record identifier）

目的：

用于在规范记录使用背景中唯一标识规范记录。

规则：

依照地方性或国家性惯例，著录唯一的规范记录标识符。如该规范记录将在国际通用，则依照最新版的 ISO 3166《国家名称表示代码》著录创建该规范记录国家的国家代码。

当规范记录的形成者是国际组织时，则给出组织机构团体标识符而代替国家代码。

实例：

GB0NNAF0F10216

英国，国家档案馆：历史手稿委员会

AU NLA 93 - 535878

澳大利亚，澳大利亚国家图书馆

国家代码实例：

AU　澳大利亚

CA　加拿大

ES　西班牙

FR　法国

GB　英国

MY　马来西亚

SE　瑞典

US　美国

5.4.2　规范记录机构标识符（Institution identifiers）

目的：

用于标识规范记录的负责机构团体。

规则：

著录负责规范记录创建、修改或传播机构团体名称的完整规范形式，或者，依照国家或国际机构团体代码标准著录机构团体代码。包含对用于标识机构团体的标识系统（如 ISO 15511）的参考。

实例：

US DNA（译者注：Defense Nuclear Agency，美国国防部核子局）

美国，国家档案与文件管理局

5.4.3　著录用规则（Rules and/or conventions）

目的：

用于标识应用于档案规范记录创建的国家的或国际的规则。

规则：

著录所应用的规则的名称与有用的版本或出版日期。单独指定已应用于名称的规范化形式创建的规则。包含对用于该规范记录日期标识的日期表示系统（如 ISO 8601）的参考。

实例：

国家档案理事会，个人、地点与机构团体名称著录规则，1997

英国，国家档案馆：历史手稿委员会

5.4.4　状态（Status）

目的：

用于表明规范记录的起草状态，以使利用者能够获悉规范记录的当前状态。

规则：

著录规范记录的当前状态，表明记录是草稿、完成稿或修订或删除。

实例：

修改稿

澳大利亚，澳大利亚国家图书馆

5.4.5 级次（Level of detail）

目的：

用于表明规范记录适用级次为最简级次、简要级次和详细级次。

规则：

依照相关国际或国家指南或规则，指示规范记录包含级次为最简级次、简要级次或详细级次。当不存在国家指南或规则时，最简级次的档案记录仅著录 ISAAR（CPF）标准规范记录的4个必著项（4.8），而详细级次的规范记录则应著录所有 ISAAR（CPF）著录项的信息。

实例：

详细

澳大利亚，澳大利亚国家图书馆

5.4.6 创建、修订或删除的日期（Dates of creation，revision or deletion）

目的：

用于表明规范记录被创建、修订或删除的时间。

规则：

著录规范记录被创建及其修订的日期。在著录用规则项（5.4.3）中指定所使用的日期表示系统，如 ISO 8601。

实例：

1993－05－12；2002－10－28 修订［ISO 8601］

澳大利亚，澳大利亚国家图书馆

5.4.7 语种与书写体［Language（s）and script（s）］

目的：

用于表明规范记录创建所使用的语种或书写体。

规则：

著录档案规范记录的语种或书写体。

包含适当的国际标准化组织 ISO 639－2《语种名称表示代码》或 ISO 15924《书写体名称表示代码》。

实例：

（略）

5.4.8 来源（Sources）

目的：

用于表明导致规范记录创建的来源。

规则：

著录导致规范记录建立的来源。

实例：

HMC，Principal Family and Estate Collections：家族名称 L-W，1999

Complete Peerage，1936

Burkes Peerage，1970

Complete Baronetage, vol 5, 1906

英国，国家档案馆：历史手稿委员会

5.4.9 维护注释说明（Maintenance notes）

目的：

用于记载规范记录的创建与维护。

规则：

著录同规范记录的创建与维护相关的注释说明。规范记录创建负责人的名字可著录于此。

实例：

（略）

6 机构团体、个人和家族同档案及其他资源之间的关系

档案规范记录的创建首先是为了著录文件创建的背景。为使该记录有用，有必要建立规范记录同文件著录之间的关联。档案规范记录还能够与其他信息资源建立关联。当建立以上联系时，描述机构团体、个人或家族同被关联资源之间关系的已知性质是重要的。本章提供以上联系能够如何在档案著录系统背景中被创建的相关指南。其形象化表示见图1（略）。

以叙事体自由文本或以结构化文本著录在以下著录项或资源关联中所指定的相关信息。

6.1 相关资源的标识符与名称（Identifiers and titles of related resources）

目的：

用于唯一标识相关资源或能够建立规范记录同所存在的相关资源著录之间的关联。

规则：

提供相关资源的唯一标识符、参照代码或名称。在适当之处同时提供相关资源单独著录的标识符。

6.2 相关资源的类型（Types of related resources）

目的：

用于标识被引用相关资源的类型。

规则：

标识相关资源的类型，例如，档案（全宗、文件系列等）、档案著录、检索工具、专题论文、期刊文章、网站、照片、博物馆藏、纪录片、口述历史记录。

6.3 关系的性质（Nature of relationships）

目的：

用于标识机构团体、个人或家族同相关资源之间关系的性质。

规则：

描述机构团体、个人或家族同相关资源（例如，形成者、作者、主题、保管者、版权所有者、控制者、所有者）之间关系的性质。

6.4 相关资源或关系的日期（Dates of related resources and/or relationships）

目的：

用于提供相关资源的相关日期或机构团体、个人和家族同相关资源之间关系的日期，并用于表明那些日期的意义。

规则：

提供相关资源或机构团体、个人或家族同相关资源之间关系的相关日期，并描述那些日期的意义。

实例：

（略）

附录 2　档案规范记录著录规则

目　　次

前　　言

本标准是根据国际档案理事会制定的《国际标准——档案规范记录著录规则》、我国档案行业标准DA/T 18—1999《档案著录规则》等标准并结合我国档案规范记录著录的实践而编写的。

本标准是标准《基于XML的档案规范记录编码格式规范》的配套标准。

本标准由《网络环境下的档案规范记录系统研究》课题组提出。

本标准起草单位：南京政治学院上海校区。

本标准主要起草人：段荣婷、张正强、王大青、唐丹、崔屏、程妍妍、张茜、张文友、刘国伟、李真。

引　言

无论在手工或自动化系统的著录中，文件形成者著录均是档案工作者的必要工作之一。这就需要对文件创建与利用的背景进行全程著录与持续维护，其中最重要的是档案与文件的来源。为此，特制定本标准，其基本目的在于为文件形成者与文件创建背景的档案著录标准化提供通用规则，从而能够：

——在提供文件创建背景著录（与物理上分散的、不同种文件本身的著录相关联）的基础上检索利用档案与文件；

——被以档案与文件的创建与利用为基础的背景利用者所理解，由此利用者能够更好地解释档案与文件含义与意义；

——文件形成者的准确标识，包含不同实体关系的著录，尤其是对机构团体的行政管理变化或个人与家族变化的著录；

——体系、系统或网络之间档案规范记录著录信息的交换。

档案规范记录著录规则

档案规范记录提供同档案形成与保存相关联实体（机构团体、个人和家族）的著录，而切合中国实践的标准《档案规范记录著录规则》为档案规范记录的准备提供指导，是建立中国档案规范记录的基础，它从内容的概念语义层面为“中国档案规范记录计算机检索应用系统”提供实施著录的原则与建立规范记录的规则。

档案规范记录著录规则是档案著录标准化的重要组成部分，档案著录标准化是实现档案管理现代化的一项基础工作，为建立健全我国统一的档案检索体系，广泛开展档案的报道与交流，深入开发档案信息资源，充分发挥档案在我国社会主义建设事业中的作用而制定本标准。

1　范围

本标准规定了档案形成者（机构团体、个人或家族）的著录项目与著录项目细则。

本标准适用于各类档案形成者（机构团体、个人或家族）的著录。对于某些极其特殊的档案形成者，可遵照本标准制定细则。

本标准不包括档案人名、机构名或家族名规范款目的著录细则。

2　规范性引用文件

下列标准所包含的条文，通过在本标准中引用而构成为本标准的条文，本标准出版时，所示版本均为有效。所有标准都会被修订，使用本标准的各方应探讨使用下列标准最新版本的可能性。

GB 3792.1—1983　文献著录总则

DA/T 18—1999　档案著录规则

GB/T 7408　数据元和交换格式　信息交换　日期和时间表示法

DA/T1—2000　档案工作基本术语

International Standard Bibliographic Description For Electronic Resources［IFLA ISBD（ER）1997］

ISAD（G）　国际标准——档案著录规则（总则）（General International Standard Archival Description，第 2 版，马德里：国际档案理事会，2000）

ISO 639－2　语种名称表示代码　第 2 部分：3 字母代码（Codes for the representation of names of languages，Alpha－3 code，1998）

ISO 690　文献－目录参考文献－内容、格式和结构（Documentation－Bibliographic references－Content，form and structure，1987）

ISO 690－2　文献－目录参考文献－第 2 部分：电子文献或其组成部分（Documentation－Bibliographic references－Electronic documents or parts thereof，1997）

ISO 999　信息和文献－索引的内容、结构和描述指南（Information and documentation－Guidelines for the content，organization and presentation of indexes，1996）

ISO 2788　文献－单种语种叙词表编制指南（Documentation－Guidelines for the establishment and development of monolingual thesauri，1986）

ISO 3166　国家名称表示代码（Codes for the representation of names of countries，1997）

ISO 5963　文献 - 主题标引规则（Documentation - Methods for examining documents, determining their subjects, and selecting indexing terms, 1985）

ISO 5964　文献 - 多语种叙词表编制指南（Documentation - Guidelines for the establishment and development of multilingual thesauri, 1985）

ISO 8601　数据存储和交换形式 - 信息交换 - 日期和时间的表示方法（Data elements and interchange formats - Information interchange - Representation of dates and times, 第2版, 2000）

ISO 15489　信息与文献 - 文件管理（Information and documentation - Records management, 第1与第2部分）

ISO 15511　信息与文献 - 图书馆及相关机构团体国际标准标识符（Information and documentation - International standard identifier for libraries and related organizations, 2003）

ISO 15924　书写体名称表示代码（Codes for the representation of names of scripts, 2003）

规范记录与参照款目指南（Guidelines for Authority Records and References）/国际图书馆协会联合会GARE修订工作组（International Federation of Library Associations Working Group on GARE revision）修订，第2版，München：K. G. Saur, 2001［世界书目控制与国际机读目录出版物新丛书（UBCIM Publications New series）第23卷］

国际共享资源规范记录必著项：IFLAUBCIM最简级次规范记录与ISADN工作组报告（被称为"MLAR", 1998）

国际编目与书目控制（International Cataloguing and Bibliographic Control, 1992）

3　术语和定义

下列术语和定义适用于本标准。

3.1　规范记录 Authority record

名称的规范化形式，连同其他信息元素，用于确定与描述命名实体，并且也可指向其他相关规范记录。

3.2　档案著录 Archival description

著录单位及其组成部分的准确表现形式，其组成部分是借由捕获、分析、组织和记录信息的过程而来，而这些信息适合去确认、管理、定位与解释档案和背景及产生它的文件系统。也指过程的结果。

3.3　检索点 Access point

可用于检索、确定与定位查找档案著录包括规范记录的名称、术语、关键词、短语或代码。

3.4　机构团体 Corporate body

有特定名称标识并担当实体的组织机构团体或人群。亦包括具有法人资格的个人。

3.5　形成者 Creator

机构团体、个人或家族活动实施中创建、积累或维护文件的任何实体（机构团体、个人或家族）。

3.6　来源 Provenance

文件同机构团体、个人或家族活动实施中创建、积累或维护与利用文件的机构团体、个人或家族之间的关系。

3.7　修饰词 Qualifier

有助于规范记录标识、理解或利用的著录项的附加信息。

3.8　文件 Record

由机构团体、个人或家族在业务处置或事务处理中创建或接收与维护的任何形式或载体的信息。

4 著录项目

档案规范记录著录项目共分 4 项，每项分若干著录单元（小项）。

4.1 特征项

4.1.1 实体类型

4.1.2 名称的规范化形式

4.1.3 名称的非规范化形式*

4.2 描述项

4.2.1 存在日期

4.2.2 历史沿革或生平

4.2.3 职能职业与活动*

4.2.3.1 职能*

4.2.3.2 职业*

4.2.4 内部结构或家谱*

4.2.5 时代背景*

4.3 关系项

4.3.1 机构团体个人家族关系*

4.3.1.1 相关机构团体个人家族的名称标识符*

4.3.1.2 关系的种类*

4.3.1.3 关系的描述*

4.3.1.4 关系的日期*

4.3.2 资源关系*

4.3.2.1 相关资源的标识符与名称*

4.3.2.2 相关资源的类型*

4.3.2.3 关系的性质*

4.3.2.4 相关资源或关系的日期*

4.4 控制项

4.4.1 规范记录标识符

4.4.2 规范记录机构标识符*

4.4.3 著录用规则*

4.4.4 维护状态

4.4.5 级次*

4.4.6 语种与书写体*

4.4.7 创建修订或删除的日期*

4.4.8 来源

4.4.9 维护注释说明*

4.5 4.1 至 4.4 中有“*”者为选择著录项目或单元（小项）。

5 著录细则

5.1 特征项的著录细则

中国档案规范记录的特征项主要用于著录唯一确认一条档案规范记录的必要信息，这些著录信息规范了检索点，在交换中对于确认、识别档案来说是十分重要的。主要包括档案形成者的实体类型、名称的规范化形式、名称的非规范化形式和档案规范记录标识符等著录项。

5. 1. 1　实体类型

设置本著录项的目的，是表明档案规范标目的实体类型是机构团体、个人还是家族。在这一著录项下，著录规范标目的类型。如“实体类型：机构团体”指的是机构团体（或团体），“实体类型：个人”指的是人物，“实体类型：家族”指的是家族。

5. 1. 2　名称的规范化形式

设置本著录项的目的，是为档案形成者的实体——机构团体、个人或家族的名称建立一个规范的检索点。在这一著录项下，档案形成者实体名称的规范化形式的选取是关键，选择的规范形式应是最为人们所熟知的、最具有权威性的或最早为人们所认识的①。

例：

邓小平（1904—1997） 陈毅（元帅）

5. 1. 3　名称的非规范化形式（可选）

设置本著录项的目的，是在未被选作规范标目的名称形式（即非规范名称）与规范标目之间建立联系，如用“见”参照。

例：

名称的非规范化形式（即非规范名称）	参照	规范标目
海军淞沪基地	见	海军淞沪警备区
毛润之、李德胜	见	毛泽东

5. 2　描述项的著录细则

中国档案规范记录的描述项，此著录大项主要著录档案形成者的性质、背景与活动的相关信息。主要包括档案形成者的存在日期、历史沿革或生平、地点，职能、职业与活动，时代背景等著录项。

5. 2. 1　存在日期

设置本项的目的，是说明作为档案形成者的实体——机构团体、个人或家族的存在日期。在这一著录项下，如果著录的实体是个人，则著录个人生卒时间；如果著录实体是机构团体，则著录机构团体建立和撤销的时间；如果著录实体是家族，则著录家族存在日期。

例：

北宁军事铁路管理局 成立于 1906 年，1949 年该局撤销。

5. 2. 2　历史沿革或生平

设置本著录项的目的，主要是提供作为档案形成者的人物的生平、机构团体的简要历史沿革。机构团体的历史可以包括：机构团体的主要事件、主要活动、主要成就和主要作用等。人物的生平可以包括：性别、民族、家庭、信仰、政治关系和相应的时间等。

人物以李大钊为例，本项可以著录如下：

---

①　在名称的规范化形式下还可附如下内容：生卒时间和职位、职务、称谓、受奖等。

李大钊，男，汉族，生于1889年，河北乐亭人。共产党员。1927年4月被奉系军阀张作霖逮捕，28日在北京英勇就义。

5.2.3 职能职业与活动

设置本著录项的目的，是用于表明作为档案形成者的人物和机构团体的职能、职位、活动领域和重要活动。

在这一著录项下，可以完整反映作为档案形成者的机构团体、个人或家族的主要职能、职位、所涉及的活动领域和重大活动。

5.2.3.1 职能

对于机构团体而言可以包括如下内容：①机构团体的职能；②所涉及的活动领域；③相应的日期；④所进行的重大活动。

以机构团体——北宁军事铁路管理局为例，将其职能著录如下：

北宁军事铁路管理局主要负责北平至沈阳铁路干线及支线的铁路事务与附属事务。

5.2.3.2 职业

对于人物而言，可以包括如下内容：①职位；②所涉及的活动领域；③相应的日期；④所进行的重要活动。

以人物——李大钊为例，将其职业著录如下：

李大钊于1916年5月在北京创办《晨钟报》任总编辑。1918年任北京大学图书馆主任，对五四运动起了重要的推动作用。1919年参加创建少年中国学会，任《少年中国》月刊编辑主任。1920年10月成立北京共产党小组。11月建立北京社会主义青年团。1921年8月任中国劳动组合书记部北京分部主任，1923年6月出席中共“三大”，当选为中央执行委员。1924年1月被孙中山指定为国民党“一大”五人主席团成员之一，当选为中央执行委员。会后任国民党北京执行部组织部长。

5.2.4 内部结构或家谱

设置本著录项的目的，是用于描述或表现机构团体或家族宗谱的内部管理结构。

在这一著录项下，描述机构团体的内部结构及其变化日期，这对理解机构团体管理其事务的方式（如用陈旧的组织图）是有意义的。

描述家族宗谱（如用家谱），在某种程度上展示家族成员内部关系，并具有涵盖日期。

仍以机构团体——北宁军事铁路管理局为例，著录如下：

该局设路局总办、会办，其下设电务、杂务、洋务、车务、材料、工程等处，1912年，设机车、车务、工程、总务、卫生、统计、电务、购地、考核等处，1916年以后，该局内部机构团体先后设有机务处、厂务处、工务处、车务处、运输处、会计处、总务处、警务处等。

5.2.5 时代背景

设置本著录项的目的，是用于提供关于档案形成者的存在或活动期间的社会、文化、经济、政治历史背景等重要信息。

在这一著录项下，为了完整体现档案形成者所处的历史背景，对于机构团体、个人或家族而言可以包括如下内容：①社会历史背景信息；②文化历史背景信息；③经济历史背景信息；④政治历史背景信息；⑤其他历史背景信息。

5.3　关系项的著录细则

中国档案规范记录的关系项，这一项中可以分两个方面：一方面是关于档案规范记录所著录的形成者与相关实体之间的关系的描述，即同其他机构团体、个人或家族之间的关系，也就是机构团体个人家族关系；另一方面是关于档案规范记录所著录的形成者与相关资源的关系的描述，即同档案及其他资源之间的关系，也就是资源关系。

5.3.1　机构团体个人家族关系

与档案形成者有关的其他机构团体、个人或家族等，将在此著录项中进行著录。主要包括相关名称、关系类型、关系的描述和关系的日期等著录项。

以下是关于档案规范记录所描述的形成者与相关实体之间关系的描述的著录项。

5.3.1.1　相关机构团体个人家族的名称标识符

设置本著录项的目的在于能够将档案规范记录所描述的形成者与相关实体连接。在这一著录项下，相关实体名称应当选取名称的规范化形式，选取的标准与档案形成者“名称的规范化形式”相同，在此不再赘述。

5.3.1.2　关系的种类

设置本著录项的目的在于表明所著录的档案形成者的实体和其他相关实体（机构团体、个人或家族）之间的关系类型。关系类型可包括以下内容。

①从属关系。主要是指相互之间关系有一种隶属与被隶属、管理与被管理、控制与被控制的关系。

②延续关系。主要是指相互之间关系在时间上有着一种前后相继的关系。

③家族关系。主要是指相互之间的关系是在家族或家庭范围内的关系。

④相关关系。主要是指未包含在以上三类关系之中的一类关系，如机构团体与成员、全部与局部等这样一类关系。

5.3.1.3　关系的描述

设置本著录项主要用于为档案形成者实体和相关实体（机构团体、个人或家族）之间的关系提供一个具体的说明。

在这一著录项下，为了准确反映档案形成者实体和其他相关实体之间的关系性质，可包括以下内容：①上级机构团体；②下级机构团体；③继任者；④丈夫；⑤妻子；⑥老师；⑦学生；⑧朋友等。

5.3.1.4　关系的日期

设置本著录项的目的在于表明档案形成者实体和其他相关实体（机构团体、个人或家族）之间持续关系的日期。

在这一著录项下，为完整反映档案形成者实体和其他相关实体之间的日期关系，可包括以下内容：①相关关系的起始日期；②相关关系的连续日期；③相关关系的结束日期。

例如，“华东军政大学”与相关实体之间的关系著录如下：

相关机构团体个人家族的名称标识符	张云逸
关系的种类	相关关系
关系的描述	华东军政大学第一任校长
关系的日期	1946—1949

5.3.2　资源关系

与作为档案形成者的机构团体、个人或家族等相关的档案及其他资源信息，将在此著录项中进行著录。主要包括相关资源的标识符与名称、相关资源的类型、关系的性质及相关资源或关系的日期等著录项。

以下是关于档案形成者实体与相关资源的关系（同档案及其他资源之间的关系）著录项。

5.3.2.1　相关资源的标识符与名称

设置本著录项的目的在于唯一确认与档案形成者实体相关的资源，如果有相关资源的著录，要能提供规范记录和相关资源的连接。在这一著录项下，要著录相关资源的名称或唯一的标识符。

5.3.2.2　相关资源的类型

设置本著录项的目的在于表明相关资源的类型，如档案（全宗、文件等）、网址、照片、杂志、口述历史记录、图书等。

5.3.2.3　关系的性质

设置本著录项的目的在于确认档案形成者与相关资源之间的关系性质。

在这一著录项中，著录关系性质，如责任者、作者、主题等。

5.3.1.4　相关资源或关系的日期

设置本著录项的目的在于提供档案形成者与相关资源之间的日期或相关资源的日期。

5.4　控制项的著录细则

中国档案规范记录的控制项，在此大项中著录档案规范记录是何时、由何机构团体、怎样创建和维护的信息。主要包括档案规范记录机构标识符，著录用规则，著录的详细级次，语种与书写体，创建、修改或删除时间，维护注释说明等著录项。

档案规范记录具有规范检索点与提供档案背景信息的功能，但是，这一功能的强弱与规范记录的编制质量是密不可分的。规范记录的编制质量，涉及编制单位、所依据的标准、著录级次和编制人员等因素，因此建立这方面的质量控制项，也是规范记录标准微观结构不可缺少的一部分。

5.4.1　规范记录标识符

设置本著录项的目的是唯一确认一条档案规范记录。在这一著录项中，著录唯一标识规范标目的编号。

例：

邓小平（1904—1997） CN－56－35－27/23

5.4.2　规范记录机构标识符

设置本著录项的目的在于确定对规范记录的编制负有责任的单位，以便于对规范记录的编制进行质量控制。

在这一著录项下，应著录创建规范记录的单位的规范化全称。

5.4.3　著录用规则

设置本著录项的目的在于确定中国档案规范记录编制中所依据的著录规则，以便于对规范记录的著录项进行识别与评价。

在这一著录项下，可包括以下内容：①所依据著录标准的名称；②所依据著录标准的版本；③所依据著录标准的颁布时间。

例：

著录用规则	《档案规范记录著录规则》

5.4.4　维护状态

设置本著录项的目的在于表明规范记录的起草状态，以使利用者能够获悉规范记录的当前状态。

在这一著录项下，维护的当前状态，可以是以下状态之一：新建、取消、删除、替代删除、合并删除、分离删除、删除来源或修订。

5.4.5　级次

设置本著录项的目的在于表明档案规范记录著录的详细程度。

在这一著录项下，可根据以下内容选择。

①简要级次。仅著录4个必备的核心著录项。

②详细级次。既著录最简级次的著录项，又完整地著录标准中所规定的其他各个著录项。

③实际需求级次。在著录4个核心著录项的基础上，有选择地著录详细级次的部分著录项。

5.4.6　语种与书写体

设置本著录项的目的在于表明规范记录创建所使用的语种或书写体。

在这一著录项下，著录档案规范记录的语种或书写体。语种与书写体往往需要提前嵌入至规范记录检索系统的EAC模板之中。

包含适当的国际标准化组织ISO 639－2《语种名称表示代码》或ISO 15924《书写体名称表示代码》。

5.4.7　创建修订或删除的日期

设置本著录项的目的在于表明档案规范记录是何时创建、修改或删除的。

在这一著录项下，可包括以下内容：①规范记录创建的时间；②规范记录修改的时间；③规范记录删除的时间。

5.4.8　来源

设置本著录项的目的在于表明导致规范记录创建的来源。

在这一著录项下，著录导致规范记录建立的来源。

例：

来源	（中国台湾）故宫清代文献档案资料库系统，http：//www. npm. gov. tw/tts/npmmeta/db-list. htm（2012年7月1日检索）
	中央档案馆，2012年

5.4.9　维护注释说明

设置本著录项的目的在于表明档案规范记录的创建及变化。

在这一著录项下，可包括以下内容：①档案规范记录的创建注释；②档案规范记录的维护注释；③档案规范记录创建人员的名字。

6　著录条目实例

（1）机构团体规范记录著录条目完整实例

下面是一条机构团体规范记录的完整实例，右列列出的是对应标准《档案规范记录著录规则》的各著录项。

机构团体	实体类型
北宁军事铁路管理局	名称的规范化形式
京奉军事铁路局	名称的非规范化形式
北宁军事铁路管理局，成立于1906年，1949年该局撤销	存在日期
（内容省略）	历史沿革或生平
局址设于天津市	地点

续表

机构团体	实体类型
该局主要负责北平至沈阳铁路干线及支线的铁路事务与附属事务	职能职业与活动
津浦军事铁路管理局 京沪军事铁路管理局	相关实体的名称标识符
等级体系	关系的类型
同级机构团体	关系的描述
1906—1949	关系的日期
CN 34 - 12 - 34 - 6	规范记录标识符
《档案规范记录著录规则》	著录用规则
新建	状态
2000 年 1 月 26 日著录	创建修订或删除的日期
中央档案馆，2012 年	来源
本规范记录根据北宁军事铁路管理局档案著录	维护注释说明

（2）人物规范记录著录条目完整实例

下面是一条人物规范记录的完整实例，右列列出的是对应标准《档案规范记录著录规则》的各著录项。

个人	实体类型
孙中山	名称的规范化形式
孙文 孙逸仙 中山樵 孙德明 孙日新	名称的非规范化形式
1866 年生于广东香山（今中山市）翠亨村，1925 年 3 月 12 日，因患肝癌在北京逝世	存在日期
（内容暂略）	历史沿革或生平
1878 年到美国夏威夷檀香山读书，1883 年回国。1886—1892 年，先后在广州、香港学医。毕业后，在澳门、广州行医。1894 年再赴檀香山	地点
中国	法律地位
1893 年在澳门、广州行医，1905 年在东京成立中国同盟会。1912 年元旦，孙中山在南京就任中华民国临时大总统。1917 年，被推举为大元帅。1919 年改组中华革命党为中国国民党，担任总理。1921 年，非常国会又于广州议定组织中华民国正式政府，孙中山就任大总统。1923 年，孙中山第三次在广州建立政权，成立陆海军大元帅大本营，复任大元帅	职能职业与活动
袁世凯窃据大总统职位后阴谋复辟帝制，孙中山乃于 1913 年发动“二次革命”反袁。1914 年在日本组织成立中华革命党。1915 年与宋庆龄结婚	时代背景
CN - 56 - 35 - 27	规范记录标识符

续表

个人	实体类型
《档案规范记录著录规则》	著录用规则
新建	状态
2000年1月26日著录	创建修订或删除的日期
第二历史档案馆，2012年	来源
本规范记录根据孙中山档案著录	维护注释说明

（3）家族规范记录著录条目完整实例

下面是一条家族规范记录的完整实例，右列列出的是对应标准《档案规范记录著录规则》的各著录项。

家族	实体类型
胡文虎家族	名称的规范化形式
胡氏家族	名称的非规范化形式
18820115—	存在日期
（内容暂略）	历史沿革或生平
胡氏祖居福建省永定县金丰里忠川乡（现下洋乡中川村）；“万金油大王”在东南亚崛起	地点
中国	法律地位
“万金油大王”的发迹史（略） 星系报纸的创立和发展（略） 爱国爱乡之举（略） 赞助海外侨胞公益事业（略）	职能职业与活动
爱国侨领、“万金油大王”“报业大王”“大慈善家”胡文虎先生，父亲胡子钦，母亲李金碧，生文龙、文虎、文豹三子，文龙早逝无后。胡文虎共有四位妻室，元配郑炳凤在槟城结婚，庶室陈金枝在仰光迎娶，黄玉谢在槟城成亲，邱秀英则在香港纳娶。他共有七个儿子，即胡蛟、胡山、胡好、胡一虎、胡二虎、胡三虎、胡四虎。二个女儿，即胡仙、胡星。胡蛟、胡山是元配夫人的儿子。胡好是陈金枝的儿子，胡仙是陈金枝的女儿。一虎与二虎是黄氏所生，三虎、四虎及胡星是邱氏所生。郑炳凤已故，陈金枝在香港，黄玉谢、邱秀英均在新加坡。胡蛟、胡好、胡二虎、胡三虎已故，胡山、胡一虎、胡四虎、胡仙、胡星仍健在。分别住在新加坡、香港等地。胡文豹共有四室：元配郑氏（已故），庶室杜苏（已故），张凤英（已故），杜氏生一子胡清才（已故），两女胡清湖（即李志城夫人，在新加坡），胡清新（即李益森夫人，在泰国），张氏生一子胡清德（在泰国）	内部结构或宗谱
胡文虎氏自20世纪20年代经营药业和报业有成，即以“取诸社会，用诸社会”“忠于国家为先”“爱国不敢后人”为旨，致力于慈善公益事业。地域不分中外，亦不限任何宗教，凡属有益于大众福利者均慷慨输将，或办学校，或建医院，或献抗战，或救灾民。毕其一生，爱国利民	时代背景
陈嘉庚 蒋介石	相关机构团体个人家族的名称标识符
CN－7[illegible]－[illegible]8－16	规范记录标识符

续表

家族	实体类型
《档案规范记录著录规则》	著录用规则
新建	状态
2000 年 1 月 26 日著录	创建修订或删除的日期
福建省档案馆，2012 年	来源
本规范记录根据胡文虎及其家族档案等著录	维护注释说明

附录3　基于 XML 的档案规范记录编码格式规范

目　次

前　　言

本标准是根据国际档案理事会制定的《国际标准——档案规范记录著录规则》、我国档案行业标准DA/T 18—1999《档案著录规则》等标准并结合我国档案规范记录著录的实践而编写的。

本标准是标准《档案规范记录著录规则》的配套标准。

本标准由《网络环境下的档案规范记录系统研究》课题组提出。

本标准起草单位：南京政治学院上海校区。

本标准主要起草人：段荣婷、张正强、王大青、唐丹、崔屏、程妍妍、张茜、张文友、刘国伟、李真。

引　言

文件形成者著录是档案工作者的必要工作之一。这就需要对档案规范记录进行著录。而国际标准可扩展置标语言（eXtensible Markup Language，XML）是档案规范记录的编码语言，它能够保证档案规范记录在网络环境下的共享利用。为此，特制定本标准。

基于XML的档案规范记录编码格式规范

档案规范记录提供同档案形成与保存相关联实体（机构团体、个人和家族）的著录，切合中国实践的标准《档案规范记录著录规则》从内容的概念语义层面为“中国档案规范记录计算机检索应用系统”提供实施著录的原则与建立规范记录的规则。而其配套标准《基于XML的档案规范记录编码格式规范》则从语法层面为“中国档案规范记录计算机检索应用系统”的研发及中国档案规范记录网络化共享利用奠定了基础。

《基于XML的档案规范记录编码格式规范》是档案著录标准化的重要组成部分，档案著录标准化是实现档案管理现代化的一项基础工作，为建立健全我国统一的档案检索体系，广泛开展档案的报道与交流，深入开发档案信息资源，充分发挥档案在我国社会主义建设事业中的作用而制定本标准。

1 范围

本标准规定了档案形成者（机构团体、个人或家族）的基于XML著录的格式规范。

本标准适用于各类档案形成者（机构团体、个人或家族）基于XML的著录。

2 规范性引用文件

下列标准所包含的条文，通过在本标准中引用而构成本标准的条文，本标准出版时，所示版本均为有效。所有标准都会被修订，使用本标准的各方应探讨使用下列标准最新版本的可能性。

GB 18030—2000　信息技术　信息交换用汉字编码字符集　基本集的扩充

GB 2312—1980　信息交换用汉字编码字符集　基本集

GB/T 18793—2002　信息技术　可扩展置标语言（XML）1.0（2002－07－18批准，2002－12－01实施）（W3C RFC－xml：1998，NEQ）

XML的命名空间［国际万维网联盟W3C标准Namespaces in XML 1.0（Second Edition）］

DA/T 18—1999　档案著录规则

GB/T 7408　数据元和交换格式　信息交换　日期和时间表示法

DA/T 1—2000　档案工作基本术语

ISAD（G）　国际标准——档案著录规则（总则）（General International Standard Archival Description，第2版，马德里：国际档案理事会，2000）

ISO 639－2　语种名称表示代码　第2部分：3字母代码（Codes for the representation of names of languages，Alpha-3 code，1998）

ISO 999　信息和文献－索引的内容、结构和描述指南（Information and documentation－Guidelines for the content，organization and presentation of indexes，1996）

ISO 3166　国家名称表示代码（Codes for the representation of names of countries，1997）

ISO 8601　数据存储和交换形式－信息交换－日期和时间的表示方法（Data elements and interchange formats－Information interchange－Representation of dates and times，第2版，2000）

ISO 15489　信息与文献－文件管理（Information and documentation－Records management，第1与第2部分）

ISO 15924　书写体名称表示代码（Codes for the representation of names of scripts，2003）

规范记录与参照款目指南（Guidelines for Authority Records and References）/国际图书馆协会联合会 GARE 修订工作组（International Federation of Library Associations Working Group on GARE revision）修订，第 2 版．München：K. G. Saur，2001［世界书目控制与国际机读目录出版物新丛书（UBCIM Publications New series），第 23 卷］

3　术语和定义

下列术语和定义适用于本标准。

3.1　规范记录 Authority record

名称已规范化形式，连同其他信息元素，用于确定与描述命名实体，并且也可指向其他相关规范记录。

档案规范记录主要分为：机构团体规范记录、个人规范记录、家族规范记录等。

3.2　基于 XML 的档案规范记录 Archival authority record based on XML

以可扩展置标语言（XML）对档案规范记录的相关信息进行结构化描述。本标准中所使用的“档案规范记录”术语如无特别说明，专指基于 XML 的档案规范记录。

3.3　命名空间 Namespace

XML 中用来唯一标识一个元素集的特殊属性。

3.4　模式 Schema

一种以含有逻辑约束规则的式样为基础的结构化模式语言。本标准中是指万维网联盟（W3C）的 XML Schema。

3.5　元素 Element

某个数据集内的一个具体数据项。

3.6　属性 Attribute

给一个具体元素实例添加信息或修改其信息的一个名称－值对。

4　符号和缩略语

4.1　W3C

万维网联盟（World Wide Web Consortium）。

4.2　XML

可扩展置标语言（eXtensible Markup Language）。

4.3　UML

统一建模语言（Unified Modeling Language）。

5　档案规范记录基本组成要素及其结构模型

档案规范记录基本组成要素主要包括：控制项、机构团体个人家族著录项，以及其规范记录标识符、其他规范记录标识符、维护状态、出版状态、维护机构、语种单项声明、规则声明、本地类型声明、本地控制、维护历史、多个来源，以及特征项、描述项、关系项等。

5.1　档案规范记录

档案规范记录由控制项及机构团体个人家族著录项与多重特征项组成，其结构模型见图 1。

5.1.1　控制项

控制项部分的结构模型见图 2。

5.1.2　机构团体个人家族著录项

机构团体个人家族著录项部分的结构模型见图 3。

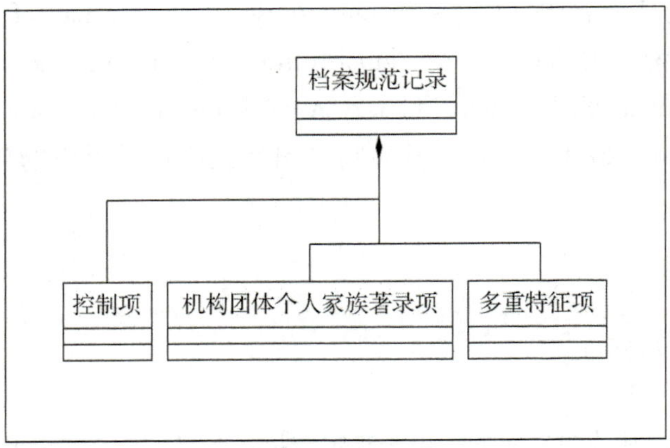

图1　档案规范记录 UML 结构模型

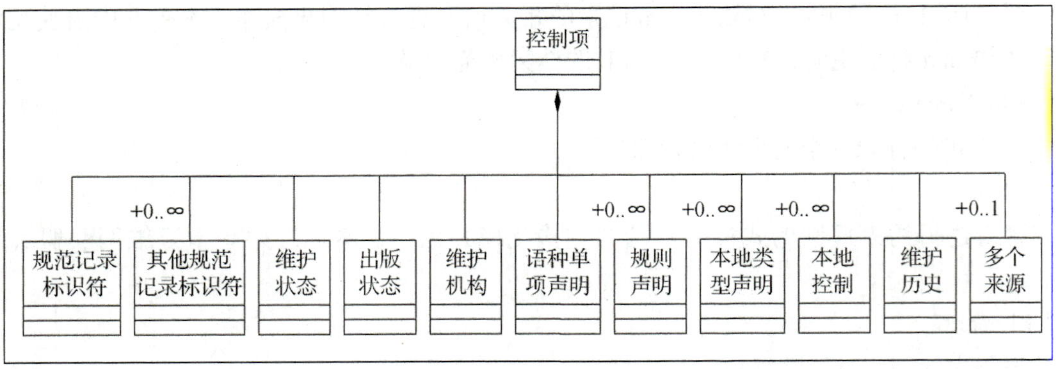

图2　控制项结构模型

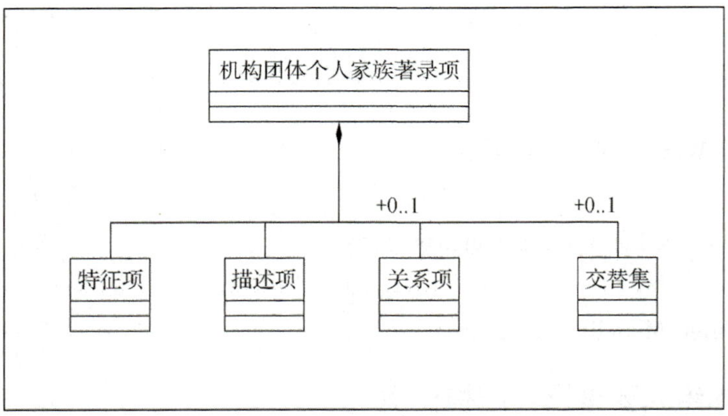

图3　机构团体个人家族著录项结构模型

5.1.2.1　特征项

特征项部分的结构模型见图4。

5.1.2.2　描述项

描述项部分的结构模型见图5。

5.1.2.3　关系项

关系项部分的结构模型见图6。

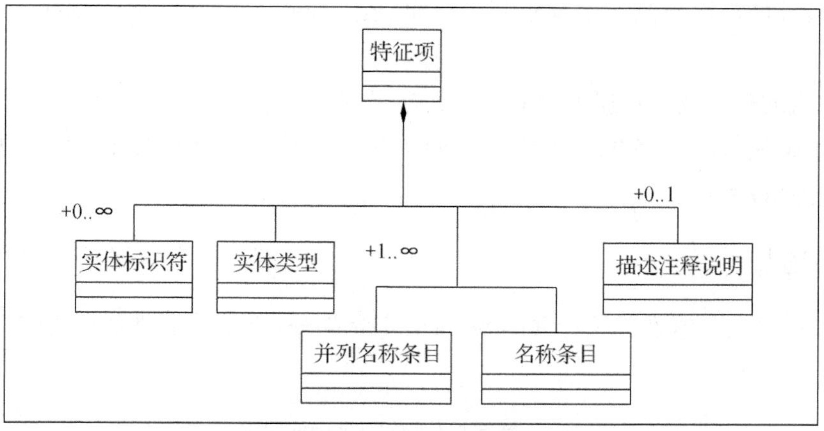

图 4　特征项 UML 结构模型

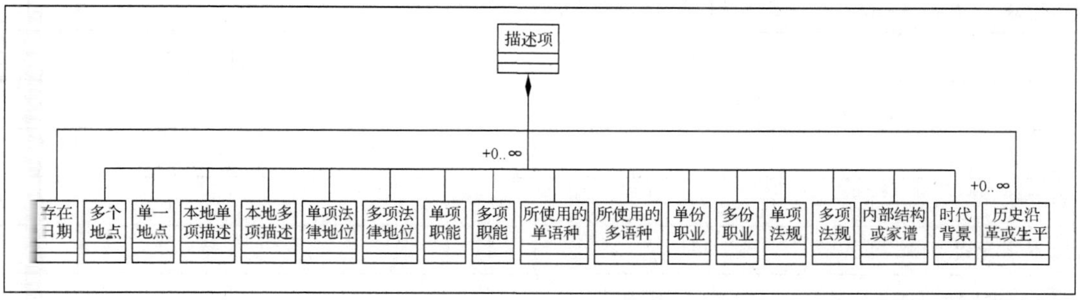

图 5　描述项 UML 结构模型

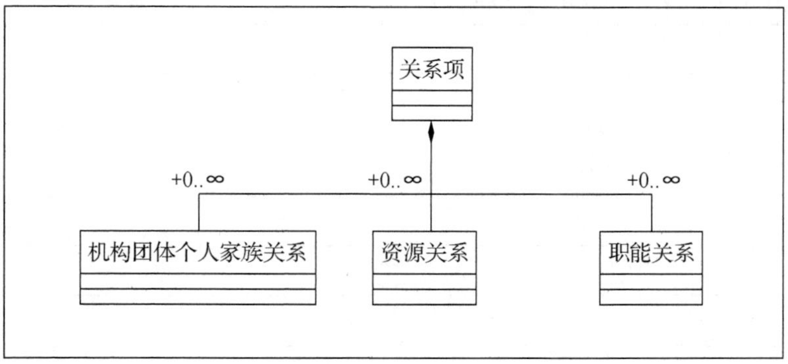

图 6　关系项 UML 结构模型

6　档案规范记录 XML 描述规则

6.1　字符集

档案规范记录使用的字符集建议采用 GB 18030—2000 的规定，允许采用 GB 2312—1980 规定的字符集过渡。

6.2　命名方法

档案规范记录 Schema 中各组成元素和属性的命名使用的文字建议采用规范性汉字，名称采用通用的全称或简称。

6.3　命名空间

档案规范记录 XML Schema 中目标命名空间的声明：档案规范记录置标中通过目标命名空间可以完整地标识一个具体的档案规范记录 XML 模式的地址，从而可以在网络环境下确定其所在位置，对其进行链接，验证与共享。①

① 张正强．论电子文件管理元数据语法描述的标准化［J］．档案学研究，2010（3）：75.

本课题研究所设计的档案规范记录置标命名空间是：xmlns：apc = " http：//government. org/ChinaE-AC-CPF-V 1. 0/" 。

6. 4　元素组与属性组的声明及其数据类型的自定义与引用

为了提高设计、使用效率，档案规范记录 Schema 中还据语义需求模块化地声明了元素组与属性组，并自定义了数据类型加以引用。

7　元素与属性描述①

7. 1 为档案规范记录根元素及其子元素的 Schema 定义部分；7. 2 为属性的语义定义部分。

7. 1　档案规范记录（表 1）

表 1　档案规范记录 Schema 定义

< 档案规范记录 > （ < eac-cpf > ） – EAC-CPF		
可重复性：	必备性：	是否可包含文本：
否	是	否
简要描述：		
该元素为根元素		
能够包含以下子元素：		
< control > （ < 控制项 > ） < cpfDescription > （ < 机构团体个人家族著录项 > ）		
能够包含以下属性：		
@ xml：id @ xml：base @ xml：lang		
能够出现于以下元素：		
/		
XML Schema 模型：		
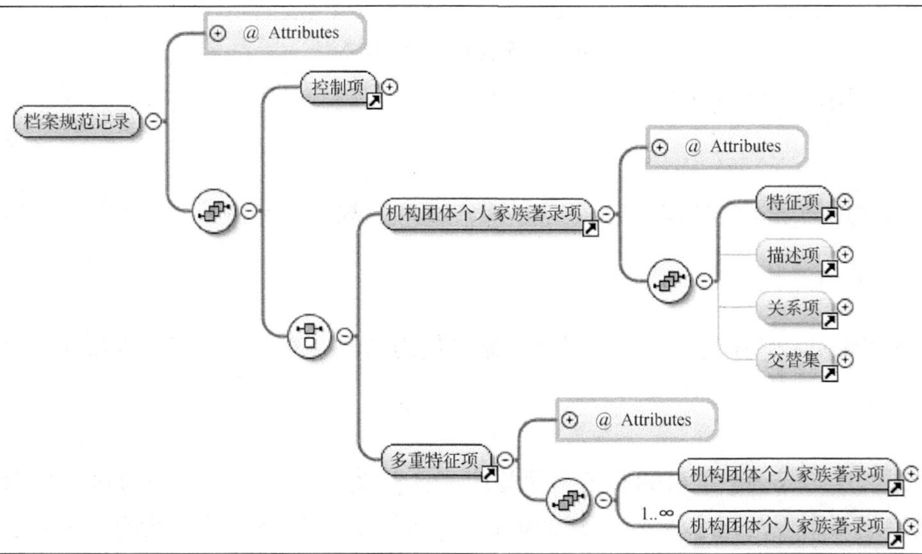		

① XML Schema 模型图由笔者应用 oXygen XML 编辑器 V15. 1（http：//www. oxygenxml. com）而生成，为节约篇幅，往往缩略了属性与自定义数据类型的显示。

续表

XML描述：

<pre><xs:element name="档案规范记录">
  <xs:complexType>
    <xs:sequence>
      <xs:element ref="控制项"/>
      <xs:choice>
        <xs:element ref="机构团体个人家族著录项"/>
        <xs:element ref="多重特征项"/>
      </xs:choice>
    </xs:sequence>
    <xs:attribute ref="xml:id"/>
    <xs:attribute ref="xml:lang"/>
    <xs:attribute ref="xml:base"/>
  </xs:complexType>
</xs:element></pre>

7.1.1　控制项（表2）

表2　控制项Schema定义

<控制项>（<control>）－控制项		
可重复性：	必备性：	是否可包含文本：
否	是	否
简要描述：		
包含管理EAC-CPF实例文档所必需的信息。用于在规范记录使用背景中唯一标识规范记录，并记录如何、何时及由何机构团体创建与维护规范记录		
能够包含以下子元素：		
<recordId>（<规范记录标识符>） <maintenanceAgency>（<维护机构>） <maintenanceStatus>（<维护状态>） <maintenanceHistory>（<维护历史>） <publicationStatus>（<出版状态>） <languageDeclaration>（<语种单项声明>） <sources>（<多个来源>） <conventionDeclaration>（<规则声明>） <otherRecordId>（<其他规范记录标识符>） <localControl>（<本地控制>） <localTypeDeclaration>（<本地类型声明>）		
能够包含以下属性：		
/		
能够出现于以下元素：		
<eac-cpf>（<档案规范记录>）		

续表

XML Schema 模型:

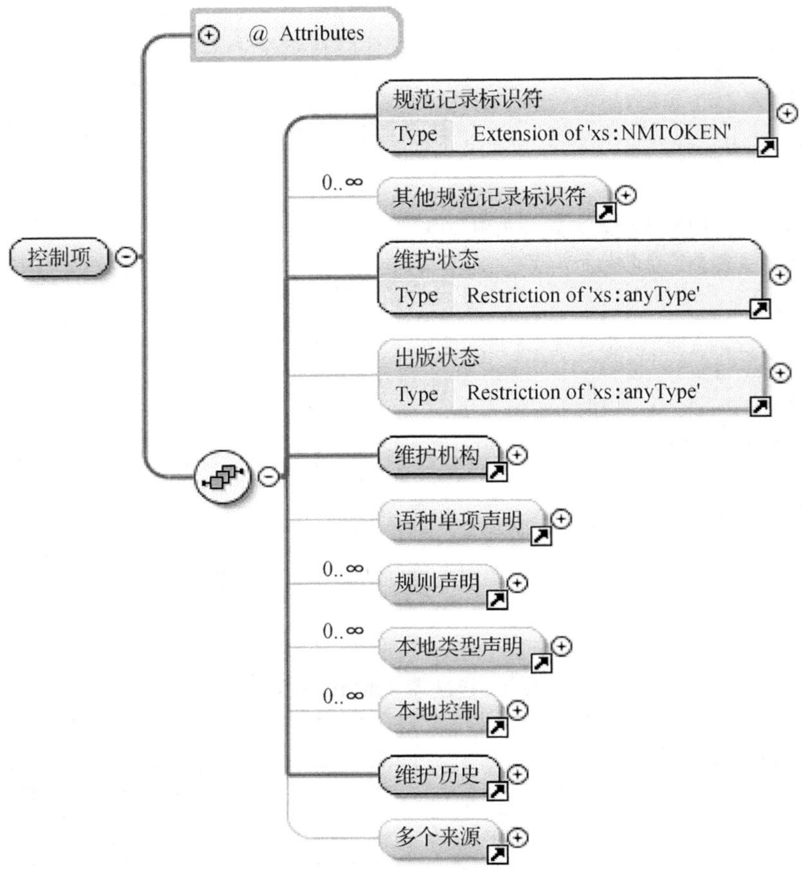

XML 描述:

```
<xs:element name="控制项">
  <xs:complexType>
    <xs:sequence>
      <xs:element ref="规范记录标识符"/>
      <xs:element maxOccurs="unbounded" minOccurs="0" ref="其他规范记录标识符"/>
      <xs:element ref="维护状态"/>
      <xs:element minOccurs="0" ref="出版状态"/>
      <xs:element ref="维护机构"/>
      <xs:element minOccurs="0" ref="语种单项声明"/>
      <xs:element maxOccurs="unbounded" minOccurs="0" ref="规则声明"/>
      <xs:element maxOccurs="unbounded" minOccurs="0" ref="本地类型声明"/>
      <xs:element maxOccurs="unbounded" minOccurs="0" ref="本地控制"/>
      <xs:element ref="维护历史"/>
      <xs:element minOccurs="0" ref="多个来源"/>
    </xs:sequence>
    <xs:attribute ref="xml:id"/>
    <xs:attribute ref="xml:lang"/>
    <xs:attribute ref="xml:base"/>
  </xs:complexType>
</xs:element>
```

7.1.1.1　规范记录标识符（表3）

表3　规范记录标识符 Schema 定义

<table>
<tr><td colspan="3"><规范记录标识符>（<recordId>）－规范记录标识符</td></tr>
<tr><td>可重复性:</td><td>必备性:</td><td>是否可包含文本:</td></tr>
<tr><td>否</td><td>是</td><td>是</td></tr>
<tr><td colspan="3">简要描述:</td></tr>
<tr><td colspan="3">规范记录标识符是规范记录著录的标识符。它必须是特定实例的唯一标识符。可自动生成。对于转换的EAC-CPF实例，标识符的唯一性与格式将被核对。如其并非唯一或其格式不符合具体本地化的标识符格式规范，则可能被转换为<otherRecordId>（<其他机构团体标识符>）</td></tr>
<tr><td colspan="3">能够包含以下子元素:</td></tr>
<tr><td colspan="3">/</td></tr>
<tr><td colspan="3">能够包含以下属性:</td></tr>
<tr><td colspan="3">/</td></tr>
<tr><td colspan="3">能够出现于以下元素:</td></tr>
<tr><td colspan="3"><control>（<控制项>）</td></tr>
<tr><td colspan="3">XML Schema 模型:</td></tr>
<tr><td colspan="3">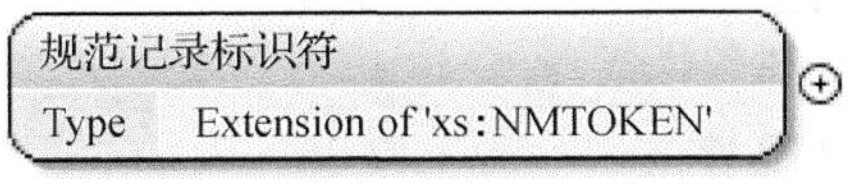
</td></tr>
<tr><td colspan="3">XML 描述:</td></tr>
<tr><td colspan="3"><xs:element name="规范记录标识符">
<xs:complexType>
<xs:simpleContent>
<xs:extension base="xs:NMTOKEN">
<xs:attribute ref="xml:id"/>
</xs:extension>
</xs:simpleContent>
</xs:complexType>
</xs:element></td></tr>
</table>

7.1.1.2　其他规范记录标识符（表4）

表4　其他规范记录标识符 Schema 定义

<table>
<tr><td colspan="3"><其他规范记录标识符>（<otherRecordId>）－其他规范记录标识符</td></tr>
<tr><td>可重复性:</td><td>必备性:</td><td>是否可包含文本:</td></tr>
<tr><td>是</td><td>否</td><td>是</td></tr>
<tr><td colspan="3">简要描述:</td></tr>
<tr><td colspan="3">其他规范记录标识符:可能与EAC-CPF实例相关联的交替记录标识符</td></tr>
<tr><td colspan="3">能够包含以下子元素:</td></tr>
<tr><td colspan="3">/</td></tr>
</table>

续表

能够包含以下属性：
@ localType(@本地类型)
能够出现于以下元素：
<control>(<控制项>)
XML Schema 模型：
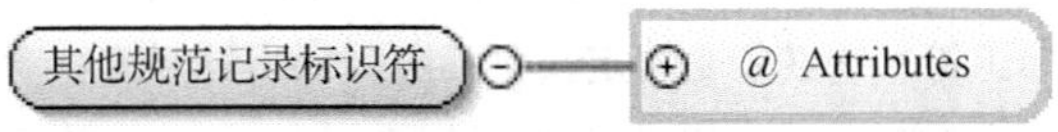
XML 描述：
<xs:element name="其他规范记录标识符"> <xs:complexType mixed="true"> <xs:attribute ref="xml:id"/> <xs:attributeGroup ref="m. id"/> </xs:complexType> </xs:element>

7.1.1.3 维护状态（表 5）

表 5 维护状态 Schema 定义

<维护状态>（<maintenanceStatus>）－维护状态		
可重复性：	必备性：	是否可包含文本：
否	是	是
简要描述：		
用于表明规范记录的起草状态，以使利用者能够获悉规范记录的当前状态。维护的当前状态，可以是以下状态之一：新建、取消、删除、替代删除、合并删除、分离删除、删除来源或修订		
能够包含以下子元素：		
/		
能够包含以下属性：		
/		
能够出现于以下元素：		
<control>（<控制项>）		
XML Schema 模型：		
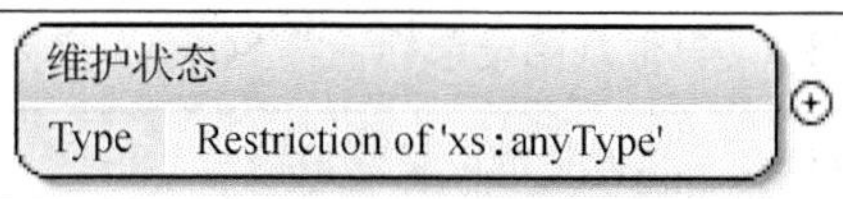		
XML 描述：		
<xs:element name="维护状态"> <xs:complexType> <xs:simpleContent> <xs:restriction base="xs:anyType"> <xs:simpleType> <xs:restriction base="xs:token">		

续表

```
            <xs:enumeration value="revised"/>
            <xs:enumeration value="deleted"/>
            <xs:enumeration value="new"/>
            <xs:enumeration value="deletedSplit"/>
            <xs:enumeration value="deletedReplaced"/>
            <xs:enumeration value="cancelled"/>
            <xs:enumeration value="derived"/>
          </xs:restriction>
        </xs:simpleType>
        <xs:attribute ref="xml:id"/>
      </xs:restriction>
    </xs:simpleContent>
  </xs:complexType>
</xs:element>
```

7.1.1.4　出版状态（表6）

表6　出版状态 Schema 定义

<出版状态>（<publicationStatus>）－出版状态		
可重复性：	必备性：	是否可包含文本：
否	否	是
简要描述：		
EAC-CPF 实例的当前出版状态。仅能够为在进行中或已获批准		
能够包含以下子元素：		
/		
能够包含以下属性：		
/		
能够出现于以下元素：		
<control>（<控制项>）		
XML Schema 模型		
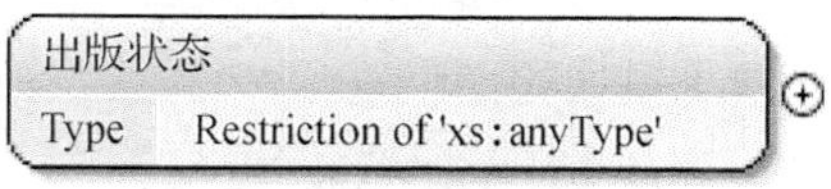		
XML 描述		

```
<xs:element name="出版状态">
  <xs:complexType>
    <xs:simpleContent>
      <xs:restriction base="xs:anyType">
        <xs:simpleType>
          <xs:restriction base="xs:token">
            <xs:enumeration value="inProcess"/>
            <xs:enumeration value="approved"/>
          </xs:restriction>
```

续表

```
      </xs:simpleType>
      <xs:attribute ref="xml:id"/>
    </xs:restriction>
  </xs:simpleContent>
 </xs:complexType>
</xs:element>
```

7.1.1.5 维护机构（表7）

表7 维护机构 Schema 定义

<维护机构>（<maintenanceAgency>）－维护机构		
可重复性：	必备性：	是否可包含文本：
否	是	否
简要描述：		
EAC-CPF 实例创建、维护或传播的负责机构团体或服务		
能够包含以下子元素：		
<agencyCode>（<机构代码>） <otherAgencyCode>（<其他机构代码>） <agencyName>（<机构名称>） <descriptiveNote>（<描述注释说明>）		
能够包含以下属性：		
/		
能够出现于以下元素：		
<control>（<控制项>）		
XML Schema 模型：		
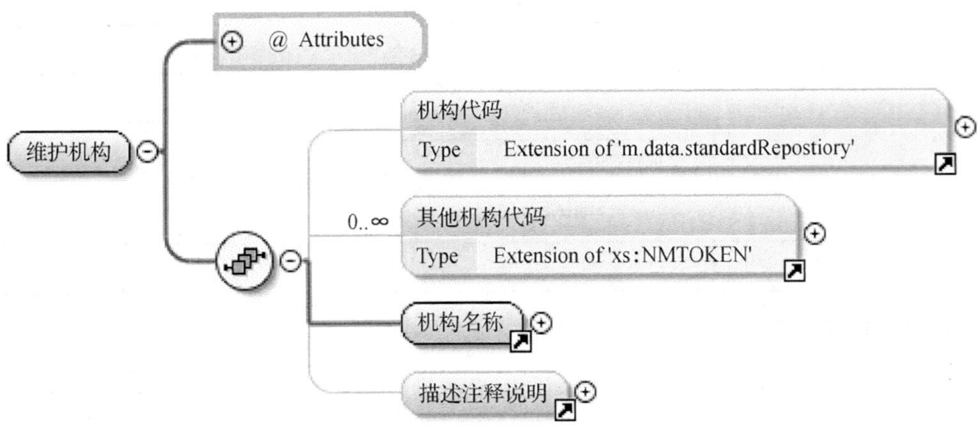		
XML 描述：		
<xs:element name="维护机构"> <xs:complexType> <xs:sequence> <xs:element minOccurs="0" ref="机构代码"/>		

续表

```
        <xs:element maxOccurs="unbounded" minOccurs="0" ref="其他机构代码"/>
        <xs:element ref="机构名称"/>
        <xs:element minOccurs="0" ref="描述注释说明"/>
      </xs:sequence>
      <xs:attribute ref="xml:id"/>
    </xs:complexType>
</xs:element>
```

7.1.1.5.1　机构代码（表8）

表8　机构代码 Schema 定义

<机构代码>（<agencyCode>）－机构标识符		
可重复性：	必备性：	是否可包含文本：
否	是	是
简要描述：		
用于标识规范记录的负责机构团体。代表EAC-CPF实例创建、维护或传播的负责机构团体或服务的标识符。其内容应与ISO 15511相符合。强烈推荐使用已注册的图书馆与相关组织的国际标准标识符（ISIL①）代码		
能够包含以下子元素：		
/		
能够包含以下属性：		
/		
能够出现于以下元素：		
<maintenanceAgency>（<维护机构>）		
XML Schema 模型：		

XML 描述：		

```
<xs:element name="机构代码">
  <xs:complexType>
    <xs:simpleContent>
      <xs:extension base="m. data. standardRepository">
        <xs:attribute ref="xml:id"/>
      </xs:extension>
    </xs:simpleContent>
  </xs:complexType>
</xs:element>
```

① 参见ISO 15511－ISIL（International Standard Identifier for Libraries and Related Organizations）。

7.1.1.5.2　其他机构代码（表9）

表9　其他机构代码 Schema 定义

<table>
<tr><td colspan="3"><其他机构代码>（<otherAgencyCode>）－其他机构标识符</td></tr>
<tr><td>可重复性：</td><td>必备性：</td><td>是否可包含文本：</td></tr>
<tr><td>是</td><td>否</td><td>是</td></tr>
<tr><td colspan="3">简要描述：</td></tr>
<tr><td colspan="3">代表 EAC-CPF 实例创建、维护或传播的负责机构团体或服务的交替代码</td></tr>
<tr><td colspan="3">能够包含以下子元素：</td></tr>
<tr><td colspan="3">/</td></tr>
<tr><td colspan="3">能够包含以下属性：</td></tr>
<tr><td colspan="3">@ localType（@本地类型）</td></tr>
<tr><td colspan="3">能够出现于以下元素：</td></tr>
<tr><td colspan="3"><maintenanceAgency>（<维护机构>）</td></tr>
<tr><td colspan="3">XML Schema 模型：</td></tr>
<tr><td colspan="3">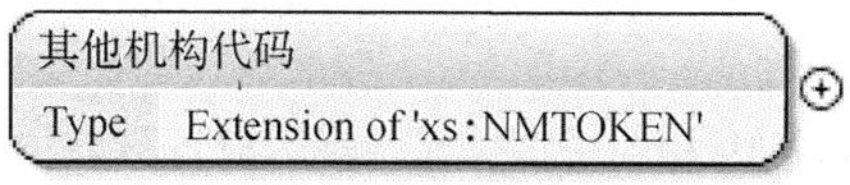
</td></tr>
<tr><td colspan="3">XML 描述：</td></tr>
<tr><td colspan="3"><xs:element name="其他机构代码">
  <xs:complexType>
    <xs:simpleContent>
      <xs:extension base="xs:NMTOKEN">
        <xs:attribute ref="xml:id"/>
        <xs:attributeGroup ref="a. localType"/>
      </xs:extension>
    </xs:simpleContent>
  </xs:complexType>
</xs:element></td></tr>
</table>

7.1.1.5.3　机构名称（表10）

表10　机构名称 Schema 定义

<table>
<tr><td colspan="3"><机构名称>（<agencyName>）－著录负责机构的名称</td></tr>
<tr><td>可重复性：</td><td>必备性：</td><td>是否可包含文本：</td></tr>
<tr><td>否</td><td>是</td><td>是</td></tr>
<tr><td colspan="3">简要描述：</td></tr>
<tr><td colspan="3">EAC-CPF 实例创建、维护或传播的负责机构团体或服务的名称。推荐使用由适当国家或国际机构团体或服务规范的机构团体名称形式。能够包含显示该机构团体名称的语种（使用 xml：lang 属性）</td></tr>
<tr><td colspan="3">能够包含以下子元素：</td></tr>
<tr><td colspan="3">/</td></tr>
<tr><td colspan="3">能够包含以下属性：</td></tr>
</table>

续表

@xml：lang
能够出现于以下元素：
<maintenanceAgency>（<维护机构>）
XML Schema 模型：
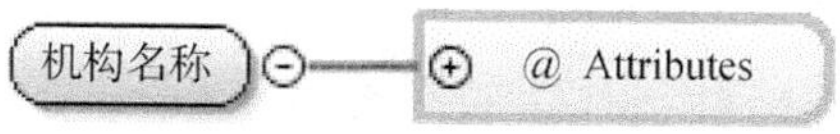
XML 描述：
<xs:element name = "机构名称"> <xs:complexType mixed = "true"> <xs:attribute ref = "xml:id"/> <xs:attribute ref = "xml:lang"/> </xs:complexType> </xs:element>

7.1.1.5.4　描述注释说明（表 11）

表 11　描述注释说明 Schema 定义

<描述注释说明>（<descriptiveNote>）－描述注释说明		
可重复性：	必备性：	是否可包含文本：
否	否	否
简要描述：		
以文本形式提供附加信息和规范的通用元素，与其所在的描述元素相关		
能够包含以下子元素：		
<p>（<段落>）		
能够包含以下属性：		
@xml：lang		
能够出现于以下元素：		
<maintenanceAgency>（<维护机构>） <languageDeclaration>（<语种单项声明>） <conventionDeclaration>（<规则声明>） <source>（<单一来源>） <localTypeDeclaration>（<本地类型声明>） <identity>（<特征项>） <existDates>（<存在日期>） <place>（<单一地点>） <places>（<多个地点>） <localDescriptions>（<本地多项描述>） <localDescription>（<本地单项描述>） <legalStatus>（<单项法律地位>） <legalStatuses>（<多项法律地位>） <function>（<单项职能>）		

续表

<functions>（<多项职能>） <occupation>（<单份职业>） <occupations>（<多份职业>） <mandate>（<单项法规>） <mandates>（<多项法规>） <languageUsed>（<所使用的单语种>） <languagesUsed>（<所使用的多语种>） <cpfRelation>（<机构团体个人家族关系>） <resourceRelation>（<资源关系>） <FunctionRelation>（<职能关系>） <SetComponent>（<集成分>）
XML Schema 模型：
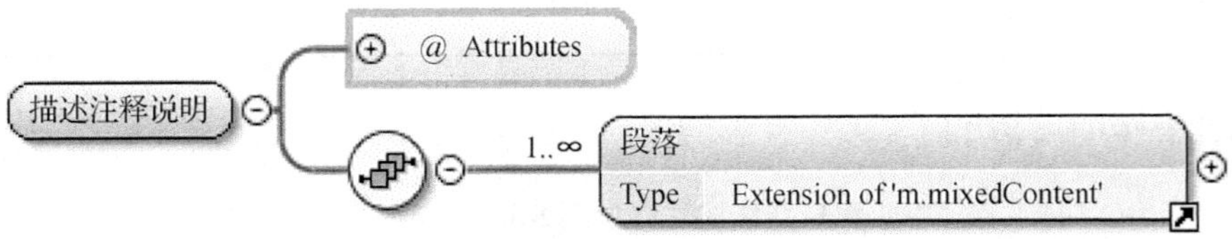
XML 描述：

```
<xs:element name="描述注释说明">
  <xs:complexType>
    <xs:sequence>
      <xs:element maxOccurs="unbounded" ref="段落"/>
    </xs:sequence>
    <xs:attribute ref="xml:id"/>
    <xs:attribute ref="xml:lang"/>
  </xs:complexType>
</xs:element>
```

7.1.1.5.4.1 段落（表12）

表12 段落 Schema 定义

<段落>（<p>）-段落		
可重复性：	必备性：	是否可包含文本：
是	否	是
简要描述：		
<p>（<段落>）元素是重要的文本，其必须作为<descriptiveNote>（<描述注释说明>）元素中一般性描述的部分。新段落用于以不同语种编码文本内容		
能够包含以下子元素：		
/		
能够包含以下属性：		
@xml：lang		
能够出现于以下元素：		

续表

<descriptiveNote>（<描述注释说明>）
<LocalDescription>（<本地单项描述>）
<LegalStatus>（<单项法律地位>）
<Functions>（<多项职能>）
<Occupations>（<多份职业>）
<Mandates>（<多项法规>）
<structureOrGenealogy>（<内部结构或家谱>）
<generalContext>（<时代背景>）
<biogHist>（<历史沿革或生平>）

XML Schema 模型：

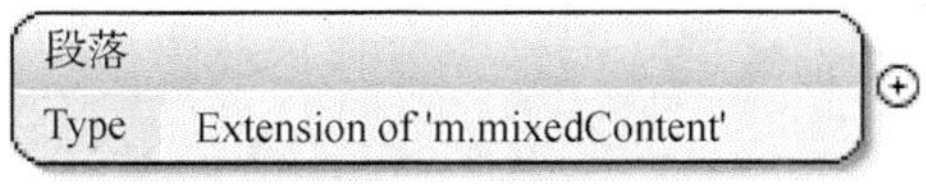

XML 描述：

```
<xs:element name="段落">
  <xs:complexType>
    <xs:complexContent>
      <xs:extension base="m. mixedContent">
        <xs:attribute ref="xml:id"/>
        <xs:attribute ref="xml:lang"/>
      </xs:extension>
    </xs:complexContent>
  </xs:complexType>
</xs:element>
```

7.1.1.6　语种单项声明（表 13）

表 13　语种单项声明 Schema 定义

<语种单项声明>（<languageDeclaration>）－语种声明		
可重复性：	必备性：	是否可包含文本：
是	否	否
简要描述：		
EAC-CPF 实例中所使用占主导地位的语种与书写体声明的封装元素		
能够包含以下子元素：		
<language>（<语种>） <script>（<书写体>） <descriptiveNote>（<描述注释说明>）		
能够包含以下属性：		
/		
能够出现于以下元素：		
<控制项>（<control>） <语种多项声明>（<languageDeclarations>）		

续表

XML Schema 模型：

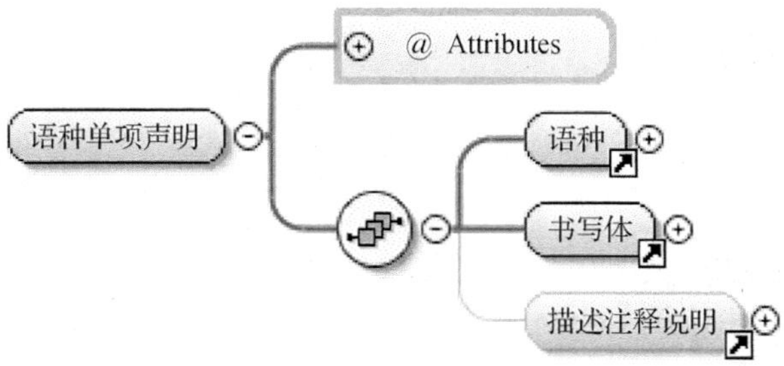

XML 描述：

```
<xs:element name = "语种单项声明" >
  <xs:complexType >
    <xs:sequence >
      <xs:element ref = "语种"/ >
      <xs:element ref = "书写体"/ >
      <xs:element minOccurs = "0"  ref = "描述注释说明"/ >
    </xs:sequence >
    <xs:attribute ref = "xml:id"/ >
    <xs:attribute ref = "xml:lang"/ >
  </xs:complexType >
</xs:element >
```

7.1.1.6.1　语种（表 14）

表 14　语种 Schema 定义

<语种>（<language>）－语种		
可重复性：	必备性：	是否可包含文本：
否	否	是
简要描述：		
用于表明规范记录创建所使用的语种。EAC-CPF 实例主语种规范。使用语种的 ISO 639－2b（必备）		
能够包含以下子元素：		
/		
能够包含以下属性：		
@ languageCode（@ 语种代码） @ xml：lang		
能够出现于以下元素：		
<languageDeclaration>（<语种单项声明>）		
XML Schema 模型：		
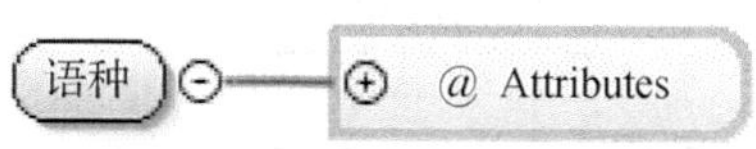		

续表

XML 描述
``` ```

```
<xs:element name="语种">
  <xs:complexType mixed="true">
    <xs:attribute ref="xml:id"/>
    <xs:attribute ref="xml:lang"/>
    <xs:attribute name="语种代码" use="required">
      <xs:simpleType>
        <xs:restriction base="xs:string">
          <xs:pattern value="[a-z]{3}"/>
        </xs:restriction>
      </xs:simpleType>
    </xs:attribute>
  </xs:complexType>
</xs:element>
```

7.1.1.6.2　书写体（表15）

表15　书写体 Schema 定义

<书写体>（<script>）－书写体		
可重复性：	必备性：	是否可包含文本：
否	否	是
简要描述：		
用于表明规范记录创建所使用的书写体。档案机构团体著录中所使用的语种的书写体。使用书写体代码 ISO 15924（必备）		
能够包含以下子元素：		
/		
能够包含以下属性：		
@scriptCode（@书写体代码） @xml：lang		
能够出现于以下元素：		
<languageDeclaration>（<语种单项声明>）		
XML Schema 模型：		

XML 描述		

```
<xs:element name="书写体">
  <xs:complexType mixed="true">
    <xs:attribute ref="xml:id"/>
    <xs:attribute ref="xml:lang"/>
    <xs:attributeGroup ref="a.scriptCode"/>
  </xs:complexType>
</xs:element>
```

7.1.1.7 规则声明（表 16）

表 16 规则声明 Schema 定义

<规则声明>（<conventionDeclaration>）－规则声明		
可重复性：	必备性：	是否可包含文本：
是	否	否
简要描述：		
EAC-CPF 实例创建中所应用的规则（包括规范化的控制词表与叙词表）声明		
能够包含以下子元素：		
<abbreviation>（<简称>） <citation>（<引用>） <descriptiveNote>（<描述注释说明>）		
能够包含以下属性：		
/		
能够出现于以下元素：		
<control>（<控制项>）		
XML Schema 模型：		
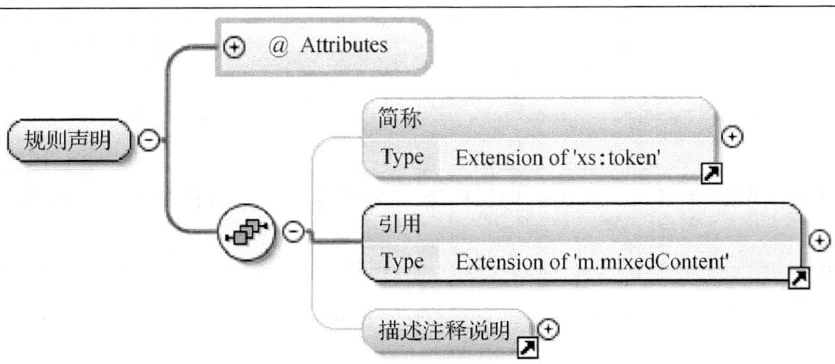		
XML 描述：		

```
<xs:element name="规则声明">
  <xs:complexType>
    <xs:sequence>
      <xs:element minOccurs="0" ref="简称"/>
      <xs:element ref="引用"/>
      <xs:element minOccurs="0" ref="描述注释说明"/>
    </xs:sequence>
    <xs:attribute ref="xml:id"/>
    <xs:attribute ref="xml:lang"/>
  </xs:complexType>
</xs:element>
```

7.1.1.7.1 简称（表 17）

表 17 简称 Schema 定义

<简称>（<abbreviation>）－所使用的规则的简称		
可重复性：	必备性：	是否可包含文本：

续表

否	否	是
简要描述：		
用于描述机构团体的标准的简称。包含标识叙词表、控制词表或设计与编辑 EAC-CPF 著录所使用的其他标准的简称或代码		
能够包含以下子元素：		
/		
能够包含以下属性：		
/		
能够出现于以下元素：		
<conventionDeclaration>（<规则声明>） <localTypeDeclaration>（<本地类型声明>）		
XML Schema 模型：		

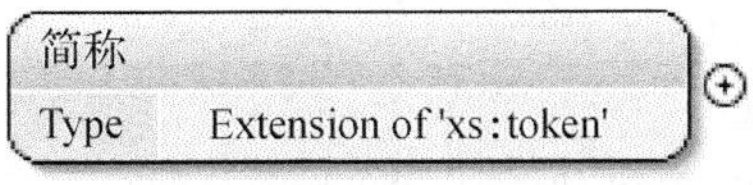

XML 描述：

```
<xs:element name="简称">
  <xs:complexType>
    <xs:simpleContent>
      <xs:extension base="xs:token">
        <xs:attribute ref="xml:id"/>
      </xs:extension>
    </xs:simpleContent>
  </xs:complexType>
</xs:element>
```

7.1.1.7.2　引用（表18）

表18　引用 Schema 定义

<引用>（<citation>）－所使用规则的全称		
可重复性：	必备性：	是否可包含文本：
是	否	是
简要描述：		
所使用的著录档案机构团体的标准简称的扩展全称		
能够包含以下子元素：		
/		
能够包含以下属性：		
@lastDateTimeVerified（@最后证实时间） @xlink：type @href		

续表

@xlink: role @xlink: title @xml: lang
能够出现于以下元素:
<conventionDeclaration> (<规则声明>) <localTypeDeclaration> (<本地类型声明>) <place> (<单一地点>) <localDescription> (<本地单项描述>) <legalStatus> (<单项法律地位>) <function> (<单项职能>) <occupation> (<单份职业>) <mandate> (<单项法规>) <biogHist> (<历史沿革或生平>)
XML Schema 模型:
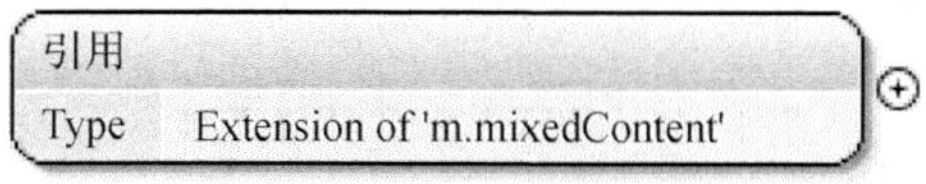
XML 描述:

```
<xs:element name="引用">
  <xs:complexType>
    <xs:complexContent>
      <xs:extension base="m. mixedContent">
        <xs:attribute ref="xml:id"/>
        <xs:attribute ref="xml:lang"/>
        <xs:attributeGroup ref="xlink:simpleLink"/>
        <xs:attribute name="最后证实时间" type="m. data. standardDateTime"/>
      </xs:extension>
    </xs:complexContent>
  </xs:complexType>
</xs:element>
```

7.1.1.8 本地类型声明（表 19）

表 19 本地类型声明 Schema 定义

<本地类型声明> (<localTypeDeclaration>) –本地类型声明		
可重复性:	必备性:	是否可包含文本:
是	否	否
简要描述:		
@LocalType (@本地类型) 属性内所使用的本地规则与控制词表的声明		
能够包含以下子元素:		
<citation> (<引用>) <abbreviation> (<简称>) <descriptiveNote> (<描述注释说明>)		

续表

能够包含以下属性：
/
能够出现于以下元素：
<control>（<控制项>）
XML Schema 模型：

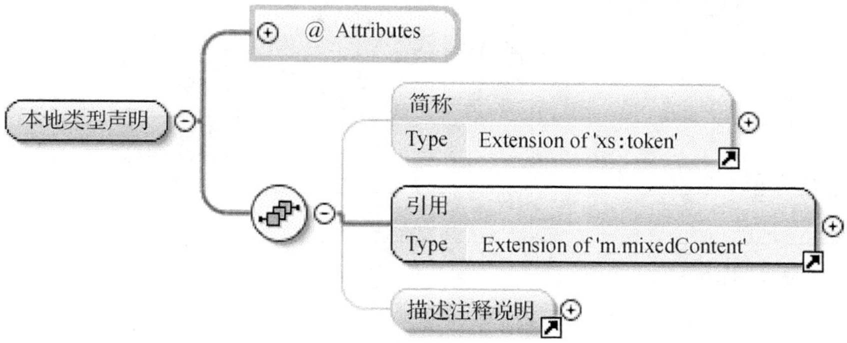

XML 描述：

```
<xs:element name="本地类型声明">
  <xs:complexType>
    <xs:sequence>
      <xs:element minOccurs="0" ref="简称"/>
      <xs:element ref="引用"/>
      <xs:element minOccurs="0" ref="描述注释说明"/>
    </xs:sequence>
    <xs:attribute ref="xml:id"/>
    <xs:attribute ref="xml:lang"/>
  </xs:complexType>
</xs:element>
```

7.1.1.9　本地控制（表 20）

表 20　本地控制 Schema 定义

<本地控制>（<localControl>）－详细级次控制		
可重复性：	必备性：	是否可包含文本：
是	否	否
简要描述：		
配合本地实践所必需的任何附加控制条目		
能够包含以下子元素：		
<date>（<日期>） <dateRange>（<日期范围>） <term>（<细则>）		
能够包含以下属性：		
@localType（@本地类型）		

续表

能够出现于以下元素：
<control> （<控制项>）
XML Schema 模型：

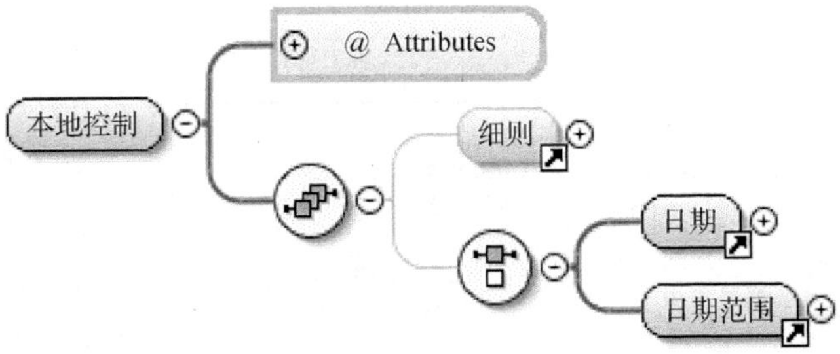

XML 描述：

```
<xs:element name="本地控制">
  <xs:complexType>
    <xs:sequence>
      <xs:element minOccurs="0" ref="细则"/>
      <xs:choice minOccurs="0">
        <xs:element ref="日期"/>
        <xs:element ref="日期范围"/>
      </xs:choice>
    </xs:sequence>
    <xs:attribute ref="xml:id"/>
    <xs:attribute ref="xml:lang"/>
    <xs:attributeGroup ref="a.localType"/>
  </xs:complexType>
</xs:element>
```

7.1.1.9.1　细则（表 21）

表 21　细则 Schema 定义

<细则> （<term>） －详细级次		
可重复性：	必备性：	是否可包含文本：
是	否	是
简要描述：		
用于依照本地著录规则编码著录项的通用元素		
能够包含以下子元素：		
/		
能够包含以下属性：		
@ lastDateTimeVerified （@ 最后证实时间） @ scriptCode （@ 书写体代码） @ transliteration （@ 音译） @ vocabularySource （@ 词汇来源） @ xml：lang		

续表

能够出现于以下元素：
<localControl>（<本地控制>） <LocalDescription>（<本地单项描述>） <place>（<单一地点>） <legalStatus>（<单项法律地位>） <function>（<单项职能>） <occupation>（<单份职业>） <mandate>（<单项法规>）
XML Schema 模型：
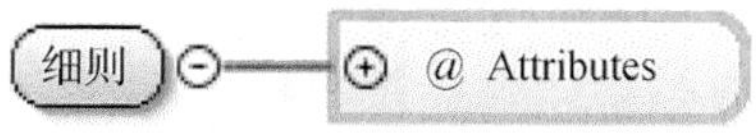
XML 描述：
<xs:element name = "细则">   <xs:complexType mixed = "true">   <xs:attribute ref = "xml:id"/>   <xs:attributeGroup ref = "m. entryLanguageAttributes"/>   <xs:attribute name = "最后证实时间" type = "m. data. standardDateTime"/>   <xs:attribute name = "词汇来源" type = "xs:anyURI"/>   </xs:complexType> </xs:element>

7.1.1.9.2　日期（表 22）

表 22　日期 Schema 定义

<日期>（<date>）－单一日期		
可重复性：	必备性：	是否可包含文本：
是	否	是
简要描述		
控制条目的单一日期		
能够包含以下子元素：		
/		
能够包含以下属性：		
@standardDate（@标准日期） @notAfter（@不晚于） @notBefore（@不早于） @xml:lang		
能够出现于以下元素：		
<dateSet>（<日期集>） <localControl>（<本地控制>） <useDates>（<使用日期>） <resourceRelation>（<资源关系>）		

续表

<place>（<单一地点>）
<localDescription><本地单项描述>
<dateSet>（<日期集>）
<chronItem>（<按年代顺序排列的项目>）
<existDates>（<存在日期>）
<legalStatus>（<单项法律地位>）
<function>（<单项职能>）
<occupation>（<单份职业>）
<mandate>（<单项法规>）
<cpfRelation>（<机构团体个人家族关系>）
<functionRelation>（<职能关系>）

XML Schema 模型：

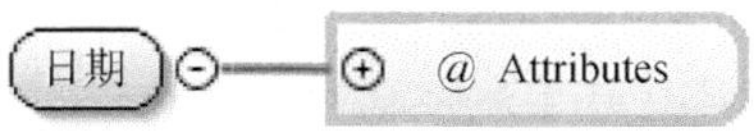

XML 描述：

```
<xs:element name="日期">
  <xs:complexType mixed="true">
    <xs:attribute ref="xml:id"/>
    <xs:attribute ref="xml:lang"/>
    <xs:attribute name="本地类型" type="xs:anyURI"/>
    <xs:attributeGroup ref="m. dateSingle"/>
  </xs:complexType>
</xs:element>
```

7.1.1.9.3　日期范围（表 23）

表 23　日期范围 Schema 定义

<日期范围>（<dateRange>）－日期范围		
可重复性：	必备性：	是否可包含文本：
是	否	否
简要描述：		
控制条目的日期范围		
能够包含以下子元素：		
<fromDate>（<起始日期>） <toDate>（<终止日期>）		
能够包含以下属性：		
@standardDate（@标准日期） @notAfter（@不晚于） @notBefore（@不早于） @xml：lang		

续表

能够出现于以下元素：
<dateSet>（<日期集>） <localControl>（<本地控制>） <useDates>（<使用日期>） <resourceRelation>（<资源关系>） <place>（<单一地点>） <localDescription>（<本地单项描述>） <legalStatus>（<单项法律地位>） <function>（<单项职能>） <occupation>（<单份职业>） <mandate>（<单项法规>） <chronItem>（<按年代顺序排列的项目>） <cpfRelation>（<机构团体个人家族关系>） <functionRelation>（<职能关系>）
XML Schema 模型：
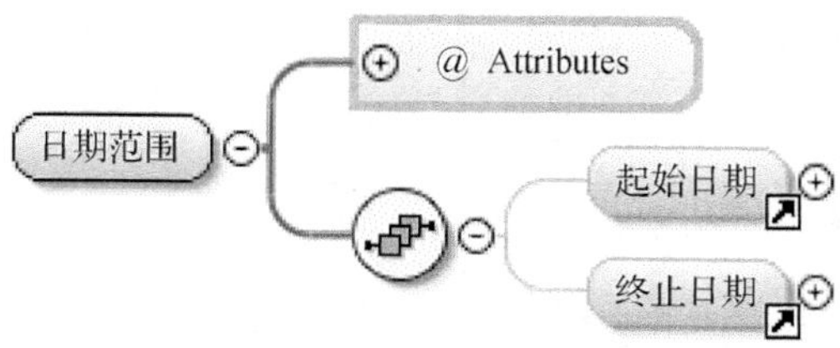
XML 描述：

```
<xs:element name="日期范围">
  <xs:complexType>
    <xs:sequence>
      <xs:element minOccurs="0" ref="起始日期"/>
      <xs:element minOccurs="0" ref="终止日期"/>
    </xs:sequence>
    <xs:attribute ref="xml:id"/>
    <xs:attribute ref="xml:lang"/>
    <xs:attribute name="本地类型" type="xs:anyURI"/>
  </xs:complexType>
</xs:element>
```

7.1.1.9.3.1　起始日期（表24）

表24　起始日期 Schema 定义

<起始日期>（<fromDate>）－起始日期		
可重复性：	必备性：	是否可包含文本：
是	否	是
简要描述：		
日期范围的起始日期		
能够包含以下子元素：		

续表

/
能够包含以下属性：
@ notAfter（@ 不晚于） @ notBefore（@ 不早于） @ standardDate（@ 标准日期） @ xml：lang
能够出现于以下元素：
<dateRange>（<日期范围>）
XML Schema 模型：

XML 描述：

```
<xs:element name="起始日期">
  <xs:complexType mixed="true">
    <xs:attribute ref="xml:id"/>
    <xs:attribute ref="xml:lang"/>
    <xs:attributeGroup ref="m. dateSingle"/>
  </xs:complexType>
</xs:element>
```

7.1.1.9.3.2　终止日期（表 25）

表 25　终止日期 Schema 定义

<终止日期>（<toDate>）－终止日期		
可重复性：	必备性：	是否可包含文本：
是	否	是
简要描述：		
日期范围的终止日期		
能够包含以下子元素：		
/		
能够包含以下属性：		
@ notAfter（@ 不晚于） @ notBefore（@ 不早于） @ standardDate（@ 标准日期） @ xml：lang		
能够出现于以下元素：		
<dateRange>（<日期范围>）		
XML Schema 模型：		

续表

XML 描述:

```
<xs:element name="终止日期">
  <xs:complexType mixed="true">
    <xs:attribute ref="xml:id"/>
    <xs:attribute ref="xml:lang"/>
    <xs:attributeGroup ref="m.dateSingle"/>
  </xs:complexType>
</xs:element>
```

7.1.1.10　维护历史（表 26）

表 26　维护历史 Schema 定义

<维护历史>（<maintenanceHistory>）－维护历史		
可重复性:	必备性:	是否可包含文本:
否	是	否
简要描述:		
EAC-CPF 实例创建与维护历史的封装元素		
能够包含以下子元素:		
<maintenanceEvent>（<维护事件>）		
能够包含以下属性:		
/		
能够出现于以下元素:		
<control>（<控制项>）		
XML Schema 模型:		

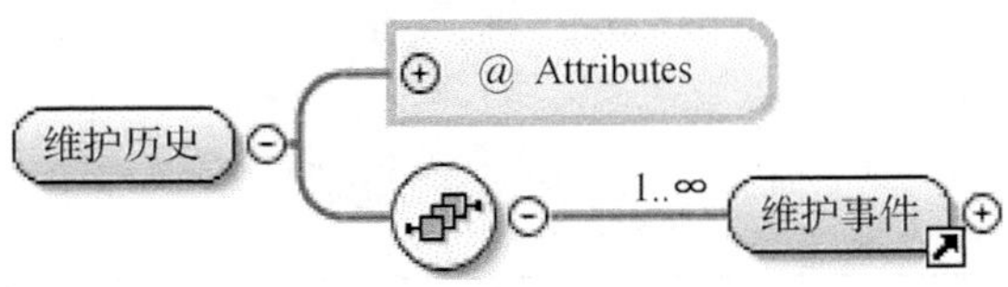

XML 描述:

```
<xs:element name="维护历史">
  <xs:complexType>
    <xs:sequence>
      <xs:element maxOccurs="unbounded" ref="维护事件"/>
    </xs:sequence>
    <xs:attribute ref="xml:id"/>
    <xs:attribute ref="xml:lang"/>
  </xs:complexType>
</xs:element>
```

7.1.1.10.1 维护事件（表 27）

表 27 维护事件 Schema 定义

<维护事件>（<maintenanceEvent>）-维护事件		
可重复性：	必备性：	是否可包含文本：
是	是	否
简要描述：		
维护事件记录关于 EAC-CPF 实例历史中特定维护事件的信息		
能够包含以下子元素：		
<agent>（<代理>） <agentType>（<代理类型>） <eventDateTime>（<事件时间>） <eventDescription>（<事件描述>） <eventType>（<事件类型>）		
能够包含以下属性：		
/		
能够出现于以下元素：		
<maintenanceHistory>（<维护历史>）		
XML Schema 模型：		
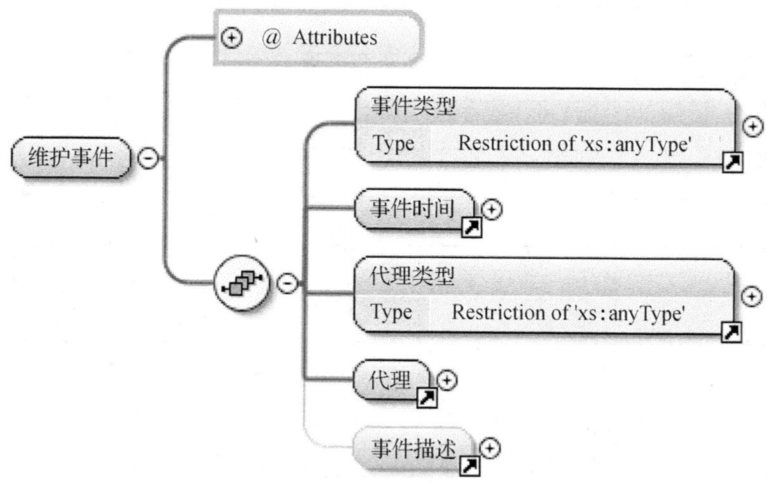		
XML 描述：		

```
<xs:element name="维护事件">
  <xs:complexType>
    <xs:sequence>
      <xs:element ref="事件类型"/>
      <xs:element ref="事件时间"/>
      <xs:element ref="代理类型"/>
      <xs:element ref="代理"/>
      <xs:element minOccurs="0" ref="事件描述"/>
    </xs:sequence>
```

续表

```
      <xs:attribute ref="xml:id"/>
      <xs:attribute ref="xml:lang"/>
   </xs:complexType>
</xs:element>
```

7.1.1.10.1.1　事件类型（表 28）

表 28　事件类型 Schema 定义

<事件类型>（<eventType>）－事件类型		
可重复性：	必备性：	是否可包含文本：
否	是	是
简要描述：		
事件类型仅可为以下之一：取消、创建、删除、得来、修订或更新		
能够包含以下子元素：		
/		
能够包含以下属性：		
/		
能够出现于以下元素：		
<maintenanceEvent>（<维护事件>）		
XML Schema 模型：		

XML 描述：		

```
<xs:element name="事件类型">
   <xs:complexType>
      <xs:simpleContent>
         <xs:restriction base="xs:anyType">
            <xs:simpleType>
               <xs:restriction base="xs:token">
                  <xs:enumeration value="created"/>
                  <xs:enumeration value="revised"/>
                  <xs:enumeration value="deleted"/>
                  <xs:enumeration value="cancelled"/>
                  <xs:enumeration value="derived"/>
                  <xs:enumeration value="updated"/>
               </xs:restriction>
            </xs:simpleType>
            <xs:attribute ref="xml:id"/>
         </xs:restriction>
      </xs:simpleContent>
   </xs:complexType>
</xs:element>
```

7.1.1.10.1.2　事件时间（表 29）

表 29　事件时间 Schema 定义

<事件时间>（<eventDateTime>）－创建、修订或删除的日期		
可重复性：	必备性：	是否可包含文本：
否	是	是
简要描述：		
维护事件的时间，即创建、修订或删除的日期。标准时间值必须与 ISO 8601《数据存储和交换形式－信息交换－日期和时间的表示方法》相符		
能够包含以下子元素：		
/		
能够包含以下属性：		
@standardDateTime（@标准时间）		
能够出现于以下元素：		
<maintenanceEvent>（<维护事件>）		
XML Schema 模型：		

XML 描述：		

```
<xs:element name="事件时间">
  <xs:complexType mixed="true">
    <xs:attribute ref="xml:id"/>
    <xs:attribute ref="xml:lang"/>
    <xs:attribute name="标准时间" type="m.data.standardDateTime"/>
  </xs:complexType>
</xs:element>
```

7.1.1.10.1.3　代理类型（表 30）

表 30　代理类型 Schema 定义

<代理类型>（<agentType>）－代理类型		
可重复性：	必备性：	是否可包含文本：
否	是	是
简要描述：		
EAC-CPF 实例维护事件责任代理的类型。可以是人或机器		
能够包含以下子元素：		
/		
能够包含以下属性：		
/		
能够出现于以下元素：		

续表

<maintenanceEvent>（<维护事件>）
XML Schema 模型：

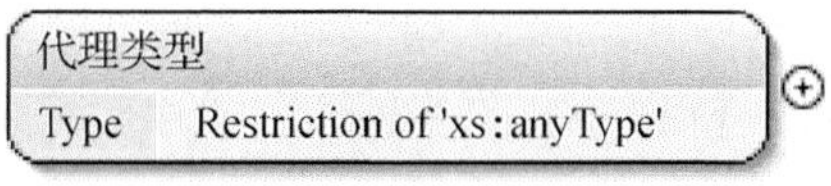

XML 描述

```
<xs:element name="代理类型">
  <xs:complexType>
    <xs:simpleContent>
      <xs:restriction base="xs:anyType">
        <xs:simpleType>
          <xs:restriction base="xs:token">
            <xs:enumeration value="human"/>
            <xs:enumeration value="machine"/>
          </xs:restriction>
        </xs:simpleType>
        <xs:attribute ref="xml:id"/>
      </xs:restriction>
    </xs:simpleContent>
  </xs:complexType>
</xs:element>
```

7.1.1.10.1.4　代理（表31）

表31　代理 Schema 定义

<代理>（<agent>）－责任代理		
可重复性：	必备性：	是否可包含文本：
否	是	是
简要描述		
EAC 实例维护事件的责任代理（人或机器）		
能够包含以下子元素：		
/		
能够包含以下属性：		
@xml：lang		
能够出现于以下元素：		
<maintenanceEvent>（<维护事件>）		
XML Schema 模型：		

续表

XML 描述：

```
<xs:element name="代理">
  <xs:complexType mixed="true">
    <xs:attribute ref="xml:id"/>
    <xs:attribute ref="xml:lang"/>
  </xs:complexType>
</xs:element>
```

7.1.1.10.1.5　事件描述（表 32）

表 32　事件描述 Schema 定义

<事件描述>（<eventDescription>）－维护事件描述		
可重复性：	必备性：	是否可包含文本：
否	否	是
简要描述：		
维护事件的描述		
能够包含以下子元素：		
/		
能够包含以下属性：		
@xml：lang		
能够出现于以下元素：		
<maintenanceEvent>（<维护事件>）		
XML Schema 模型：		

XML 描述：

```
<xs:element name="事件描述">
  <xs:complexType mixed="true">
    <xs:attribute ref="xml:id"/>
    <xs:attribute ref="xml:lang"/>
  </xs:complexType>
</xs:element>
```

7.1.1.11　多个来源（表 33）

表 33　多个来源 Schema 定义

<多个来源>（<sources>）－多个来源		
可重复性：	必备性：	是否可包含文本：
否	否	否
简要描述：		

续表

用于表明导致规范记录创建的来源。用于在著录创建中所参考的一个或多个来源的编组的元素
能够包含以下子元素：
<source>（<单一来源>）
能够包含以下属性：
/
能够出现于以下元素：
<control>（<控制项>）
XML Schema 模型：

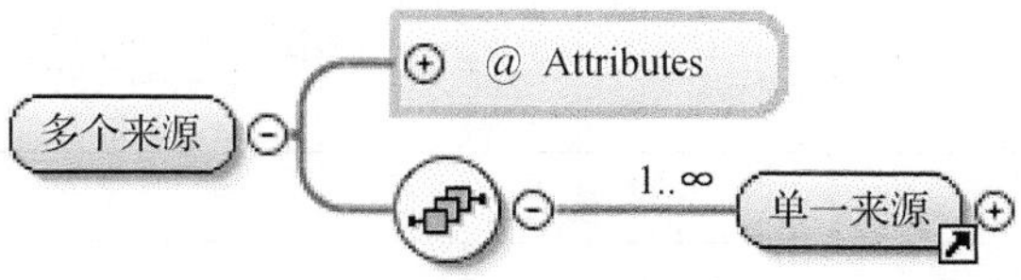

XML 描述：

```
<xs:element name="多个来源">
  <xs:complexType>
    <xs:sequence>
      <xs:element maxOccurs="unbounded" ref="单一来源"/>
    </xs:sequence>
      <xs:attribute ref="xml:id"/>
      <xs:attribute ref="xml:lang"/>
      <xs:attribute ref="xml:base"/>
  </xs:complexType>
</xs:element>
```

7.1.1.11.1　单一来源（表 34）

表 34　单一来源 Schema 定义

<单一来源>（<source>）－单一来源		
可重复性：	必备性：	是否可包含文本：
是	否	否
简要描述：		
CPF 实体著录中所使用的证据特定来源的标识元素		
能够包含以下子元素：		
<sourceEntry>（<来源条目>） <descriptiveNote>（<描述注释说明>）		
能够包含以下属性：		
@lastDateTimeVerified（@最后证实时间） @href @xlink：type @xlink：role @xlink：title		

续表

能够出现于以下元素：
<sources>（<多个来源>）
XML Schema 模型：
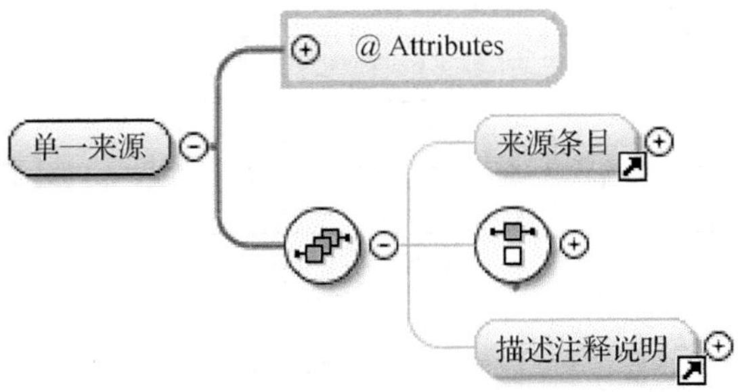
XML 描述：

```
<xs:element name="单一来源">
  <xs:complexType>
    <xs:sequence>
      <xs:element minOccurs="0" ref="来源条目"/>
      <xs:choice minOccurs="0">
        <xs:element ref="objectXMLWrap"/>
        <xs:element ref="objectBinWrap"/>
      </xs:choice>
      <xs:element minOccurs="0" ref="描述注释说明"/>
    </xs:sequence>
    <xs:attribute ref="xml:id"/>
    <xs:attribute name="最后证实时间" type="m. data. standardDateTime"/>
    <xs:attributeGroup ref="xlink:simpleLink"/>
  </xs:complexType>
</xs:element>
```

7.1.1.11.1.1　来源条目（表 35）

表 35　来源条目 Schema 定义

<来源条目>（<sourceEntry>）－来源条目		
可重复性：	必备性：	是否可包含文本：
否	否	是
简要描述：		
EAC-CPF 实例描述中所使用的特定来源的文本标识		
能够包含以下子元素：		
/		
能够包含以下属性：		
@ scriptCode（@ 书写体代码） @ transliteration（@ 音译） @ xml：lang		

续表

能够出现于以下元素：
<source>（<单一来源>）
XML Schema 模型：
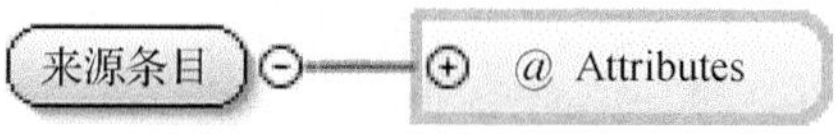
XML 描述

```
<xs:element name="来源条目">
  <xs:complexType mixed="true">
    <xs:attribute ref="xml:id"/>
    <xs:attributeGroup ref="m.entryLanguageAttributes"/>
  </xs:complexType>
</xs:element>
```

7.1.2　机构团体个人家族著录项（表36）

表36　来源条目 Schema 定义

<机构团体个人家族著录项>（<cpfDescription>）－机构团体个人家族著录项		
可重复性：	必备性：	是否可包含文本：
否	是	否
简要描述：		
包含对机构团体个人家族同一本体的著录。通常，一个CPF实体具有一个本体，但当它具有多个本体时，则应使用多个相关联的EAC-CPF实例		
能够包含以下子元素：		
<identity>（<特征项>） <description>（<描述项>） <relations>（<关系项>） <alternativeSet>（<交替集>）		
能够包含以下属性：		
/		
能够出现于以下元素：		
<eac-cpf>（<档案规范记录>）		
XML Schema 模型：		
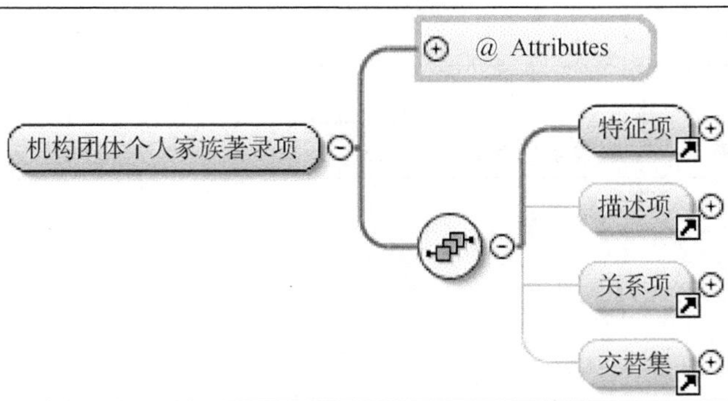		

续表

XML 描述：

```
<xs:element name = "机构团体个人家族著录项" >
  <xs:complexType >
    <xs:sequence >
      <xs:element ref = "特征项"/ >
      <xs:element minOccurs = "0"  ref = "描述项"/ >
      <xs:element minOccurs = "0"  ref = "关系项"/ >
      <xs:element minOccurs = "0"  ref = "交替集"/ >
    </xs:sequence >
    <xs:attribute ref = "xml:id"/ >
    <xs:attribute ref = "xml:lang"/ >
    <xs:attribute ref = "xml:base"/ >
  </xs:complexType >
</xs:element >
```

7.1.2.1　特征项（表 37）

表 37　来源条目 Schema 定义

<特征项>（<identity>）－特征项		
可重复性：	必备性：	是否可包含文本：
否	是	否
简要描述：		
EAC-CPF 实例中 <cpfDescription>（<机构团体个人家族著录项>）元素内著录特征标识名称的封装元素。传达唯一标识被著录实体与定义文件标准化检索点的信息		
能够包含以下子元素：		
<nameEntryParallel>（<并列名称条目>） <nameEntry>（<名称条目>） <entityId>（<实体标识符>） <entityType>（<实体类型>） <descriptiveNote>（<描述注释说明>）		
能够包含以下属性：		
@ identityType（@ 特征类型）		
能够出现于以下元素：		
<cpfDescription>（<机构团体个人家族著录项>）		

续表

XML Schema 模型:

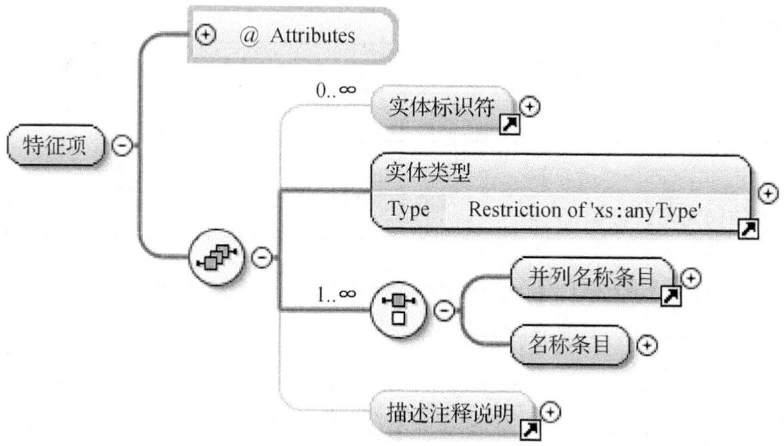

XML 描述:

```
<xs:element name="特征项">
  <xs:complexType>
    <xs:sequence>
      <xs:element maxOccurs="unbounded" minOccurs="0" ref="实体标识符"/>
      <xs:element ref="实体类型"/>
      <xs:choice maxOccurs="unbounded">
        <xs:element ref="并列名称条目"/>
        <xs:element name="名称条目">
          <xs:complexType>
            <xs:sequence>
              <xs:element maxOccurs="unbounded" ref="部分"/>
              <xs:element minOccurs="0" ref="使用日期"/>
              <xs:group ref="m.nameEntryAuthorizedorAlternative"/>
            </xs:sequence>
            <xs:attribute ref="xml:id"/>
            <xs:attributeGroup ref="m.entryLanguageAttributes"/>
            <xs:attribute name="本地类型" type="xs:anyURI"/>
          </xs:complexType>
        </xs:element>
      </xs:choice>
      <xs:element minOccurs="0" ref="描述注释说明"/>
    </xs:sequence>
    <xs:attribute ref="xml:id"/>
    <xs:attribute ref="xml:lang"/>
    <xs:attribute ref="xml:base"/>
    <xs:attribute name="本地类型" type="xs:anyURI"/>
    <xs:attribute name="特征类型">
      <xs:simpleType>
        <xs:restriction base="xs:token">
          <xs:enumeration value="given"/>
          <xs:enumeration value="acquired"/>
        </xs:restriction>
      </xs:simpleType>
    </xs:attribute>
  </xs:complexType>
</xs:element>
```

7.1.2.1.1 实体标识符（表 38）

表 38 实体标识符 Schema 定义

<实体标识符>（<entityId>）－实体标识符		
可重复性：	必备性：	是否可包含文本：
是	否	否
简要描述：		
用于指明所著录 CPF 实体的任何正式标识符		
能够包含以下子元素：		
/		
能够包含以下属性：		
@localtype（@本地类型）		
能够出现于以下元素：		
<identity>（<特征项>）		
XML Schema 模型：		

XML 描述：		

```
<xs:element name="实体标识符">
  <xs:complexType mixed="true">
    <xs:attribute ref="xml:id"/>
    <xs:attributeGroup ref="m. id"/>
  </xs:complexType>
</xs:element>
```


7.1.2.1.2 实体类型（表 39）

表 39 实体类型 Schema 定义

<实体类型>（<entityType>）－实体类型		
可重复性：	必备性：	是否可包含文本：
否	是	是
简要描述：		
所著录的 CPF 实体的类型。可利用值包括机构团体、个人或家族		
能够包含以下子元素：		
/		
能够包含以下属性：		
/		
能够出现于以下元素：		
<identity>（<特征项>）		
XML Schema 模型：		

续表

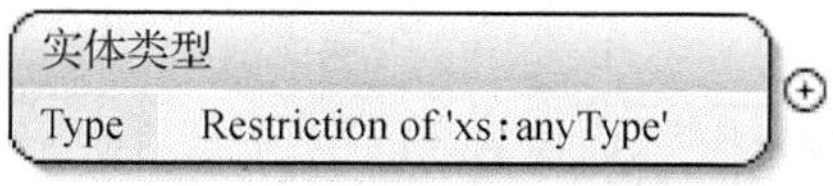

XML 描述：

```
<xs:element name="实体类型">
  <xs:complexType>
    <xs:simpleContent>
      <xs:restriction base="xs:anyType">
        <xs:simpleType>
          <xs:restriction base="xs:token">
            <xs:enumeration value="person"/>
            <xs:enumeration value="corporateBody"/>
            <xs:enumeration value="family"/>
          </xs:restriction>
        </xs:simpleType>
        <xs:attribute ref="xml:id"/>
      </xs:restriction>
    </xs:simpleContent>
  </xs:complexType>
</xs:element>
```

7.1.2.1 3　并列名称条目（表40）

表40　并列名称条目 Schema 定义

<并列名称条目>（<nameEntryParallel>）-并列名称条目		
可重复性：	必备性：	是否可包含文本：
是	否	否
简要描述：		
用于表明在其他语种或书写体形式中出现的名称的规范化形式中的不同形式。代表名称的并行形式的两个或更多<nameEntry>（<名称条目>）元素的封装元素		
能够包含以下子元素：		
<useDates>（<使用日期>） <authorizedForm>（<名称的规范化形式>） <alternativeForm>（<名称的交替形式>） <nameEntry>（<名称条目>）		
能够包含以下属性：		
@localtype（@本地类型）		
能够出现于以下元素：		
<identity>（<特征项>）		
XML Schema 模型：		

续表

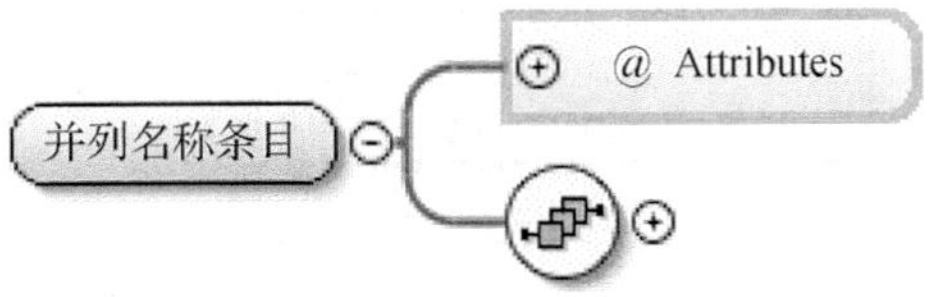

XML 描述：

```
<xs:element name="并列名称条目">
  <xs:complexType>
    <xs:sequence>
      <xs:element ref="名称条目"/>
      <xs:element maxOccurs="unbounded" ref="名称条目"/>
      <xs:element minOccurs="0" ref="使用日期"/>
      <xs:group ref="m.nameEntryAuthorizedorAlternative"/>
    </xs:sequence>
    <xs:attribute ref="xml:id"/>
    <xs:attribute name="本地类型" type="xs:anyURI"/>
  </xs:complexType>
</xs:element>
```

7.1.2.1.3.1　使用日期（表 41）

表 41　使用日期 Schema 定义

<使用日期>（<useDates>）－使用日期		
可重复性：	必备性：	是否可包含文本：
是	否	否
简要描述：		
便利于由所著录实体所使用名称的日期表示的编组的元素		
能够包含以下子元素：		
<date>（<日期>） <dateRange>（<日期范围>） <dateSet>（<日期集>）		
能够包含以下属性：		
/		
能够出现于以下元素：		
<nameEntryParallel>（<并列名称条目>） <nameEntry>（<名称条目>）		
XML Schema 模型：		

续表

XML 描述：

```
<xs:element name="使用日期">
  <xs:complexType>
    <xs:group ref="m.dates"/>
    <xs:attribute ref="xml:id"/>
    <xs:attribute ref="xml:lang"/>
  </xs:complexType>
</xs:element>
```

7.1.2.1.3.1.1　日期集（表 42）

表 42　日期集 Schema 定义

<日期集>（<dateSet>）－日期集		
可重复性：	必备性：	是否可包含文本：
是	否	否
简要描述：		
通过能够将多个单一日期与日期范围、复合单一日期，或复合日期范围相联结而便利于复杂日期表示的编组的元素		
能够包含以下子元素：		
<date>（<日期>） <dateRange>（<日期范围>）		
能够包含以下属性：		
/		
能够出现于以下元素：		
<useDates>（<使用日期>） <existDates>（<存在日期>） <place>（<单一地点>） <localDescription>（<本地单项描述>） <legalStatus>（<单项法律地位>） <function>（<单项职能>） <occupation>（<单份职业>） <mandate>（<单项法规>） <cpfRelation>（<机构团体个人家族关系>） <functionRelation>（<职能关系>） <resourceRelation>（<资源关系>）		
XML Schema 模型：		
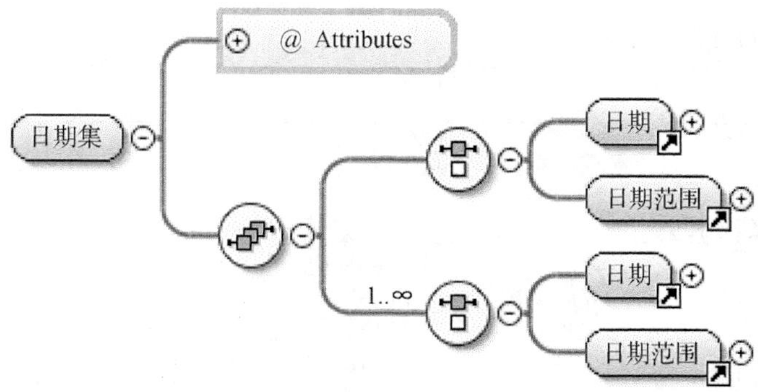		

续表

XML 描述：

```
<xs:element name = "日期集" >
  <xs:complexType >
    <xs:sequence >
      <xs:choice >
        <xs:element ref = "日期"/ >
        <xs:element ref = "日期范围"/ >
      </xs:choice >
      <xs:choice maxOccurs = "unbounded" >
        <xs:element ref = "日期"/ >
        <xs:element ref = "日期范围"/ >
      </xs:choice >
    </xs:sequence >
    <xs:attribute ref = "xml:id"/ >
    <xs:attribute ref = "xml:lang"/ >
    <xs:attribute name = "本地类型" type = "xs:anyURI"/ >
  </xs:complexType >
</xs:element >
```

7.1.2.1.4　名称条目（表 43）

表 43　名称条目 Schema 定义

<名称条目>（<nameEntry>）－名称条目		
可重复性：	必备性：	是否可包含文本：
是	是	否
简要描述：		
包含机构团体、个人或家族名称条目，并记录 EAC-CPF 实例中所著录的机构团体、个人或家族的名称。名寺的每种形式均记录于单独的 <nameEntry>（<名称条目>）元素		
能够包含以下子元素：		
<part>（<部分>） <preferredForm>（<优先形式>）		
能够包含以下属性：		
@ xml：lang		
能够出现于以下元素：		
<identity>（<特征项>） <nameEntryParallel>（<并列名称条目>）		
XML Schema 模型：		
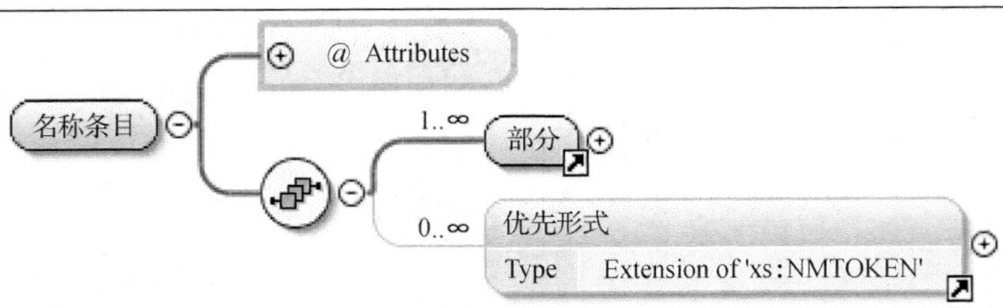		

续表

XML 描述：

```
<xs:element name="名称条目">
  <xs:complexType>
    <xs:sequence>
      <xs:element maxOccurs="unbounded" ref="部分"/>
      <xs:element maxOccurs="unbounded" minOccurs="0" ref="优先形式"/>
    </xs:sequence>
    <xs:attribute ref="xml:id"/>
    <xs:attributeGroup ref="m.entryLanguageAttributes"/>
    <xs:attribute name="本地类型" type="xs:anyURI"/>
  </xs:complexType>
</xs:element>
```

7.1.2.1.4.1　部分（表 44）

表 44　部分 Schema 定义

<部分>（<part>）－部分		
可重复性：	必备性：	是否可包含文本：
是	是	是
简要描述：		
用于区别 CPF 实体名称成分的元素		
能够包含以下子元素：		
/		
能够包含以下属性：		
@localType（@本地类型） @xml:lang		
能够出现于以下元素：		
<nameEntry>（<名称条目>）		
XML Schema 模型：		

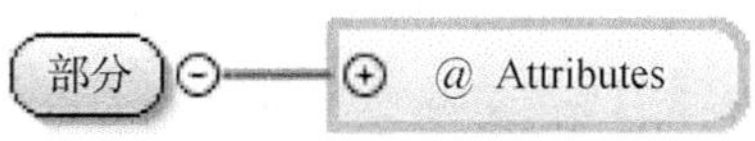

XML 描述：

```
<xs:element name="部分">
  <xs:complexType mixed="true">
    <xs:attribute ref="xml:id"/>
    <xs:attribute ref="xml:lang"/>
    <xs:attribute name="本地类型" type="xs:anyURI"/>
  </xs:complexType>
</xs:element>
```

7.1.2.1.4.2　优先形式（表 45）

表 45　优先形式 Schema 定义

<优先形式>（<preferredForm>）-优先形式		
可重复性：	必备性：	是否可包含文本：
是	否	是
简要描述：		
表明记录于<nameEntryParallel>（<并列名称条目>）中的并行名称中的哪一个是名称的优先形式，以在特定背景中表现		
能够包含以下子元素：		
/		
能够包含以下属性：		
/		
能够出现于以下元素：		
<nameEntry>（<名称条目>）		
XML Schema 模型：		
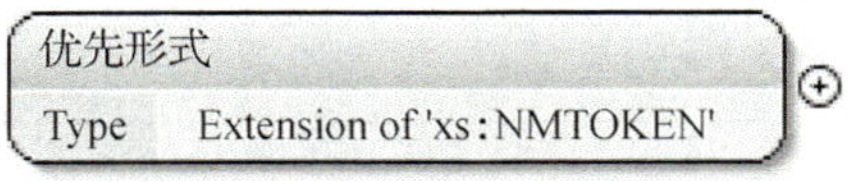		
XML 描述：		
<xs:element name="优先形式"> <xs:complexType> <xs:simpleContent> <xs:extension base="xs:NMTOKEN"> <xs:attribute ref="xml:id"/> </xs:extension> </xs:simpleContent> </xs:complexType> </xs:element>		

7.1.2.1.4.3　名称的规范化形式（表 46）

表 46　名称的规范化形式 Schema 定义

<名称的规范化形式>（<authorizedForm>）-名称的规范化形式		
可重复性：	必备性：	是否可包含文本：
是	否	是
简要描述：		
表明记录于<nameEntryParallel>（<并列名称条目>）中各单独<nameEntry>（<名称条目>）元素的并行名称集是规范化检索点的名称的规范化形式		
能够包含以下子元素：		
/		

续表

能够包含以下属性：
/
能够出现于以下元素：
<nameEntryParallel>（<并列名称条目>） <nameEntry>（<名称条目>）
XML Schema 模型：

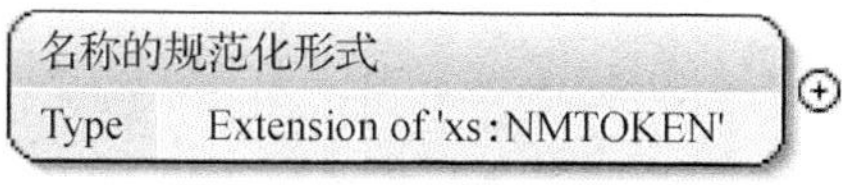

XML 描述：

```
<xs:element name="名称的规范化形式">
  <xs:complexType>
    <xs:simpleContent>
      <xs:extension base="xs:NMTOKEN">
        <xs:attribute ref="xml:id"/>
      </xs:extension>
    </xs:simpleContent>
  </xs:complexType>
</xs:element>
```

7.1.2.1.4.4　名称的交替形式（表 47）

表 47　名称的交替形式 Schema 定义

<名称的交替形式>（<alternativeForm>）－名称的交替形式		
可重复性：	必备性：	是否可包含文本：
是	否	是
简要描述：		
表明记录于<nameEntryParallel>（<并列名称条目>）中各单独<nameEntry>（<名称条目>）元素的并行名称集是名称不同形式的名称的交替形式		
能够包含以下子元素：		
/		
能够包含以下属性：		
/		
能够出现于以下元素：		
<nameEntryParallel>（<并列名称条目>） <nameEntry>（<名称条目>）		
XML Schema 模型：		

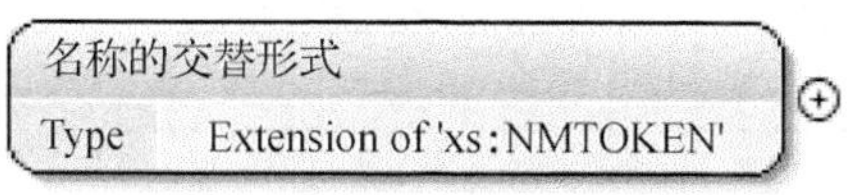

续表

XML 描述:
``` <xs:element name="名称的交替形式">   <xs:complexType>   <xs:simpleContent>   <xs:extension base="xs:NMTOKEN">   <xs:attribute ref="xml:id"/>   </xs:extension>   </xs:simpleContent>   </xs:complexType> </xs:element> ```

7.1.2.2　描述项（表 48）

表 48　描述项 Schema 定义

<描述项>（<description>）－描述项		
可重复性:	必备性:	是否可包含文本:
否	是	否
简要描述:		
在 EAC-CPF 实例中组成描述 CPF 实体著录的所有内容元素的封装元素。传达被著录实体性质、背景及活动的相关信息		
能够包含以下子元素:		
<existDates>（<存在日期>） <places>（<多个地点>） <place>（<单一地点>） <localDescriptions>（<本地多项描述>） <localDescription>（<本地单项描述>） <legalStatuses>（<多项法律地位>） <legalStatus>（<单项法律地位>） <functions>（<多项职能>） <function>（<单项职能>） <occupations>（<多份职业>） <occupation>（<单份职业>） <mandates>（<多项法规>） <mandate>（<单项法规>） <languagesUsed>（<所使用的多语种>） <languageUsed>（<所使用的单语种>） <structureOrGenealogy>（<内部结构或家谱>） <generalContext>（<时代背景>） <biogHist>（<历史沿革或生平>）		
能够包含以下属性:		
/		
能够出现于以下元素:		

续表

<cpfDescription>（<机构团体个人家族著录项>）

XML Schema 模型：

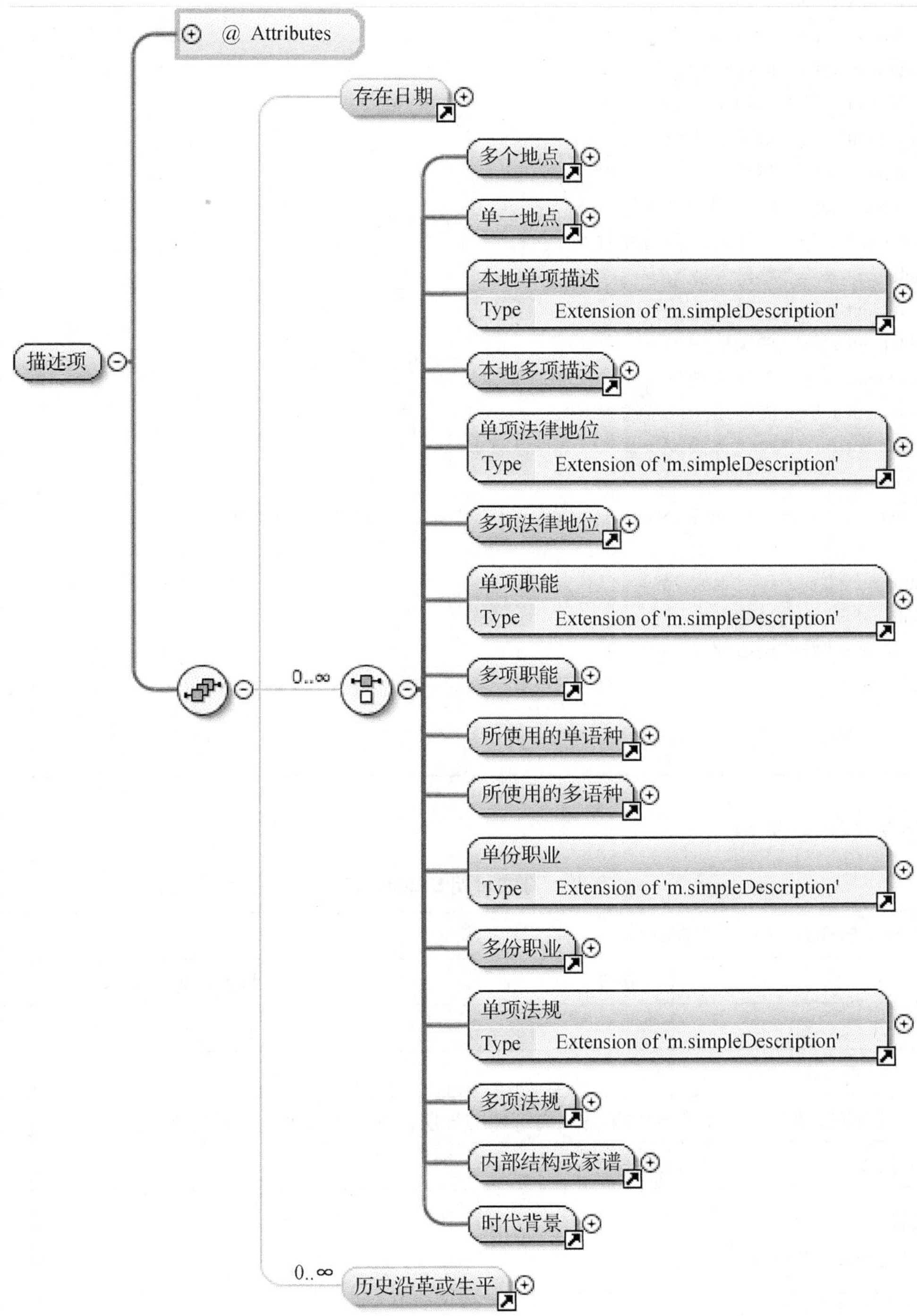

XML 描述：

```
<xs:element name = "描述项" >
  <xs:complexType >
    <xs:sequence >
      <xs:element minOccurs = "0"  ref = "存在日期"/>
      <xs:choice maxOccurs = "unbounded"  minOccurs = "0" >
        <xs:element ref = "多个地点"/>
```

续表

```
        <xs:element ref="单一地点"/>
        <xs:element ref="本地单项描述"/>
        <xs:element ref="本地多项描述"/>
        <xs:element ref="单项法律地位"/>
        <xs:element ref="多项法律地位"/>
        <xs:element ref="单项职能"/>
        <xs:element ref="多项职能"/>
        <xs:element ref="所使用的单语种"/>
        <xs:element ref="所使用的多语种"/>
        <xs:element ref="单份职业"/>
        <xs:element ref="多份职业"/>
        <xs:element ref="单项法规"/>
        <xs:element ref="多项法规"/>
        <xs:element ref="内部结构或家谱"/>
        <xs:element ref="时代背景"/>
      </xs:choice>
      <xs:element maxOccurs="unbounded" minOccurs="0" ref="历史沿革或生平"/>
    </xs:sequence>
    <xs:attribute ref="xml:id"/>
    <xs:attribute ref="xml:lang"/>
    <xs:attribute ref="xml:base"/>
  </xs:complexType>
</xs:element>
```

7.1.2.2.1　存在日期（表 49）

表 49　存在日期 Schema 定义

<table>
<tr><td colspan="3"><存在日期>（<existDates>）－存在日期</td></tr>
<tr><td>可重复性：</td><td>必备性：</td><td>是否可包含文本：</td></tr>
<tr><td>否</td><td>是</td><td>否</td></tr>
<tr><td colspan="3">简要描述：</td></tr>
<tr><td colspan="3">所著录 CPF 实体的存在日期，例如，机构团体建立与解体的日期，以及个人出生、死亡或在世日期</td></tr>
<tr><td colspan="3">能够包含以下子元素：</td></tr>
<tr><td colspan="3"><date>（<日期>）
<dateRange>（<日期范围>）
<dateSet>（<日期集>）
<descriptiveNote>（<描述注释说明>）</td></tr>
<tr><td colspan="3">能够包含以下属性：</td></tr>
<tr><td colspan="3">/</td></tr>
<tr><td colspan="3">能够出现于以下元素：</td></tr>
<tr><td colspan="3"><description>（<描述项>）</td></tr>
<tr><td colspan="3">XML Schema 模型：</td></tr>
</table>

续表

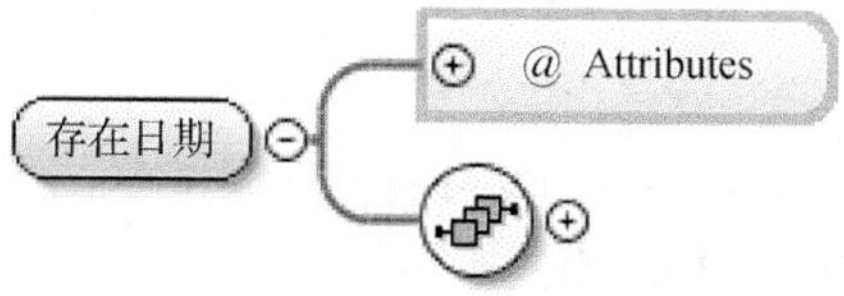

XML 描述：

```
<xs:element name="存在日期">
  <xs:complexType>
    <xs:sequence>
      <xs:group ref="m. dates"/>
      <xs:element minOccurs="0" ref="描述注释说明"/>
    </xs:sequence>
    <xs:attribute ref="xml:id"/>
    <xs:attribute ref="xml:lang"/>
    <xs:attribute name="本地类型" type="xs:anyURI"/>
  </xs:complexType>
</xs:element>
```

7.1.2.2.2　多个地点（表 50）

表 50　多个地点 Schema 定义

<多个地点>（<places>）－多个地点		
可重复性：	必备性：	是否可包含文本：
是	否	否
简要描述：		
多个 <place>（<单一地点>）元素编组的元素		
能够包含以下子元素：		
<place>（<单一地点>） <descriptiveNote>（<描述注释说明>）		
能够包含以下属性：		
/		
能够出现于以下元素：		
<description>（<描述项>）		
XML Schema 模型：		

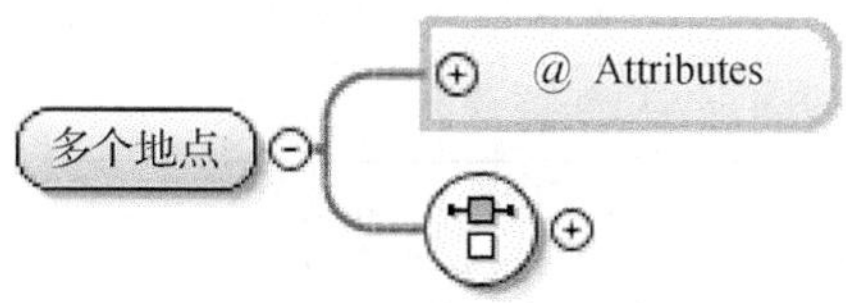

XML 描述：

```
<xs:element name="多个地点">
  <xs:complexType>
```

续表

```
        <xs:choice>
            <xs:sequence>
                <xs:element maxOccurs="unbounded" ref="单一地点"/>
                <xs:element minOccurs="0" ref="描述注释说明"/>
            </xs:sequence>
            <xs:group maxOccurs="unbounded" minOccurs="0" ref="m.discursiveSet"/>
        </xs:choice>
        <xs:attribute ref="xml:id"/>
        <xs:attribute ref="xml:lang"/>
        <xs:attribute name="本地类型" type="xs:anyURI"/>
    </xs:complexType>
</xs:element>
```

7.1.2.2.3 单一地点（表 51）

表 51 单一地点 Schema 定义

<单一地点>（<place>）-单一地点		
可重复性：	必备性：	是否可包含文本：
是	否	否
简要描述：		
用于识别 CPF 实体所立基、生存或与其有某些其他重大联系的地点或管辖范围的元素		
能够包含以下子元素：		
<placeEntry>（<地点条目>） <placeRole>（<地点任务>） <date>（<日期>） <dateRange>（<日期范围>） <dateSet>（<日期集>） <address>（<地址>） <citation>（<引用>） <descriptiveNote>（<描述注释说明>）		
能够包含以下属性：		
/		
能够出现于以下元素：		
<places>（<多个地点>）		
XML Schema 模型：		
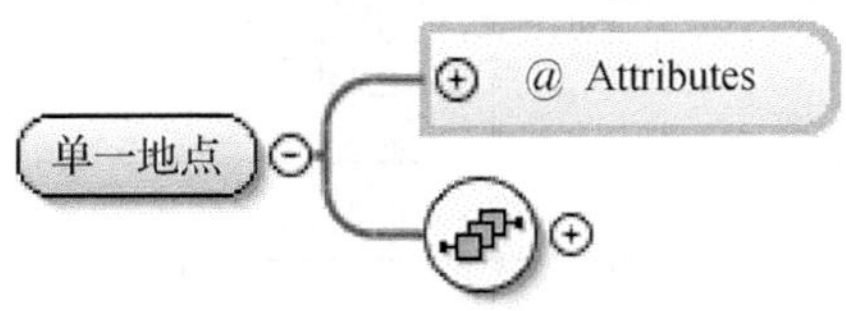		
XML 描述：		

续表

```
<xs:element name="单一地点">
  <xs:complexType>
    <xs:sequence>
      <xs:element minOccurs="0" ref="地点任务"/>
      <xs:element maxOccurs="unbounded" minOccurs="0" ref="地点条目"/>
      <xs:element minOccurs="0" ref="地址"/>
      <xs:group minOccurs="0" ref="m.dates"/>
      <xs:element minOccurs="0" ref="引用"/>
      <xs:element minOccurs="0" ref="描述注释说明"/>
    </xs:sequence>
    <xs:attribute ref="xml:id"/>
    <xs:attribute ref="xml:lang"/>
    <xs:attribute name="本地类型" type="xs:anyURI"/>
  </xs:complexType>
</xs:element>
```

7.1.2.2.3.1　地点任务（表52）

表52　地点任务Schema定义

<地点任务>（<placeRole>）－地点任务		
可重复性：	必备性：	是否可包含文本：
是	否	是
简要描述：		
标识在多个<place>（<单一地点>）元素中所编码的、CPF实体相关地点或管辖范围所具有的背景任务		
能够包含以下子元素：		
/		
能够包含以下属性：		
@lastDateTimeVerified（@最后证实时间） @scriptCode（@书写体代码） @transliteration（@音译） @vocabularySource（@词汇来源） @xml:lang		
能够出现于以下元素：		
<place>（<单一地点>）		
XML Schema模型：		

XML描述：

```
<xs:element name="地点任务">
  <xs:complexType mixed="true">
    <xs:attribute ref="xml:id"/>
```

续表

```
    <xs:attributeGroup ref = "m. entryLanguageAttributes"/>
    <xs:attribute name = "最后证实时间" type = "m. data. standardDateTime"/>
    <xs:attribute name = "词汇来源" type = "xs:anyURI"/>
  </xs:complexType>
</xs:element>
```

7.1.2.2.3.2　地点条目（表 53）

表 53　地点条目 Schema 定义

<地点条目>（<placeEntry>）－地点条目		
可重复性：	必备性：	是否可包含文本：
是	否	是
简要描述：		
地点应以恰当的名词标识，以一般性指明地点、自然特征，或政治管辖范围。地名推荐取自规范化词表		
能够包含以下子元素：		
/		
能够包含以下属性：		
@countryCode（@国家代码） @latitude（@纬度） @localType（@本地类型） @longitude（@经度） @scriptCode（@书写体代码） @transliteration（@音译） @vocabularySource（@词汇来源） @xml：lang		
能够出现于以下元素：		
<place>（<单一地点>） <localDescription>（<本地单项描述>） <legalStatus>（<单项法律地位>） <function>（<单项职能>） <occupation>（<单份职业>） <mandate>（<单项法规>） <chronItem>（<按年代顺序排列的项目>） <cpfRelation>（<机构团体个人家族关系>） <functionRelation>（<职能关系>） <resourceRelation>（<资源关系>）		
XML Schema 模型：		

续表

XML 描述：

```
<xs:element name = "地点条目" >
  <xs:complexType mixed = "true" >
    <xs:attribute ref = "xml:id"/>
    <xs:attributeGroup ref = "m. entryLanguageAttributes"/>
    <xs:attribute name = "本地类型" type = "xs:anyURI"/>
    <xs:attribute name = "国家代码" >
      <xs:simpleType>
        <xs:union>
          <xs:simpleType>
            <xs:restriction base = "xs:string" >
              <xs:pattern value = "[A-Z]{2}"/>
            </xs:restriction>
          </xs:simpleType>
          <xs:simpleType>
            <xs:restriction base = "xs:string" >
              <xs:pattern value = "[A-Z]{4}"/>
            </xs:restriction>
          </xs:simpleType>
        </xs:union>
      </xs:simpleType>
    </xs:attribute>
    <xs:attribute name = "词汇来源" type = "xs:anyURI"/>
    <xs:attribute name = "accuarcy"/>
    <xs:attribute name = "经度" type = "xs:NMTOKEN"/>
    <xs:attribute name = "纬度" type = "xs:NMTOKEN"/>
    <xs:attribute name = "altitude" type = "xs:NMTOKEN"/>
  </xs:complexType>
</xs:element>
```

7.1.2.2.3.3　地址（表 54）

表 54　地址 Schema 定义

<地址>（<address>）－地址		
可重复性：	必备性：	是否可包含文本：
是	否	否
简要描述：		
任何类型地址的封装元素		
能够包含以下子元素：		
<addressLine>（<地址行>）		
能够包含以下属性：		

续表

@ localType（@本地类型）

能够出现于以下元素：

<place>（<单一地点>）

XML Schema 模型：

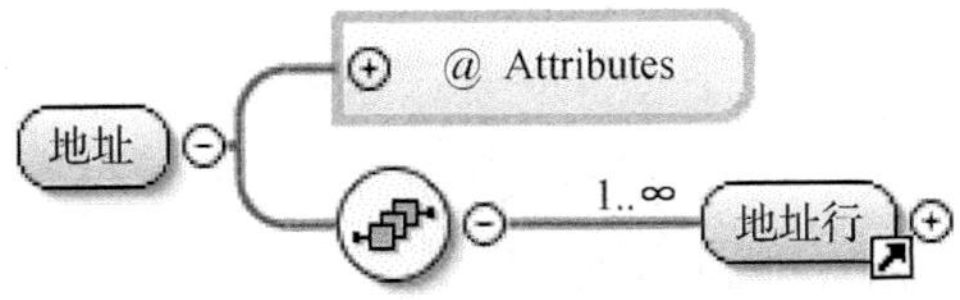

XML 描述：

```
<xs:element name="地址">
  <xs:complexType>
    <xs:sequence>
      <xs:element maxOccurs="unbounded" ref="地址行"/>
    </xs:sequence>
    <xs:attribute ref="xml:id"/>
    <xs:attribute ref="xml:lang"/>
    <xs:attribute name="本地类型" type="xs:anyURI"/>
  </xs:complexType>
</xs:element>
```

7.1.2.2.3.3.1　地址行（表 55）

表 55　地址行 Schema 定义

<地址行>（<addressLine>）–地址行		
可重复性：	必备性：	是否可包含文本：
是	否	是

简要描述：

邮寄或其他地址的排列

能够包含以下子元素：

/

能够包含以下属性：

@ xml：lang
@ localType（@本地类型）

能够出现于以下元素：

<address>（<地址>）

XML Schema 模型：

XML 描述：

续表

```
<xs:element name="地址行">
  <xs:complexType mixed="true">
    <xs:attribute ref="xml:id"/>
    <xs:attribute ref="xml:lang"/>
    <xs:attribute name="本地类型" type="xs:anyURI"/>
  </xs:complexType>
</xs:element>
```

7.1.2.2.4　本地单项描述（表56）

表56　本地单项描述 Schema 定义

<本地单项描述>（<localDescription>）－本地单项描述		
可重复性：	必备性：	是否可包含文本：
是	否	否
简要描述：		
用于扩展定义于 ISAAR（CPF）或规定于 EAC-CPF 模式中的著录元素列表的元素		
能够包含以下子元素：		
<term>（<细则>） <date>（<日期>） <dateRange>（<日期范围>） <dateSet>（<日期集>） <placeEntry>（<地点条目>） <citation>（<引用>） <descriptiveNote>（<描述注释说明>）		
能够包含以下属性：		
@localType（@本地类型）		
能够出现于以下元素：		
<localDescriptions>（<本地多项描述>）		
XML Schema 模型：		
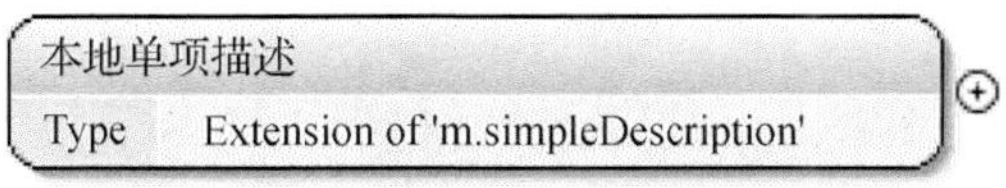		
XML 描述：		


```
<xs:element name="本地单项描述">
  <xs:complexType>
    <xs:complexContent>
      <xs:extension base="m.simpleDescription">
        <xs:attribute ref="xml:id"/>
        <xs:attribute ref="xml:lang"/>
        <xs:attributeGroup ref="a.localType"/>
      </xs:extension>
    </xs:complexContent>
  </xs:complexType>
</xs:element>
```

7.1.2.2.5　本地多项描述（表 57）

表 57　本地多项描述 Schema 定义

<本地多项描述>（<localDescriptions>）–本地多项描述		
可重复性：	必备性：	是否可包含文本：
是	否	否
简要描述：		
可利用于本地系统中的多个描述类别的编组的元素		
能够包含以下子元素：		
<localDescription>（<本地单项描述>） <descriptiveNote>（<描述注释说明>）		
能够包含以下属性：		
@localType（@本地类型）		
能够出现于以下元素：		
<description>（<描述项>）		
XML Schema 模型：		
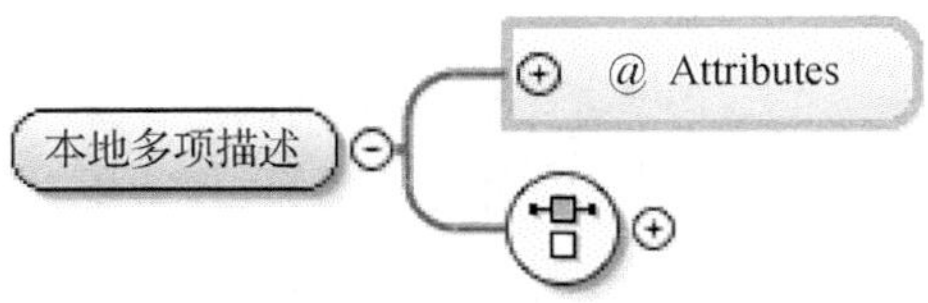		
XML 描述：		

```
<xs:element name="本地多项描述">
  <xs:complexType>
    <xs:choice>
      <xs:sequence>
        <xs:element maxOccurs="unbounded" ref="本地单项描述"/>
        <xs:element minOccurs="0" ref="描述注释说明"/>
      </xs:sequence>
      <xs:group maxOccurs="unbounded" minOccurs="0" ref="m.discursiveSet"/>
    </xs:choice>
    <xs:attribute ref="xml:id"/>
    <xs:attribute ref="xml:lang"/>
    <xs:attributeGroup ref="a.localType"/>
  </xs:complexType>
</xs:element>
```

7.1.2.2.6　单项法律地位（表 58）

表 58　单项法律地位 Schema 定义

<单项法律地位>（<legalStatus>）–单项法律地位		
可重复性：	必备性：	是否可包含文本：
是	否	否

续表

简要描述：
用于编码机构团体单项法律地位相关信息的元素
能够包含以下子元素：
<term>（<细则>） <date>（<日期>） <dateRange>（<日期范围>） <dateSet>（<日期集>） <placeEntry>（<地点条目>） <citation>（<引用>） <descriptiveNote>（<描述注释说明>）
能够包含以下属性：
@ localType（@ 本地类型）
能够出现于以下元素：
<legalStatuses>（<多项法律地位>）
XML Schema 模型：

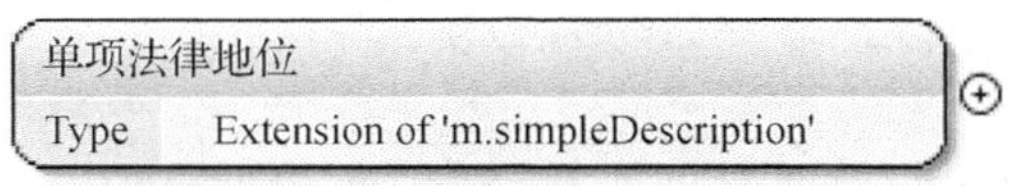

XML 描述：

```
<xs:element name="单项法律地位">
  <xs:complexType>
    <xs:complexContent>
      <xs:extension base="m. simpleDescription">
        <xs:attribute ref="xml:id"/>
        <xs:attribute ref="xml:lang"/>
        <xs:attribute name="本地类型" type="xs:anyURI"/>
      </xs:extension>
    </xs:complexContent>
  </xs:complexType>
</xs:element>
```

7.1.2.2.7　多项法律地位（表 59）

表 59　多项法律地位 Schema 定义

<多项法律地位>（<legalStatuses>）－多项法律地位		
可重复性：	必备性：	是否可包含文本：
是	否	否
简要描述：		
用于多个 <legalStatus>（<单项法律地位>）元素编组的元素		
能够包含以下子元素：		

续表

<legalStatus>（<单项法律地位>） <descriptiveNote>（<描述注释说明>）
能够包含以下属性：
/
能够出现于以下元素：
<description>（<描述项>）
XML Schema 模型：

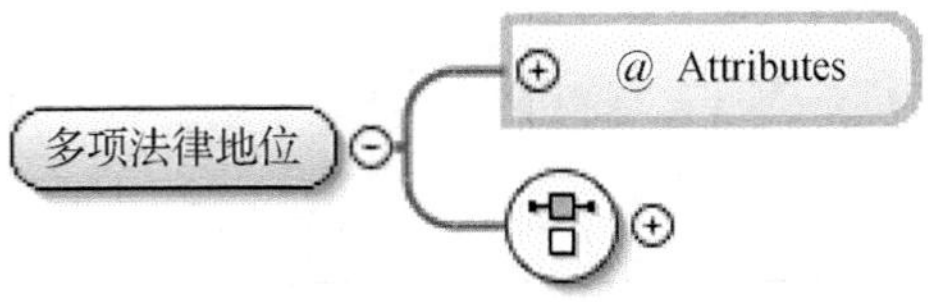

XML 描述：

```
<xs:element name="多项法律地位">
  <xs:complexType>
    <xs:choice>
      <xs:sequence>
        <xs:element maxOccurs="unbounded" ref="单项法律地位"/>
        <xs:element minOccurs="0" ref="描述注释说明"/>
      </xs:sequence>
      <xs:group maxOccurs="unbounded" minOccurs="0" ref="m.discursiveSet"/>
    </xs:choice>
    <xs:attribute ref="xml:id"/>
    <xs:attribute ref="xml:lang"/>
    <xs:attribute name="本地类型" type="xs:anyURI"/>
  </xs:complexType>
</xs:element>
```

7.1.2.2.8　单项职能（表 60）

表 60　单项职能 Schema 定义

<单项职能>（<function>）－单项职能		
可重复性：	必备性：	是否可包含文本：
是	否	否
简要描述：		
提供所著录的 CPF 实体所实行或表示的职能、用途，或目的的相关信息的元素		
能够包含以下子元素：		
<term>（<细则>） <placeEntry>（<地点条目>） <date>（<日期>） <dateRange>（<日期范围>） <dateSet>（<日期集>） <citation>（<引用>） <descriptiveNote>（<描述注释说明>）		

续表

能够包含以下属性：
/
能够出现于以下元素：
<functions>（<多项职能>）
XML Schema 模型：
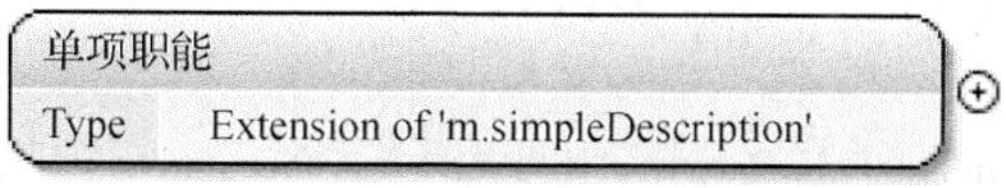
XML 描述：

```
<xs:element name="单项职能">
  <xs:complexType>
    <xs:complexContent>
      <xs:extension base="m.simpleDescription">
        <xs:attribute ref="xml:id"/>
        <xs:attribute ref="xml:lang"/>
        <xs:attribute name="本地类型" type="xs:anyURI"/>
      </xs:extension>
    </xs:complexContent>
  </xs:complexType>
</xs:element>
```

7.1.2.2.9　多项职能（表 61）

表 61　多项职能 Schema 定义

<多项职能>（<functions>）－多项职能		
可重复性：	必备性：	是否可包含文本：
是	否	否
简要描述：		
用于多个<function>（<单项职能>）元素编组的元素		
能够包含以下子元素：		
<function>（<单项职能>） <descriptiveNote>（<描述注释说明>）		
能够包含以下属性：		
/		
能够出现于以下元素：		
<description>（<描述项>）		
XML Schema 模型：		
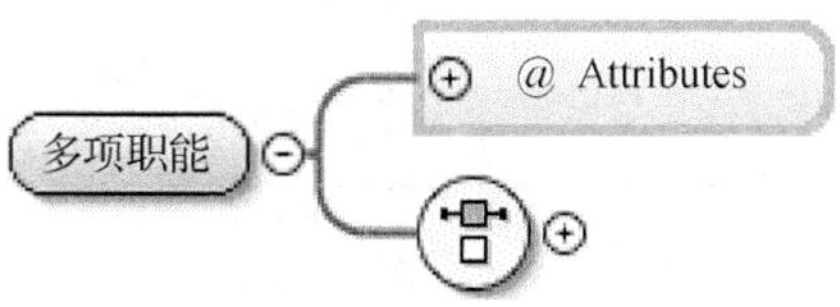		

续表

XML 描述：

```
<xs:element name="多项职能">
  <xs:complexType>
    <xs:choice>
      <xs:sequence>
        <xs:element maxOccurs="unbounded" ref="单项职能"/>
        <xs:element minOccurs="0" ref="描述注释说明"/>
      </xs:sequence>
      <xs:group maxOccurs="unbounded" minOccurs="0" ref="m.discursiveSet"/>
    </xs:choice>
    <xs:attribute ref="xml:id"/>
    <xs:attribute ref="xml:lang"/>
    <xs:attribute name="本地类型" type="xs:anyURI"/>
  </xs:complexType>
</xs:element>
```

7.1.2.2.10　所使用的单语种（表 62）

表 62　所使用的单语种 Schema 定义

<所使用的单语种>（<languageUsed>）–所使用的单语种		
可重复性：	必备性：	是否可包含文本：
是	否	否
简要描述：		
用于表明所著录 CPF 实体的语种与书写体是创造性或多产的元素		
能够包含以下子元素：		
<language>（<语种>） <script>（<书写体>） <descriptiveNote>（<描述注释说明>）		
能够包含以下属性：		
@localType（@本地类型）		
能够出现于以下元素：		
<languagesUsed>（<所使用的多语种>）		
XML Schema 模型：		
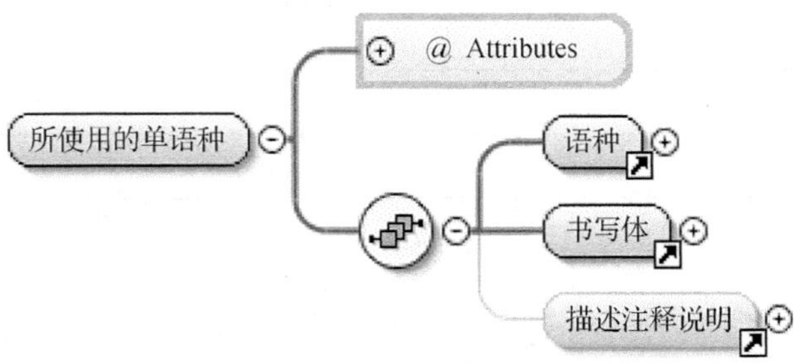		
XML 描述：		

续表

```
<xs:element name="所使用的单语种">
  <xs:complexType>
    <xs:sequence>
      <xs:element ref="语种"/>
      <xs:element ref="书写体"/>
      <xs:element minOccurs="0" ref="描述注释说明"/>
    </xs:sequence>
    <xs:attribute ref="xml:id"/>
    <xs:attribute ref="xml:lang"/>
    <xs:attribute name="本地类型" type="xs:anyURI"/>
  </xs:complexType>
</xs:element>
```

7.1.2.2.11　所使用的多语种（表63）

表63　所使用的多语种 Schema 定义

<所使用的多语种>（<languagesUsed>）－所使用的多语种		
可重复性：	必备性：	是否可包含文本：
是	否	否
简要描述：		
用于多个<languageUsed>（<所使用的单语种>）元素编组的元素		
能够包含以下子元素：		
<languageUsed>（<所使用的单语种>） <descriptiveNote>（<描述注释说明>）		
能够包含以下属性：		
/		
能够出现于以下元素：		
<description>（<描述项>）		
XML Schema 模型：		
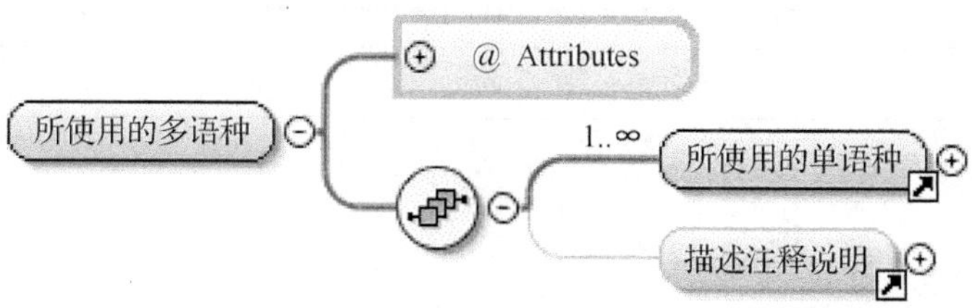		
XML 描述：		


```
<xs:element name="所使用的多语种">
  <xs:complexType>
    <xs:sequence>
      <xs:element maxOccurs="unbounded" ref="所使用的单语种"/>
      <xs:element minOccurs="0" ref="描述注释说明"/>
    </xs:sequence>
```

续表

```
    <xs:attribute ref="xml:id"/>
    <xs:attribute ref="xml:lang"/>
    <xs:attribute name="本地类型" type="xs:anyURI"/>
  </xs:complexType>
</xs:element>
```

7.1.2.2.12　单份职业（表 64）

表 64　单份职业 Schema 定义

<单份职业>（<occupation>）－单份职业		
可重复性：	必备性：	是否可包含文本：
是	否	否
简要描述：		
提供所著录 CPF 实体职业相关信息的元素		
能够包含以下子元素：		
<term>（<细则>） <date>（<日期>） <dateRange>（<日期范围>） <dateSet><日期集> <placeEntry>（<地点条目>） <citation>（<引用>） <descriptiveNote>（<描述注释说明>）		
能够包含以下属性：		
@localType（@本地类型）		
能够出现于以下元素：		
<occupations>（<多份职业>）		
XML Schema 模型：		
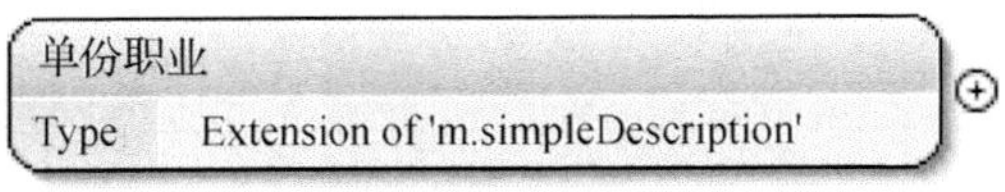		
XML 描述：		
<xs:element name="单份职业"> <xs:complexType> <xs:complexContent> <xs:extension base="m. simpleDescription"> <xs:attribute ref="xml:id"/> <xs:attribute ref="xml:lang"/> <xs:attribute name="本地类型" type="xs:anyURI"/> </xs:extension> </xs:complexContent> </xs:complexType> </xs:element>		

7.1.2.2.13　多份职业（表65）

表65　多份职业Schema定义

<多份职业>（<occupations>）-多份职业		
可重复性：	必备性：	是否可包含文本：
是	否	否
简要描述：		
用于多个<occupation>（<单份职业>）元素编组的元素		
能够包含以下子元素：		
<occupation>（<单份职业>） <descriptiveNote>（<描述注释说明>）		
能够包含以下属性：		
/		
能够出现于以下元素：		
<description>（<描述项>）		
XML Schema模型：		
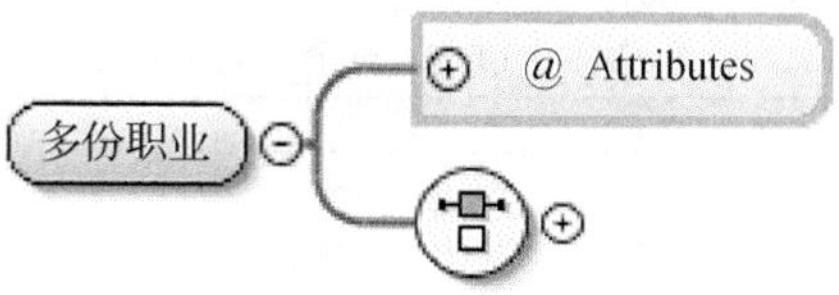		
XML描述：		

```
<xs:element name="多份职业">
  <xs:complexType>
    <xs:choice>
      <xs:sequence>
        <xs:element maxOccurs="unbounded" ref="单份职业"/>
        <xs:element minOccurs="0" ref="描述注释说明"/>
      </xs:sequence>
      <xs:group maxOccurs="unbounded" minOccurs="0" ref="m.discursiveSet"/>
    </xs:choice>
    <xs:attribute ref="xml:id"/>
    <xs:attribute ref="xml:lang"/>
    <xs:attribute name="本地类型" type="xs:anyURI"/>
  </xs:complexType>
</xs:element>
```

7.1.2.2.14　单项法规（表66）

表66　单项法规Schema定义

<单项法规>（<mandate>）-单项法规		
可重复性：	必备性：	是否可包含文本：
是	否	否
简要描述：		

续表

机构团体权力、职能、职责或活动范围的职权或法规（如法律、指令或宪章）的来源
能够包含以下子元素：
<term>（<细则>） <date>（<日期>） <dateRange>（<日期范围>） <dateSet>（<日期集>） <placeEntry>（<地点条目>） <citation>（<引用>） <descriptiveNote>（<描述注释说明>）
能够包含以下属性：
@localType（@本地类型）
能够出现于以下元素：
<mandates>（<多项法规>）
XML Schema 模型：
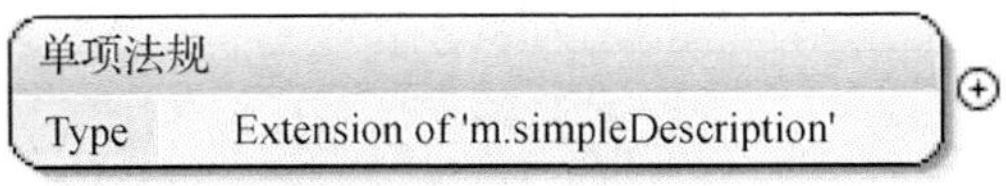
XML 描述：

```
<xs:element name="单项法规">
  <xs:complexType>
    <xs:complexContent>
      <xs:extension base="m.simpleDescription">
        <xs:attribute ref="xml:id"/>
        <xs:attribute ref="xml:lang"/>
        <xs:attribute name="本地类型" type="xs:anyURI"/>
      </xs:extension>
    </xs:complexContent>
  </xs:complexType>
</xs:element>
```

7.1.2.2.15　多项法规（表 67）

表 67　多项法规 Schema 定义

<多项法规>（<mandates>）－多项法规		
可重复性：	必备性：	是否可包含文本：
是	否	否
简要描述：		
用于多个（<单项法规>）元素编组的元素		
能够包含以下子元素：		
<mandate>（<单项法规>） <descriptiveNote>（<描述注释说明>）		

续表

能够包含以下属性：
/
能够出现于以下元素：
<description>（<描述项>）
XML Schema 模型：

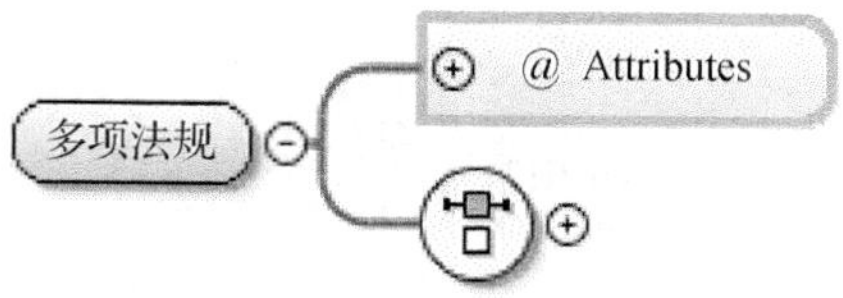

XML 描述：

```
<xs:element name="多项法规">
  <xs:complexType>
    <xs:choice>
      <xs:sequence>
        <xs:element maxOccurs="unbounded" ref="单项法规"/>
        <xs:element minOccurs="0" ref="描述注释说明"/>
      </xs:sequence>
      <xs:group maxOccurs="unbounded" minOccurs="0" ref="m.discursiveSet"/>
    </xs:choice>
    <xs:attribute ref="xml:id"/>
    <xs:attribute ref="xml:lang"/>
    <xs:attribute name="本地类型" type="xs:anyURI"/>
  </xs:complexType>
</xs:element>
```

7.1.2.2.16　内部结构或家谱（表68）

表68　内部结构或家谱 Schema 定义

<内部结构或家谱>（<structureOrGenealogy>）－内部结构或家谱		
可重复性：	必备性：	是否可包含文本：
是	否	否
简要描述：		
机构团体等内部管理结构或家谱的描述		
能够包含以下子元素：		
<outline>（<轮廓>） <p>（<段落>）		
能够包含以下属性：		
/		
能够出现于以下元素：		
<description>（<描述项>）		
XML Schema 模型：		

续表

XML 描述：

```
<xs:element name="内部结构或家谱">
  <xs:complexType>
    <xs:group maxOccurs="unbounded" minOccurs="0" ref="m. discursiveSet"/>
    <xs:attribute ref="xml:id"/>
    <xs:attribute ref="xml:lang"/>
    <xs:attribute name="本地类型" type="xs:anyURI"/>
  </xs:complexType>
</xs:element>
```

7.1.2.2.16.1　轮廓（表 69）

表 69　轮廓 Schema 定义

<轮廓>（<outline>）-轮廓		
可重复性：	必备性：	是否可包含文本：
是	否	否
简要描述：		
编码轮廓形式信息的元素		
能够包含以下子元素：		
<level>（<级别>）		
能够包含以下属性：		
/		
能够出现于以下元素：		
<structureOrGenealogy>（<内部结构或家谱>） <generalContext>（<时代背景>）		
XML Schema 模型：		

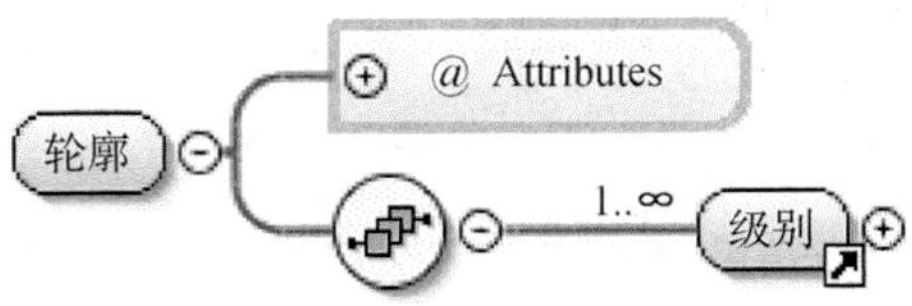

XML 描述：

```
<xs:element name="轮廓">
  <xs:complexType>
    <xs:sequence>
      <xs:element maxOccurs="unbounded" ref="级别"/>
    </xs:sequence>
    <xs:attribute ref="xml:id"/>
    <xs:attribute ref="xml:lang"/>
    <xs:attribute name="本地类型" type="xs:anyURI"/>
  </xs:complexType>
</xs:element>
```

7.1.2.2.16.1.1　级别（表70）

表70　级别 Schema 定义

<级别>（<level>）－级别		
可重复性：	必备性：	是否可包含文本：
是	否	否
简要描述：		
表明轮廓组成信息等级的元素		
能够包含以下子元素：		
<level>（<级别>） <item>（<项目>）		
能够包含以下属性：		
@localType（@本地类型） @xml：lang		
能够出现于以下元素：		
<outline>（<轮廓>） <level>（<级别>）		
XML Schema 模型：		
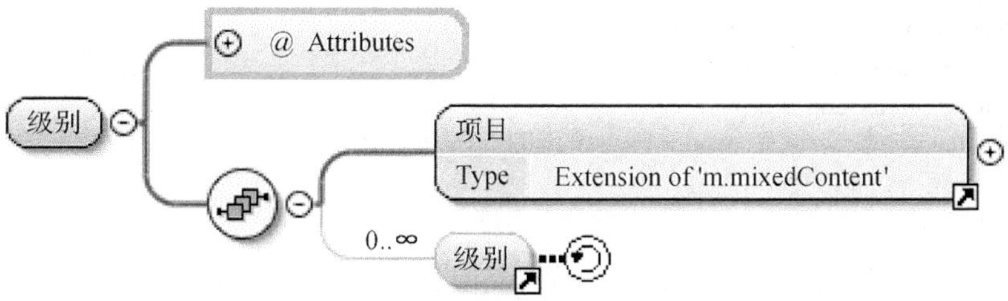		
XML 描述：		
<xs:element name="级别"> <xs:complexType> <xs:sequence> <xs:element ref="项目"/> <xs:element maxOccurs="unbounded" minOccurs="0" ref="级别"/> </xs:sequence> <xs:attribute ref="xml:id"/> <xs:attribute ref="xml:lang"/> <xs:attribute name="本地类型" type="xs:anyURI"/> </xs:complexType> </xs:element>		

7.1.2.2.16.1.1.1　项目（表71）

表71　项目 Schema 定义

<项目>（<item>）－项目		
可重复性：	必备性：	是否可包含文本：

续表

是	否	是
简要描述：		
著录元素与轮廓级别中通用列表的元素		
能够包含以下子元素：		
/		
能够包含以下属性：		
@ localType（@ 本地类型） @ xml：lang		
能够出现于以下元素：		
<level>（<级别>）		
XML Schema 模型：		
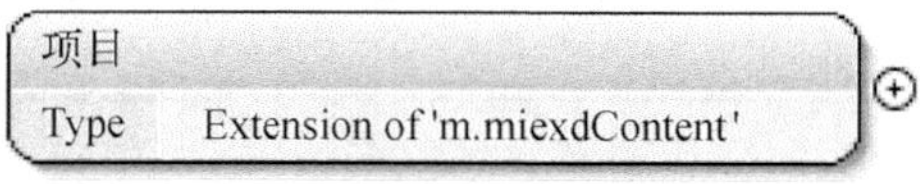		
XML 描述：		

```
<xs:element name = "项目" >
  <xs:complexType >
    <xs:complexContent >
      <xs:extension base = "m. mixedContent" >
        <xs:attribute ref = "xml:id"/ >
        <xs:attribute ref = "xml:lang"/ >
        <xs:attribute name = "本地类型" type = "xs:anyURI"/ >
      </xs:extension >
    </xs:complexContent >
  </xs:complexType >
</xs:element >
```

7.1.2.2.17　时代背景（表 72）

表 72　时代背景 Schema 定义

<时代背景>（<generalContext>）－时代背景		
可重复性：	必备性：	是否可包含文本：
是	否	否
简要描述：		
编码所著录 CPF 实体所存在的社会、文化、经济、政治或历史环境相关信息的元素		
能够包含以下子元素：		
<outline>（<轮廓>） <p>（<段落>）		
能够包含以下属性：		
/		
能够出现于以下元素：		
<description>（<描述项>）		

续表

XML Schema 模型：

XML 描述：
<xs:element name = "时代背景" > <xs:complexType > <xs:group maxOccurs = "unbounded" minOccurs = "0" ref = "m. discursiveSet"/ > <xs:attribute ref = "xml:id"/ > <xs:attribute ref = "xml:lang"/ > <xs:attribute name = "本地类型" type = "xs:anyURI"/ > </xs:complexType > </xs:element >

7.1.2.2.18　历史沿革或生平（表 73）

表 73　历史沿革或生平 Schema 定义

<历史沿革或生平>（<biogHist>）–传记或历史注释说明		
可重复性：	必备性：	是否可包含文本：
是	否	否
简要描述：		
提供 CPF 实体相关的个人或历史信息的准确文本或年表		
能够包含以下子元素：		
<abstract>（<摘要>） <chronList>（<按年代顺序排列的项目>） <p>（<段落>） <citation>（<引用>）		
能够包含以下属性：		
@ localType（@ 本地类型）		
能够出现于以下元素：		
<description>（<描述项>）		
XML Schema 模型：		
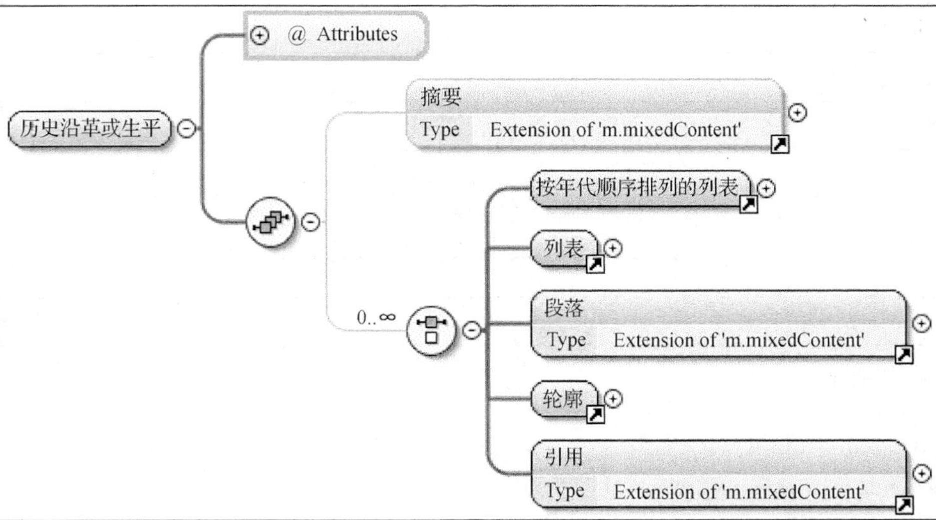 		

续表

XML 描述：

```
<xs:element name="历史沿革或生平">
  <xs:complexType>
    <xs:sequence>
      <xs:element minOccurs="0" ref="摘要"/>
      <xs:choice maxOccurs="unbounded" minOccurs="0">
        <xs:element ref="按年代顺序排列的列表"/>
        <xs:element ref="列表"/>
        <xs:element ref="段落"/>
        <xs:element ref="轮廓"/>
        <xs:element ref="引用"/>
      </xs:choice>
    </xs:sequence>
    <xs:attribute ref="xml:id"/>
    <xs:attribute ref="xml:lang"/>
    <xs:attribute name="本地类型" type="xs:anyURI"/>
  </xs:complexType>
</xs:element>
```

7.1.2.2.18.1　摘要（表 74）

表 74　摘要 Schema 定义

<摘要>（<abstract>）-摘要		
可重复性：	必备性：	是否可包含文本：
是	否	是
简要描述：		
包含总体上包含于<biogHist>（<历史沿革或生平>）的信息的简要总结的元素		
能够包含以下子元素：		
/		
能够包含以下属性：		
@xml：lang		
能够出现于以下元素：		
<biogHist>（<历史沿革或生平>）		
XML Schema 模型：		
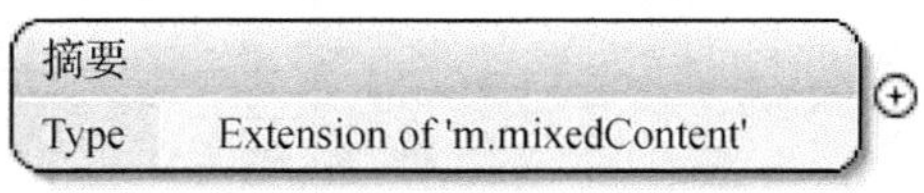		
XML 描述：		

```
<xs:element name="摘要">
  <xs:complexType>
    <xs:complexContent>
      <xs:extension base="m.mixedContent">
```

续表

```
        <xs:attribute ref="xml:id"/>
        <xs:attribute ref="xml:lang"/>
        <xs:attribute name="本地类型" type="xs:anyURI"/>
      </xs:extension>
    </xs:complexContent>
  </xs:complexType>
</xs:element>
```

7.1.2.2.18.2　按年代顺序排列的列表（表 75）

表 75　按年代顺序排列的列表 Schema 定义

<按年代顺序排列的列表>（<chronList>）－按年代顺序排列的列表		
可重复性：	必备性：	是否可包含文本：
是	否	否
简要描述：		
可能用于 <biogHist>（<历史沿革或生平>）元素内的事件、日期和地点（可选）的结构化按年代顺序排列的列表		
能够包含以下子元素：		
<chronItem>（<按年代顺序排列的项目>）		
能够包含以下属性：		
/		
能够出现于以下元素：		
<biogHist>（<历史沿革或生平>）		
XML Schema 模型：		
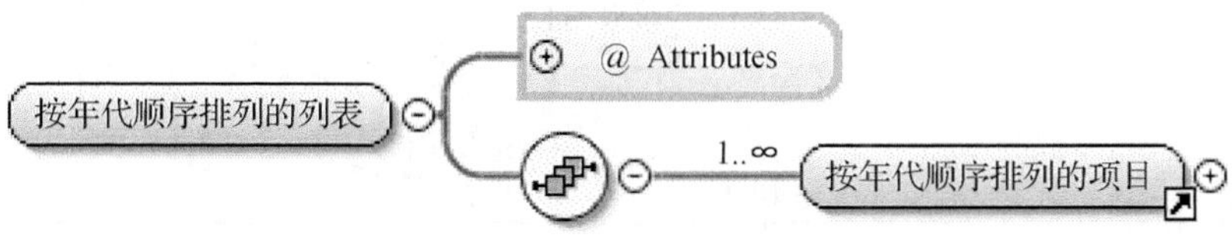		
XML 描述：		

```
<xs:element name="按年代顺序排列的列表">
  <xs:complexType>
    <xs:sequence>
      <xs:element maxOccurs="unbounded" ref="按年代顺序排列的项目"/>
    </xs:sequence>
    <xs:attribute ref="xml:id"/>
    <xs:attribute ref="xml:lang"/>
    <xs:attribute name="本地类型" type="xs:anyURI"/>
  </xs:complexType>
</xs:element>
```

7.1.2.2.18.2.1 按年代顺序排列的项目（表 76）

表 76 按年代顺序排列的项目 Schema 定义

<table>
<tr><td colspan="3"><按年代顺序排列的项目>（<chronItem>）－按年代顺序排列的项目</td></tr>
<tr><td>可重复性：</td><td>必备性：</td><td>是否可包含文本：</td></tr>
<tr><td>是</td><td>否</td><td>否</td></tr>
<tr><td colspan="3">简要描述：</td></tr>
<tr><td colspan="3">在<chronList>（<按年代顺序排列的列表>）内成对保留日期或日期范围与相关事件和可选地点的集合元素</td></tr>
<tr><td colspan="3">能够包含以下子元素：</td></tr>
<tr><td colspan="3"><date>（<日期>）
<dateRange>（<日期范围>）
<event>（<事件>）
<placeEntry>（<地点条目>）</td></tr>
<tr><td colspan="3">能够包含以下属性：</td></tr>
<tr><td colspan="3">@localType（@本地类型）
@xml：lang</td></tr>
<tr><td colspan="3">能够出现于以下元素：</td></tr>
<tr><td colspan="3"><chronList>（<按年代顺序排列的列表>）</td></tr>
<tr><td colspan="3">XML Schema 模型：</td></tr>
<tr><td colspan="3">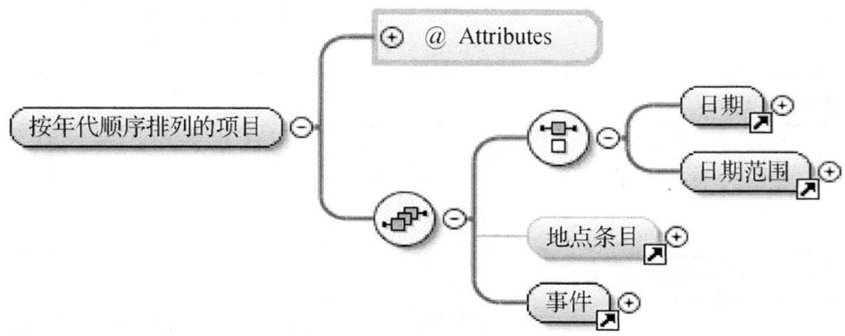
</td></tr>
<tr><td colspan="3">XML 描述：</td></tr>
<tr><td colspan="3"><xs:element name="按年代顺序排列的项目">
  <xs:complexType>
    <xs:sequence>
      <xs:choice>
        <xs:element ref="日期"/>
        <xs:element ref="日期范围"/>
      </xs:choice>
      <xs:element minOccurs="0" ref="地点条目"/>
      <xs:element ref="事件"/>
    </xs:sequence>
    <xs:attribute ref="xml:id"/>
    <xs:attribute ref="xml:lang"/>
    <xs:attribute name="本地类型" type="xs:anyURI"/>
  </xs:complexType>
</xs:element></td></tr>
</table>

7.1.2.2.18.2.1.1　事件（表 77）

表 77　事件 Schema 定义

<事件>（<event>）－事件		
可重复性：	必备性：	是否可包含文本：
是	否	是
简要描述：		
用于在结构化年表中编码事件，联合日期和地点（可选）的元素		
能够包含以下子元素：		
/		
能够包含以下属性：		
@localType（@本地类型） @xml：lang		
能够出现于以下元素：		
<chronItem>（<按年代顺序排列的项目>）		
XML Schema 模型：		

XML 描述：		

```
<xs:element name="事件">
  <xs:complexType mixed="true">
    <xs:attribute ref="xml:id"/>
    <xs:attribute ref="xml:lang"/>
    <xs:attribute name="本地类型" type="xs:anyURI"/>
  </xs:complexType>
</xs:element>
```

7.1.2.3　关系项（表 78）

表 78　关系项 Schema 定义

<关系项>（<relations>）－关系项		
可重复性：	必备性：	是否可包含文本：
否	否	否
简要描述：		
集成一个或更多关联元素的封装元素，其中每一关联元素为一种特定的关系编码		
能够包含以下子元素：		
<cpfRelation>（<机构团体个人家族关系>） <functionRelation>（<职能关系>） <resourceRelation>（<资源关系>）		
能够包含以下属性：		
/		

续表

能够出现于以下元素：
<cpfDescription>（<机构团体个人家族著录项>）
XML Schema 模型：

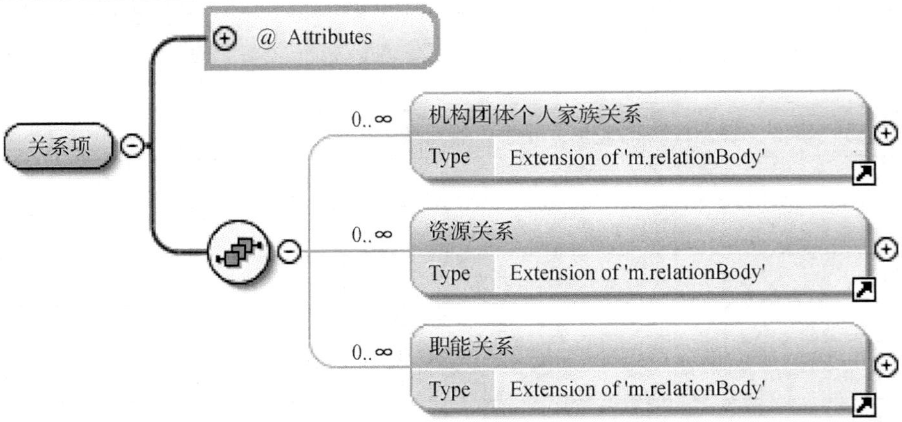

XML 描述：

```
<xs:element name="关系项">
  <xs:complexType>
    <xs:sequence>
      <xs:element maxOccurs="unbounded" minOccurs="0" ref="机构团体个人家族关系"/>
      <xs:element maxOccurs="unbounded" minOccurs="0" ref="资源关系"/>
      <xs:element maxOccurs="unbounded" minOccurs="0" ref="职能关系"/>
    </xs:sequence>
    <xs:attribute ref="xml:id"/>
    <xs:attribute ref="xml:lang"/>
    <xs:attribute ref="xml:base"/>
  </xs:complexType>
</xs:element>
```

7.1.2.3.1　机构团体个人家族关系（表 79）

表 79　机构团体个人家族关系 Schema 定义

<机构团体个人家族关系>（<cpfRelation>）－CPF 关系		
可重复性：	必备性：	是否可包含文本：
是	否	否
简要描述：		
元素包含同所著录 CPF 实体相关的机构团体、个人或家族的著录。这些相关实体代表机构团体个人家庭关系元素，设计该元素的目的在于为机构团体、个人或家族同 EAC-CPF 实例中描述的 CPF 实体之间的关系进行编码		
能够包含以下子元素：		
<relationEntry>（<关系条目>） <date>（<日期>） <dateRange>（<日期范围>） <dateSet>（<日期集>） <placeEntry>（<地点条目>） <descriptiveNote>（<描述注释说明>）		

续表

能够包含以下属性：

@ cpfRelationType
@ lastDateTimeVerified（@ 最后证实时间）
@ xml：lang
@ xlink：type
@ xlink：href
@ xlink：arcrole
@ xlink：role
@ xlink：title

能够出现于以下元素：

<relations>（<关系项>）

XML Schema 模型：

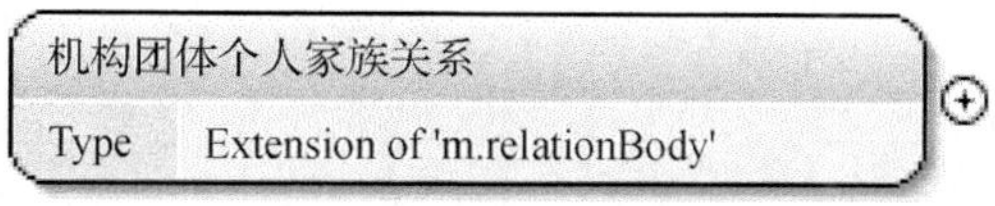

XML 描述：

```xml
<xs:element name="机构团体个人家族关系">
  <xs:complexType>
    <xs:complexContent>
      <xs:extension base="m. relationBody">
        <xs:attribute ref="xml:id"/>
        <xs:attribute ref="xml:lang"/>
        <xs:attribute name="cpfRelationType">
          <xs:simpleType>
            <xs:restriction base="xs:token">
              <xs:enumeration value="本体"/>
              <xs:enumeration value="等级"/>
              <xs:enumeration value="等级 - 父母 "/>
              <xs:enumeration value="等级 - 子女 "/>
              <xs:enumeration value="时间"/>
              <xs:enumeration value="时间 - 早些"/>
              <xs:enumeration value="时间 - 晚些"/>
              <xs:enumeration value="家族"/>
              <xs:enumeration value="联合"/>
            </xs:restriction>
          </xs:simpleType>
        </xs:attribute>
      </xs:extension>
    </xs:complexContent>
  </xs:complexType>
</xs:element>
```

7.1.2.3.1.1　关系条目（表 80）

表 80　关系条目 Schema 定义

<关系条目>（<relationEntry>）–关系条目		
可重复性：	必备性：	是否可包含文本：
是	否	是
简要描述：		
关系的著录元素。关系著录元素提供标识相关 CPF 实体的无层次文本、由命名 CPF 实体创建或相关的资源（如档案记录），或相关职能的名称		
能够包含以下子元素：		
/		
能够包含以下属性：		
@ localType（@ 本地类型） @ scriptCode（@ 书写体代码） @ transliteration（@ 音译） @ xml：lang		
能够出现于以下元素：		
<cpfRelation>（<机构团体个人家族关系>） <functionRelation>（<职能关系>） <resourceRelation>（<资源关系>）		
XML Schema 模型：		

XML 描述：		
<xs:element name="关系条目"> <xs:complexType mixed="true"> <xs:attribute ref="xml:id"/> <xs:attribute name="本地类型" type="xs:anyURI"/> <xs:attributeGroup ref="m. entryLanguageAttributes"/> </xs:complexType> </xs:element>		

7.1.2.3.2　资源关系（表 81）

表 81　资源关系 Schema 定义

<资源关系>（<resourceRelation>）–资源关系		
可重复性：	必备性：	是否可包含文本：
是	否	否
简要描述：		
编码资源与 CPF 实体之间关系的元素。用于描述与指向像 EAD 文档、图像或音频或视频文档及其他		
能够包含以下子元素：		

续表

<relationEntry>（<关系条目>）
<descriptiveNote>（<描述注释说明>）
<dateSet>（<日期集>）
<date>（<日期>）
<dateRange>（<日期范围>）
<placeEntry>（<地点条目>）

能够包含以下属性：

@resourceRelationType（@资源关系类型）
@lastDateTimeVerified（@最后证实时间）
@xlink：type
@xlink：href
@xlink：arcrole
@xlink：role
@xlink：title
@xml：lang

能够出现于以下元素：

<relations>（<关系项>）

XML Schema模型：

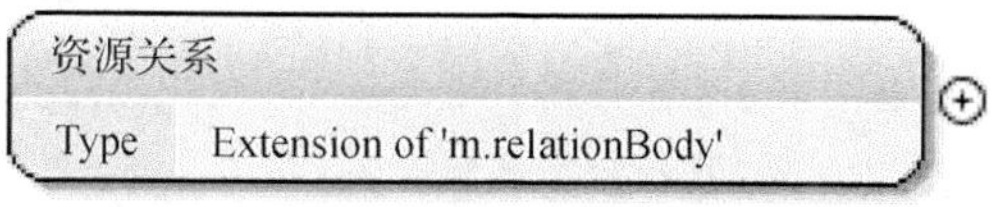

XML描述：

```
<xs:element name="资源关系">
  <xs:complexType>
    <xs:complexContent>
      <xs:extension base="m. relationBody">
        <xs:attribute ref="xml:id"/>
        <xs:attribute ref="xml:lang"/>
        <xs:attribute name="资源关系类型">
          <xs:simpleType>
            <xs:restriction base="xs:token">
              <xs:enumeration value="形成者"/>
              <xs:enumeration value="主题"/>
              <xs:enumeration value="其他"/>
            </xs:restriction>
          </xs:simpleType>
        </xs:attribute>
      </xs:extension>
    </xs:complexContent>
  </xs:complexType>
</xs:element>
```

7.1.2.3.3 职能关系（表 82）

表 82 职能关系 Schema 定义

<职能关系>（<functionRelation>）－职能关系		
可重复性：	必备性：	是否可包含文本：
是	否	否
简要描述：		
设计用于编码职能与著录于 EAC-CPF 实例中的 CPF 实体的关系的元素		
能够包含以下子元素：		
<relationEntry>（<关系条目>） <descriptiveNote>（<描述注释说明>） <dateSet>（<日期集>） <date>（<日期>） <dateRange>（<日期范围>） <placeEntry>（<地点条目>）		
能够包含以下属性：		
@functionRelationType（@职能关系类型）－可以是如下之一：控制、拥有及实行 @lastDateTimeVerified（@最后证实时间） @xlink：type @xlink：href @xlink：arcrole @xlink：role @xlink：title @xml：lang		
能够出现于以下元素：		
<relations>（<关系项>）		
XML Schema 模型：		
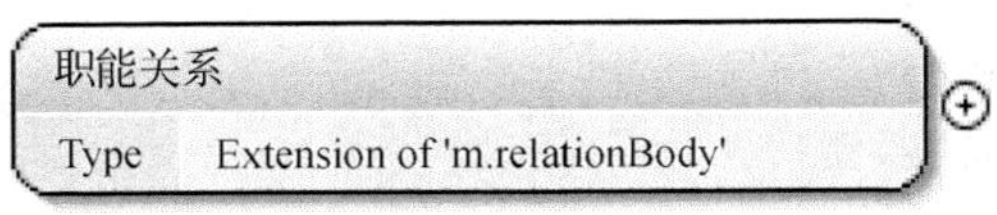		
XML 描述：		

```
<xs:element name="职能关系">
  <xs:complexType>
    <xs:complexContent>
      <xs:extension base="m. relationBody">
        <xs:attribute ref="xml:id"/>
        <xs:attribute ref="xml:lang"/>
        <xs:attribute name="职能关系类型">
          <xs:simpleType>
```

续表

```
                <xs:restriction base="xs:token">
                    <xs:enumeration value="控制"/>
                    <xs:enumeration value="拥有"/>
                    <xs:enumeration value="实行"/>
                </xs:restriction>
            </xs:simpleType>
        </xs:attribute>
      </xs:extension>
    </xs:complexContent>
  </xs:complexType>
</xs:element>
```

7.1.2.4　交替集（表 83）

表 83　交替集 Schema 定义

<交替集>（<alternativeSet>）-交替集		
可重复性：	必备性：	是否可包含文本：
否	否	否
简要描述：		
两个或更多来源于两个或更多规范系统，且在同一 EAC-CPF 实例的规范记录的容器元素		
能够包含以下子元素：		
<setComponent>（<集成分>）		
能够包含以下属性：		
@xml：lang @xml：base		
能够出现于以下元素：		
<cpfDescription>（<机构团体个人家族著录项>）		
XML Schema 模型：		

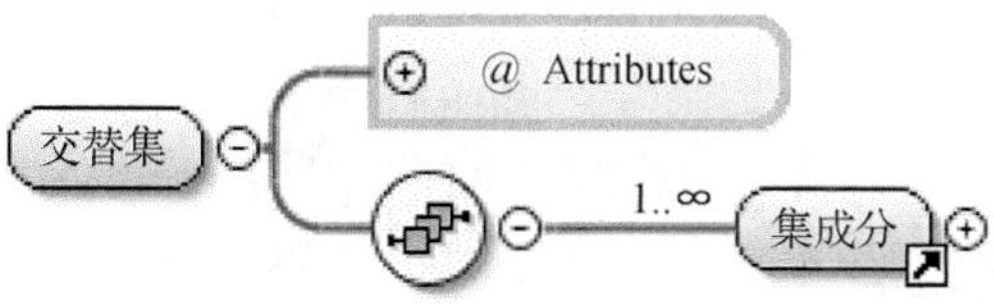

XML 描述：

```
<xs:element name="交替集">
  <xs:complexType>
    <xs:sequence>
      <xs:element maxOccurs="unbounded" ref="集成分"/>
```

续表

```
    </xs:sequence>
    <xs:attribute ref="xml:id"/>
    <xs:attribute ref="xml:lang"/>
    <xs:attribute ref="xml:base"/>
  </xs:complexType>
</xs:element>
```

7.1.2.4.1 集成分（表 84）

表 84 集成分 Schema 定义

<集成分>（<setComponent>）－集成分		
可重复性：	必备性：	是否可包含文本：
是	是	否
简要描述：		
提供封装以包含完整规范记录，从而来自不同规范系统或以不同语种表示的同一标识的复合记录可在单一 EAC-CPF 实例中联结		
能够包含以下子元素：		
<componentEntry>（<成分条目>） <descriptiveNote>（<描述注释说明>）		
能够包含以下属性：		
@lastDateTimeVerified（@最后证实时间） @xlink：type @xlink：href @xlink：role @xlink：title @xml：lang		
能够出现于以下元素：		
<alternativeSet>（<交替集>）		
XML Schema 模型：		
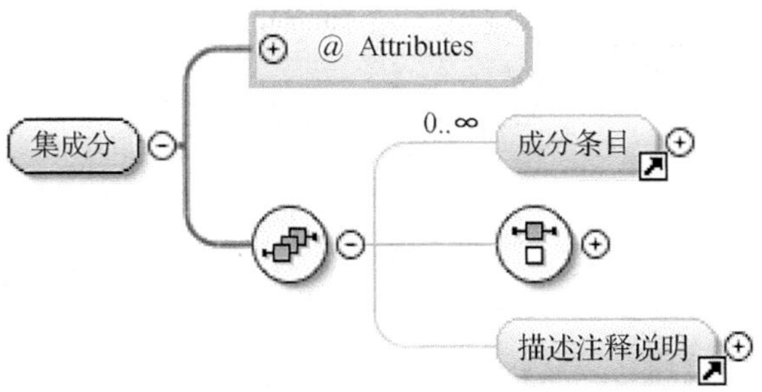		
XML 描述：		

```
<xs:element name="集成分">
  <xs:complexType>
    <xs:sequence>
```

续表

```
      <xs:element maxOccurs="unbounded" minOccurs="0" ref="成分条目"/>
      <xs:choice minOccurs="0">
        <xs:element ref="objectXMLWrap"/>
        <xs:element ref="objectBinWrap"/>
      </xs:choice>
      <xs:element minOccurs="0" ref="描述注释说明"/>
    </xs:sequence>
    <xs:attribute ref="xml:id"/>
    <xs:attribute ref="xml:lang"/>
    <xs:attribute name="最后证实时间" type="m.data.standardDateTime"/>
    <xs:attributeGroup ref="xlink:simpleLink"/>
  </xs:complexType>
</xs:element>
```

7.1.2.4.1.1　成分条目（表 85）

表 85　成分条目 Schema 定义

<table>
<tr><td colspan="3"><成分条目>（<componentEntry>）－成分条目</td></tr>
<tr><td>可重复性：</td><td>必备性：</td><td>是否可包含文本：</td></tr>
<tr><td>是</td><td>是</td><td>是</td></tr>
<tr><td colspan="3">简要描述：</td></tr>
<tr><td colspan="3">提供有关 EAC-CPF 实例的文本注释说明。该实例在 <alternativeSet>（<交替集>）封装内与同一实体的其他规范记录联系在一起</td></tr>
<tr><td colspan="3">能够包含以下子元素：</td></tr>
<tr><td colspan="3">/</td></tr>
<tr><td colspan="3">能够包含以下属性：</td></tr>
<tr><td colspan="3">@localType（@本地类型）
@xml:lang
@scriptCode（@书写体代码）
@transliteration（@音译）</td></tr>
<tr><td colspan="3">能够出现于以下元素：</td></tr>
<tr><td colspan="3"><setComponent>（<集成分>）</td></tr>
<tr><td colspan="3">XML Schema 模型：</td></tr>
<tr><td colspan="3">
</td></tr>
<tr><td colspan="3">XML 描述：</td></tr>
<tr><td colspan="3"><xs:element name="成分条目">
  <xs:complexType mixed="true">
    <xs:attribute ref="xml:id"/>
    <xs:attribute name="本地类型" type="xs:anyURI"/>
    <xs:attributeGroup ref="m.entryLanguageAttributes"/>
  </xs:complexType>
</xs:element></td></tr>
</table>

7.1.3 多重特征项（表 86）

表 86 多重特征项 Schema 定义

<table>
<tr><td colspan="3"><多重特征项>（<componentEntry>）－多重特征项</td></tr>
<tr><td>可重复性：</td><td>必备性：</td><td>是否可包含文本：</td></tr>
<tr><td>是</td><td>否</td><td>是</td></tr>
<tr><td colspan="3">简要描述：</td></tr>
<tr><td colspan="3">机构团体个人家族著录项<cpfDescription>或多个<cpfDescription>封装于<多重特征项>（<multipleIdentities>）内</td></tr>
<tr><td colspan="3">能够包含以下子元素：</td></tr>
<tr><td colspan="3"><机构团体个人家族著录项>（<cpfDescription >）</td></tr>
<tr><td colspan="3">能够包含以下属性：</td></tr>
<tr><td colspan="3">@xml：id
@xml：lang
@xml：base</td></tr>
<tr><td colspan="3">能够出现于以下元素：</td></tr>
<tr><td colspan="3"><eac-cpf>（<档案规范记录>）</td></tr>
<tr><td colspan="3">XML Schema 模型：</td></tr>
<tr><td colspan="3">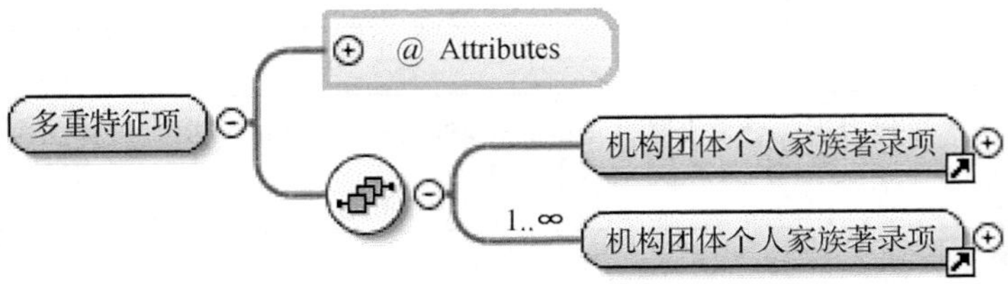
</td></tr>
<tr><td colspan="3">XML 描述：</td></tr>
<tr><td colspan="3"><xs:element name="多重特征项">
  <xs:complexType>
    <xs:sequence>
      <xs:element ref="机构团体个人家族著录项"/>
      <xs:element maxOccurs="unbounded" ref="机构团体个人家族著录项"/>
    </xs:sequence>
    <xs:attribute ref="xml:id"/>
    <xs:attribute ref="xml:lang"/>
    <xs:attribute ref="xml:base"/>
  </xs:complexType>
</xs:element></td></tr>
</table>

7.2 属性语义定义①

7.2.1 @国家代码（表87）

表87 @国家代码语义定义

@国家代码（@countryCode）		
可重复性：	必备性：	是否可包含文本：
否	否	是
简要描述：		
@countryCode（@国家代码）属性可用于提供指明所命名的地点国家的ISO 3166－1标准代码。其值取自ISO 3166－1《国家名称表示代码》（Codes for the Representation of Names of Countries）的列表。该列表能够从ISO 3166维护机构团体网站下载（http：//www.iso.org/iso/country_codes/iso_3166_code_lists.htm）		
数据类型：		
ISO 3166－1		
能够出现于以下元素：		
<placeEntry>（<地点条目>） <address>（<地址>）		

7.2.2 @职能关系类型（表88）

表88 @职能关系类型语义定义

@职能关系类型（@functionRelationType）		
可重复性：	必备性：	是否可包含文本：
否	否	是
简要描述：		
所著录实体所具有的相关职能的关系类型。其值指明所著录实体所具有的相关职能的关系类型。如果关系类型比以下指定值更具体，则除了@functionRelationType（@职能关系类型）之外还可使用@xlink属性		
数据类型：		
“控制”或“拥有”或“实行”		
能够出现于以下元素：		
<functionRelation>（<职能关系>）		

7.2.3 @特征类型（表89）

表89 @特征类型语义定义

@特征类型（@identityType）		
可重复性：	必备性：	是否可包含文本：
否	否	是
简要描述：		

① 受篇幅所限，属性仅列出了其语义定义。

续表

当在同一实例中著录多个特征时对于处理而言可能是有用的。尽管是可选的，但当在同一 EAC-CPF 实例中著录多个特征使用 <multipleIdentities>（<多重特征项>）时仍推荐使用该属性。它将使处理器能够在一个人同一个或多个人物角色之间进行区别
数据类型：
“given” 或 “acquired”
能够出现于以下元素：
<identity>（<特征项>）

7.2.4 @语种代码（表 90）

表 90 @语种代码语义定义

@语种代码（@languageCode）		
可重复性：	必备性：	是否可包含文本：
否	否	是
简要描述：		
语种代码用于为表示 EAC-CPF 实例的语种提供 ISO 639 – 2 标准代码。其值取自 ISO 639 – 2《语种名称表示代码》(Codes for the Representation of Names of Languages) 列表。该列表能够从该标准的注册机构团体美国国会图书馆的网站下载（http：//www. loc. gov/standards/iso639-2/langhome. html）		
数据类型：		
ISO 639 – 2		
能够出现于以下元素：		
<language>（<语种>）		

7.2.5 @最后证实时间（表 91）

表 91 @最后证实时间语义定义

@最后证实时间（@lastDateTimeVerified）		
可重复性：	必备性：	是否可包含文本：
否	否	是
简要描述：		
该属性的值提供相关（或相链接）对象被证实的最后日期或时间。查证可包括链接及被链接对象版本的确认		
数据类型：		
XML Schema 数据类型 date、gYear、gYearMonth 及 dateTime 的联合。以下均为合法模式：2009 – 12 – 31、2009、2009 – 12，2009 – 12 – 31T23:59:59		
能够出现于以下元素：		
<citation>（<引用>） <cpfRelation>（<机构团体个人家族关系>） <functionRelation>（<职能关系>） <resourceRelation>（<资源关系>） <setComponent>（<集成分>） <term>（<细则>）		

7.2.6　@纬度（表 92）

表 92　@纬度语义定义

@纬度（@latitude）		
可重复性：	必备性：	是否可包含文本：
否	否	是
简要描述：		
该属性的值为命名地点的地理纬度。@latitude（@纬度）应与@longitude（@经度）及@altitude（@地平纬度）协同使用		
数据类型：		
NMTOKEN		
能够出现于以下元素：		
<place>（<单一地点>）		

7.2.7　@经度（表 93）

表 93　@经度语义定义

@经度（@longitude）		
可重复性：	必备性：	是否可包含文本：
否	否	是
简要描述：		
该属性的值是命名地点的地理经度。@longitude（@经度）应与@latitude（@纬度）和@altitude（@地平纬度）协同使用		
数据类型：		
NMTOKEN		
能够出现于以下元素：		
<place>（<单一地点>）		

7.2.8　@本地类型（表 94）

表 94　@本地类型语义定义

@本地类型（@localType）		
可重复性：	必备性：	是否可包含文本：
否	否	是
简要描述：		
@localType（@本地类型）用于更确指元素的语义或向语义含糊元素提供语义详述。其值应为绝对 URI。该属性可被广泛应用于许多描述和控制元素。该属性计划为明确某些元素的语义提供方法或为结构化元素及语义含糊元素提供语义。@localType（@本地类型）的值必须符合 W3C Schema 第 2 部分：数据类型 anyURI。为便利于 EAC-CPF 实例的交换，强烈推荐 URI 对于描述语义范围和值利用的本地资源为绝对的和可分解的		
数据类型		

续表

通常是 anyURI 其可取固定值为: < nameEntryParallel >（< 并列名称条目 >） < nameEntry >（< 名称条目 >） < nameEntry >（< 名称条目 >） < part >（< 部分 >） < placeEntry >（< 地点条目 >） < address >（< 地址 >） < addressLine >（< 地址行 >） < relationEntry >（< 关系条目 >）
能够出现于以下元素:
< otherAgencyCode >（< 其他机构代码 >） < otherRecordId >（< 其他机构团体标识符 >） < localControl >（< 本地控制 >） < nameEntryParallel >（< 并列名称条目 >） < nameEntry >（< 名称条目 >） < part >（< 部分 >） < placeEntry >（< 地点条目 >） < address >（< 地址 >） < addressLine >（< 地址行 >） < relationEntry >（< 关系条目 >） < entityId >（< 实体标识符 >） < localDescription >（< 本地单项描述 >） < legalStatus >（< 单项法律地位 >） < function >（< 单项职能 >） < occupation >（< 单份职业 >） < mandate >（< 单项法规 >） < languageUsed >（< 所使用的单语种 >） < level >（< 级别 >） < item >（< 项目 >） < bioghist >（< 历史沿革或生平 >） < chronItem >（< 按年代顺序排列的项目 >） < event >（< 事件 >） < componentEntry >（< 成分条目 >）

7.2.9 @不晚于（表 95）

表 95 @不晚于语义定义

@不晚于（@ notAfter）		
可重复性:	必备性:	是否可包含文本:
否	否	是
简要描述:		
对于不确定日期而言可能的最晚日期。对于不确定日期而言，与@ standardDate（@标准日期）协同使用，@ notAfter（@不晚于）的值是可能的最晚日期。同时见@ notBefore（@不早于）		

续表

数据类型：
XML Schema 数据类型 date、gYear 及 gYearMonth 的联合。以下为所有有效模式：2009 - 12 - 31、2009，2009 - 12
能够出现于以下元素：
<date>（<日期>） <fromDate>（<起始日期>） <toDate>（<终止日期>）

7. 2. 10　@不早于（表 96）

表 96　@不早于语义定义

@不早于（@notBefore）		
可重复性：	必备性：	是否可包含文本：
否	否	是
简要描述：		
对于不确定日期而言可能的最早日期。对于不确定日期而言，与@standardDate（@标准日期）协同使用，@notBefore（@不早于）的值是可能的最早日期。同时见@notAfter（@不晚于）		
数据类型：		
XML Schema 数据类型 date、gYear 及 gYearMonth 的联合。以下为所有有效模式：2009 - 12 - 31、2009，2009 - 12		
能够出现于以下元素：		
<date>（<日期>） <fromDate>（<起始日期>） <toDate>（<终止日期>）		

7. 2. 11　@资源关系类型（表 97）

表 97　@资源关系类型语义定义

@资源关系类型（@resourceRelationType）		
可重复性：	必备性：	是否可包含文本：
否	否	是
简要描述：		
该属性值表明在 EAC-CPF 实例中所著录实体同资源之间关系的类型。如果资源性质较可利用值更专指，则除了@resourceRelationType（@资源关系类型）外还可用 Xlink 属性		
数据类型		
"creatorOf"（"创建者"）或"subjectOf"（"主题"）或"other"（"其他"）		
能够出现于以下元素：		
<resourceRelation>（<资源关系>）		

7.2.12 @书写体代码（表 98）

表 98 @书写体代码语义定义

@书写体代码（@scriptCode）		
可重复性：	必备性：	是否可包含文本：
否	否	是
简要描述：		
同给定语种一起使用的书写体的标准 4 位代码。@scriptCode（@书写体代码）属性对于 <script>（<书写体>）元素而言是必备的，并且在可能使用语种名称之处可被用于其他元素		
数据类型：		
ISO 15924《书写体名称表示代码》(Code for the Representation of Names and Scripts)		
能够出现于以下元素：		
<script>（<书写体>）		

7.2.13 @标准日期（表 99）

表 99 @标准日期语义定义

@标准日期（@standardDate）		
可重复性：	必备性：	是否可包含文本：
否	否	是
简要描述：		
@standardDate（@标准日期）的值向在可用于计算机处理（如检索）的 <date>（<日期>）、<fromDate>（<起始日期>），或 <toDate>（<终止日期>）中表示的日期提供标准形式		
数据类型：		
XML Schema 数据类型 date、gYear 及 gYearMonth 的联合。以下为所有有效模式：2009－12－31、2009，2009－12		
能够出现于以下元素：		
<date>（<日期>） <fromDate>（<起始日期>） <toDate>（<终止日期>）		

7.2.14 @标准时间（表 100）

表 100 @标准时间语义定义

@标准时间（@standardDateTime）		
可重复性：	必备性：	是否可包含文本：
否	否	是
简要描述：		
@standardDateTime（@标准时间）的值向在可用于计算机处理的 <eventDateTime>（<事件的日期>）中表示的日期或时间提供标准形式。例如，使用 <eventType>（<事件类型>）与@standardDateTime（@标准时间）的值，在某一特定日期的所有 EAC-CPF 实例（事件类型为"修订"）都能够被标识		

续表

数据类型：
XML Schema 数据类型 date、gYear 及 gYearMonth 的联合。以下为所有有效模式：2009－12－31、2009，2009－12
能够出现于以下元素：
<eventDateTime>（<事件时间>）

7.2.15　@音译（表 101）

表 101　@音译语义定义

@音译（@transliteration）		
可重复性：	必备性：	是否可包含文本：
否	否	是
简要描述：		
该属性的值指明用于表示从一种书写体转向另一种书写体的音译方案，包括规定从一种书写体向另一种书写体转换的方法的规则		
数据类型：		
NMTOKEN		
能够出现于以下元素：		
<sourceEntry>（<来源条目>） <term>（<细则>） <placeEntry>（<地点条目>） <placeRole>（<地点任务>） <relationEntry>（<关系条目>） <componentEntry>（<成分条目>）		

7.2.16　@词汇来源（表 102）

表 102　@词汇来源语义定义

@词汇来源（@vocabularySource）		
可重复性：	必备性：	是否可包含文本：
否	否	是
简要描述		
该属性的值指明术语出处的词汇表来源。控制词表用于由<term>（<细则>）、<placeEntry>（<地点条目>）及<placeRole>（<地点任务>）元素得到术语。控制词表应该声明于<control>（<控制项>）内的<conventionDeclaration>（<规则声明>）元素		
数据类型		
anyURI		
能够出现于以下元素：		
<term>（<细则>） <placeEntry>（<地点条目>） <placeRole>（<地点任务>）		

7.2.17 @xlink：arcrole（表 103）

表 103 @ xlink：arcrole 语义定义

@xlink：arcrole		
可重复性：	必备性：	是否可包含文本：
否	否	是
简要描述：		
定义链接目的的 URI。An absolute that describes the nature of the relation between the entity being described in the EAC-CPF instance and a remote resource 是描述在 EAC-CPF 实例中所著录实体同远程资源（<cpfRelation>（<机构团体个人家族关系>），<resourceRelation>（<资源关系>），或 <functionRelation>（<职能关系>））之间关系本质，或 EAC-CPF 实例著录（或著录成分）与远程资源（<citation>（<引用>），<setComponent>（<集成分>）和 <source>（<单一来源>））之间关系本质的绝对 URI。建议由本地资源链向远程资源		
数据类型：		
string（字符串）		
能够出现于以下元素：		
<cpfRelation>（<机构团体个人家族关系>） <resourceRelation>（<资源关系>） <functionRelation>（<职能关系>） <citation>（<引用>） <setComponent>（<集成分>） <source>（<单一来源>）		

7.2.18 @链接：地址（表 104）

表 104 @链接：地址语义定义

@链接：地址（@xlink：href）		
可重复性：	必备性：	是否可包含文本：
否	否	是
简要描述：		
包含可能是指向相关资源的相对的 URI，是远程资源的地址。@xlink：href 采用统一资源标识符（Uniform Resource Identifier，URI）的形式。尽管允许使用相对 URI，但仍然推荐使用绝对 URI		
数据类型：		
anyURI		
能够出现于以下元素：		
<source>（<单一来源>） <citation>（<引用>） <cpfRelation>（<机构团体个人家族关系>） <functionRelation>（<职能关系>） <resourceRelation>（<资源关系>） <setComponent>（<集成分>）		

7.2.19　@链接：角色（表 105）

表 105　@链接：角色语义定义

@链接：角色（@xlink：role）		
可重复性：	必备性：	是否可包含文本：
否	否	是
简要描述：		
以绝对 URI 标识远程资源的类型或本质		
数据类型：		
string（字符串）		
能够出现于以下元素：		
<source>（<单一来源>） <citation>（<引用>） <cpfRelation>（<机构团体个人家族关系>） <functionRelation>（<职能关系>） <resourceRelation>（<资源关系>） <setComponent>（<集成分>）		

7.2.20　@链接：标题（表 106）

表 106　@链接：标题语义定义

@链接：标题（@xlink：title）		
可重复性：	必备性：	是否可包含文本：
否	否	是
简要描述：		
可被用于指示被链接远程资源名称或类型的远程资源的可浏览标题信息		
数据类型：		
string（字符串）		
能够出现于以下元素：		
<source>（<单一来源>） <citation>（<引用>） <cpfRelation>（<机构团体个人家族关系>） <functionRelation>（<职能关系>） <resourceRelation>（<资源关系>） <setComponent>（<集成分>）		

7.2.21　@链接：类型（表 107）

表 107　@链接：类型语义定义

@链接：类型（@xlink：type）		
可重复性：	必备性：	是否可包含文本：

续表

否	否	是
简要描述：		
标识与 Xlink 相符的特定类型的元素的固定值。尽管在经 EAC-CPF 版的 W3C 模式（Schema）编码验证的实例中该属性是可选的，但在 EAC-CPF 版的 Relax NG 编码中却是必需的。为支持 EAC-CPF 实例的交换，建议@链接：类型（@xlink：type）出现于实例中，无论是否使用任何其他 Xlink 属性		
数据类型：		
固定值："simple"		
能够出现于以下元素：		
< source >（< 单一来源 >） < citation >（< 引用 >） < cpfRelation >（< 机构团体个人家族关系 >） < functionRelation >（< 职能关系 >） < resourceRelation >（< 资源关系 >） < setComponent >（< 集成分 >）		

7.2.22　@链接：基础（表 108）

表 108　@链接：基础语义定义

@链接：基础（@xml：base）		
可重复性：	必备性：	是否可包含文本：
否	否	是
简要描述：		
被用于规定非 EAC-CPF 实例的基本 URI，目的在于解析任何被与包含一个或多个使用 anyURI 类型属性的下位元素使用的相对 URIs。@链接：基础（@xml：base）使声明绝对基础 URI，以促进在下位子元素上使用相对 URIs 成为可能		
数据类型：		
NMTOKEN		
能够出现于以下元素：		
< eac-cpf >（< 档案规范记录 >） < alternativeSet >（< 交替集 >）		

7.2.23　@链接：语种（表 109）

表 109　@链接：语种语义定义

@链接：语种（@xml：lang）		
可重复性：	必备性：	是否可包含文本：
否	否	是
简要描述：		
可出现于任何用于包含自然语言内容的元素，无论何时需要该元素及其子元素内容的语种的相关信息。@链接：语种（@xml：lang）应被用于元素语种不同于控制项中元素 < language >（< 语种 >）的@languageCode（@语种代码）属性声明的语种代码时。列表值取自于 ISO 639 - 2《语种名称表示代码》（Codes for the Representation of Names of Languages），可以从该标准的注册机构美国国会图书馆（Library of Congress）的网站 http：//www. loc. gov/standards/iso639-2/langhome. html 下载该列表		

续表

数据类型：
ISO 639 -2《语种名称表示代码》(Codes for the Representation of Names of Languages)
能够出现于以下元素：
< eac-cpf > (< 档案规范记录 >) < agencyName > (< 机构名称 >) < p > (< 段落 >) < agent > (< 代理 >) < eventDescription > (< 事件描述 >) < language > (< 语种 >) < script > (< 书写体 >) < sourceEntry > (< 来源条目 >) < date > (< 日期 >) < fromDate > (< 起始日期 >) < toDate > (< 终止日期 >) < term > (< 细则 >) < citation > (< 引用 >) < part > (< 部分 >) < placeEntry > (< 地点条目 >) < placeRole > (< 地点任务 >) < addressLine > (< 地址行 >) < level > (< 级别 >) < item > (< 项目 >) < abstract > (< 摘要 >) < chronItem > (< 按年代顺序排列的项目 >) < event > (< 事件 >) < cpfRelation > (< 机构团体个人家族关系 >) < relationEntry > (< 关系条目 >) < functionRelation > (< 职能关系 >) < resourceRelation > (< 资源关系 >) < alternativeSet > (< 交替集 >) < setComponent > (< 集成分 >) < componentEntry > (< 成分条目 >)

7.3　档案规范记录的 Schema 定义

见附录 B。

7.4　档案规范记录的 XML 示例

见附录 C。

附录 A（资料性附录）
Schema 层次模型图中所用的图形符号说明

示例：

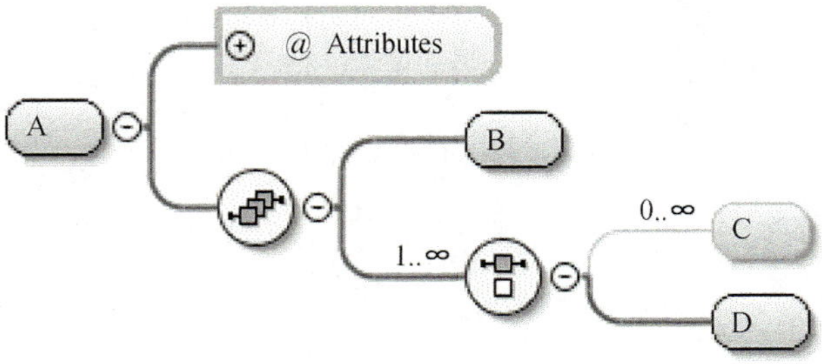

其中，

——图形符号表示元素 A 为当前文档的根元素，图形符号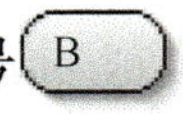表示元素 B 为元素 A 的子元素。

——图形符号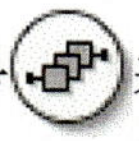表示内容模式遵守已定义的子元素顺序。

——图形符号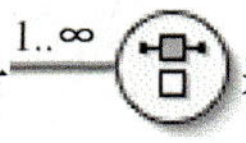表示内容模式为从已定义的子元素中选择一个。图符上方的“1..∞”表示该内容模式为一个到任意多个，默认为一个。

——图形符号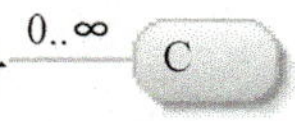表示子元素 C 的个数为 0 到任意多个，浅灰色线表示该子元素为可选项。

——图形符号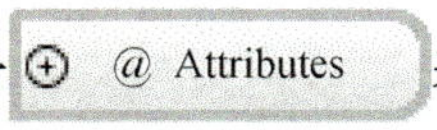表示属性。

附录 B（规范性附录）
档案规范记录的 Schema 定义

```
<? xml version = " 1.0" encoding = " UTF-8"? >
<! - -
  中国 apcEAC-CPF XML SCHEMA
  SCHEMA 类型：W3C Schema
  版本：2013 年
  日期：20130301
  编辑者：南京政治学院上海校区段荣婷
  目的用途：该中国 apcEAC-CPF XML Schema 是著录机构团体、个人与家族的通信传送标准。其基于国际档案理事会的《国际标准——机构团体、个人与家族档案规范记录著录规则》[ISAAR（CPF）]。
  **********
  发布注释：该 EAC-CPF 的现行发布版本为 2013 年版。
  **********
- - >
<xs:schema elementFormDefault = "qualified" targetNamespace = "urn:isbn:1 - 931666 - 33 - 4" xmlns = "urn:isbn:1 - 931666 - 33 - 4" xmlns:xlink = "http://www.w3.org/1999/xlink" xmlns:xs = http://www.w3.org/2001/XMLSchema xmlns:apc = "http://government.org/ChinaEAC-CPF-V 1.0/" >
  <xs:import namespace = "http://www.w3.org/1999/xlink" schemaLocation = "http://www.loc.gov/standards/xlink/xlink.xsd"/>
  <xs:import namespace = "http://www.w3.org/XML/1998/namespace" schemaLocation = "http://www.w3.org/2007/08/xml.xsd"/>

  <xs:element name = "档案规范记录">
    <xs:complexType>
      <xs:sequence>
        <xs:element ref = "控制项"/>
        <xs:choice>
          <xs:element ref = "机构团体个人家族著录项"/>
          <xs:element ref = "多重特征项"/>
        </xs:choice>
      </xs:sequence>
      <xs:attribute ref = "xml:id"/>
      <xs:attribute ref = "xml:lang"/>
      <xs:attribute ref = "xml:base"/>
    </xs:complexType>
  </xs:element>
  <xs:element name = "机构团体个人家族著录项">
    <xs:complexType>
```

```
      <xs:sequence>
        <xs:element ref="特征项"/>
        <xs:element minOccurs="0" ref="描述项"/>
        <xs:element minOccurs="0" ref="关系项"/>
        <xs:element minOccurs="0" ref="交替集"/>
      </xs:sequence>
      <xs:attribute ref="xml:id"/>
      <xs:attribute ref="xml:lang"/>
      <xs:attribute ref="xml:base"/>
    </xs:complexType>
  </xs:element>
  <xs:element name="多重特征项">
    <xs:complexType>
      <xs:sequence>
        <xs:element ref="机构团体个人家族著录项"/>
        <xs:element maxOccurs="unbounded" ref="机构团体个人家族著录项"/>
      </xs:sequence>
      <xs:attribute ref="xml:id"/>
      <xs:attribute ref="xml:lang"/>
      <xs:attribute ref="xml:base"/>
    </xs:complexType>
  </xs:element>

  <xs:element name="控制项">
    <xs:complexType>
      <xs:sequence>
        <xs:element ref="规范记录标识符"/>
        <xs:element maxOccurs="unbounded" minOccurs="0" ref="其他规范记录标识符"/>
        <xs:element ref="维护状态"/>
        <xs:element minOccurs="0" ref="出版状态"/>
        <xs:element ref="维护机构"/>
        <xs:element minOccurs="0" ref="语种单项声明"/>
        <xs:element maxOccurs="unbounded" minOccurs="0" ref="规则声明"/>
        <xs:element maxOccurs="unbounded" minOccurs="0" ref="本地类型声明"/>
        <xs:element maxOccurs="unbounded" minOccurs="0" ref="本地控制"/>
        <xs:element ref="维护历史"/>
        <xs:element minOccurs="0" ref="多个来源"/>
      </xs:sequence>
      <xs:attribute ref="xml:id"/>
      <xs:attribute ref="xml:lang"/>
      <xs:attribute ref="xml:base"/>
```

```
    </xs:complexType>
  </xs:element>
  <xs:element name="规范记录标识符">
    <xs:complexType>
      <xs:simpleContent>
        <xs:extension base="xs:NMTOKEN">
          <xs:attribute ref="xml:id"/>
        </xs:extension>
      </xs:simpleContent>
    </xs:complexType>
  </xs:element>
  <xs:element name="其他规范记录标识符">
    <xs:complexType mixed="true">
      <xs:attribute ref="xml:id"/>
      <xs:attributeGroup ref="m.id"/>
    </xs:complexType>
  </xs:element>
  <xs:element name="维护状态">
    <xs:complexType>
      <xs:simpleContent>
        <xs:restriction base="xs:anyType">
          <xs:simpleType>
            <xs:restriction base="xs:token">
              <xs:enumeration value="revised"/>
              <xs:enumeration value="deleted"/>
              <xs:enumeration value="new"/>
              <xs:enumeration value="deletedSplit"/>
              <xs:enumeration value="deletedReplaced"/>
              <xs:enumeration value="cancelled"/>
              <xs:enumeration value="derived"/>
            </xs:restriction>
          </xs:simpleType>
          <xs:attribute ref="xml:id"/>
        </xs:restriction>
      </xs:simpleContent>
    </xs:complexType>
  </xs:element>
  <xs:element name="出版状态">
    <xs:complexType>
      <xs:simpleContent>
        <xs:restriction base="xs:anyType">
```

```
          <xs:simpleType>
            <xs:restriction base="xs:token">
              <xs:enumeration value="inProcess"/>
              <xs:enumeration value="approved"/>
            </xs:restriction>
          </xs:simpleType>
          <xs:attribute ref="xml:id"/>
        </xs:restriction>
      </xs:simpleContent>
    </xs:complexType>
  </xs:element>
  <xs:element name="维护机构">
    <xs:complexType>
      <xs:sequence>
        <xs:element minOccurs="0" ref="机构代码"/>
        <xs:element maxOccurs="unbounded" minOccurs="0" ref="其他机构代码"/>
        <xs:element ref="机构名称"/>
        <xs:element minOccurs="0" ref="描述注释说明"/>
      </xs:sequence>
      <xs:attribute ref="xml:id"/>
    </xs:complexType>
  </xs:element>
  <xs:element name="机构代码">
    <xs:complexType>
      <xs:simpleContent>
        <xs:extension base="m. data. standardRepository">
          <xs:attribute ref="xml:id"/>
        </xs:extension>
      </xs:simpleContent>
    </xs:complexType>
  </xs:element>
  <xs:element name="其他机构代码">
    <xs:complexType>
      <xs:simpleContent>
        <xs:extension base="xs:NMTOKEN">
          <xs:attribute ref="xml:id"/>
          <xs:attributeGroup ref="a. localType"/>
        </xs:extension>
      </xs:simpleContent>
    </xs:complexType>
  </xs:element>
```

```
<xs:element name="机构名称">
  <xs:complexType mixed="true">
    <xs:attribute ref="xml:id"/>
    <xs:attribute ref="xml:lang"/>
  </xs:complexType>
</xs:element>
<xs:element name="维护历史">
  <xs:complexType>
    <xs:sequence>
      <xs:element maxOccurs="unbounded" ref="维护事件"/>
    </xs:sequence>
    <xs:attribute ref="xml:id"/>
    <xs:attribute ref="xml:lang"/>
  </xs:complexType>
</xs:element>
<xs:element name="维护事件">
  <xs:complexType>
    <xs:sequence>
      <xs:element ref="事件类型"/>
      <xs:element ref="事件时间"/>
      <xs:element ref="代理类型"/>
      <xs:element ref="代理"/>
      <xs:element minOccurs="0" ref="事件描述"/>
    </xs:sequence>
    <xs:attribute ref="xml:id"/>
    <xs:attribute ref="xml:lang"/>
  </xs:complexType>
</xs:element>
<xs:element name="事件类型">
  <xs:complexType>
    <xs:simpleContent>
      <xs:restriction base="xs:anyType">
        <xs:simpleType>
          <xs:restriction base="xs:token">
            <xs:enumeration value="created"/>
            <xs:enumeration value="revised"/>
            <xs:enumeration value="deleted"/>
            <xs:enumeration value="cancelled"/>
            <xs:enumeration value="derived"/>
            <xs:enumeration value="updated"/>
          </xs:restriction>
```

```
            </xs:simpleType>
            <xs:attribute ref="xml:id"/>
          </xs:restriction>
        </xs:simpleContent>
      </xs:complexType>
    </xs:element>
    <xs:element name="事件时间">
      <xs:complexType mixed="true">
        <xs:attribute ref="xml:id"/>
        <xs:attribute ref="xml:lang"/>
        <xs:attribute name="标准时间" type="m. data. standardDateTime"/>
      </xs:complexType>
    </xs:element>
    <xs:element name="代理类型">
      <xs:complexType>
        <xs:simpleContent>
          <xs:restriction base="xs:anyType">
            <xs:simpleType>
              <xs:restriction base="xs:token">
                <xs:enumeration value="human"/>
                <xs:enumeration value="machine"/>
              </xs:restriction>
            </xs:simpleType>
            <xs:attribute ref="xml:id"/>
          </xs:restriction>
        </xs:simpleContent>
      </xs:complexType>
    </xs:element>
    <xs:element name="代理">
      <xs:complexType mixed="true">
        <xs:attribute ref="xml:id"/>
        <xs:attribute ref="xml:lang"/>
      </xs:complexType>
    </xs:element>
    <xs:element name="事件描述">
      <xs:complexType mixed="true">
        <xs:attribute ref="xml:id"/>
        <xs:attribute ref="xml:lang"/>
      </xs:complexType>
    </xs:element>
    <xs:element name="语种单项声明">
```

```
    <xs:complexType>
      <xs:sequence>
        <xs:element ref="语种"/>
        <xs:element ref="书写体"/>
        <xs:element minOccurs="0" ref="描述注释说明"/>
      </xs:sequence>
      <xs:attribute ref="xml:id"/>
      <xs:attribute ref="xml:lang"/>
    </xs:complexType>
  </xs:element>
  <xs:element name="规则声明">
    <xs:complexType>
      <xs:sequence>
        <xs:element minOccurs="0" ref="简称"/>
        <xs:element ref="引用"/>
        <xs:element minOccurs="0" ref="描述注释说明"/>
      </xs:sequence>
      <xs:attribute ref="xml:id"/>
      <xs:attribute ref="xml:lang"/>
    </xs:complexType>
  </xs:element>
  <xs:element name="本地类型声明">
    <xs:complexType>
      <xs:sequence>
        <xs:element minOccurs="0" ref="简称"/>
        <xs:element ref="引用"/>
        <xs:element minOccurs="0" ref="描述注释说明"/>
      </xs:sequence>
      <xs:attribute ref="xml:id"/>
      <xs:attribute ref="xml:lang"/>
    </xs:complexType>
  </xs:element>
  <xs:element name="简称">
    <xs:complexType>
      <xs:simpleContent>
        <xs:extension base="xs:token">
          <xs:attribute ref="xml:id"/>
        </xs:extension>
      </xs:simpleContent>
    </xs:complexType>
  </xs:element>
```

```
<xs:element name="本地控制">
  <xs:complexType>
    <xs:sequence>
      <xs:element minOccurs="0" ref="细则"/>
      <xs:choice minOccurs="0">
        <xs:element ref="日期"/>
        <xs:element ref="日期范围"/>
      </xs:choice>
    </xs:sequence>
    <xs:attribute ref="xml:id"/>
    <xs:attribute ref="xml:lang"/>
    <xs:attributeGroup ref="a.localType"/>
  </xs:complexType>
</xs:element>
<xs:element name="多个来源">
  <xs:complexType>
    <xs:sequence>
      <xs:element maxOccurs="unbounded" ref="单一来源"/>
    </xs:sequence>
    <xs:attribute ref="xml:id"/>
    <xs:attribute ref="xml:lang"/>
    <xs:attribute ref="xml:base"/>
  </xs:complexType>
</xs:element>
<xs:element name="单一来源">
  <xs:complexType>
    <xs:sequence>
      <xs:element minOccurs="0" ref="来源条目"/>
      <xs:choice minOccurs="0">
        <xs:element ref="objectXMLWrap"/>
        <xs:element ref="objectBinWrap"/>
      </xs:choice>
      <xs:element minOccurs="0" ref="描述注释说明"/>
    </xs:sequence>
    <xs:attribute ref="xml:id"/>
    <xs:attribute name="最后证实时间" type="m.data.standardDateTime"/>
    <xs:attributeGroup ref="xlink:simpleLink"/>
  </xs:complexType>
</xs:element>
<xs:element name="来源条目">
  <xs:complexType mixed="true">
```

```
        <xs:attribute ref="xml:id"/>
        <xs:attributeGroup ref="m.entryLanguageAttributes"/>
      </xs:complexType>
    </xs:element>
    <xs:element name="特征项">
      <xs:complexType>
        <xs:sequence>
          <xs:element maxOccurs="unbounded" minOccurs="0" ref="实体标识符"/>
          <xs:element ref="实体类型"/>
          <xs:choice maxOccurs="unbounded">
            <xs:element ref="并列名称条目"/>
            <xs:element name="名称条目">
              <xs:complexType>
                <xs:sequence>
                  <xs:element maxOccurs="unbounded" ref="部分"/>
                  <xs:element minOccurs="0" ref="使用日期"/>
                  <xs:group ref="m.nameEntryAuthorizedorAlternative"/>
                </xs:sequence>
                <xs:attribute ref="xml:id"/>
                <xs:attributeGroup ref="m.entryLanguageAttributes"/>
                <xs:attribute name="本地类型" type="xs:anyURI"/>
              </xs:complexType>
            </xs:element>
          </xs:choice>
          <xs:element minOccurs="0" ref="描述注释说明"/>
        </xs:sequence>
        <xs:attribute ref="xml:id"/>
        <xs:attribute ref="xml:lang"/>
        <xs:attribute ref="xml:base"/>
        <xs:attribute name="本地类型" type="xs:anyURI"/>
        <xs:attribute name="特征类型">
          <xs:simpleType>
            <xs:restriction base="xs:token">
              <xs:enumeration value="given"/>
              <xs:enumeration value="acquired"/>
            </xs:restriction>
          </xs:simpleType>
        </xs:attribute>
      </xs:complexType>
    </xs:element>
    <xs:element name="实体标识符">
```

```
    <xs:complexType mixed="true">
      <xs:attribute ref="xml:id"/>
      <xs:attributeGroup ref="m.id"/>
    </xs:complexType>
  </xs:element>
  <xs:element name="实体类型">
    <xs:complexType>
      <xs:simpleContent>
        <xs:restriction base="xs:anyType">
          <xs:simpleType>
            <xs:restriction base="xs:token">
              <xs:enumeration value="person"/>
              <xs:enumeration value="corporateBody"/>
              <xs:enumeration value="family"/>
            </xs:restriction>
          </xs:simpleType>
          <xs:attribute ref="xml:id"/>
        </xs:restriction>
      </xs:simpleContent>
    </xs:complexType>
  </xs:element>
  <xs:element name="部分">
    <xs:complexType mixed="true">
      <xs:attribute ref="xml:id"/>
      <xs:attribute ref="xml:lang"/>
      <xs:attribute name="本地类型" type="xs:anyURI"/>
    </xs:complexType>
  </xs:element>
  <xs:element name="使用日期">
    <xs:complexType>
      <xs:group ref="m.dates"/>
      <xs:attribute ref="xml:id"/>
      <xs:attribute ref="xml:lang"/>
    </xs:complexType>
  </xs:element>
  <xs:element name="并列名称条目">
    <xs:complexType>
      <xs:sequence>
        <xs:element ref="名称条目"/>
        <xs:element maxOccurs="unbounded" ref="名称条目"/>
        <xs:element minOccurs="0" ref="使用日期"/>
```

```
        <xs:group ref="m.nameEntryAuthorizedorAlternative"/>
      </xs:sequence>
      <xs:attribute ref="xml:id"/>
      <xs:attribute name="本地类型" type="xs:anyURI"/>
    </xs:complexType>
  </xs:element>
  <xs:element name="名称条目">
    <xs:complexType>
      <xs:sequence>
        <xs:element maxOccurs="unbounded" ref="部分"/>
        <xs:element maxOccurs="unbounded" minOccurs="0" ref="优先形式"/>
      </xs:sequence>
      <xs:attribute ref="xml:id"/>
      <xs:attributeGroup ref="m.entryLanguageAttributes"/>
      <xs:attribute name="本地类型" type="xs:anyURI"/>
    </xs:complexType>
  </xs:element>
  <xs:element name="优先形式">
    <xs:complexType>
      <xs:simpleContent>
        <xs:extension base="xs:NMTOKEN">
          <xs:attribute ref="xml:id"/>
        </xs:extension>
      </xs:simpleContent>
    </xs:complexType>
  </xs:element>
  <xs:group name="m.nameEntryAuthorizedorAlternative">
    <xs:sequence>
      <xs:choice maxOccurs="unbounded" minOccurs="0">
        <xs:element ref="名称的规范化形式"/>
        <xs:element ref="名称的交替形式"/>
      </xs:choice>
    </xs:sequence>
  </xs:group>
  <xs:element name="名称的规范化形式">
    <xs:complexType>
      <xs:simpleContent>
        <xs:extension base="xs:NMTOKEN">
          <xs:attribute ref="xml:id"/>
        </xs:extension>
      </xs:simpleContent>
```

```
    </xs:complexType>
  </xs:element>
  <xs:element name="名称的交替形式">
    <xs:complexType>
      <xs:simpleContent>
        <xs:extension base="xs:NMTOKEN">
          <xs:attribute ref="xml:id"/>
        </xs:extension>
      </xs:simpleContent>
    </xs:complexType>
  </xs:element>
  <xs:element name="描述项">
    <xs:complexType>
      <xs:sequence>
        <xs:element minOccurs="0" ref="存在日期"/>
        <xs:choice maxOccurs="unbounded" minOccurs="0">
          <xs:element ref="多个地点"/>
          <xs:element ref="单一地点"/>
          <xs:element ref="本地单项描述"/>
          <xs:element ref="本地多项描述"/>
          <xs:element ref="单项法律地位"/>
          <xs:element ref="多项法律地位"/>
          <xs:element ref="单项职能"/>
          <xs:element ref="多项职能"/>
          <xs:element ref="所使用的单语种"/>
          <xs:element ref="所使用的多语种"/>
          <xs:element ref="单份职业"/>
          <xs:element ref="多份职业"/>
          <xs:element ref="单项法规"/>
          <xs:element ref="多项法规"/>
          <xs:element ref="内部结构或家谱"/>
          <xs:element ref="时代背景"/>
        </xs:choice>
        <xs:element maxOccurs="unbounded" minOccurs="0" ref="历史沿革或生平"/>
      </xs:sequence>
      <xs:attribute ref="xml:id"/>
      <xs:attribute ref="xml:lang"/>
      <xs:attribute ref="xml:base"/>
    </xs:complexType>
  </xs:element>
  <xs:element name="存在日期">
```

```
    <xs:complexType>
      <xs:sequence>
        <xs:group ref="m.dates"/>
        <xs:element minOccurs="0" ref="描述注释说明"/>
      </xs:sequence>
      <xs:attribute ref="xml:id"/>
      <xs:attribute ref="xml:lang"/>
      <xs:attribute name="本地类型" type="xs:anyURI"/>
    </xs:complexType>
  </xs:element>
  <xs:element name="多个地点">
    <xs:complexType>
      <xs:choice>
        <xs:sequence>
          <xs:element maxOccurs="unbounded" ref="单一地点"/>
          <xs:element minOccurs="0" ref="描述注释说明"/>
        </xs:sequence>
        <xs:group maxOccurs="unbounded" minOccurs="0" ref="m.discursiveSet"/>
      </xs:choice>
      <xs:attribute ref="xml:id"/>
      <xs:attribute ref="xml:lang"/>
      <xs:attribute name="本地类型" type="xs:anyURI"/>
    </xs:complexType>
  </xs:element>
  <xs:element name="本地多项描述">
    <xs:complexType>
      <xs:choice>
        <xs:sequence>
          <xs:element maxOccurs="unbounded" ref="本地单项描述"/>
          <xs:element minOccurs="0" ref="描述注释说明"/>
        </xs:sequence>
        <xs:group maxOccurs="unbounded" minOccurs="0" ref="m.discursiveSet"/>
      </xs:choice>
      <xs:attribute ref="xml:id"/>
      <xs:attribute ref="xml:lang"/>
      <xs:attributeGroup ref="a.localType"/>
    </xs:complexType>
  </xs:element>
  <xs:element name="所使用的多语种">
    <xs:complexType>
      <xs:sequence>
```

```
        <xs:element maxOccurs = "unbounded" ref = "所使用的单语种"/>
        <xs:element minOccurs = "0" ref = "描述注释说明"/>
      </xs:sequence>
      <xs:attribute ref = "xml:id"/>
      <xs:attribute ref = "xml:lang"/>
      <xs:attribute name = "本地类型" type = "xs:anyURI"/>
    </xs:complexType>
  </xs:element>
  <xs:element name = "多项法律地位" >
    <xs:complexType>
      <xs:choice>
        <xs:sequence>
          <xs:element maxOccurs = "unbounded" ref = "单项法律地位"/>
          <xs:element minOccurs = "0" ref = "描述注释说明"/>
        </xs:sequence>
        <xs:group maxOccurs = "unbounded" minOccurs = "0" ref = "m. discursiveSet"/>
      </xs:choice>
      <xs:attribute ref = "xml:id"/>
      <xs:attribute ref = "xml:lang"/>
      <xs:attribute name = "本地类型" type = "xs:anyURI"/>
    </xs:complexType>
  </xs:element>
  <xs:element name = "多份职业" >
    <xs:complexType>
      <xs:choice>
        <xs:sequence>
          <xs:element maxOccurs = "unbounded" ref = "单份职业"/>
          <xs:element minOccurs = "0" ref = "描述注释说明"/>
        </xs:sequence>
        <xs:group maxOccurs = "unbounded" minOccurs = "0" ref = "m. discursiveSet"/>
      </xs:choice>
      <xs:attribute ref = "xml:id"/>
      <xs:attribute ref = "xml:lang"/>
      <xs:attribute name = "本地类型" type = "xs:anyURI"/>
    </xs:complexType>
  </xs:element>
  <xs:element name = "多项职能" >
    <xs:complexType>
      <xs:choice>
        <xs:sequence>
          <xs:element maxOccurs = "unbounded" ref = "单项职能"/>
```

```
        <xs:element minOccurs="0" ref="描述注释说明"/>
      </xs:sequence>
      <xs:group maxOccurs="unbounded" minOccurs="0" ref="m.discursiveSet"/>
    </xs:choice>
    <xs:attribute ref="xml:id"/>
    <xs:attribute ref="xml:lang"/>
    <xs:attribute name="本地类型" type="xs:anyURI"/>
  </xs:complexType>
</xs:element>
<xs:element name="多项法规">
  <xs:complexType>
    <xs:choice>
      <xs:sequence>
        <xs:element maxOccurs="unbounded" ref="单项法规"/>
        <xs:element minOccurs="0" ref="描述注释说明"/>
      </xs:sequence>
      <xs:group maxOccurs="unbounded" minOccurs="0" ref="m.discursiveSet"/>
    </xs:choice>
    <xs:attribute ref="xml:id"/>
    <xs:attribute ref="xml:lang"/>
    <xs:attribute name="本地类型" type="xs:anyURI"/>
  </xs:complexType>
</xs:element>
<xs:group name="m.discursiveSet">
  <xs:choice>
    <xs:element ref="段落"/>
    <xs:element ref="轮廓"/>
    <xs:element ref="列表"/>
    <xs:element ref="引用"/>
  </xs:choice>
</xs:group>
<xs:element name="单一地点">
  <xs:complexType>
    <xs:sequence>
      <xs:element minOccurs="0" ref="地点任务"/>
      <xs:element maxOccurs="unbounded" minOccurs="0" ref="地点条目"/>
      <xs:element minOccurs="0" ref="地址"/>
      <xs:group minOccurs="0" ref="m.dates"/>
      <xs:element minOccurs="0" ref="引用"/>
      <xs:element minOccurs="0" ref="描述注释说明"/>
    </xs:sequence>
```

```
        <xs:attribute ref="xml:id"/>
        <xs:attribute ref="xml:lang"/>
        <xs:attribute name="本地类型" type="xs:anyURI"/>
    </xs:complexType>
</xs:element>
<xs:element name="地址">
    <xs:complexType>
        <xs:sequence>
            <xs:element maxOccurs="unbounded" ref="地址行"/>
        </xs:sequence>
        <xs:attribute ref="xml:id"/>
        <xs:attribute ref="xml:lang"/>
        <xs:attribute name="本地类型" type="xs:anyURI"/>
    </xs:complexType>
</xs:element>
<xs:element name="地址行">
    <xs:complexType mixed="true">
        <xs:attribute ref="xml:id"/>
        <xs:attribute ref="xml:lang"/>
        <xs:attribute name="本地类型" type="xs:anyURI"/>
    </xs:complexType>
</xs:element>
<xs:element name="地点条目">
    <xs:complexType mixed="true">
        <xs:attribute ref="xml:id"/>
        <xs:attributeGroup ref="m. entryLanguageAttributes"/>
        <xs:attribute name="本地类型" type="xs:anyURI"/>
        <xs:attribute name="国家代码">
            <xs:simpleType>
                <xs:union>
                    <xs:simpleType>
                        <xs:restriction base="xs:string">
                            <xs:pattern value="[A-Z]{2}"/>
                        </xs:restriction>
                    </xs:simpleType>
                    <xs:simpleType>
                        <xs:restriction base="xs:string">
                            <xs:pattern value="[A-Z]{4}"/>
                        </xs:restriction>
                    </xs:simpleType>
                </xs:union>
```

```
      </xs:simpleType>
    </xs:attribute>
    <xs:attribute name="词汇来源" type="xs:anyURI"/>
    <xs:attribute name="accuarcy"/>
    <xs:attribute name="经度" type="xs:NMTOKEN"/>
    <xs:attribute name="纬度" type="xs:NMTOKEN"/>
    <xs:attribute name="altitude" type="xs:NMTOKEN"/>
  </xs:complexType>
</xs:element>
<xs:element name="本地单项描述">
  <xs:complexType>
    <xs:complexContent>
      <xs:extension base="m.simpleDescription">
        <xs:attribute ref="xml:id"/>
        <xs:attribute ref="xml:lang"/>
        <xs:attributeGroup ref="a.localType"/>
      </xs:extension>
    </xs:complexContent>
  </xs:complexType>
</xs:element>
<xs:element name="所使用的单语种">
  <xs:complexType>
    <xs:sequence>
      <xs:element ref="语种"/>
      <xs:element ref="书写体"/>
      <xs:element minOccurs="0" ref="描述注释说明"/>
    </xs:sequence>
    <xs:attribute ref="xml:id"/>
    <xs:attribute ref="xml:lang"/>
    <xs:attribute name="本地类型" type="xs:anyURI"/>
  </xs:complexType>
</xs:element>
<xs:element name="单项法律地位">
  <xs:complexType>
    <xs:complexContent>
      <xs:extension base="m.simpleDescription">
        <xs:attribute ref="xml:id"/>
        <xs:attribute ref="xml:lang"/>
        <xs:attribute name="本地类型" type="xs:anyURI"/>
      </xs:extension>
    </xs:complexContent>
```

```
    </xs:complexType>
  </xs:element>
  <xs:element name="单份职业">
    <xs:complexType>
      <xs:complexContent>
        <xs:extension base="m.simpleDescription">
          <xs:attribute ref="xml:id"/>
          <xs:attribute ref="xml:lang"/>
          <xs:attribute name="本地类型" type="xs:anyURI"/>
        </xs:extension>
      </xs:complexContent>
    </xs:complexType>
  </xs:element>
  <xs:element name="单项职能">
    <xs:complexType>
      <xs:complexContent>
        <xs:extension base="m.simpleDescription">
          <xs:attribute ref="xml:id"/>
          <xs:attribute ref="xml:lang"/>
          <xs:attribute name="本地类型" type="xs:anyURI"/>
        </xs:extension>
      </xs:complexContent>
    </xs:complexType>
  </xs:element>
  <xs:element name="单项法规">
    <xs:complexType>
      <xs:complexContent>
        <xs:extension base="m.simpleDescription">
          <xs:attribute ref="xml:id"/>
          <xs:attribute ref="xml:lang"/>
          <xs:attribute name="本地类型" type="xs:anyURI"/>
        </xs:extension>
      </xs:complexContent>
    </xs:complexType>
  </xs:element>
  <xs:complexType name="m.simpleDescription">
    <xs:sequence>
      <xs:element minOccurs="0" ref="细则"/>
      <xs:element maxOccurs="unbounded" minOccurs="0" ref="地点条目"/>
      <xs:group minOccurs="0" ref="m.dates"/>
      <xs:element minOccurs="0" ref="引用"/>
```

```
      <xs:element minOccurs="0" ref="描述注释说明"/>
    </xs:sequence>
  </xs:complexType>
  <xs:element name="地点任务">
    <xs:complexType mixed="true">
      <xs:attribute ref="xml:id"/>
      <xs:attributeGroup ref="m.entryLanguageAttributes"/>
      <xs:attribute name="最后证实时间" type="m.data.standardDateTime"/>
      <xs:attribute name="词汇来源" type="xs:anyURI"/>
    </xs:complexType>
  </xs:element>
  <xs:element name="内部结构或家谱">
    <xs:complexType>
      <xs:group maxOccurs="unbounded" minOccurs="0" ref="m.discursiveSet"/>
      <xs:attribute ref="xml:id"/>
      <xs:attribute ref="xml:lang"/>
      <xs:attribute name="本地类型" type="xs:anyURI"/>
    </xs:complexType>
  </xs:element>
  <xs:element name="时代背景">
    <xs:complexType>
      <xs:group maxOccurs="unbounded" minOccurs="0" ref="m.discursiveSet"/>
      <xs:attribute ref="xml:id"/>
      <xs:attribute ref="xml:lang"/>
      <xs:attribute name="本地类型" type="xs:anyURI"/>
    </xs:complexType>
  </xs:element>
  <xs:element name="历史沿革或生平">
    <xs:complexType>
      <xs:sequence>
        <xs:element minOccurs="0" ref="摘要"/>
        <xs:choice maxOccurs="unbounded" minOccurs="0">
          <xs:element ref="按年代顺序排列的列表"/>
          <xs:element ref="列表"/>
          <xs:element ref="段落"/>
          <xs:element ref="轮廓"/>
          <xs:element ref="引用"/>
        </xs:choice>
      </xs:sequence>
      <xs:attribute ref="xml:id"/>
      <xs:attribute ref="xml:lang"/>
```

```
      <xs:attribute name="本地类型" type="xs:anyURI"/>
    </xs:complexType>
  </xs:element>
  <xs:element name="摘要">
    <xs:complexType>
      <xs:complexContent>
        <xs:extension base="m.mixedContent">
          <xs:attribute ref="xml:id"/>
          <xs:attribute ref="xml:lang"/>
          <xs:attribute name="本地类型" type="xs:anyURI"/>
        </xs:extension>
      </xs:complexContent>
    </xs:complexType>
  </xs:element>
  <xs:element name="关系项">
    <xs:complexType>
      <xs:sequence>
        <xs:element maxOccurs="unbounded" minOccurs="0" ref="机构团体个人家族关系"/>
        <xs:element maxOccurs="unbounded" minOccurs="0" ref="资源关系"/>
        <xs:element maxOccurs="unbounded" minOccurs="0" ref="职能关系"/>
      </xs:sequence>
      <xs:attribute ref="xml:id"/>
      <xs:attribute ref="xml:lang"/>
      <xs:attribute ref="xml:base"/>
    </xs:complexType>
  </xs:element>
  <xs:element name="关系条目">
    <xs:complexType mixed="true">
      <xs:attribute ref="xml:id"/>
      <xs:attribute name="本地类型" type="xs:anyURI"/>
      <xs:attributeGroup ref="m.entryLanguageAttributes"/>
    </xs:complexType>
  </xs:element>
  <xs:element name="objectXMLWrap">
    <xs:complexType>
      <xs:group ref="e.anyName"/>
      <xs:attribute ref="xml:id"/>
    </xs:complexType>
  </xs:element>
  <xs:element name="objectBinWrap">
    <xs:complexType>
```

```
      <xs:simpleContent>
        <xs:extension base="xs:base64Binary">
          <xs:attribute ref="xml:id"/>
        </xs:extension>
      </xs:simpleContent>
    </xs:complexType>
  </xs:element>
  <xs:complexType name="m.relationBody">
    <xs:sequence>
      <xs:element maxOccurs="unbounded" minOccurs="0" ref="关系条目"/>
      <xs:choice minOccurs="0">
        <xs:element ref="objectXMLWrap"/>
        <xs:element ref="objectBinWrap"/>
      </xs:choice>
      <xs:group minOccurs="0" ref="m.dates"/>
      <xs:element minOccurs="0" ref="地点条目"/>
      <xs:element minOccurs="0" ref="描述注释说明"/>
    </xs:sequence>
    <xs:attribute name="最后证实时间" type="m.data.standardDateTime"/>
    <xs:attributeGroup ref="xlink:simpleLink"/>
  </xs:complexType>
  <xs:element name="机构团体个人家族关系">
    <xs:complexType>
      <xs:complexContent>
        <xs:extension base="m.relationBody">
          <xs:attribute ref="xml:id"/>
          <xs:attribute ref="xml:lang"/>
          <xs:attribute name="cpfRelationType">
            <xs:simpleType>
              <xs:restriction base="xs:token">
                <xs:enumeration value="identity"/>
                <xs:enumeration value="hierarchical"/>
                <xs:enumeration value="hierarchical-parent"/>
                <xs:enumeration value="hierarchical-child"/>
                <xs:enumeration value="temporal"/>
                <xs:enumeration value="temporal-earlier"/>
                <xs:enumeration value="temporal-later"/>
                <xs:enumeration value="family"/>
                <xs:enumeration value="associative"/>
              </xs:restriction>
            </xs:simpleType>
```

```
          </xs:attribute>
        </xs:extension>
      </xs:complexContent>
    </xs:complexType>
  </xs:element>
  <xs:element name="资源关系">
    <xs:complexType>
      <xs:complexContent>
        <xs:extension base="m.relationBody">
          <xs:attribute ref="xml:id"/>
          <xs:attribute ref="xml:lang"/>
          <xs:attribute name="资源关系类型">
            <xs:simpleType>
              <xs:restriction base="xs:token">
                <xs:enumeration value="creatorOf"/>
                <xs:enumeration value="subjectOf"/>
                <xs:enumeration value="other"/>
              </xs:restriction>
            </xs:simpleType>
          </xs:attribute>
        </xs:extension>
      </xs:complexContent>
    </xs:complexType>
  </xs:element>
  <xs:element name="职能关系">
    <xs:complexType>
      <xs:complexContent>
        <xs:extension base="m.relationBody">
          <xs:attribute ref="xml:id"/>
          <xs:attribute ref="xml:lang"/>
          <xs:attribute name="职能关系类型">
            <xs:simpleType>
              <xs:restriction base="xs:token">
                <xs:enumeration value="controls"/>
                <xs:enumeration value="owns"/>
                <xs:enumeration value="performs"/>
              </xs:restriction>
            </xs:simpleType>
          </xs:attribute>
        </xs:extension>
      </xs:complexContent>
```

```
    </xs:complexType>
  </xs:element>
  <xs:element name="交替集">
    <xs:complexType>
      <xs:sequence>
        <xs:element maxOccurs="unbounded" ref="集成分"/>
      </xs:sequence>
      <xs:attribute ref="xml:id"/>
      <xs:attribute ref="xml:lang"/>
      <xs:attribute ref="xml:base"/>
    </xs:complexType>
  </xs:element>
  <xs:element name="集成分">
    <xs:complexType>
      <xs:sequence>
        <xs:element maxOccurs="unbounded" minOccurs="0" ref="成分条目"/>
        <xs:choice minOccurs="0">
          <xs:element ref="objectXMLWrap"/>
          <xs:element ref="objectBinWrap"/>
        </xs:choice>
        <xs:element minOccurs="0" ref="描述注释说明"/>
      </xs:sequence>
      <xs:attribute ref="xml:id"/>
      <xs:attribute ref="xml:lang"/>
      <xs:attribute name="最后证实时间" type="m.data.standardDateTime"/>
      <xs:attributeGroup ref="xlink:simpleLink"/>
    </xs:complexType>
  </xs:element>
  <xs:element name="成分条目">
    <xs:complexType mixed="true">
      <xs:attribute ref="xml:id"/>
      <xs:attribute name="本地类型" type="xs:anyURI"/>
      <xs:attributeGroup ref="m.entryLanguageAttributes"/>
    </xs:complexType>
  </xs:element>
  <xs:group name="e.anyName">
    <xs:sequence>
      <xs:any processContents="skip"/>
    </xs:sequence>
  </xs:group>
  <xs:group name="m.anything">
```

```
    <xs:sequence>
      <xs:group maxOccurs="unbounded" minOccurs="0" ref="e.anyName"/>
    </xs:sequence>
  </xs:group>
  <xs:attributeGroup name="m.anything">
    <xs:anyAttribute processContents="skip"/>
  </xs:attributeGroup>
  <xs:attributeGroup name="a.lastDateTimeVerified">
    <xs:attribute name="最后证实时间" type="m.data.standardDateTime" use="required"/>
  </xs:attributeGroup>
  <xs:simpleType name="m.data.standardDateTime">
    <xs:union>
      <xs:simpleType>
        <xs:restriction base="xs:date">
          <xs:maxInclusive value="2099-12-31"/>
        </xs:restriction>
      </xs:simpleType>
      <xs:simpleType>
        <xs:restriction base="xs:gYear">
          <xs:maxInclusive value="2099"/>
        </xs:restriction>
      </xs:simpleType>
      <xs:simpleType>
        <xs:restriction base="xs:gYearMonth">
          <xs:maxInclusive value="2099-12"/>
        </xs:restriction>
      </xs:simpleType>
      <xs:simpleType>
        <xs:restriction base="xs:dateTime">
          <xs:maxInclusive value="2099-12-31T23:59:59"/>
        </xs:restriction>
      </xs:simpleType>
    </xs:union>
  </xs:simpleType>
  <xs:simpleType name="m.data.standardDate">
    <xs:union>
      <xs:simpleType>
        <xs:restriction base="xs:date">
          <xs:maxInclusive value="2099-12-31"/>
        </xs:restriction>
      </xs:simpleType>
```

```
<xs:simpleType>
  <xs:restriction base="xs:gYear">
    <xs:maxInclusive value="2099"/>
  </xs:restriction>
</xs:simpleType>
<xs:simpleType>
  <xs:restriction base="xs:gYearMonth">
    <xs:maxInclusive value="2099-12"/>
  </xs:restriction>
</xs:simpleType>
</xs:union>
</xs:simpleType>
<xs:element name="日期">
  <xs:complexType mixed="true">
    <xs:attribute ref="xml:id"/>
    <xs:attribute ref="xml:lang"/>
    <xs:attribute name="本地类型" type="xs:anyURI"/>
    <xs:attributeGroup ref="m.dateSingle"/>
  </xs:complexType>
</xs:element>
<xs:attributeGroup name="m.dateSingle">
  <xs:attribute name="标准日期" type="m.data.standardDate"/>
  <xs:attribute name="不早于" type="m.data.standardDate"/>
  <xs:attribute name="不晚于" type="m.data.standardDate"/>
</xs:attributeGroup>
<xs:element name="日期范围">
  <xs:complexType>
    <xs:sequence>
      <xs:element minOccurs="0" ref="起始日期"/>
      <xs:element minOccurs="0" ref="终止日期"/>
    </xs:sequence>
    <xs:attribute ref="xml:id"/>
    <xs:attribute ref="xml:lang"/>
    <xs:attribute name="本地类型" type="xs:anyURI"/>
  </xs:complexType>
</xs:element>
<xs:element name="起始日期">
  <xs:complexType mixed="true">
    <xs:attribute ref="xml:id"/>
    <xs:attribute ref="xml:lang"/>
    <xs:attributeGroup ref="m.dateSingle"/>
```

```
    </xs:complexType>
  </xs:element>
  <xs:element name="终止日期">
    <xs:complexType mixed="true">
      <xs:attribute ref="xml:id"/>
      <xs:attribute ref="xml:lang"/>
      <xs:attributeGroup ref="m.dateSingle"/>
    </xs:complexType>
  </xs:element>
  <xs:element name="日期集">
    <xs:complexType>
      <xs:sequence>
        <xs:choice>
          <xs:element ref="日期"/>
          <xs:element ref="日期范围"/>
        </xs:choice>
        <xs:choice maxOccurs="unbounded">
          <xs:element ref="日期"/>
          <xs:element ref="日期范围"/>
        </xs:choice>
      </xs:sequence>
      <xs:attribute ref="xml:id"/>
      <xs:attribute ref="xml:lang"/>
      <xs:attribute name="本地类型" type="xs:anyURI"/>
    </xs:complexType>
  </xs:element>
  <xs:group name="m.dates">
    <xs:choice>
      <xs:element ref="日期"/>
      <xs:element ref="日期范围"/>
      <xs:element ref="日期集"/>
    </xs:choice>
  </xs:group>
  <xs:element name="语种">
    <xs:complexType mixed="true">
      <xs:attribute ref="xml:id"/>
      <xs:attribute ref="xml:lang"/>
      <xs:attribute name="语种代码" use="required">
        <xs:simpleType>
          <xs:restriction base="xs:string">
            <xs:pattern value="[a-z]{3}"/>
```

```
            </xs:restriction>
          </xs:simpleType>
        </xs:attribute>
      </xs:complexType>
    </xs:element>
    <xs:element name="书写体">
      <xs:complexType mixed="true">
        <xs:attribute ref="xml:id"/>
        <xs:attribute ref="xml:lang"/>
        <xs:attributeGroup ref="a.scriptCode"/>
      </xs:complexType>
    </xs:element>
    <xs:attributeGroup name="a.scriptCode">
      <xs:attribute name="书写体代码" use="required">
        <xs:simpleType>
          <xs:restriction base="xs:string">
            <xs:pattern value="[A-Z][a-z]{3}"/>
          </xs:restriction>
        </xs:simpleType>
      </xs:attribute>
    </xs:attributeGroup>
    <xs:attributeGroup name="a.transliteration">
      <xs:attribute name="音译" type="xs:NMTOKEN" use="required"/>
    </xs:attributeGroup>
    <xs:attributeGroup name="m.entryLanguageAttributes">
      <xs:attribute name="书写体代码">
        <xs:simpleType>
          <xs:restriction base="xs:string">
            <xs:pattern value="[A-Z][a-z]{3}"/>
          </xs:restriction>
        </xs:simpleType>
      </xs:attribute>
      <xs:attribute ref="xml:lang"/>
      <xs:attribute name="音译" type="xs:NMTOKEN"/>
    </xs:attributeGroup>
    <xs:simpleType name="m.data.standardRepository">
      <xs:restriction base="xs:token">
        <xs:pattern value="(([A-Z]{2})|([a-zA-Z]{1})|([a-zA-Z]{3,4}))(-[a-zA-Z0-9:/\-]{1,
11})"/>
      </xs:restriction>
    </xs:simpleType>
```

```
<xs:element name="细则">
  <xs:complexType mixed="true">
    <xs:attribute ref="xml:id"/>
    <xs:attributeGroup ref="m.entryLanguageAttributes"/>
    <xs:attribute name="最后证实时间" type="m.data.standardDateTime"/>
    <xs:attribute name="词汇来源" type="xs:anyURI"/>
  </xs:complexType>
</xs:element>
<xs:element name="描述注释说明">
  <xs:complexType>
    <xs:sequence>
      <xs:element maxOccurs="unbounded" ref="段落"/>
    </xs:sequence>
    <xs:attribute ref="xml:id"/>
    <xs:attribute ref="xml:lang"/>
  </xs:complexType>
</xs:element>
<xs:element name="引用">
  <xs:complexType>
    <xs:complexContent>
      <xs:extension base="m.mixedContent">
        <xs:attribute ref="xml:id"/>
        <xs:attribute ref="xml:lang"/>
        <xs:attributeGroup ref="xlink:simpleLink"/>
        <xs:attribute name="最后证实时间" type="m.data.standardDateTime"/>
      </xs:extension>
    </xs:complexContent>
  </xs:complexType>
</xs:element>
<xs:attributeGroup name="m.id">
  <xs:attribute name="本地类型" type="xs:anyURI"/>
</xs:attributeGroup>
<xs:element name="段落">
  <xs:complexType>
    <xs:complexContent>
      <xs:extension base="m.mixedContent">
        <xs:attribute ref="xml:id"/>
        <xs:attribute ref="xml:lang"/>
      </xs:extension>
    </xs:complexContent>
  </xs:complexType>
```

```
</xs:element>
<xs:complexType mixed="true" name="m.mixedContent">
  <xs:group maxOccurs="unbounded" minOccurs="0" ref="e.span"/>
</xs:complexType>
<xs:element name="按年代顺序排列的列表">
  <xs:complexType>
    <xs:sequence>
      <xs:element maxOccurs="unbounded" ref="按年代顺序排列的项目"/>
    </xs:sequence>
    <xs:attribute ref="xml:id"/>
    <xs:attribute ref="xml:lang"/>
    <xs:attribute name="本地类型" type="xs:anyURI"/>
  </xs:complexType>
</xs:element>
<xs:element name="按年代顺序排列的项目">
  <xs:complexType>
    <xs:sequence>
      <xs:choice>
        <xs:element ref="日期"/>
        <xs:element ref="日期范围"/>
      </xs:choice>
      <xs:element minOccurs="0" ref="地点条目"/>
      <xs:element ref="事件"/>
    </xs:sequence>
    <xs:attribute ref="xml:id"/>
    <xs:attribute ref="xml:lang"/>
    <xs:attribute name="本地类型" type="xs:anyURI"/>
  </xs:complexType>
</xs:element>
<xs:element name="事件">
  <xs:complexType mixed="true">
    <xs:attribute ref="xml:id"/>
    <xs:attribute ref="xml:lang"/>
    <xs:attribute name="本地类型" type="xs:anyURI"/>
  </xs:complexType>
</xs:element>
<xs:element name="列表">
  <xs:complexType>
    <xs:sequence>
      <xs:element maxOccurs="unbounded" ref="项目"/>
    </xs:sequence>
```

```
      <xs:attribute ref="xml:id"/>
      <xs:attribute ref="xml:lang"/>
      <xs:attribute name="本地类型" type="xs:anyURI"/>
    </xs:complexType>
  </xs:element>
  <xs:element name="项目">
    <xs:complexType>
      <xs:complexContent>
        <xs:extension base="m.mixedContent">
          <xs:attribute ref="xml:id"/>
          <xs:attribute ref="xml:lang"/>
          <xs:attribute name="本地类型" type="xs:anyURI"/>
        </xs:extension>
      </xs:complexContent>
    </xs:complexType>
  </xs:element>
  <xs:element name="轮廓">
    <xs:complexType>
      <xs:sequence>
        <xs:element maxOccurs="unbounded" ref="级别"/>
      </xs:sequence>
      <xs:attribute ref="xml:id"/>
      <xs:attribute ref="xml:lang"/>
      <xs:attribute name="本地类型" type="xs:anyURI"/>
    </xs:complexType>
  </xs:element>
  <xs:element name="级别">
    <xs:complexType>
      <xs:sequence>
        <xs:element ref="项目"/>
        <xs:element maxOccurs="unbounded" minOccurs="0" ref="级别"/>
      </xs:sequence>
      <xs:attribute ref="xml:id"/>
      <xs:attribute ref="xml:lang"/>
      <xs:attribute name="本地类型" type="xs:anyURI"/>
    </xs:complexType>
  </xs:element>
  <xs:group name="e.span">
    <xs:sequence>
      <xs:element minOccurs="0" ref="span"/>
    </xs:sequence>
```

```
  </xs:group>
  <xs:element name="span">
    <xs:complexType mixed="true">
      <xs:attribute ref="xml:id"/>
      <xs:attribute ref="xml:lang"/>
      <xs:attribute name="本地类型" type="xs:anyURI"/>
      <xs:attribute name="style"/>
    </xs:complexType>
  </xs:element>
  <xs:attributeGroup name="a.localType">
    <xs:attribute name="本地类型" type="xs:anyURI" use="required"/>
  </xs:attributeGroup>
  <xs:attributeGroup name="a.vocabularySource">
    <xs:attribute name="词汇来源" type="xs:anyURI" use="required"/>
  </xs:attributeGroup>
  <xs:attributeGroup name="a.style">
    <xs:attribute name="style" use="required"/>
  </xs:attributeGroup>
  <xs:attributeGroup name="m.geographicalCoordinates">
    <xs:attribute name="经度" type="xs:NMTOKEN" use="required"/>
    <xs:attribute name="纬度" type="xs:NMTOKEN" use="required"/>
    <xs:attribute name="altitude" type="xs:NMTOKEN"/>
  </xs:attributeGroup>
  <xs:attributeGroup name="lang">
    <xs:attribute ref="xml:lang" use="required"/>
  </xs:attributeGroup>
  <xs:attributeGroup name="base">
    <xs:attribute ref="xml:base" use="required"/>
  </xs:attributeGroup>
  <xs:attributeGroup name="id">
    <xs:attribute ref="xml:id" use="required"/>
  </xs:attributeGroup>
</xs:schema>
```

附录 C（资料性附录）
档案规范记录的 XML 示例

```
<apc:档案规范记录 xmlns:xsi = " http://www. w3. org/2001/XMLSchema-instance" xmlns:apc = ' http://government. org/ChinaEAC-CPF-V 1. 0/" xsi:noNamespaceSchemaLocation = " 中国档案规范记录 . xsd" >
    <apc:控制项 >
      <apc:规范记录标识符 > CN-77-18-16 </apc:规范记录标识符 >
      <apc:维护状态 > 新建 </apc:维护状态 >
      <apc:规则声明 > 标准《档案规范记录著录规则》</apc:规则声明 >
         <apc:级次 > 实际需求级次 </apc:级次 >
         <apc:创建修订或删除的日期 > 2004 - 10 - 30 创建,2004 - 12 - 05 修改 </apc:创建修订或删除的日期 >
         <apc:来源 > 福建省档案馆,2012 年。 </apc:来源 >
         <apc:维护注释说明 > 本规范记录根据胡文虎及其家族档案等著录。 </apc:维护注释说明 >
      </apc:控制项 >
   <apc:机构团体个人家族著录项 >
      <apc:特征项 >
        <apc:实体类型 > 家族 </apc:实体类型 >
          <apc:名称的规范化形式 > 胡文虎家族 </apc:名称的规范化形式 >
          <apc:名称的非规范化形式 > 胡氏家族 </apc:名称的非规范化形式 >
      </apc:特征项 >
      <apc:描述项 >
          <apc:存在日期 > 18820116— </apc:存在日期 >
          <apc:历史沿革或生平 > (内容暂略)。 </apc:历史沿革或生平 >
          <apc:职能职业与活动 > "万金油大王"的发迹史(略);
                              星系报纸的创立和发展(略);
                              爱国爱乡之举(略);
                              赞助海外侨胞公益事业(略)。 </apc:职能职业与活动 >
           <apc:时代背景 > 胡文虎氏自 20 世纪 20 年代经营药业和报业有成,即以"取诸社会,用诸社
              会""忠于国家为先""爱国不敢后人"为旨,致力于慈善公益事业。地域不分中外,亦不
              限任何宗教,凡属有益于大众福利者均慷慨输将,或办学校,或建医院,或献抗战,或救
              灾民。毕其一生,爱国利民。 </apc:时代背景 >
        </apc:描述项 >
        <apc:关系项 >
          <apc:机构团体个人家族关系 >
            <apc:相关机构团体个人家族的名称标识符 > 陈嘉庚
            </apc:相关机构团体个人家族的名称标识符 >
            <apc:关系的种类 > 相关关系 </关系的种类 >
          </apc:机构团体个人家族关系 >
          <apc:机构团体个人家族关系 >
```

```
            <apc:相关机构团体个人或家族的名称标识符>蒋介石
            </apc:相关机构团体个人或家族的名称标识符>
          <apc:关系的种类>相关关系</apc:关系的种类>
        </apc:机构团体个人家族关系>
    </apc:关系项>
  </apc:机构团体个人家族著录项>
</apc:档案规范记录>
```

附录 4　基于 XSLT 的中国档案规范记录标准格式样式表文件

```
<? xml version = "1.0"  encoding = "UTF-8"?  >

<! -- ************************************************************************** -->
<! --                                                                            -->
<! --                      中国档案规范记录 XSLT 显示标准化置标                      -->
<! --                                                                            -->
<! --               《网络环境下的档案规范记录系统研究》课题组研制                    -->
<! --                                                                            -->
<! --                                2013-11-10                                  -->
<! --                                                                            -->
<! -- ************************************************************************** -->

<xsl:stylesheet version = "1.0"  xmlns:xsl = http://www.w3.org/1999/XSL/Transform xmlns:xs = "http://www.w3.org/
2001/XMLSchema" >
  <xsl:template match = "/" >
    <html >
      <head/ >
        <body >
          <xsl:for-each select = "档案规范记录" >
            <xsl:if test = "position() =1" >
              <table border = "1" >
                <xsl:if test = "position() =1" >
                  <xsl:text disable-output-escaping = "yes" >&lt;tbody&gt; </xsl:text >
                </xsl:if >

<! -- ************************************************************************** -->
<! --                                                                            -->
<! --                          中国档案规范记录特征项显示                            -->
<! --                                                                            -->
<! --                                                                            -->
<! -- ************************************************************************** -->

      <tr >
        <td width = "27" >特征项</td >
          <xsl:for-each select = "../档案规范记录" >
            <td width = "638" >
              <xsl:for-each select = "特征项" >
                <xsl:if test = "position() =1" >
                  <table border = "1" >
                    <xsl:if test = "position() =1" >
                      <xsl:text disable-output-escaping = "yes" >&lt;tbody&gt; </xsl:text >
                    </xsl:if >
                    <tr >
                      <td width = "163" >实体类型</td >
                        <xsl:for-each select = "../特征项" >
                          <td width = "524" >
                            <xsl:for-each select = "实体类型" >
                              <xsl:apply-templates/ >
                            </xsl:for-each >
                          </td >
                        </xsl:for-each >
                    </tr >
```

```
                <tr>
                  <td width="163">名称<br/>规范形式</td>
                    <xsl:for-each select="../特征项">
                      <td width="524">
                        <xsl:for-each select="名称的规范化形式">
                          <xsl:apply-templates/>
                        </xsl:for-each>
                      </td>
                    </xsl:for-each>
                </tr>
                <tr>
                  <td width="163">名称<br/>非规范形式</td>
                    <xsl:for-each select="../特征项">
                      <td width="524">
                        <xsl:for-each select="名称的非规范化形式">
                          <xsl:apply-templates/>
                        </xsl:for-each>
                      </td>
                    </xsl:for-each>
                </tr>
                <tr>
                  <xsl:for-each select="../特征项">
                    <td width="524"></td>
                  </xsl:for-each>
                </tr>
                <tr>
                  <td width="163">机构团体标识符</td>
                    <xsl:for-each select="../特征项">
                      <td width="524">
                        <xsl:for-each select="机构团体标识符">
                          <xsl:apply-templates/>
                        </xsl:for-each>
                      </td>
                    </xsl:for-each>
                </tr>
                  <xsl:if test="position()=last()">
                    <xsl:text disable-output-escaping="yes">&lt;0tbody&gt;</xsl:text>
                  </xsl:if>
              </table>
            </xsl:if>
          </xsl:for-each>
        </td>
      </xsl:for-each>
    </tr>
<!--****************************************************************************-->
<!--                                                                             -->
<!--                          中国档案规范记录描述项显示                            -->
<!--                                                                             -->
<!--****************************************************************************-->
    <tr>
      <td width="27">描述项</td>
        <xsl:for-each select="../档案规范记录">
          <td width="638">
            <xsl:for-each select="描述项">
              <xsl:if test="position()=1">
                <table border="1">
                  <xsl:if test="position()=1">
                    <xsl:text disable-output-escaping="yes">&lt;tbody&gt;</xsl:text>
                  </xsl:if>
                  <tr>
                    <td width="163">存在时间></td>
                      <xsl:for-each select="../描述项">
                        <td width="525">
```

```
                    <xsl:for-each select="存在日期>">
                        <xsl:apply-templates/>
                    </xsl:for-each>
                </td>
            </xsl:for-each>
        </tr>
        <tr>
            <td width="166">历史沿革或生平</td>
            <xsl:for-each select="../描述项">
                <td width="525">
                    <xsl:for-each select="历史沿革或生平">
                        <xsl:apply-templates/>
                    </xsl:for-each>
                </td>
            </xsl:for-each>
        </tr>
        <tr>
            <td width="166">职能、职业和活动</td>
            <xsl:for-each select="../描述项">
                <td width="525">
                    <xsl:for-each select="职能职业与活动">
                        <xsl:apply-templates/>
                    </xsl:for-each>
                </td>
            </xsl:for-each>
        </tr>
        <tr>
            <td width="166">历史背景</td>
            <xsl:for-each select="../描述项">
                <td width="525">
                    <xsl:for-each select="时代背景">
                        <xsl:apply-templates/>
                    </xsl:for-each>
                </td>
            </xsl:for-each>
        </tr>
            <xsl:if test="position()=last()">
                <xsl:text disable-output-escaping="yes">&lt;/tbody&gt;</xsl:text>
            </xsl:if>
        </table>
      </xsl:if>
    </xsl:for-each>
  </td>
</xsl:for-each>
</tr>

<!--****************************************************************************-->
<!--                                                                            -->
<!--                     中国档案规范记录关系项显示                               -->
<!--                                                                            -->
<!--****************************************************************************-->

<tr>
  <td width="27">关系项</td>
    <xsl:for-each select="../档案规范记录">
      <td width="638">
        <xsl:for-each select="关系项">
          <xsl:if test="position()=1">
            <table border="1">
              <xsl:if test="position()=1">
                <xsl:text disable-output-escaping="yes">&lt;tbody&gt;</xsl:text>
              </xsl:if>
```

```
<! -- =****************************************************************** -->
<! -                  机构团体个人家族关系显示(开始)                       -->
<! -- =****************************************************************** -->

          <tr>
            <td>相关实体</td>
              <xsl:for-each select="../关系项">
                <td width="525">
                  <xsl:for-each select="机构团体个人家族关系">
                    <xsl:if test="position()=1">
                      <table border="1">
                        <xsl:if test="position()=1">
                          <xsl:text disable-output-escaping="yes">&lt;tbody&gt;</xsl:text>
                        </xsl:if>
                        <tr>
                          <td>相关实体名称</td>
                            <xsl:for-each select="../机构团体个人家族关系">
                              <td width="360">
                                <xsl:for-each select="相关机构团体个人家族的名称标识符">
                                  <xsl:apply-templates/>
                                </xsl:for-each>
                              </td>
                            </xsl:for-each>
                        </tr>
                        <tr>
                          <td>关系类型</td>
                            <xsl:for-each select="../机构团体个人家族关系">
                              <td width="360">
                                <xsl:for-each select="关系的种类">
                                  <xsl:apply-templates/>
                                </xsl:for-each>
                              </td>
                            </xsl:for-each>
                        </tr>
                        <tr>
                          <td>关系描述</td>
                            <xsl:for-each select="../机构团体个人家族关系">
                              <td width="360">
                                <xsl:for-each select="关系的描述">
                                  <xsl:apply-templates/>
                                </xsl:for-each>
                              </td>
                            </xsl:for-each>
                        </tr>
                        <tr>
                          <td>关系时间></td>
                            <xsl:for-each select="../机构团体个人家族关系">
                              <td width="360">
                                <xsl:for-each select="关系的日期">
                                  <xsl:apply-templates/>
                                </xsl:for-each>
                              </td>
                            </xsl:for-each>
                        </tr>
                          <xsl:if test="position()=last()">
                            <xsl:text disable-output-escaping="yes">&lt;/tbody&gt;</xsl:text>
                          </xsl:if>
```

```
                </table>
              </xsl:if>
            </xsl:for-each>
          </td>
        </xsl:for-each>
      </tr>

<!-- ***************************************************************** -->
<!-- ************************机构团体个人家族关系显示(结束)************************ -->
<!-- ***************************************************************** -->

<!-- ***************************************************************** -->
<!--                          资源关系显示(开始)                          -->
<!-- ***************************************************************** -->
      <tr>
        <td>相关资源</td>
          <xsl:for-each select="../关系项">
            <td width="525">
              <xsl:for-each select="资源关系">
                <xsl:if test="position()=1">
                  <table border="1">
                    <xsl:if test="position()=1">
                      <xsl:text disable-output-escaping="yes">&lt;/tbody&gt;</xsl:text>
                    </xsl:if>
                    <tr>
                      <td>相关资源名称或标识符</td>
                        <xsl:for-each select="../资源关系">
                          <td width="360">
                            <xsl:for-each select="相关资源的标识符与名称">
                              <xsl:apply-templates/>
                            </xsl:for-each>
                          </td>
                        </xsl:for-each>
                    </tr>
                    <tr>
                      <td>相关资源类型</td>
                        <xsl:for-each select="../资源关系">
                          <td width="360">
                            <xsl:for-each select="相关资源的类型">
                              <xsl:apply-templates/>
                            </xsl:for-each>
                          </td>
                        </xsl:for-each>
                    </tr>
                    <tr>
                      <td>相关资源关系描述</td>
                        <xsl:for-each select="../资源关系">
                          <td width="360">
                            <xsl:for-each select="关系的性质">
                              <xsl:apply-templates/>
                            </xsl:for-each>
                          </td>
                        </xsl:for-each>
                    </tr>
```

```
                        <tr>
                          <td>相关资源时间></td>
                            <xsl:for-each select="../资源关系">
                              <td width="360">
                                <xsl:for-each select="相关资源或关系的日期">
                                  <xsl:apply-templates/>
                                </xsl:for-each>
                              </td>
                            </xsl:for-each>
                        </tr>
                          <xsl:if test="position()=last()">
                            <xsl:text disable-output-escaping="yes">&lt;0tbody&gt;</xsl:text>
                          </xsl:if>
                      </table>
                    </xsl:if>
                  </xsl:for-each>
                </td>
              </xsl:for-each>
            </tr>
<!--***************************************************************************-->
<!--****************************资源关系显示(结束)********************************-->
<!--***************************************************************************-->

            <xsl:if test="position()=last()">
              <xsl:text disable-output-escaping="yes">&lt;0tbody&gt;</xsl:text>
            </xsl:if>
          </table>
        </xsl:if>
      </xsl:for-each>
    </td>
  </xsl:for-each>
</tr>

<!--=**************************************************************************-->
<!--                                                                            -->
<!--                       中国档案规范记录控制项显示                              -->
<!--                                                                            -->
<!--***************************************************************************-->
<tr>
  <td width="27">控制项</td>
  <xsl:for-each select="../档案规范记录">
    <td width="638">
      <xsl:for-each select="控制项">
        <xsl:if test="position()=1">
          <table border="1">
            <xsl:if test="position()=1">
              <xsl:text disable-output-escaping="yes">&lt;tbody&gt;</xsl:text>
            </xsl:if>
            <tr>
              <td>规范记录标识符</td>
                <xsl:for-each select="../控制项">
                  <td width="461">
                    <xsl:for-each select="规范记录标识符">
                      <xsl:apply-templates/>
                    </xsl:for-each>
                  </td>
                </xsl:for-each>
            </tr>
```

```
                    <tr>
                      <td>著录用规则</td>
                        <xsl:for-each select="..控制项">
                          <td width="461">
                            <xsl:for-each select="著录声明">
                              <xsl:apply-templates/>
                            </xsl:for-each>
                          </td>
                        </xsl:for-each>
                    </tr>
                    <tr>
                      <td>著录级次</td>
                        <xsl:for-each select="../控制项">
                          <td width="461">
                            <xsl:for-each select="级次">
                              <xsl:apply-templates/>
                            </xsl:for-each>
                          </td>
                        </xsl:for-each>
                    </tr>
                    <tr>
                      <td>创建、修订或删除的日期></td>
                        <xsl:for-each select="../控制项">
                          <td width="461">
                            <xsl:for-each select="创建修订或删除的日期">
                              <xsl:apply-templates/>
                            </xsl:for-each>
                          </td>
                        </xsl:for-each>
                    </tr>
                    <tr>
                      <td>维护附注</td>
                        <xsl:for-each select="../控制项">
                          <td width="461">
                            <xsl:for-each select="维护附注说明">
                              <xsl:apply-templates/>
                            </xsl:for-each>
                          </td>
                        </xsl:for-each>
                    </tr>
                      <xsl:if test="position()=last()">
                        <xsl:text disable-output-escaping="yes">&lt;/tbody&gt;</xsl:text>
                      </xsl:if>
                  </table>
                </xsl:if>
              </xsl:for-each>
            </td>
          </xsl:for-each>
        </tr>
<!--*************************************************************************-->
<!--********************************控制项显示(结束)*****************************-->
<!--*************************************************************************-->

              <xsl:if test="position()=last()">
                <xsl:text disable-output-escaping="yes">&lt;/tbody&gt;</xsl:text>
              </xsl:if>
            </table>
          </xsl:if>
        </xsl:for-each>
      </body>
    </html>
  </xsl:template>
</xsl:stylesheet>
```

附录 5　基于 RDF Schema 的中国档案规范记录语义网络化置标

```
<? xml version = '1.0" encoding = "GB2312"? >

<!-- ************************************************************************ -->
<!--                                                                          -->
<!--                                                                          -->
<!--                    中国档案规范记录 RDF Schema 置标                        -->
<!--                                                                          -->
<!--           南京政治学院上海校区信息管理系　　段荣婷研制                       -->
<!--                                                                          -->
<!--                            2012 - 10 - 28                                -->
<!--                                                                          -->
<!-- ************************************************************************ -->
<rdf:RDF xmlns:rdf = "http://www. w3. org/TR/REC-rdf-syntax#"
         xmlns:rdfs = "http://www. w3. org/TR/WD-rdf-schema#"
         xmlns:dcterms = "http://purl. org/dc/terms/"
         xmlns:dc = "http://purl. org/dc/elements/1. 1/" >
    <rdf:Description rdf:about = "http://core-recordkeeping-metadata/elements/1. 0/" >
      <dc:title > 中国档案规范记录置标标识词词典 </dc:title >
      <dc:creator >《网络环境下的档案规范记录系统研究》课题组 </dc:creator >
      <dc:contributor > 段荣婷 </dc:contributor >
      <dc:description > 根据国际标准[ISAAR(CPF)]和中国国家标准——《档案规范记录著录规则》(征求意见稿),可
将档案规范记录逻辑结构的第一层次划分为以下大项,即特征项、描述项、关系项等。 </dc:description >
      <dcterms:created > 2012 - 10 - 28 </dcterms:created >
    </rdf:Description >
<!-- ************************************************************************ -->
<!--                                                                          -->
<!--                                                                          -->
<!--                 模块 1:档案规范记录第一层级置标标识词                       -->
<!--                                                                          -->
<!--                                                                          -->
<!-- ************************************************************************ -->

<!-- ************************************************************************ -->
<!-- ************ 以下为中国档案规范记录文本中采用的第一层级置标标识词 ****************** -->
<!-- ************************************************************************ -->

<!-- ************************************************************************ -->
<!--                                                                          -->
<!--                     档案规范记录特征项置标标识词                            -->
<!--                                                                          -->
<!--                                                                          -->
<!-- ************************************************************************ -->
<!-- **************************** 特征项置标标识词(开始) ************************** -->
    <rdfs:Class rdf:about = "http://www. government. org/apcEAC-CPF-V 1. 0/Identity" >
      <rdfs:label xml:lang = "chi" > 特征项 </rdfs:label >
      <rdfs:label xml:lang = "en" > Identity area </rdfs:label >
      <rdfs:comment xml:lang = "chi" > 定义:主要用于置标唯一确认一条档案规范记录规范记录的必要信息,这些置
标信息规范了检索点,在交换中对于确认识别档案来说是十分重要的。 </rdfs:comment >
      <rdfs:comment xml:lang = "chi" > 注释:5. 1　IDENTITY AREA 传达唯一标识被置标实体,以及为记录定义标准化
检索点信息的置标项。 </rdfs:comment >
      <rdfs:isDefinedBy rdf:resource = "http://www. government. org/apcEAC-CPF-V 1. 0/"/ >
      <rdfs:subClassOf rdf:resource = "http://www. w3. org/2000/01/rdf-schema#EAC"/ >
      <rdfs:seeAlso rdf:resource = "http://www. w3. org/2001/XMLSchema"
                    xmlns = "http://jefferson. village. virginia. edu/eac"/ >
    </rdfs:Class >
<!-- ************************************************************************ -->
<!-- **************************** 特征项置标标识词(结束) ************************** -->
<!-- ************************************************************************ -->
```

```
<!-- ************************************************************************************ -->
<!--                                                                                      -->
<!--                              档案规范记录描述项置标标识词                              -->
<!--                                                                                      -->
<!--                                                                                      -->
<!-- ************************************************************************************ -->
<!-- ***************************** 描述项置标标识词(开始) ****************************** -->

    <rdfs:Class rdf:about="http://www.government.org/apcEAC-CPF-V 1.0/Description">
      <rdfs:label xml:lang="chi">描述项</rdfs:label>
      <rdfs:label xml:lang="en">DESCRIPTION AREA</rdfs:label>
      <rdfs:comment xml:lang="chi">定义:传达机构团体或个人或家族的本质、背景、历史、角色任务与活动相关信
息的置标项。</rdfs:comment>
      <rdfs:comment xml:lang="chi">注释:主要包括档案形成者的存在日期、历史沿革或生平、地点,职能、职业与活
动,时代背景等著录项。</rdfs:comment>
      <rdfs:isDefinedBy rdf:resource="http://www.government.org/apcEAC-CPF-V 1.0/"/>
      <rdfs:subClassOf rdf:resource="http://www.w3.org/2000/01/rdf-schema#EAC"/>
      <rdfs:seeAlso rdf:resource=http://www.w3.org/2001/XMLSchema
                  xmlns="http://jefferson.village.virginia.edu/eac"/>
    </rdfs:Class>

<!-- ************************************************************************************ -->
<!-- ***************************** 描述项置标标识词(结束) ****************************** -->
<!-- ************************************************************************************ -->

<!-- ************************************************************************************ -->
<!--                                                                                      -->
<!--                              档案规范记录关系项置标标识词                              -->
<!--                                                                                      -->
<!--                                                                                      -->
<!-- ************************************************************************************ -->
<!-- ****************************** 关系项置标标识词(开始) ****************************** -->

    <rdfs:Class rdf:about="http://www.government.org/apcEAC-CPF-V 1.0/Relations">
      <rdfs:label xml:lang="chi">关系项</rdfs:label>
      <rdfs:comment xml:lang="chi">定义:集成一个或更多关联元素的封装元素,其中每一关联元素为一种特定的
关系编码。</rdfs:comment>
        <rdfs:comment xml:lang="chi">注释:这一项中包括两部分:一部分[对应于 ISAAR(CPF)中的 5.3]是与其他
档案形成者有关的个人、团体等将在此大项中进行置标。主要包括相关名称、关系类型、关系描述和关系时间等置标标识
词;另一部分[对应于 ISAAR(CPF)中的 6]是与档案规范记录规范记录形成责任者有关的个人、团体等相关的档案及其
他资源信息将在此大项中进行置标。主要包括相关资源名称或标识符、相关资源类型、关系性质和相关资源时间等置标
标识词。</rdfs:comment>
      <rdfs:isDefinedBy rdf:resource="http://www.government.org/apcEAC-CPF-V 1.0/"/>
      <rdfs:subClassOf rdf:resource="http://www.w3.org/2000/01/rdf-schema#EAC"/>
      <rdfs:seeAlso rdf:resource=http://www.w3.org/2001/XMLSchema
                  xmlns="http://jefferson.village.virginia.edu/eac"/>
    </rdfs:Class>

<!-- ************************************************************************************ -->
<!-- ****************************** 关系项置标标识词(结束) ****************************** -->
<!-- ************************************************************************************ -->

<!-- ************************************************************************************ -->
<!-- **************** 以上为中国档案规范记录文本中采用的第一层级置标标识词 ************** -->
<!-- ************************************************************************************ -->
```

```
<!--***********************************************************************-->
<!--                                                                       -->
<!--                                                                       -->
<!--                  模块2:档案规范记录下位层级置标标识词                  -->
<!--                                                                       -->
<!--                                                                       -->
<!--***********************************************************************-->

<!--***********************************************************************-->
<!--******************** 以下为档案规范记录中采用的下位层级置标标识词 *****************-->
<!--***********************************************************************-->

<!--***********************************************************************-->
<!--******************** 以下为档案规范记录特征项的下位层级置标标识词 *****************-->
<!--***********************************************************************-->

<!--***********************************************************************-->
<!--                                                                       -->
<!--                   档案规范记录特征项实体类型置标标识词                    -->
<!--                                                                       -->
<!--                                                                       -->
<!--***********************************************************************-->
<!--****************************** 实体类型置标标识词(开始) ************************-->

<rdfs:Property rdf:about="http://www.government.org/apcEAC-CPF-V 1.0/type">
  <rdfs:label xml:lang="chi">实体类型</rdfs:label>
  <rdfs:label xml:lang="en">Type of entity</rdfs:label>
  <rdfs:comment xml:lang="chi">定义:档案形成者实体类型</rdfs:comment>
  <rdfs:comment xml:lang="chi">注释:5.1.1　Type of entity 置标档案规范记录实体类型为机构团体或个人或家族。类型也可通过标题元素的名称而辨别。</rdfs:comment>
  <rdfs:isDefinedBy rdf:resource="http://www.government.org/apcEAC-CPF-V 1.0/"/>
  <rdfs:domain rdf:resource="http://www.government.org/apcEAC-CPF-V 1.0/Identity"/>
</rdfs:Property>
<!--***********************************************************************-->
<!--*************************** 实体类型置标标识词(结束) **************************-->
<!--***********************************************************************-->

<!--***********************************************************************-->
<!--                                                                       -->
<!--               档案规范记录特征项名称的规范化形式置标标识词                 -->
<!--                                                                       -->
<!--                                                                       -->
<!--***********************************************************************-->
<!--************************ 名称的规范化形式置标标识词(开始) ********************-->

<rdfs:Property rdf:about="http://www.government.org/apcEAC-CPF-V 1.0/head">
  <rdfs:label xml:lang="chi">名称的规范化形式</rdfs:label>
  <rdfs:label xml:lang="en">Authorized form of name</rdfs:label>
  <rdfs:comment xml:lang="chi">定义:档案形成者机构团体名称标题或个人名称标题或家族名称标题</rdfs:comment>
  <rdfs:comment xml:lang="chi">注释:5.1.2　Authorized form(s) of name 为唯一标识机构团体或个人或家族名称而创建的规范化检索点。corphead 或 pershead 或 famhead 这些元素用于各种形式的名称;属性"权威认可的"的值标识授权机构团体。</rdfs:comment>
  <rdfs:isDefinedBy rdf:resource=" http://www.government.org/apcEAC-CPF-V 1.0/"/>
  <rdfs:domain rdf:resource="http://www.government.org/apcEAC-CPF-V 1.0/Identity"/>
</rdfs:Property>

<!--***********************************************************************-->
<!--************************ 名称的规范化形式置标标识词(结束) ********************-->
<!--***********************************************************************-->
```

```
<! -- ******************************************************************************** -->
<! --                                                                                   -->
<! --                     档案规范记录特征项名称的非规范化形式置标标识词                      -->
<! --                                                                                   -->
<! --                                                                                   -->
<! -- ******************************************************************************** -->
<! -- ********************** 名称的非规范化形式置标标识词(开始) ************************ -->
   <rdfs:Property rdf:about = "http://www.government.org/apcEAC-CPF-V 1.0/head" >
      <rdfs:label xml:lang = "chi" >名称的非规范化形式 </rdfs:label>
      <rdfs:label xml:lang = "en" >UnAuthorized form of name </rdfs:label>
      <rdfs:comment xml:lang = "chi" >定义:名称的非规范化形式 </rdfs:comment>
      <rdfs:comment xml:lang = "chi" >注释:可包括:规范名称并列形式,或遵照其他规则的名称的标准形式,或名称的其他形式 </rdfs:comment>
      <rdfs:isDefinedBy rdf:resource = " http://www.government.org/apcEAC-CPF-V 1.0/"/>
      <rdfs:domain rdf:resource = "http://www.government.org/apcEAC-CPF-V 1.0/Identity"/>
   </rdfs:Property>
<! -- ******************************************************************************** -->
<! -- ********************** 名称的非规范化形式置标标识词(结束) ************************ -->
<! -- ******************************************************************************** -->

<! -- ******************************************************************************** -->
<! --                                                                                   -->
<! --                      档案规范记录特征项机构团体标识符置标标识词                        -->
<! --                                                                                   -->
<! --                                                                                   -->
<! -- ******************************************************************************** -->
<! -- ************************** 机构团体标识符置标标识词(开始) ********************** -->

   <rdfs:Property rdf:about = "http://www.government.org/apcEAC-CPF-V 1.0/legalid " >
      <rdfs:label xml:lang = "chi" >机构团体标识符 </rdfs:label>
      <rdfs:label xml:lang = "en" >Identifiers for corporate bodies </rdfs:label>
      <rdfs:comment xml:lang = "chi" >定义:法定标识代码/号码 </rdfs:comment>
      <rdfs:comment xml:lang = "chi" >注释:5.1.6 Identifiers for corporate bodies 法定标识代码/号码,即用于标识机构团体而提供的任何字母或首字母-数字。 </rdfs:comment>
      <rdfs:isDefinedBy rdf:resource = "http://www.government.org/apcEAC-CPF-V 1.0/"/>
      <rdfs:domain rdf:resource = "http://www.government.org/apcEAC-CPF-V 1.0/Identity"/>
   </rdfs:Property>
<! -- ******************************************************************************** -->
<! -- ************************** 机构团体标识符置标标识词(结束) ************************ -->
<! -- ******************************************************************************** -->

<! -- ******************************************************************************** -->
<! -- ****************** 以下为档案规范记录描述项的下位层级置标标识词 ****************** -->
<! -- ******************************************************************************** -->

<! -- ******************************************************************************** -->
<! --                                                                                   -->
<! --                         档案规范记录描述项存在日期置标标识词                          -->
<! --                                                                                   -->
<! --                                                                                   -->
<! -- ******************************************************************************** -->
<! -- *************************** 存在日期置标标识词(开始) **************************** -->
   <rdf:Property rdf:about = "http://www.government.org/apcEAC-CPF-V 1.0/existDates" >
      <rdfs:label>存在日期 </rdfs:label>
      <rdfs:comment>实体存在的时间 </rdfs:comment>
      <rdfs:isDefinedBy rdf:resource = " http://www.ica.org"/>
      <rdfs:domain rdf:resource = "http://www.government.org/apcEAC-CPF-V 1.0/Description "/>
   </rdf:Property>
<! -- ******************************************************************************** -->
<! -- *************************** 存在日期置标标识词(结束) ***************************** -->
<! -- ******************************************************************************** -->
```

```
<!--****************************************************************************-->
<!--                                                                            -->
<!--                    档案规范记录描述项历史沿革或生平置标标识词                    -->
<!--                                                                            -->
<!--                                                                            -->
<!--****************************************************************************-->
<!--************************历史沿革或生平置标标识词(开始)*************************-->

    <rdf:Property rdf:about="http://www.government.org/apcEAC-CPF-V 1.0/biogHist">
      <rdfs:label>历史沿革或生平</rdfs:label>
      <rdfs:comment>定义与注释:置标机构团体或个人或家族的简明传记或历史</rdfs:comment>
      <rdfs:isDefinedBy rdf:resource=" http://www.ica.org"/>
      <rdfs:domain rdf:resource="http://www.government.org/apcEAC-CPF-V 1.0/Description "/>
    </rdf:Property>

<!--****************************************************************************-->
<!--**************************历史沿革或生平置标标识词(结束)***********************-->
<!--****************************************************************************-->

<!--****************************************************************************-->
<!--                                                                            -->
<!--                    档案规范记录描述项职能职业与活动置标标识词                    -->
<!--                                                                            -->
<!--                                                                            -->
<!--****************************************************************************-->
<!--**************************职能职业与活动置标标识词(开始)**********************-->

    <rdf:Property rdf:about="http://www.government.org/apcEAC-CPF-V 1.0/function">
      <rdfs:label>职能职业与活动</rdfs:label>
      <rdfs:comment>定义与注释:置标机构团体或个人或家族的职能、职业或活动。</rdfs:comment>
      <rdfs:isDefinedBy rdf:resource=" http://www.ica.org"/>
      <rdfs:domain rdf:resource="http://www.government.org/apcEAC-CPF-V 1.0/Description "/>
    </rdf:Property>

<!--****************************************************************************-->
<!--************************职能职业与活动置标标识词(结束)************************-->
<!--****************************************************************************-->

<!--****************************************************************************-->
<!--                                                                            -->
<!--                      档案规范记录描述项时代背景置标标识词                      -->
<!--                                                                            -->
<!--                                                                            -->
<!--=***************************************************************************-->
<!--=**************************时代背景置标标识词(开始)****************************-->

    <rdf:Property rdf:about="http://www.government.org/apcEAC-CPF-V 1.0/generalContext">
      <rdfs:label>时代背景</rdfs:label>
      <rdfs:comment>定义与注释:置标机构团体或个人或家族的社会、文化、经济、政治,以及历史等总体历史背景环
境的重要信息</rdfs:comment>
      <rdfs:isDefinedBy rdf:resource=" http://www.ica.org"/>
      <rdfs:domain rdf:resource="http://www.government.org/apcEAC-CPF-V 1.0/Description "/>
    </rdf:Property>

<!--****************************************************************************-->
<!--**************************时代背景置标标识词(结束)****************************-->
<!--****************************************************************************-->
```

```
<! -- ********************************************************************** -->
<! -- ****************** 以下为档案规范记录关系项的下位层级置标标识词 ***************** -->
<! -- ********************************************************************** -->

<! -- ********************************************************************** -->
<! --                                                                        -->
<! --                档案规范记录关系项机构团体个人家族关系置标标识词                -->
<! --                                                                        -->
<! --                                                                        -->
<! -- ********************************************************************** -->
<! -- ***************************** 机构团体个人家族关系置标标识词(开始) *************** -->

    <rdfs:Class rdf:about = "http://www.government.org/apcEAC-CPF-V 1.0/EntityRelation" >
      <rdfs:label xml:lang = "chi" >机构团体个人家族关系 </rdfs:label >
      <rdfs:label xml:lang = "en" >IDENTITY AREA </rdfs:label >
      <rdfs:comment xml:lang = "chi" >定义与注释:置标与可能在其他规范记录中置标的机构团体或个人或家族之间
的关联 </rdfs:comment >
      <rdfs:isDefinedBy rdf:resource = "http://www.government.org/apcEAC-CPF-V 1.0/"/ >
      <rdfs:subClassOf rdf:resource = "http://www.w3.org/2000/01/rdf-schema#EAC/Relations"/ >
      <rdfs:seeAlso rdf:resource = "http://www.w3.org/2001/XMLSchema"
                    xmlns = "http://jefferson.village.virginia.edu/eac"/ >
    </rdfs:Class >
<! -- ********************************************************************** -->
<! -- *********************** 机构团体个人家族关系置标标识词(结束) ******************** -->
<! -- ********************************************************************** -->

<! -- ********************************************************************** -->
<! --                                                                        -->
<! --                  相关机构团体个人家族的名称标识符置标标识词                   -->
<! --                                                                        -->
<! --                                                                        -->
<! -- ********************************************************************** -->
<! -- ***************** 相关机构团体个人家族的名称标识符置标标识词(开始) *************** -->

    <rdf:Property rdf:about = "http://www.government.org/apcEAC-CPF-V 1.0/relatedEntityName" >
      <rdfs:label >相关机构团体个人家族的名称标识符 </rdfs:label >
      <rdfs:comment >定义与注释:置标相关实体的名称与唯一标识符,并置标与相关机构团体或个人或家族规范记录
之间的关联 </rdfs:comment >
      <rdfs:isDefinedBy rdf:resource = " http://www.ica.org"/ >
      <rdfs:domain rdf:resource = "http://www.government.org/apcEAC-CPF-V 1.0/EntityRelation"/ >
    </rdf:Property >
<! -- ********************************************************************** -->
<! -- **************** 相关机构团体个人家族的名称标识符置标标识词(结束) **************** -->
<! -- ********************************************************************** -->

<! -- ********************************************************************** -->
<! --                                                                        -->
<! --              档案规范记录关系项机构团体个人家族关系的种类置标标识词              -->
<! --                                                                        -->
<! --                                                                        -->
<! -- ********************************************************************** -->
<! -- ************************** 关系的种类置标标识词(开始) ************************* -->

    <rdf:Property rdf:about = "http://www.government.org/apcEAC-CPF-V 1.0/relationType" >
      <rdfs:label >关系的种类 </rdfs:label >
      <rdfs:comment >定义与注释:置标档案规范记录实体与其他机构团体或个人或家族之间关系的总种类。根据
ISAAR(CPF)设 4 种关系——等级关系、时间关系、家族关系及相关关系。 </rdfs:comment >
      <rdfs:isDefinedBy rdf:resource = " http://www.ica.org"/ >
      <rdfs:domain rdf:resource = "http://www.government.org/apcEAC-CPF-V 1.0/Description "/ >
    </rdf:Property >
<! -- ********************************************************************** -->
<! -- ************************** 关系的种类置标标识词(结束) ************************** -->
<! -- ********************************************************************** -->
```

```
<!--*************************************************************************-->
<!--                                                                         -->
<!--        档案规范记录关系项机构团体个人家族关系的描述置标标识词            -->
<!--                                                                         -->
<!--                                                                         -->
<!--*************************************************************************-->
<!--*************************关系的描述置标标识词(开始)*************************-->

<rdf:Property rdf:about = "http://www.government.org/apcEAC-CPF-V 1.0/entityRelationDesc">
  <rdfs:label>关系的描述</rdfs:label>
  <rdfs:comment>定义与注释:置标相关实体关系本质的明确描述。</rdfs:comment>
  <rdfs:isDefinedBy rdf:resource = "http://www.ica.org"/>
  <rdfs:domain rdf:resource = "http://www.government.org/apcEAC-CPF-V 1.0/EntityRelation"/>
</rdf:Property>

<!--*************************************************************************-->
<!--*************************关系的描述置标标识词(结束)*************************-->
<!--*************************************************************************-->

<!--*************************************************************************-->
<!--                                                                         -->
<!--        档案规范记录关系项机构团体个人家族关系的日期置标标识词            -->
<!--                                                                         -->
<!--                                                                         -->
<!--*************************************************************************-->
<!--*************************关系的日期置标标识词(开始)*************************-->

<rdf:Property rdf:about = "http://www.government.org/apcEAC-CPF-V 1.0/relationDate">
  <rdfs:label>关系的日期</rdfs:label>
  <rdfs:comment>定义与注释:置标与其他机构团体或个人或家族之间关系持续的日期。</rdfs:comment>
  <rdfs:isDefinedBy rdf:resource = " http://www.ica.org"/>
  <rdfs:domain rdf:resource = "http://www.government.org/apcEAC-CPF-V 1.0/EntityRelation"/>
</rdf:Property>

<!--*************************************************************************-->
<!--*************************关系的日期置标标识词(结束)*************************-->
<!--*************************************************************************-->

<!--*************************************************************************-->
<!--                                                                         -->
<!--              档案规范记录关系项资源关系置标标识词                        -->
<!--                                                                         -->
<!--                                                                         -->
<!--*************************************************************************-->
<!--*************************资源关系置标标识词(开始)*************************-->

<rdfs:Class rdf:about = "http://www.government.org/apcEAC-CPF-V 1.0/ResourceRelation">
  <rdfs:label xml:lang = "chi">资源关系</rdfs:label>
  <rdfs:comment xml:lang = "chi">定义与注释:建立机构团体、个人与家族同档案资料与其他资源之间的关联,置
标机构团体或个人或家族与连接资源之间关联的本质。</rdfs:comment>
  <rdfs:isDefinedBy rdf:resource = "http://www.government.org/apcEAC-CPF-V 1.0/"/>
  <rdfs:subClassOf rdf:resource = "http://www.w3.org/2000/01/rdf-schema#EAC/Relations"/>
  <rdfs:seeAlso rdf:resource = "http://www.w3.org/2001/XMLSchema"
          xmlns = "http://jefferson.village.virginia.edu/eac"/>
</rdfs:Class>
<!--*************************************************************************-->
<!--*************************资源关系置标标识词(结束)*************************-->
<!--*************************************************************************-->
```

```
<! -- ****************************************************************************** -->
<! --                                                                                -->
<! --                   档案规范记录关系项相关资源的标识符与名称置标标识词                   -->
<! --                                                                                -->
<! --                                                                                -->
<! -- ****************************************************************************** -->
<! -- ********************** 相关资源的标识符与名称置标标识词(开始) ********************** -->

    <rdf:Property rdf:about = "http://www.government.org/apcEAC-CPF-V 1.0/resourceName" >
      <rdfs:label >相关资源的标识符与名称 </rdfs:label >
      <rdfs:comment >定义与注释:唯一置标相关资源,并使规范记录与相关资源著录之间建立关联。</rdfs:
comment >
      <rdfs:isDefinedBy rdf:resource = " http://www.ica.org"/ >
      <rdfs:domain rdf:resource = "http://www.government.org/apcEAC-CPF-V 1.0/ResourceRelation"/ >
    </rdf:Property >

<! -- ****************************************************************************** -->
<! -- ********************** 相关资源的标识符与名称置标标识词(结束) ********************** -->
<! -- ****************************************************************************** -->

<! -- ****************************************************************************** -->
<! --                                                                                -->
<! --                       档案规范记录关系项相关资源的类型置标标识词                       -->
<! --                                                                                -->
<! --                                                                                -->
<! -- ****************************************************************************** -->
<! -- ************************* 相关资源的类型置标标识词(开始) ************************* -->

    <rdf:Property rdf:about = "http://www.government.org/apcEAC-CPF-V 1.0/resourceType" >
      <rdfs:label >相关资源的类型 </rdfs:label >
      <rdfs:comment >定义与注释:置标所引用的相关资源的类型。 </rdfs:comment >
      <rdfs:isDefinedBy rdf:resource = " http://www.ica.org"/ >
      <rdfs:domain rdf:resource = "http://www.government.org/apcEAC-CPF-V 1.0/ResourceRelation"/ >
    </rdf:Property >

<! -- ****************************************************************************** -->
<! -- ************************* 相关资源的类型置标标识词(结束) ************************* -->
<! -- ****************************************************************************** -->

<! -- ****************************************************************************** -->
<! --                                                                                -->
<! --                       档案规范记录关系项资源关系的性质置标标识词                       -->
<! --                                                                                -->
<! --                                                                                -->
<! -- ****************************************************************************** -->
<! -- *************************** 关系的性质置标标识词(开始) *************************** -->

    <rdf:Property rdf:about = "http://www.government.org/apcEAC-CPF-V 1.0/resourceRelationDesc" >
      <rdfs:label >关系的性质 </rdfs:label >
      <rdfs:comment >定义与注释:置标机构团体或个人或家族与相关资源之间关系的本质。 </rdfs:comment >
      <rdfs:isDefinedBy rdf:resource = " http://www.ica.org"/ >
      <rdfs:domain rdf:resource = "http://www.government.org/apcEAC-CPF-V 1.0/ResourceRelation"/ >
    </rdf:Property >
<! -- ****************************************************************************** -->
<! -- *************************** 关系的性质置标标识词(结束) *************************** -->
<! -- ****************************************************************************** -->
```

```
<!-- ********************************************************************** -->
<!--                                                                        -->
<!--                 档案规范记录关系项相关资源或关系的日期置标标识词                 -->
<!--                                                                        -->
<!--                                                                        -->
<!-- ********************************************************************** -->
<!-- ************************ 相关资源或关系的日期置标标识词(开始) ******************* -->
    <rdf:Property rdf:about = "http://www.government.org/apcEAC-CPF-V 1.0/resourceDate" >
      <rdfs:label > 相关资源或关系的日期 </rdfs:label >
      <rdfs:comment > 定义与注释:置标相关资源及机构团体或个人或家族与相关资源之间关联的任何相关日期,并置标那些日期的意义、重要性。 </rdfs:comment >
      <rdfs:isDefinedBy rdf:resource = " http://www.ica.org"/ >
      <rdfs:domain rdf:resource = "http://www.government.org/apcEAC-CPF-V 1.0/ResourceRelation"/ >
    </rdf:Property >
<!-- ********************************************************************** -->
<!-- ********************** 相关资源或关系的日期置标标识词(结束) ********************* -->
<!-- ********************************************************************** -->
<!-- ********************************************************************** -->
<!-- ******************* 以下为档案规范记录控制项的下位层级置标标识词 ****************** -->
<!-- ********************************************************************** -->
<!-- ********************************************************************** -->
<!--                                                                        -->
<!--                   档案规范记录控制项规范记录标识符置标标识词                    -->
<!--                                                                        -->
<!--                                                                        -->
<!-- ********************************************************************** -->
<!-- ************************ 规范记录标识符置标标识词(开始) ************************ -->
    <rdf:Property rdf:about = "http://www.government.org/apcEAC-CPF-V 1.0/type" >
      <rdfs:label xml:lang = "chi" > 规范记录标识符 </rdfs:label >
      <rdfs:label xml:lang = "en" > Authority record identifier </rdfs:label >
      <rdfs:comment xml:lang = "chi" > 定义:规范记录著录的标识符。它必须是特定实例的唯一标识符。 </rdfs:comment >
      <rdfs:comment xml:lang = "chi" > 注释:必备。设置本项的目的是唯一确认一条档案规范记录。在这一著录项中,著录唯一标识规范标目的编号。依照地方性或国家性标准,著录唯一的规范记录标识符。如该规范记录将在国际通用,则依照最新版的国际标准 ISO 3166《国家名称代码》(Codes for the Representation of Names of Countries)来著录规范记录创建时所涉及的国家代码。当规范记录的形成者是国际组织时,则以该组织机构团体标识符取而代之。 </rdfs:comment >
      <rdfs:isDefinedBy rdf:resource = "http://www.government.org/apcEAC-CPF-V 1.0/"/ >
      <rdfs:domain rdf:resource = "http://www.government.org/apcEAC-CPF-V 1.0/Control"/ >
    </rdfs:Property >
<!-- ********************************************************************** -->
<!-- ************************ 规范记录标识符置标标识词(结束) ************************ -->
<!-- ********************************************************************** -->
<!-- ********************************************************************** -->
<!--                                                                        -->
<!--                     档案规范记录控制项维护机构置标标识词                       -->
<!--                                                                        -->
<!--                                                                        -->
<!-- ********************************************************************** -->
<!-- ************************ 维护机构置标标识词(开始) ***************************** -->
    <rdfs:Property rdf:about = "http://www.government.org/apcEAC-CPF-V 1.0/head" >
      <rdfs:label xml:lang = "chi" > 维护机构 </rdfs:label >
      <rdfs:label xml:lang = "en" > maintenanceAgency </rdfs:label >
      <rdfs:comment xml:lang = "chi" > 定义:EAC-CPF 实例创建、维护或传播的负责机构团体或服务。 </rdfs:comment >
      <rdfs:comment xml:lang = "chi" > 注释:规范记录机构标识符值预嵌入 apcEAC-CPF 模板。 </rdfs:comment >
      <rdfs:isDefinedBy rdf:resource = " http://www.government.org/apcEAC-CPF-V 1.0/"/ >
      <rdfs:domain rdf:resource = "http://www.government.org/apcEAC-CPF-V 1.0/Control"/ >
    </rdfs:Property >
<!-- ********************************************************************** -->
<!-- ************************** 维护机构置标标识词(结束) *************************** -->
<!-- ********************************************************************** -->
```

```
<! - - ************************************************************************ - - >
<! - -                                                                              - - >
<! - -                      档案规范记录控制项规则声明置标标识词                          - - >
<! - -                                                                              - - >
<! - -                                                                              - - >
<! - - ************************************************************************ - - >
<! - - **************************** 规则声明置标标识词(开始) **************************** - - >
   <rdfs:Property rdf:about = "http://www.government.org/apcEAC-CPF-V 1.0/head" >
      <rdfs:label xml:lang = "chi" >规则声明 </rdfs:label >
      <rdfs:label xml:lang = "en" > conventionDeclaration </rdfs:label >
      <rdfs:comment xml:lang = "chi" >定义:著录用规则。EAC-CPF 实例创建中所应用的规则(包括规范化的控制词表与叙词表)声明。 </rdfs:comment >
      <rdfs:comment xml:lang = "chi" >注释:著录用规则值预嵌入 apcEAC-CPF 模板。 </rdfs:comment >
      <rdfs:isDefinedBy rdf:resource = " http://www.government.org/apcEAC-CPF-V 1.0/"/ >
      <rdfs:domain rdf:resource = "http://www.government.org/apcEAC-CPF-V 1.0/Control"/ >
   </rdfs:Property >
<! - - ************************************************************************ - - >
<! - - **************************** 规则声明置标标识词(结束) **************************** - - >
<! - - ************************************************************************ - - >
<! - - ************************************************************************ - - >
<! - -                                                                              - - >
<! - -                      档案规范记录控制项维护状态置标标识词                          - - >
<! - -                                                                              - - >
<! - -                                                                              - - >
<! - - ************************************************************************ - - >
<! - - **************************** 维护状态置标标识词(开始) **************************** - - >
   <rdfs:Property rdf:about = "http://www.government.org/apcEAC-CPF-V 1.0/head" >
      <rdfs:label xml:lang = "chi" >维护状态 </rdfs:label >
      <rdfs:label xml:lang = "en" > maintenanceStatus </rdfs:label >
      <rdfs:comment xml:lang = "chi" >定义:用于表明规范记录的起草状态,以使利用者能够获悉规范记录的当前状态。 </rdfs:comment >
      <rdfs:comment xml:lang = "chi" >注释:中国最佳实践为必备。维护的当前状态可以是以下状态之一:新建、取消、删除、替代删除、合并删除、分离删除、删除来源或修订。属于中国档案规范记录实际需求级次的最佳实践必备项。
</rdfs:comment >
      <rdfs:isDefinedBy rdf:resource = " http://www.government.org/apcEAC-CPF-V 1.0/"/ >
      <rdfs:domain rdf:resource = "http://www.government.org/apcEAC-CPF-V 1.0/Control"/ >
   </rdfs:Property >
<! - - ************************************************************************ - - >
<! - - **************************** 维护状态置标标识词(结束) **************************** - - >
<! - - ************************************************************************ - - >
<! - - ************************************************************************ - - >
<! - -                                                                              - - >
<! - -                       档案规范记录控制项级次置标标识词                             - - >
<! - -                                                                              - - >
<! - -                                                                              - - >
<! - - ************************************************************************ - - >
<! - - ****************************** 级次置标标识词(开始) ****************************** - - >
   <rdfs:Property rdf:about = "http://www.government.org/apcEAC-CPF-V 1.0/head" >
      <rdfs:label xml:lang = "chi" >级次 </rdfs:label >
      <rdfs:label xml:lang = "en" > Level of detail </rdfs:label >
      <rdfs:comment xml:lang = "chi" >定义与注释:设置本著录项的目的在于表明档案规范记录著录的详细程度。在这一著录项下,可根据以下内容选择:①简要级次。仅著录 4 个必备的核心著录项。②详细级次。既著录最简级次的著录项,又完整地著录标准中所规定的其他各个著录项。③实际需求级次。在著录 4 个核心著录项的基础上,有选择地著录详细级次的部分著录项。 </rdfs:comment >
      <rdfs:isDefinedBy rdf:resource = " http://www.government.org/apcEAC-CPF-V 1.0/"/ >
      <rdfs:domain rdf:resource = "http://www.government.org/apcEAC-CPF-V 1.0/Control"/ >
   </rdfs:Property >
<! - - ************************************************************************ - - >
<! - - ******************************* 级次置标标识词(结束) ******************************* - - >
<! - - ************************************************************************ - - >
```

```
<! - - *************************************************************************** - - >
<! - -                                                                               - - >
<! - -              档案规范记录控制项创建修订或删除的日期置标标识词                  - - >
<! - -                                                                               - - >
<! - -                                                                               - - >
<! - - *************************************************************************** - - >
<! - - ************************创建修订或删除的日期置标标识词(开始)********************** - - >

  <rdfs:Property rdf:about = "http://www.government.org/apcEAC-CPF-V 1.0/head" >
    <rdfs:label xml:lang = "chi" >创建修订或删除的日期</rdfs:label>
    <rdfs:label xml:lang = "en" >datesOfCreationRevisionOrDeletion</rdfs:label>
    <rdfs:comment xml:lang = "chi" >定义与注释:设置本著录项的目的在于表明档案规范记录是何时创建、修改或
删除的。在这一著录项下,可包括以下内容:①规范记录创建的时间;②规范记录修改的时间;③规范记录删除的时间。
</rdfs:comment>
    <rdfs:isDefinedBy rdf:resource = " http://www.government.org/apcEAC-CPF-V 1.0/"/>
    <rdfs:domain rdf:resource = "http://www.government.org/apcEAC-CPF-V 1.0/Control"/>
  </rdfs:Property>
<! - - *************************************************************************** - - >
<! - - ************************创建修订或删除的日期置标标识词(结束)********************** - - >
<! - - *************************************************************************** - - >

<! - - *************************************************************************** - - >
<! - -                                                                               - - >
<! - -                    档案规范记录控制项语种声明置标标识词                        - - >
<! - -                                                                               - - >
<! - -                                                                               - - >
<! - - *************************************************************************** - - >
<! - - *****************************语种声明置标标识词(开始)************************** - - >

  <rdfs:Property rdf:about = "http://www.government.org/apcEAC-CPF-V 1.0/head" >
    <rdfs:label xml:lang = "chi" >语种声明</rdfs:label>
    <rdfs:label xml:lang = "en" >languageDeclaration</rdfs:label>
    <rdfs:comment xml:lang = "chi" >定义:EAC-CPF 实例中所使用占主导地位的语种与书写体声明的封装元素。
</rdfs:comment>
    <rdfs:comment xml:lang = "chi" >注释:值预嵌入 apcEAC-CPF 模板。</rdfs:comment>
    <rdfs:isDefinedBy rdf:resource = " http://www.government.org/apcEAC-CPF-V 1.0/"/>
    <rdfs:domain rdf:resource = "http://www.government.org/apcEAC-CPF-V 1.0/Control"/>
  </rdfs:Property>
<! - - *************************************************************************** - - >
<! - - *****************************语种声明置标标识词(结束)************************** - - >
<! - - *************************************************************************** - - >

<! - - *************************************************************************** - - >
<! - -                                                                               - - >
<! - -                      档案规范记录控制项来源置标标识词                          - - >
<! - -                                                                               - - >
<! - -                                                                               - - >
<! - - *************************************************************************** - - >
<! - - ******************************来源置标标识词(开始)***************************** - - >

  <rdfs:Property rdf:about = "http://www.government.org/apcEAC-CPF-V 1.0/legalid " >
    <rdfs:label xml:lang = "chi" >来源</rdfs:label>
    <rdfs:label xml:lang = "en" > Sources </rdfs:label>
    <rdfs:comment xml:lang = "chi" >定义:用于表明导致规范记录创建的来源。</rdfs:comment>
    <rdfs:comment xml:lang = "chi" >注释:著录导致规范记录建立的来源。</rdfs:comment>
    <rdfs:isDefinedBy rdf:resource = "http://www.government.org/apcEAC-CPF-V 1.0/"/>
    <rdfs:domain rdf:resource = "http://www.government.org/apcEAC-CPF-V 1.0/Control"/>
  </rdfs:Property>
<! - - *************************************************************************** - - >
<! - - ******************************来源置标标识词(结束)***************************** - - >
<! - - *************************************************************************** - - >
```

```
<! -- ************************************************************************************ -->
<! --                                                                                      -->
<! --                      档案规范记录控制项维护注释说明置标标识词                           -->
<! --                                                                                      -->
<! --                                                                                      -->
<! -- ************************************************************************************ -->
<! -- ****************************** 维护注释说明置标标识词(开始) ************************** -->

    <rdfs:Property rdf:about="http://www.government.org/apcEAC-CPF-V 1.0/legalid ">
      <rdfs:label xml:lang="chi">维护注释说明</rdfs:label>
      <rdfs:label xml:lang="en"> Sources </rdfs:label>
      <rdfs:comment xml:lang="chi">定义与注释：设置本著录项的目的在于表明档案规范记录的创建及变化。在这一著录项下，可包括以下内容：①档案规范记录的创建注释；②档案规范记录的维护注释；③档案规范记录创建人员的名字。</rdfs:comment>
      <rdfs:isDefinedBy rdf:resource="http://www.government.org/apcEAC-CPF-V 1.0/"/>
      <rdfs:domain rdf:resource="http://www.government.org/apcEAC-CPF-V 1.0/Control"/>
    </rdfs:Property>

<! -- ************************************************************************************ -->
<! -- ****************************** 维护注释说明置标标识词(结束) **************************
                                                                                         -->
<! -- ************************************************************************************ -->


<! -- ************************************************************************************ -->
<! -- ************************ 以上为档案规范记录中采用的置标标识词 *********************** -->
<! -- ************************************************************************************ -->

</rdf:RDF>
```

参考文献

[1] Adrian Cunningham. Harnessing the power of provenance in archival description: an Australian perspective on the development of the second edition of ISAAR (CPF) [J]. Journal of Archival Organization, 2008, 5 (1-2): 15-31.

[2] Alistair Miles. UKAT (UK archival thesaurus) SKOS/RDF data [EB/OL]. [2010-07-06]. http://isegserv. itd. rl. ac. uk/skos/ukat/.

[3] APEx standards [EB/OL]. [2014-07-16]. http://www. apex-project. eu/index. php/en/outcomes/standards.

[4] ARMA International Standards Development Committee. Glossary of records and information management terms, 3rd ed [S/OL]. US: ARMA International, 2007 [2012-10-15]. http://www. arma. org/standards/glossary/index. cfm? index = 77.

[5] Ayesha Malik. Design XML schemas using UML [EB/OL]. [2011-01-08]. http://www. ibm. com/developerworks/library/x-umlschema/.

[6] Barbara B Tillett. Virtual international authority file 2006 [EB/OL]. [2011-01-08]. http://www. nl. go. kr/icc/down/060313_3. pdf.

[7] Cory Nimer. RDA and Archives [J]. Journal of Archival Organization, 2010, 8 (3-4): 227-243.

[8] David A Carlson. Semantic models for XML schema with UML tooling [EB/OL]. [2011-01-08]. http://km. aifb. uni-karlsruhe. de/ws/swese2006/final/carlson_full. pdf.

[9] DCMI abstract model [EB/OL]. [2011-01-08]. http://dublincore. org/documents/abstract-model/.

[10] DCMI Usage Board. DCMI metadata terms [EB/OL]. [2010-12-07]. http://dublincore. org/documents/dcmi-terms/.

[11] Dennis Meissner, Jennifer Schaffner. Introducing EAC-CPF [J]. Archival Outlook, 2010 (May/June): 10-11.

[12] Dick R Miller, Kevin S Clarke. Putting XML to work in the library: tools for improving access and management [M]. Americal Library Association, 2004.

[13] Dublin core metadata element set, version 1.1: reference description [EB/OL]. [2011-01-08]. http://dublincore. org/documents/dces/.

[14] Dublin core metadata initiative: DCMI glossary [EB/OL]. (2005-11-07)[2012-05-12]. http://dublincore. org/documents/usageguide/glossary.

[15] Dublin core metadata initiative: metadata glossary [EB/OL]. [2011-01-08]. http://dublincore. org/groups/tools/dctools2006/2MetadataGlossary. pdf.

[16] Durance C J. Authority control: beyond a bowl of alphabet soup [J]. Archivaria, 1992, 1 (35).

[17] EAC-CPF Homepage [EB/OL]. [2011-02-12]. http://eac. staatsbibliothek-berlin. de/.

[18] Encoded Archival Context Working Group of the Society of American Archivists and the Staatsbibliothek zu Berlin. Encoded archival context - corporate bodies, persons, and families (EAC-CPF) tag library [EB/OL]. [2013-07-16]. http://www3. iath. virginia. edu/eac/cpf/tagLibrary/cpfTagLibrary. html#d1e8025.

[19] Encoding guidelines [EB/OL]. [2011-01-08]. http://dublincore. org/resources/expressions/.

[20] European Commission. Model requirements for the management of electronic records, moreq2 specification [S]. 2008.

[21] Evidence - based governance in the electronic age [EB/OL]. [2011-01-08]. http://www. irmt. org/Images/documents/research_reports/background_information/project_prospectus/IRMT_project_prospectus. pdf.

[22] ICA Committee on Best Practices and Standards/Sub-committee on archival description. Progress report for revising and harmonising ICA descriptive standards [R]. 2012: 1-16.

[23] ICA Committee on Best Practices and Standards/Sub-committee on archival description. Progress report for revising and harmon-

ising ICA descriptive standards [S]. 2012: 15.

[24] ICA Committee on Best Practices and Standards/Sub-committee on archival description. Relationships in archival descriptive systems [S]. 2012: 1-9.

[25] ICA. ICAAtoM [EB/OL]. [2012-05-01]. http://ica-atom. org/docs/index. php? title=UM-1. 3.

[26] ICA. ISDF: International standard for describing functions [S/OL]. [2012-05-01]. https://www. ica. org/en/ isdf-international-standard-describing-functions.

[27] ICA. ISDIAH: International standard for describing institutions with archival holdings [S/OL]. [2012-05-01]. https://www. ica. org/en/isdiah-international-standard-describing-institutions-archival-holdings.

[28] IFLA UBCIM Working Group on Functional Requirements and Numbering of Authority Records (FRANAR). Functional requirements for authority records: a conceptual model, draft [EB/OL]. (2005-06-15) [2011-02-12]. http://www. ifla. org/VIId4/FRANAR2Conceptual2M2Draft2e. pdf.

[29] International Standard Organization, the International Electrotechnical Commission. Information technology - document description and processing languages - hypertext markup language: ISO/IEC 15445: 2000 [S/OL]. [2012-04-15]. https://www. iso. org/standard/27688. html.

[30] International Standard Organization. Information processing - text and office systems - standard generalized markup language (SGML): ISO 8879: 1986 [S/OL]. [2012-04-15]. https://www. iso. org/standard/16387. html? browse=tc.

[31] ISO. Information and documentation - records management - part 1: general: ISO 15489-1: 2001 [S/OL]. [2012-05-10]. https://www. iso. org/standard/31908. html.

[32] ISO. Information and documentation - records management processes - metadata for records - part1: principles: ISO 23081-1: 2006 [S/OL]. [2012-05-10]. https://www. iso. org/standard/40832. html.

[33] ISO. Information and documentation - records management processes - metadata for records - part2: conceptual and implementation issues: ISO 23081-2: 2009 [S/OL]. [2012-05-11]. https://www. iso. org/standard/50863. html.

[34] ISO/IEC. Information technology - open distributed processing - unified modeling language (UML) version 1. 4. 2: ISO/IEC 19501: 2005 [S/OL]. [2012-05-12]. https://www. iso. org/standard/32620. html.

[35] Jean Dryden. A Structure standard for archival context: EAC-CPF is here [J]. Journal of Archival Organization, 2010, 8 (2): 160-163.

[36] Jean Dryden. From authority control to context control [J]. Journal of Archival Organization, 2008, 5 (1-2): 1-3.

[37] Jessica L Glace, Mark R Crawford. Recommended XML namespace for government organizations [EB/OL]. [2012-06-10]. https://webarchive. library. unt. edu/eot2008/20080916074052/http://xml. gov/documents/completed/lmi/GS301L1_namespace. pdf.

[38] Katherine M Wisser. Describing entities and identities: the development and structure of encoded archival context - corporate bodies, persons, and families [J]. Journal of Library Metadata, 2011, 11 (3-4): 166-175.

[39] Library of congress subject headings [S/OL]. (2003-10-24) [2012-06-12]. http://id. loc. gov/authorities/sh2003010124#concept.

[40] Library of Congress. Metadata Encoding and Transmission Standard [S/OL]. [2010-07-18]. http://www. loc. gov/standards/mets/.

[41] Library Technologies Inc. What is authority control? [EB/OL]. [2011-01-08]. http://www. authoritycontrol. com.

[42] Linda Ariani Gunawan. Mapping UML class onto XML schema using UML profiles [EB/OL]. [2011-01-08]. http://home. unpar. ac. id/ ~ integral/Volume% 209/Integral% 209% 20No. % 202/Mapping% 2/UML% 2/Class. pdf.

[43] Martin Bernauer, Gerti Kappel, Gerhard Kramler. Representing XML schema in UML - a comparison of approaches [EB/OL]. [2011-01-08]. http://www. big. tuwien. ac. at/research/publications/2004/0304. pdf.

[44] Mikael Nilsson, Andy Powell, Pete Johnston, et al. Expressing Dublin core metadata using the resource description framework (RDF) [EB/OL]. [2012-06-15]. http://dublincore. org/documents/2008/01/14/dc-rdf/.

[45] National Archives of Australia. Australian government recordkeeping metadata standard version 2. 0 [S]. 2010.

[46] Nicholas Routledge. UML and XML schema [EB/OL]. [2011-01-08]. http://www. Crpit. com/confpapers/

CPFITV5Routledge. pdf.

[47] Preece, Rogers, Sharp. Interaction design: Beyond human-computer interaction [M/OL]. New York, 2002. [2010-09-15]. http: //scidok. sulb. uni-saarland. de/volltexte/2007/1092/pdf/2_reqanalysis. pdf.

[48] PREMIS [S/OL]. [2011-05-1]. http: //www. loc. gov/standards/premis/schemas. html.

[49] Report from Toronto archival context meeting [R/OL]. [2012-10-16]. http: //www. library. yale. edu/eac/torontotenets. htm.

[50] Robin Yeates. XML for discovering resources in libraries, museums and archives [J]. Vine, 31 (4): 58-63.

[51] Sebastian R Kruk, Marcin Synak, Kerstin Zimmermann. MarcOnt-integration ontology for bibliographic description formats [EB/OL]. [2012-05-01]. http: //www. MarcOnt. org/.

[52] Silvia Mazzini, Francesca Ricci. EAC-CPF Ontology and Linked Archival Data [C]. Proceedings of the 1st International Workshop on Semantic Digital Archives, 2011: 72-81.

[53] Stefano Vitali. Authority control of creators and the second edition of ISAAR (CPF), international standard archival authority record for corporate bodies, persons, and families [J]. Cataloging & Classification Quarterly, 2004, 38 (3-4): 185-199.

[54] The International Electrotechnical Commission. Document management - Part 1: principles and methods: IEC 82045-1: 2001 [S].

[55] The International Electrotechnical Commission. Document management - Part 2: metadata elements and information reference model: IEC 82045-1: 2004 [S].

[56] The international research on permanent authentic records in electronic systems (InterPARES) [EB/OL]. [2009-09-04]. http: //www. interpares. org.

[57] The Secretariat of the ICA Ad Hoc Commission on Descriptive Standards. ISAAR (CPF): international standard archival authority record for corporate bodies, persons and families (2nd edition) [S]. 2004: 1-70.

[58] The Society of American Archivists. Standards for archival description: a handbook [S/OL]. [2011-01-08]. http: //www. archivists. org/catalog/stdspp/.

[59] Tim Berners-Lee. Why RDF model is different from the XML model [EB/OL]. [2012-03-16]. http: //www. w3. org/DesignIssues/RDF-XML.

[60] United Nations Educational, Scientific and Cultural Organization. Charter on the preservation of the digital heritage [S]. 2003: 1-2.

[61] Virtual international authority: Library, partners from online name authority service [EB/OL]. [2011-01-08]. http: //www. loc. gov/loc/lcib/0309/authority. html.

[62] World Wide Web Consortium. Extensible markup language (XML) 1.0 (fifth edition) [EB/OL]. (2008-11-26) [2012-05-01]. http: //www. w3. org/TR/REC-xml/.

[63] World Wide Web Consortium. Extensible markup language (XML) 1.0 (fourth edition) [S/OL]. [2010-07-18]. http: //www. w3. org/TR/2006/REC-xml-20060816/.

[64] World Wide Web Consortium. Extensible stylesheet language (XSL) version 1.1 [S/OL]. [2012-05-01]. http: //www. w3. org/TR/xsl/.

[65] World Wide Web Consortium. Namespaces in XML 1.0 (second edition) [S/OL]. [2012-05-01]. http: //www. w3. org/TR/2006/REC-xml-names-20060816/.

[66] World Wide Web Consortium. Resource description framework (RDF) [S/OL]. [2011-01-08]. https: //www. w3. org/2001/sw/wiki/RDF.

[67] World Wide Web Consortium. W3C XML query (XQuery) [S/OL]. [2012-05-02]. http: //www. w3. org/XML/Query/.

[68] World Wide Web Consortium. XML information set (second edition) [S/OL]. [2012-05-01]. http: //www. w3. org/TR/2004/REC-xml-infoset-20040204/.

[69] World Wide Web Consortium. XSL transformations (XSLT) version 1.0 [S/OL]. [2012-05-02]. http: //www. w3. org/TR/xslt.

[70] World Wide Web Consortium. XML linking language（XLink）version 1.0 [S/OL].[2012-05-02]. http://www.w3.org/TR/xlink.

[71] World Wide Web Consortium. XML path language（XPath）version 1.0 [S/OL].[2012-05-02]. http://www.w3.org/TR/xpath.

[72] Yale University Library. Encoding archival context [EB/OL].[2011-07-17]. http://www.library.yale.edu/eac/.

[73] Yan Han. A RDF-based digital library system [J]. Library Hi Tech，2005，24（24）：234-240.

[74] 档案著录规则：GB/T 13792.5—1985 [S/OL].[2010-03-15]. http://archives.yingkou.net.cn/fgbz/gj007b.htm.

[75] 段荣婷．中国电子文件知识组织 XML 集成置标标准化研究 [M]．上海：上海交通大学出版社，2012.

[76] 冯留燕．图书与档案的规范控制工作研究 [J]．云南档案，2011（4）：56-58.

[77] 国际图书馆协会和机构团体联合会（IFLA）．规范数据的功能需求 [EB/OL].[2012-05-01] http://www.ifla.org/files/cataloguing/frad/frad_2009-zh.pdf.

[78] 洪一梅，王丽蕉．中国人名权威控制之建置与应用：以明清档案人名权威系统为例 [C]．新世纪资讯组织与典藏技术研讨会，2005：174-186.

[79] 刘炜．基于本体的数字图书馆语义互操作 [D]．复旦大学，2006.

[80] 术语工作　原则与方法　非书资料：GB/T 10112—1999 [S]．北京：中国质检出版社，2000.

[81] 台湾故宫博物院清代档案人名权威档工作简介 [EB/OL].[2011-01-08]. http://www2.ndap.org.tw/1_newsletter/content.php?nid=843.

[82] 王建光，段富．一种 UML 模型到 XML 模型的转换方法 [J]．计算机技术与发展，2007，17（7）：123-127.

[83] 王松林．资源组织 [M]．北京：国家图书馆出版社，2011.

[84] 信息技术　可扩展置标语言（XML）1.0　非书资料：GB/T 18793—2002 [S]．北京：中国质检出版社，2002.

[85] 信息技术词汇　20 部分　系统开发　非书资料：GB/T 5271.20—1994 [S]．上海：商务印书馆，1994.

[86] 杨士朋，杨庆平，黎裕权．清代档案人名权威资料的检索与应用 [EB/OL].[2011-01-08] http://www2.ndap.org.tw/newsletter/news/read_news.php?nid=1504.

[87] 张正强．电子文件管理 [M]．北京：解放军出版社，2004.

[88] 张正强．论电子文件管理元数据语法描述的标准化 [J]．档案学研究，2010（3）：73-77.